电子商务企业会计与纳税真账实操

本书编委会 编

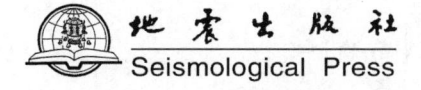

地震出版社
Seismological Press

图书在版编目(CIP)数据

电子商务企业会计与纳税真账实操 / 本书编委会编. -- 北京：地震出版社, 2023.12

　　ISBN 978-7-5028-5614-4

　　Ⅰ.①电… Ⅱ.①本… Ⅲ.①电子商务-商业会计②电子商务-税收管理 Ⅳ.①F715.51②F810.423

中国国家版本馆 CIP 数据核字(2023)第 252050 号

地震版　XM5567/F(6455)

电子商务企业会计与纳税真账实操

本书编委会　编

责任编辑：范静泊
责任校对：凌　樱

出版发行：地震出版社
北京市海淀区民族大学南路 9 号　　　　　　邮编：100081
发行部：68423031　68467991　　　　　　　传真：68467991
总编办：68462709　68423029
图书出版部：68467963
http：// seismologicalpress.com
E-mail：zqbj68426052@163.com

经销：全国各地新华书店
印刷：大厂回族自治县德诚印务有限公司

版(印)次：2023 年 12 月第一版　2023 年 12 月第一次印刷
开本：787×1092　1/16
字数：436 千字
印张：23
书号：ISBN 978-7-5028-5614-4
定价：88.00 元
版权所有　翻印必究
(图书出现印装问题，本社负责调换)

前言

本书写作目的 电子商务行业的蓬勃发展对传统会计提出了新的要求，大量电子商务企业的发展迫切催生一批既懂电子商务市场又懂会计工作的新型电子商务会计。然而作为一种新兴经济体，电子商务企业的专业财务人才仍然十分匮乏。为满足市场传统会计的转型需求以及电子商务财务新人的学习需要，特编写了此书。本书的写作目的主要包括两个方面：

其一，向有志于从事电子商务会计的人员全面普及电子商务会计基本理论知识。本书结合传统会计的主要内容以及电子商务企业的基本特点，对电子商务企业基本账务处理理论知识进行了详细的介绍和全面的梳理，以帮助电子商务会计进一步了解电子商务企业及会计处理工作的特点，了解电子商务企业的基本财务处理工作流程等。本书志在于帮助其深入认识什么是电子商务企业及电子商务会计，电子商务会计与传统会计的区别及联系，电子商务会计的具体处理流程，电子商务内部控制等理论知识，全面普及与电子商务会计相关的知识。

其二，帮助有志于从事电子商务会计的人员掌握实际业务处理方法，提高其实践操作能力。本书结合电子商务企业的常见业务处理工作进行介绍，包括对电子商务企业的资金筹集业务、采购业务、销售业务、日常业务等进行介绍，并结合当前比较热门的生鲜类电子商务、天猫店、跨境进口电子商务等实际案例进行分析和介绍，帮助电子商务会计掌握一些常见的实际业务处理方法，提高其工作中的实践处理能力。

本书主要内容 本书通过对电子商务会计基本知识及账务处理工作的重点内容进行讲解，并对实际案例进行分析，结合电子商务企业的会计工作特点及主要电子商务平台的业务内容，全面介绍了电子商务会计的基本知识及会计处理方法，深刻剖析了一些具体业务及主要平台的会计工作，使读者能更好地掌握电子商务会计知识及实际处理方法。

本书立足于电子商务会计的主要业务及特点，全书分为12章进行讲解，分别为：认识电子商务会计、会计核算基础、企业资金筹集、企业采购业务、企业销售业务、企业日常账务处理、企业税务账务处理、企业利润账务处理、财务报表与分析、电子商务与会计、主要电子商务行业会计核算管理要点、网络风险与内部控制。其中第1~9章结合传统会计及电子商务的基本知识，对电子商务会计的基本知识及主要业务处理工作进行了详细介绍，第10~11章对电子商务会计及主要电子商务平台的业务处理方法进行实际讲解，第 12 章对电子商务企业的网络风险及内部控制进行了详细分析。

本书主要特色　第一，全面系统。本书将传统会计基本知识与电子商务企业的特点结合，分模块对具体业务处理工作进行了详细介绍，又结合生鲜类电子商务、天猫店、跨境电子商务等主要电子商务平台的主要业务进行详细讲解，可帮助读者全面地了解电子商务企业的特征、电子商务企业会计基本知识及电子商务企业主要业务处理方法、主要电子商务平台的处理工作等，内容丰富，介绍全面。

第二，实用性强。本书主要按照电子商务企业的采购、销售等常见业务分模块进行介绍，并结合实际电子商务平台案例进行分析，可帮助读者明确具体业务处理方法，具有非常强的实用性。

第三，与时俱进。随着互联网的快速发展，电子商务行业的发展也后劲十足，目前市场上电子商务会计人才匮乏，许多会计面临企业的电子商务业务时往往缺乏实践经验，如对一些买家退货等业务不知如何处理等。本书结合相关业务进行分析，引用实例，内容较新，具有较强的可读性和可操作性。

本书使用方法　本书体系完整，内容全面，通过阅读、查询本书，将会带给不同需求的读者不同的收获。

从事电子商务会计的财务新人：随着电子商务行业的快速发展，大量兴起的电子商务企业急需一批新型财务人才。有志于从事电子商务会计的人员可以通过本书查询电子商务会计的基本账务处理流程，掌握实际工作方法，提高实践操作能力。

传统会计人员：随着电子商务的快速发展，许多传统企业也逐渐参与到电子商务活动中，传统会计人员可以通过本书了解电子商务会计及传统会计的联系与区别，查询电子商务活动中的一些基本账务处理知识，以便更好地完成相关财务工作。

其他人员：审计、咨询人员，企业管理人员等都可以通过阅读本书较为全面地了解电子商务会计，丰富自身知识储备，便于其更好地开展工作。

本书由黄山学院的计东亚、赵士德教授合作完成，其中第 1、2、5、7、8、10 章由计东亚教授完成编写，第 3、4、6、9、11、12 章由赵士德教授编写，计东亚教授完成了本书的整体校对。本书是省级教材建设项目（2022jcjs110）、黄山学院工商管理一流学科（ylxk202104）、市场营销省级一流专业建设点（2020sylzy01）、市场营销国家级一流专业建设点（69）研究成果。

本书在编写过程中，得到许多财务及相关人员的热情支持，在此表示感谢。由于编者水平有限，书中疏漏在所难免，恳请广大读者不吝指正。

编　者

2023 年 12 月

目录 Contents

第一章 人生若只如初见——认识电子商务会计 /1

第一节 掌控交易的主体——电子商务企业 /1
一、电子商务：信息经济发展的里程碑 /1
二、电子商务企业特征 /1
三、电子商务企业的基本类型 /6
四、电子商务企业的组织架构 /6
五、电子商务企业的经营模式 /8

第二节 老会计插上新翅膀——认识电子商务会计 /8
一、电子商务会计 /8
二、电子商务会计与传统会计的区别 /11
三、电子商务的会计信息系统 /13

第三节 万变不离其宗——电子商务企业中会计工作的特点 /15
一、电子商务会计的特点 /15
二、了解电子商务会计核算 /18
三、会计工作岗位 /26
四、会计的职能及电子商务的影响 /34
五、电子商务企业对会计工作的特殊要求 /37

第四节 德为先——会计职业道德 /39
一、会计职业道德的基本内容 /39
二、电子商务中的诚信教育 /40

第五节 有借必有贷——会计核算原理 /45
一、会计基本假设 /45
二、会计核算基础 /49

三、会计信息质量要求 /50

第二章 千里之行，始于足下——会计核算基础 /55

第一节 会计体系的"四梁八柱"——会计要素 /55
一、反映财务状况的会计要素 /55
二、反映经营成果的会计要素 /57

第二节 会计科目与账户 /59
一、会计科目定义 /59
二、会计科目设置原则 /60
三、资产类科目 /60
四、负债类科目 /66
五、共同类科目 /69
六、所有者权益类科目 /69
七、成本类科目 /70
八、损益类科目 /71
九、电子商务会计科目及账户设置 /74

第三节 会计等式 /75
一、会计等式的表现形式 /76
二、交易或事项对会计等式的影响 /76

第四节 复式记账 /78
一、复式记账法 /78
二、借贷记账法 /79

第五节 记录每一件事情的证据——会计凭证 /84
一、会计凭证的概念和种类 /84
二、原始凭证 /84
三、记账凭证 /89
三、电子商务会计凭证及其特征 /93

第六节 记录每一类事件的数据——会计账簿 /94
一、账簿的概念 /94
二、会计账簿的内容 /94
三、会计账簿的分类 /95
四、会计账簿的启用与登记要求 /98

    五、会计账簿的格式与登记方法　/ 99

    六、对账与结账　/ 102

    七、错账更正的方法　/ 105

    八、账务处理程序　/ 106

    九、会计账户与账簿　/ 109

    十、电子商务会计建账流程及注意事项　/ 109

  第七节 反映企业整体状况的数据——会计报表　/ 111

    一、财务报表概述　/ 111

    二、财务报表的种类　/ 112

    三、财务报表的结构　/ 112

    四、电子商务对财务报告的影响　/ 121

第三章 小荷才露尖尖角——企业资金筹集　/ 122

  第一节 企业资金来源　/ 122

    一、所有者权益筹资业务　/ 122

    二、负债筹资业务　/ 122

    三、资金成本　/ 124

  第二节 躺着也在赚钱——资金时间价值　/ 125

    一、资金的时间价值　/ 125

    二、资金的时间价值的计算　/ 126

    三、资金的时间价值对电子商务业务策划的作用　/ 127

  第三节 电子商务企业资金支付方式　/ 129

    一、汇款　/ 129

    二、货到付款　/ 131

    三、网上支付　/ 132

  第四节 企业筹集资金业务账务处理　/ 137

    一、投资者投入资本的核算　/ 137

    二、借入资金的核算　/ 140

    三、政府扶持资金的核算　/ 145

第四章 买得一枝春欲放——企业采购业务　/ 150

  第一节 采购业务介绍　/ 150

一、采购过程经济业务 / 150
二、采购业务的主要核算内容 / 150

第二节 电子商务采购业务介绍 / 151
一、电子商务企业的采购 / 151
二、电子商务企业的采购特点 / 151
三、电子商务采购模式 / 152
四、电子商务采购的优势 / 152

第三节 电子商务采购方式 / 153
一、电子商务采购方式 / 153
二、电子商务采购方式分类 / 153

第四节 采购业务账务处理 / 154
一、采购业务账务处理 / 154
二、引例 / 155

第五章 深巷明朝卖杏花——企业销售业务 / 158

第一节 金玉满堂——收入核算 / 158
一、收入的含义 / 158
二、电子商务企业的销售方式 / 158
三、电子商务企业产品定价 / 159
四、销售收入的账务处理 / 161

第二节 四两拨千斤——成本费用核算 / 168
一、费用简介 / 168
二、电子商务企业的成本费用 / 168
三、成本费用账务处理 / 169

第六章 一日复一日——企业日常账务处理 / 173

第一节 黄河之水天上来——货币资金的核算 / 173
一、库存现金的核算 / 173
二、银行存款的核算 / 175
三、其他货币资金的核算 / 177
四、外币业务核算 / 178

第二节 五步一楼，十步一阁——固定资产的核算 / 180

　　　　一、固定资产概述 / 180
　　　　二、科目设置及会计处理 / 181
　　　　三、固定资产的折旧 / 183
　　　　四、固定资产的处置与清查 / 185
　　第三节　锦帽貂裘——存货的核算 / 188
　　　　一、了解电子商务 ERP / 188
　　　　二、存货的确认与初始计量 / 189
　　　　三、存货的期末计量 / 189
　　　　四、存货的账务处理 / 191
　　第四节　清风明月本无价——无形资产核算 / 193
　　　　一、无形资产概述 / 193
　　　　二、无形资产的账户设置 / 194
　　　　三、无形资产的账务处理 / 195
　　　　四、无形资产摊销的账务处理 / 195
　　第五节　收拾旧山河——应收款项核算 / 197
　　　　一、应收账款的核算 / 197
　　　　二、预付账款的核算 / 198
　　　　三、其他应收款的核算 / 198
　　　　四、应收票据的核算 / 199
　　　　五、坏账准备与坏账损失 / 200
　　第六节　日异月殊——流动负债的核算 / 201
　　　　一、短期借款 / 201
　　　　二、应付账款 / 203
　　　　三、预收账款 / 203
　　　　四、应付票据 / 204
　　　　五、应付职工薪酬 / 204
　　　　六、应交税费 / 205
　　　　七、应付利息 / 206
　　　　八、其他应付款 / 207
　　第七节　陈芝麻，烂谷子——非流动负债的核算 / 207
　　　　一、长期借款 / 207
　　　　二、长期应付款 / 209

第八节 年年有余——所有者权益 / 210

一、所有者权益概述 / 210

二、实收资本 / 211

三、资本公积 / 213

四、留存收益 / 214

第七章 纳税，是每一家企业的责任——企业税务账务处理 / 216

第一节 心有丘壑——了解电子商务企业税收 / 216

一、电子商务企业的涉税事项 / 216

二、我国电子商务税收政策 / 218

三、不同电子商务模式涉税情况 / 222

第二节 相关税种账务处理 / 225

一、增值税简介 / 225

二、城市维护建设税以及教育费附加 / 232

三、印花税 / 234

四、企业所得税 / 236

五、个人所得税 / 240

第八章 稻花香里说丰年——企业利润账务处理 / 249

第一节 一分耕耘，一分收获——利润形成 / 249

一、利润的概念及构成 / 249

二、企业所得税 / 251

三、账户设置及账务处理 / 253

第二节 利润分配 / 257

一、利润分配的顺序 / 257

二、盈余公积的账务处理 / 257

三、未分配利润的账务处理 / 261

四、利润的分配 / 262

第九章 功绩精妍世少伦——财务报表与分析 / 267

第一节 财务报表概述 / 267

一、财务报表的定义 / 267

二、财务报表的分类 / 267

三、财务报表列报的基本要求 / 267

四、财务报表的作用 / 268

第二节 没有规矩，不成方圆——财务报表的格式及编制 / 269

一、资产负债表 / 269

二、利润表 / 280

三、现金流量表 / 288

第三节 财务报表分析 / 298

一、财务分析的内容 / 299

二、报表分析的方法 / 299

三、财务报表分析的作用 / 303

第十章 吾将上下而求索——电子商务与会计 / 304

第一节 江山代有才人出——虚拟企业与会计环境 / 304

一、会计与会计环境 / 304

二、虚拟企业的内涵特征 / 305

三、虚拟企业与会计环境的变迁 / 306

四、虚拟财产如何入账 / 307

第二节 领异标新二月花——无纸化交易与电子会计数据 / 308

一、无纸化交易与会计无纸化 / 308

二、电子会计数据的生成与管理 / 309

第三节 潜移默化——电子商务对会计的影响 / 310

一、电子商务对会计信息的影响 / 310

二、电子商务环境中会计基本假设的创新 / 311

三、电子商务对会计要素的影响 / 314

四、电子商务对财务分析的影响 / 315

第十一章 江山代有才人出——以主要电子商务行业会计核算管理要点为例 / 316

第一节 生鲜类电子商务会计核算管理要点 / 316

一、涉农产品生鲜电子商务核算管理注意事项 / 316

二、生鲜电子商务的存货核算 / 317

　　　　三、生鲜电子商务平台的费用核算 / 320
　第二节　天猫店会计核算管理要点 / 321
　　　　一、天猫建账流程 / 321
　　　　二、发货的会计核算 / 321
　　　　三、发货后收到钱的核算 / 322
　　　　四、淘宝客佣金的核算 / 323
　　　　五、"双十一""双十二"等节日的促销活动会计处理 / 323
　　　　六、采购入库成本 / 324
　第三节　阿里系电子商务会计管理要点 / 324
　　　　一、线上业务要分别核算 / 324
　　　　二、分销业务的核算处理 / 325
　第三节　跨境进口电子商务会计管理要点 / 329
　　　　一、进口税收的计算 / 330
　　　　二、保税区内交易的会计核算 / 330
　　　　三、海外直邮的会计核算 / 331
　　　　四、进口产品的外汇结算 / 332

第十二章　险尽开溪路见平——网络风险与内部控制 / 334

　第一节　他强由他强，清风拂山岗——网络风险介绍 / 334
　　　　一、网络风险的含义 / 334
　　　　二、电子商务风险的类型 / 334
　　　　三、网络风险的防范方法 / 336
　第二节　他横由他横，明月照大江——电子商务与内部控制 / 338
　　　　一、内部控制 / 338
　　　　二、电子商务对内部控制的影响 / 348
　　　　三、电子商务环境下的内部控制 / 352

第一章

人生若只如初见
——认识电子商务会计

第一节 掌控交易的主体——电子商务企业

一、电子商务：信息经济发展的里程碑

电子商务是以信息网络技术为手段，以商品交换为中心的商务活动，也可以理解为在互联网上以电子的方式进行交易和相关服务的活动，是传统商业活动各环节的电子化、网络化、信息化和智能化。电子商务是现代市场经济利用网络技术进行活动的典型应用产业，随着近几年各大电子商务企业的发展壮大，电子商务产业已经渗透到社会经济生活的各个层面，并已成为市场经济发展必不可少的重要力量和助推器。

在商业的整个运作过程中，电子商务能够运用各种信息方面的技术提高交易活动的效率，并能够获得交易过程中的全部数据资料。实现了交易的直接化和无纸化。电子网络交易具有交易虚拟化、效率高、成本低和交易透明化等诸多优点。电子商务可以在全球进行贸易伙伴选择，并将交易环节中的各个厂家和顾客商家紧密联系，以最低的投资成本满足用户需求，获得最大收益。

电子商务将传统的交易流程信息化，以信息流代替事物流，大量减少了人力和物力，降低了交易成本。另外，电子商务可以不受时间和空间的限制，全天 24 小时都能随时实现交易，交易活动可以在任何时间任何能与互联网链接的计算机上完成，大大提高了交易的效率。电子商务的开放性和全球一体化趋势为商家创造了很多商机，是信息经济发展的里程碑。

二、电子商务企业特征

电子商务企业是通过网络进行生产、营销、销售和流通活动的企业。这些活动不

仅包括基于网络的交易活动，还包括所有利用网络信息技术来解决问题、降低成本、增加价值和创造商业机会的企业活动，如原材料查询、采购，商品展示、销售、储运，电子支付等。

(一) 电子商务企业具有商业企业的共性

1. 以商品的购进、销售、运输、储存为基本业务

购进、销售、运输、储存是流通过程中的四个基本环节。商业企业主要是通过对商品的购进和销售以及因此而必需的运输和储存业务，完成商品由生产领域到消费领域的转移，满足消费者的需求。这四个环节在流通过程中各自处于不同的地位，起着不同的作用。合理组织商品流通的四个基本环节是商业企业的基本职能，它一方面是实现流通的基本要求，另一方面是提高商品流通经济效益的重要途径。

2. 组织商品流通，实现商品的使用价值和价值

通常情况下，商业企业的主要职能是组织商品的流通，实现商品的使用价值和价值，对经营的商品基本上不进行加工或只进行浅度加工，商品的使用价值和外部形态不发生变化。浅度加工往往也只是商业企业为了增加花色品种、扩大货源、满足市场需要而进行的，目的是使商品更方便、更快捷地流通。

3. 实现商品使用价值的运动和价值形态的变化

商业企业通过购进、销售、运输、储存等一系列流通活动，将商品由生产企业转移到消费者或用户手中，完成商品的空间位移和价值形态变化。商品的使用价值和价值在商流(购进和销售)中保持不变，但是在这一过程中，商业企业需要投入一定的物化劳动(生产资料，包括劳动资料和劳动对象)和活劳动(劳动力)，从而会发生一定的流通费用。

4. 商业企业的利润主要来自生产企业的让渡

商业企业的利润由让渡利润、级差利润、转移利润和管理利润构成，其中让渡利润是其基本形式和最主要的组成部分。由于商业企业主要为生产企业从事经营推销商品的业务，为生产企业节约了大量商品流通费用，加速了资金的周转，因此，生产企业就必须把一部分利润让渡给商业企业，作为商业利润。这一让渡是通过商品的价格差额来实现的。

5. 商业企业经济活动的中心内容是频繁发生的商品购进和销售

商业企业的经济活动主要包括购进和销售两个阶段，一般没有生产过程。商品存货在商业企业的全部资产中占有较大的比重,这也是企业资产核算和管理的重点。商业企业资金运动的轨迹为"货币—商品—货币",即表现为货币与商品间的相互转换。与制造业"货币—原材料—产品—货币"的资金运动轨迹相比,商业企业的经营周期明显短得多,资金周转自然也要快得多。

6. 商业企业是社会扩大再生产过程中的交换环节

商业企业比生产企业更接近市场,在引导生产、拉动消费、稳定物价、吸纳就业等方面的作用特别突出。商业企业作为国民经济中的一个重要部门,是连接工业与农业、城市与乡村、生产与消费的桥梁和纽带。商业企业的基本任务就是将社会产品通过货币交换的形式,从生产领域转移到消费领域,满足人们生活和其他各方面的需要。

(二)电子商务企业的特性

1. *电子商务企业依托于电子技术及电子工具,发展速度快,创新意识强*

电子商务企业随着现代电子技术及网络信息系统的进步而发展。在现代电子技术及网络信息系统高度发展的技术环境中,电子商务企业实现了跨越式的快速发展,成为21世纪新兴商业模式,在国民经济和社会发展中起到了重要的推动作用。随着电子商务企业发展领域的不断扩大及市场竞争的不断激烈,电子商务企业尤其是服务型电子商务企业在强化服务意识的同时,越来越注重客户交易体验,并通过技术创新及服务创新不断实现交易便捷化、满足用户个性化需求等。

2. *电子商务企业依托于传统消费场景,应用领域广,交易形式多样*

电子商务企业以传统的商品消费场景为依托,不断扩大应用领域及交易范围。随着现代经济的发展及消费需求的升级,电子商务企业的应用领域已不再局限于传统的产品进销存,而是广泛延伸至金融、保险、物流、物业等社会生活的各个方面,应用领域广,交易范围大,且电子商务企业有效地实现了不同消费场景的结合发展。例如,随着经济全球化及国际贸易的不断发展,跨境电子商务成为电子商务企业发展的新兴模式之一。跨境电子商务企业在服务于传统国际商品交易的同时,可提供跨境金融、跨境保险等连带服务以满足消费者跨境消费需求,更具有全球性及开放性,使国际贸易更趋于无国界贸易,跨境电子商务成为国民经济效益新的增长点。

电子商务企业在交易形式上突破了传统的企业与消费者直接交易的方式,实现了交易形式多样化。例如,电子商务企业交易更多地借助于第三方服务平台,如第三方支付平台、第三方保险平台、第三方物流平台等。电子商务企业交易形式的多样化实现了保障交易安全、降低交易风险、满足消费者多元化消费需求、实现一站式便捷化消费等交易效果，减少了交易环节、提高了交易效率。

3. 电子商务企业覆盖范围广，成本低，效率高

电子商务企业以互联网技术为交易手段，突破了传统交易的时间及地域限制，创造了有别于真实时间及地域的虚拟空间及虚拟社会，交易更直接，客户基础更广泛，因此电子商务企业在行业、地区等覆盖范围广。在电子商务模式下，一方面，企业可以避免开设营业网点的资金投入及运营成本；另一方面，交易双方通过互联网平台可自行完成信息搜索、商品甄选、交易咨询等环节，无传统中介、无垄断利润、无交易成本，突破了传统商品流通模式的限制，因此，电子商务企业的成本低。电子商务企业因交易主要由计算机处理，操作流程完全自动化、标准化，人工操作的环节较少，客户不需要排队等候，业务处理速度更快，因此效率更高。例如，互联网金融企业中，阿里小贷依托电子商务积累的信用数据库，经过数据挖掘和分析，引入风险分析和资信调查模型，商户从申请贷款到发放只需要几秒钟，日均可以完成贷款1万笔，成为真正的"信贷工厂"。

4. 电子商务企业有效实现了数据实时存储及交互、信息资源整合及共享

电子商务企业交易活动中会产生大量数据及信息，这些数据及信息可分为如下三类：第一类，交易侧数据及信息。如交易内容、交易量、交易时间、交易进度、交易次数、收支方式、收支状态、收支金额等。第二类，客户侧数据及信息。如消费者基本信息、消费者评论、消费者满意度、消费者关键字搜索记录等。第三类，企业侧数据及信息。如营业额、收入总额、利润额、应收账款、应付账款、存货周转率等。电子商务企业利用互联网技术有效实现了这些数据及信息的实时传输、存储与交互，并将这些数据及信息实现了多种存在形式（如视频、图片、文档等）。这样，一方面，满足了数据及信息传输、存储及交互量大、高效的需要；另一方面，实现了数据及信息安全，有效避免了数据丢失。

电子商务模式下，消费者可以在开放透明的平台上快速找到适合自己的产品和服务，这样，一方面，极大地削弱了市场信息的不对称程度，提高了交易信息传输的便捷性；另一方面，增加了消费者获取产品和服务的渠道，更有利于促进消费者需求的个性化及多元化。企业则可以对电子商务数据及信息进行深度挖掘及分析，从而进行资源整合、实现价值创造，这主要体现在如下三个方面：第一，促进电子商务营销实时化和精准化。电子商务企业通过对数据和信息进行追踪和整合，可以总结消费者的消费习惯及规律，云计算等数据分析系统的出现为电子商务企业快速、精细地分析消

费者偏好及行为轨迹提供了便利的工具，从而为针对性消费营销、自动推送产品等活动奠定了基础。第二，实现产品和服务的个性化。大数据的传输和存储，使电子商务企业可以多元化地获取消费者信息，从而为消费者提供满足其个性化需求的产品及服务。第三，促进价值链上电子商务企业运作的一体化和常态化。在大数据时代，快速满足消费者对产品和服务的要求成为电子商务企业核心竞争力，大数据等现代技术能够推动来自各个渠道跨界数据进行整合，使价值链相互连接，形成一个有机整体。

5. 电子商务企业以互联网技术研发为核心，成长模式为前期投入、后期盈利

电子商务企业依托于互联网技术进行商品及服务的交易，实物产品的进销存、无形服务的购买及支付等，均通过互联网完成，因此强大的互联网技术的研发及应用是电子商务企业正常运行的基础及核心。电子商务企业在发展的各个阶段均注重加大互联网技术的研发投入，尤其是在发展的初期，研发满足消费者优良体验需求、满足电子商务交易需求、满足电子商务企业日常运营需求的互联网技术及系统，更成为电子商务企业的首要目标。在此背景下，电子商务企业需投入大量资金及人力成本用于互联网技术及系统的研发和升级。因此，电子商务企业的成长模式为前期投入高、盈利少，甚至前期连续亏损，后期随着互联网技术及系统的不断完善和成熟、市场占有率的不断提升、交易量的不断加大，电子商务企业的亏损逐渐减少、盈利逐渐增加。实际市场中，部分电子商务企业发展过程中，因前期资本充足、互联网技术研发投入较高、市场占有及开拓较快，所以前期亏损阶段较短，盈利较快，发展较为迅速。

6. 电子商务企业面临着网络安全风险、交易风险及信用风险

电子商务企业因突破了传统的面对面交易方式、主要以互联网技术为支撑进行经营和交易，因此，电子商务企业面临着独特的网络安全风险、交易风险及信用风险，主要体现如下：第一，网络安全风险。电子商务企业利用互联网技术及系统进行各数据和信息的发布、接收、存储及传输等，这些数据和信息在互联网处理过程中可能会被网络入侵者恶意窃取、篡改和非法利用，可能会因互联网系统漏洞、网络不稳定等网络因素造成数据和信息的丢失和破坏；另外，在处理过程中如遇网络线路的繁忙、线路故障、网络传输延迟、黑客入侵、系统故障等，都可能使这些数据和信息缺乏实时性。第二，交易风险。电子商务企业的交易活动全部通过互联网完成，存在着企业与消费者之间基于互联网交易的沟通风险、信息不对称风险、突发事件处理风险等交易风险。第三，信用风险。电子商务企业面临的信用风险主要表现为买方信用风险及

卖方信用风险。买方信用风险主要包括买方基本信息真实性风险、按时足额付款风险、交易后恶意评价风险、无故退货风险、交易抵赖风险等；卖方信用风险主要包括虚假产品宣传风险、第三方支付信用风险、第三方物流信用风险等。

  7. 电子商务企业相关的监管法规及宏观调控亟待完善

  电子商务企业的经营模式、组织形式、产品及服务范围等呈现出多样化及差异化的趋势，且发展迅速，部分电子商务企业呈现出野蛮生长、非法交易等不良的市场现象。但目前中国基于电子商务的监管体系及监管政策尚不完善，存在着监管体系及监管政策滞后于电子商务企业实际发展的现状，与电子商务企业相关的部分法律法规尚处于空白状态。另外，基于电子商务企业发展的政府宏观调控缺乏前瞻性和及时性，基于市场已经出现的电子商务行为而进行的政府宏观调控无法起到有效规范电子商务企业、调控电子商务经济活动的作用。

三、电子商务企业的基本类型

  电子商务企业是指进行电子商务活动的企业，目前电子商务企业主要包括平台类电子商务企业、渠道自建类电子商务企业、渠道购买类电子商务企业。

  平台类电子商务企业是指给店铺提供网络空间，并不一定经营买卖的电子商务企业。如阿里巴巴旗下的淘宝，给众多淘宝店铺提供销售的网络空间和平台，从而促进产品线上的销售。

  渠道自建类电子商务企业是指自己拥有网络销售平台并自己负责销售的电子商务企业，如京东的京东自营，借助自家的销售平台来销售自家产品；在线教育类的会计学堂，学员可以通过其网站平台购买相关会计课程。

  渠道购买类电子商务企业是指借助第三方销售平台在线销售产品的店铺，如入驻京东、唯品会等平台的众多店铺。

四、电子商务企业的组织架构

（一）简单直线型

  简单直线型的组织架构是最基础的组织形式，其特点是企业以直线形式将各部门串联在一起，实行垂直领导。这种组织架构适用于小型电子商务企业，其优点是管理简单、责任和职权明确；缺点是一人承担管理职能比较困难，且部门协调性差。简单直线型的组织架构如图1-1所示。

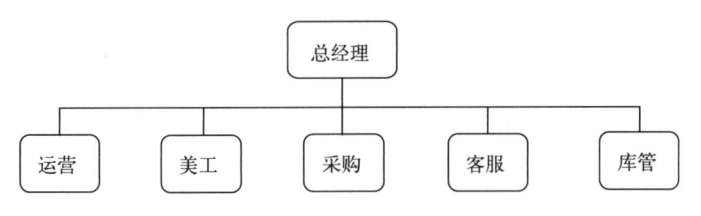

图 1-1　简单直线型的组织架构图

(二)项目机构型

项目机构型的组织架构是按项目设置的,每个项目之间相互独立,项目经理直接管理下属员工。这种组织架构一般适用于中型电子商务企业,其优点是各司其职、层次分明;缺点是职能部门存在重复情况,且机构臃肿、效率低下、员工之间交流机会少,不利于个人能力的提升。项目机构型的组织架构如图 1-2 所示。

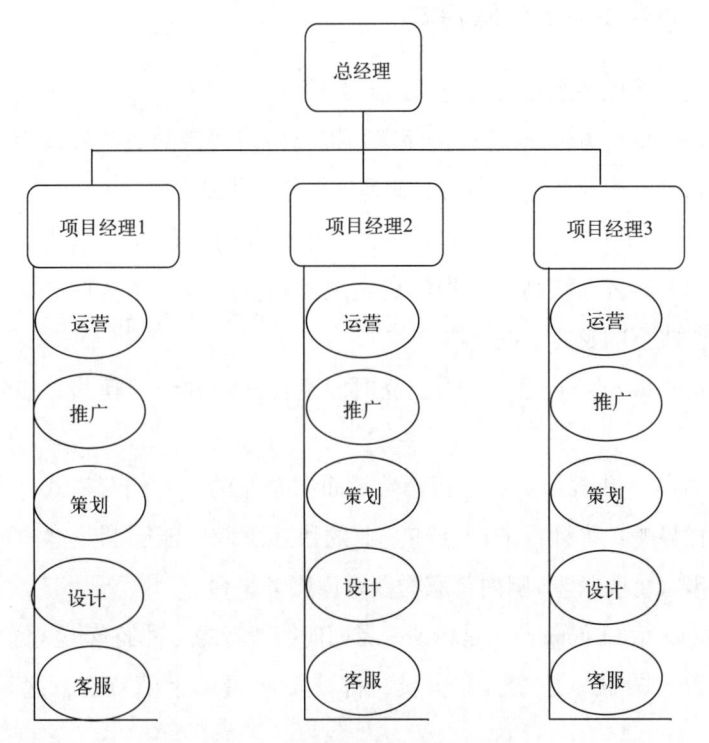

图 1-2　项目机构型的组织架构图

(三)矩阵型

相较于前面两种类型的组织架构,矩阵型的组织架构更为复杂,即不同职能的员工分别组成职能团队,同时这些职能团队又分属于不同的项目组。这种组织架构一般适用于拥有多项目、多店铺的大型电子商务企业,其优点是层次分明,缺点是组织机构较臃肿。矩阵型的组织架构如图 1-3 所示。

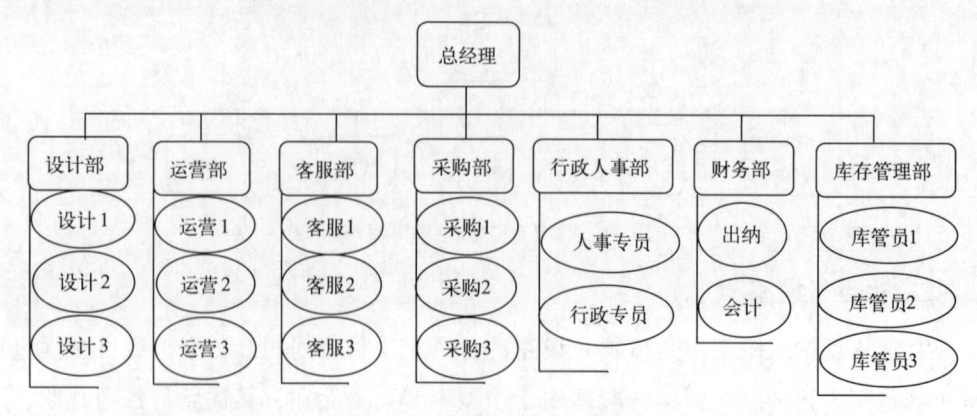

图1-3 矩阵型的组织架构图

五、电子商务企业的经营模式

电子商务企业常见的经营模式包括以下5种。

B2C(Business to Customer)，是指商家直接面向消费者的一种经营模式，如苏宁易购、京东、天猫等电子商务企业采用的就是这种经营模式。

O2O(Online to Offline)，是指线上和线下相结合的一种经营模式，如饿了么、美团、滴滴出行等，通过互联网平台将门店实现互联网落地，让客户在享受线上优惠的同时，还能享受线下的及时、贴身服务。

B2B(Business to Business)，是指企业面向企业的一种经营模式，如阿里巴巴的运作模式。

C2B(Customer to Business)，是指消费者面向企业的一种经营模式，主要以客户需求为导向，其优势是：小批量的产品和企业的快速反应，能够满足客户的个性化和多元化需求，如当家物业联盟(国内首家物业增值服务平台)。

C2C(Customer to Customer)，是指消费者面向消费者的一种经营模式，如闲鱼上的消费者有一本闲置的图书，通过网上售卖，将其卖给另一个消费者，这种交易模式就叫C2C。

第二节 老会计插上新翅膀——认识电子商务会计

一、电子商务会计

电子商务会计是通过计算机网络通信技术、云计算、数据包、互联网等高新技术的作用，以光电子以及磁介质为载体，进行远程数据输送，对电子货币核算、网上财务账目以及报表的分析，进行及时的监督和控制，并根据最终的分析结果做到有效的反馈。它是一种网上理财和电子商务活动的信息系统，达到完全的信息共享方式，体现了其科学性与包容性等特点。用一个公式表达为：电子商务会计=计算机信息网络技术+会计数据信息+传统会计理论知识。

电子商务对会计理论及会计实务的影响主要有以下方面：

(一)对会计本质认识的影响

进入信息时代，会计环境发生变化，由此产生了有关会计本质的信息系统论，即将会计视为收集、加工、传输、存储、审计会计信息的信息活动，以此来完善会计理论体系，指导会计实践。

(二)会计对象的变化

会计对象指会计核算和监督的内容，以及会计工作的客体。传统会计理论认为：由于会计需要以货币为主要计量单位，对特定会计主体的经济活动进行核算和监督，因而会计并不能核算和监督社会再生产过程中的所有经济活动，而只能核算和监督社会再生产过程中能够用货币表现的各项经济活动，即凡是特定主体能够以货币表现的经济活动，都是会计核算和监督的内容，也就是会计的对象，这将会计对象视为不断循环周转的资金活动。而在电子商务情境中，企业通过网络和供应商及客户甚至个体购买者实时交易，会计信息即时生成，实时反映在信息系统当中。如此，会计对象不再相对独立于业务管理活动，而是实现了会计与业务的综合与统一。虽然会计需要以货币计量的性质没有改变，但由于业务——财务、信息——数据的联动，会计对象也具有了新的性质，即不单单是资金运动，也是信息过程。

(三)会计职能的变化

会计的主要职能就是对企业经营活动进行核算和监督。会计核算就是收集、编制、存储、传输各类会计信息。会计监督是指采用调节、审计、控制、监测等方式，对企业经济行为的合理、合法有效性进行监督与评测。由于大环境的变化，核算和监督两项职能的内涵及外延也在不断发生变化。在电子商务情境下，由于信息技术、数据库技术、互联网技术的不断发展和深入应用，会计职能也逐渐从事后控制向生产经营全过程渗透。

(四)会计目标的变化

无论是受托责任观还是决策有用观，都认同会计应以提供兼具信度、效度的会计信息为目标之一。在电子商务情境中，工作组织形式已从曾经的面对面转为点对点，即网络中的节点与节点，通过节点与节点间的信息交换，实现信息的实时传递与可视、可控。因此，会计活动的信息功能更加凸显，提供信息也成为会计活动极为重要的一大目标。

（五）对会计要素的影响

会计要素是会计核算、会计监督的对象和内容，是构成会计内容的主要因素，可大致分为两大类：一类是反映企业经营状况的会计要素，一类是反映企业经营结果的会计要素。我国《企业会计准则》，将会计要素界定为六项：即资产、负债、所有者权益、收入、费用和利润。在电子商务情境中，会计活动实时、动态、综合、全方位，对会计要素的区分也应在此基础上更加细化，更加强调会计要素的信息属性。

（六）对会计假设的影响

会计假设是对会计领域中尚未肯定的事项所做出的合乎情理的假说或设想。现阶段企业清算更加频繁，公司合并、重组、终止、分设时有发生，使持续经营假设受到了极大的挑战。不仅流动资产应该按变现价值反映，固定资产变现价值也与之相关。20世纪后期至今，全球进入信息时代，电子商务催生的网上虚拟公司，其经营活动面临着空前的风险，并呈现更大程度上的不连续性，而非持续经营。因此，以持续经营为假设的传统会计的主流地位渐渐受到了非持续经营为假设的清算会计的挑战。

（七）对会计准则的影响

会计准则是规范会计账目核算、会计报告的一套文件。它的目的在于把会计处理建立在公允、合理的基础之上，并使不同时期、不同主体之间的会计结果的比较成为可能。会计准则的功能就是适度地缩小管理当局会计政策选择的自由度或幅度。会计准则需要信息系统提供支持和保障，尤其是在电子商务情境下，新会计准则很多要素都需要通过信息系统实现。目前尽管企业已经具备了相应的信息系统，但还不能满足报告使用者深度分析的需求。当环境发生变化，会计准则自应发生相应变化。在电子商务情境中，也理应出现适合新环境的新会计准则。

（八）对会计核算的影响

会计核算方法，是指会计对企、事业，行政单位已经发生的经济活动进行连续、系统、全面反映和监督所采用的方法。会计核算方法主要是指设置会计科目及账户、复式记账、填制和审核凭证、登记账簿和编制财务会计报告等几种方法。进入电子商务时代，会计活动的信息性更加凸显，传统方法存在一些局限，如只反映价值信息，不反映非价值信息；只反映会计主体内部有关信息，不反映网络中其他节点的管理信息等。

（九）对会计流程的影响

由于计算机技术、网络技术、数据库技术的不断发展，会计业务已从线下人工操作转向线上网络化处理，从纸、笔、资料袋转向电子单据在线录入。通过实时支付在线转账，财务业务协同处理，即时产生财务信息并实时传递，实现现金流、信息流的合二为一。因此，传统会计流程将面临全面而彻底的重组，企业财务模式也将面临全面而彻底的重建。另外票据和信息的进一步分离，给审计造成了新的难度和风险，也要求审计工作相应地进行调整。

（十）对会计组织架构的影响

传统的会计组织架构相对具有独立性，由专业的会计从业人员组成专门的会计部门，进行相对独立的会计工作。在电子商务情境中，由于信息系统和数据库的引入，会计工作已融入企业经营活动的每一部分，已进入信息系统的每一个节点。因此，会计组织架构也应相应调整，实现点对点实时传输，更加强调整体性。对于会计人员而言，也应转变观念，不仅仅是财务人员，也是信息人员，需要有意识地强化数据挖掘、信息分析等方面的能力与素养。

二、电子商务会计与传统会计的区别

（一）核算基础不同

电子商务会计与传统会计的区别之一是核算基础不同。一般情况下，传统会计在办理业务时的核算基础为发票、账簿或财务报表等纸质凭证，其税务征管和税务稽查有理有据。但对于电子商务会计而言，电子商务财务交易在独特的电子商务虚拟环境下通常采用无纸化方式进行，其核算基础——销售凭证、票据、账簿、报表等各种纸质凭证都以数字化信息的形式存在，虽然电子凭证便于存储、传递与使用，但同时存在被无痕迹修改的风险。

（二）核算时间不同

企业营业收入和经营成本的确认时间点，会直接影响企业纳税义务的发生时间。传统企业的会计通常会在发货或收款时确认收入。结转成本，并履行纳税义务。而电子商务会计通常会在买家确认收货且卖家收到货款或取得确切的收款凭证时确认收入、结转成本，并履行纳税义务。

(三)应收账款的处理不同

传统企业的会计在处理款项时,通常会将款项计入"银行存款"或"应收款项",而电子商务企业的中介信用担保以第三方交易平台(非金融机构,与银行合作的公司)为主,因此,电子商务会计不用将暂存在第三方交易平台的货款计入"银行存款"账户。同时,第三方交易平台可以规避卖方付款后无法收到货物的风险以及卖方发货后无法收到客户货款的风险,因此电子商务企业不会出现交易成功但因拖欠货款不能收回的情况,这也意味着电子商务会计也可以不设置"应收账款"和"坏账准备"的账户。

(四)电子商务会计有财务后台

对于一般传统企业,其销售合同、提货单、盘点表、领料单等大都是由生产部、销售部、仓储部提供的,但电子商务行业,以上这些都是直接从电子商城、移动App、微信平台直接取得,从订单、商品、库存、采购、发货、物流、结算,一直到售后,全程数据可以自动导出,这个操作需要电子商务会计从财务后台导出。

电子商务行业的财务后台有很多种,淘宝、微信、京东都有其财务后台,后台记录每笔订单的具体数据,财务会产生和交易流水号对应的订单号作为统一凭证。以淘宝为例,淘宝官方可提供很多财务工具,帮助商家实现统计店铺收入、店铺支出、费用明细等基本功能。一般来说,对于个人或者小微企业,如果不需要对账,不需要进行资金管理,且不需做利润分析,则淘宝的账房工具就可以满足用户需求。而对于有较多收入的大中型企业,可以在淘宝官方的开放平台自己选择第三方软件以满足一般的核算需要。

如果企业本身有ERP的话,可以叫ERP的服务公司为其开放电子商务接口,引入一个适合企业本身的系统。目前国内的ERP可以无缝连接各大电子商务平台,对多平台订单同时进行管控;这也就是说可以通过企业的ERP软件,及时抓取各大电子商务平台的销售数据,如你是卖鞋的,同时在天猫、京东、唯品会都有销售的话,可以统一在ERP查询到实时销售信息、物流信息和库存信息。除此之外,也有针对跨境电子商务的ERP系统,虽然暂时来说,功能还不算强大,但其针对性较强。

(五)电子商务会计可以实时报账

传统企业报销的销售费用,用的是纸质的《支出审批单》,按职能层层签批,先进一些的也有企业用OA进行审批,或者用ERP进行审批,然后财务入账。从管理者的角度来看,层层审批是有效的内部控制手段,但时效性就差了一点。有时候,想要知道今天的销售情况,往往需要几天时间。不过,有一些电子商务企业为了运行更高效,希望可以通过手机随时随地地查询企业支出明细以及监控资金状况，他们会在手机上面订制自己企业专属App，将电子商务平台的信息和数据保存在私有云（企业的云服务器），为企业全员随时随地、有条不紊地提供远程报销、采购、托运等业务，特别是贸易型的电子商务企业，需要多工厂、多地点之间运作的。

这个时候，电子商务会计不用等单据录入完毕，就可以自己去查找当日的收支情况了，这压缩了财务单据传递的时间，尤其是当供应商都能开具电子发票的话，这个时间就更短了。

实时记账是一个比较重要的功能，特别是销售员去"试款"的时候，如果每天能监测到每个产品的销售数据和存货数量，就能比别人更快一步抢到先机。

（六）电子商务会计可快捷生成收支数据

传统企业的会计，在月末的时候会打印银行当月的流水，按收到的发票分配所属的费用。如贷款利息发票计入财务费用、车间电费发票计入制造费用、托运发票计入销售费用等。而在电子商务企业，由于大多数的费用缴纳均通过第三方支付平台（支付宝、微信），电子商务会计可以通过查询第三方支付平台的支付信息，汇总所有的收支数据，流程如图1-4所示。

第三方平台内导出收支流水 → 自动分配当月所属收支 → 记账

图1-4 电子商务会计记账流程

对比传统做法，这是最省时的。如果是大型的电子商务企业，有自己的信息工程部的话，一般会自己开发App，接入第三方支付平台的开放式接口，按自己的行业特点订制私人支付管理系统。就算不是自己开发的App，购买某些ERP软件，也可以实现自动导入第三方平台的交易数据。这点比传统核算方法更快更准确。

三、电子商务的会计信息系统

电子商务的会计系统将逐步取代传统会计的填表、登记账簿和编制报表的方法。常见的电子商务会计的方法有电子原始凭证、电子记账凭证、电子账簿、电子财务报表、数据仓库技术和事件驱动程序等方法。电子商务会计系统会通过实时披露、交互式披露、披露会计事项和多媒体式披露等信息披露方式在财务报表中增加披露的项目和信息披露的方式。

电子商务会计系统的特征主要有会计处理的实时性、会计方法的多样性、提供信息的全面性和会计功能的扩展性。电子商务环境中,协同处理主要表现在企业业务的处理、企业信息的处理以及信息的及时的传递。因此,使得企业信息的传递更加流畅。

(一)会计系统设计

电子商务环境下的会计系统设计中,主要是将会计系统的大量会计信息工作进行分析和细化,明确会计系统的功能需求和数据的处理流程。其中编制会计分录,要保证所有的会计数据明细,保证各项会计数据凭证等都符合记账规则;账簿登记,要按照不同的数据来源等进行会计信息的审核,按照不同的口径进行登记;其他的工作试算平衡、账项调整、会计报表的编制、期末结账等,需要按照会计系统以及会计准则进行,保证电子商务下各项会计系统工作的顺利进行,具体如图1-5所示。

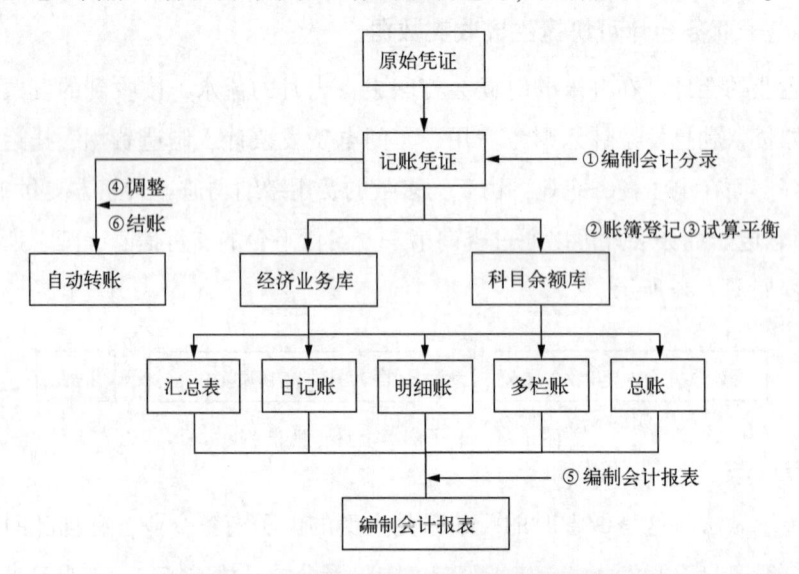

图1-5 电子商务会计系统的数据流程设计

完成以上的设计之后,还需要对电子商务环境下的会计系统的功能模块进行设计,对会计系统的整体工作环境进行分析。可以将电子商务环境下的会计系统功能模块分为:凭证处理、数据处理、数据查询、报表打印、统计图表、系统设置、用户管理、数据安全。电子商务环境下的会计系统设计,将其性能和功能进行完善,以便更好地为电子商务服务。

(二)系统发展需求

当前对电子商务会计系统的发展需求,主要体现在以下几个方面:

1. 基础理论需求

随着电子商务的发展,传统经济模式发生着转变,会计系统的工作也需要发生转变，适应当前社会发展中电子商务环境下的相关发展需求。在电子商务环境下会计系统需要满足的基础理论需求主要有会计主体假设需求、持续经营假设需求、会计分期假设需求、货币计量假设需求等。

2. 会计环境需求

会计环境需求主要是满足会计系统生存发展的客观环境。会计环境的变化，对会计系统的运行必然会产生一定的影响。当前电子商务不断的发展，随着网上交易、网上银行等的产生，网上支付不断发展，为了保证电子商务正常安全运行，需要为电子商务会计系统提供一定的会计环境。

3. 会计信息质量需求

会计信息质量要求满足会计信息的相关性需求、可靠性需求、可比性需求，还需要满足会计信息质量的相关特征和成本效益等原则需求。要保证在电子商务环境下，产生的会计信息具有透明性，借助网络技术、信息技术等，完善会计信息，更好地为用户提供个性化的信息需求。

4. 会计职能需求

会计系统的会计职能主要体现在会计控制职能、决策职能、核算职能等需求。在电子商务发展的过程中，会计系统的结构需要得到完善，才可以更好地促进其相关职能的完善。

第三节　万变不离其宗——电子商务企业中会计工作的特点

一、电子商务会计的特点

会计是以货币作为主要计量单位，运用一系列专门方法，对企事业单位的经济活动进行连续、系统、全面和综合的核算和监督，并在此基础上对经济活动进行分析、预测和控制，以提高经济效益的一种管理活动。

会计作为经济管理的一种活动，是随着社会生产的发展以及经济管理的需要而产生和发展起来的。它是社会生产发展到一定阶段的产物。在原始社会，会计只是生产职能的附带部分。当社会出现私有财产后，由于保护私有权和不断扩大其私有财产的需要，会计逐渐从生产职能中分离出来，成为独立的职能，并发展到承担生产管理的任务，为提高经济效益服务。

(一) 电子商务会计具有会计的共性

1. 会计首先是一种经济计算

它要对经济过程(以货币为主要计量尺度)进行连续、系统、全面、综合的计算。经济计算是指人们对经济资源(人力、物力、财力)、经济关系(等价交换、所有权、分配、信贷、结算等)和经济过程(投入、产出、收入、成本、效率等)进行的数量计算的总称。经济计算既包括对经济现象静态状况的存量计算，也包括对经济现象动态状况的流量计算；既包括事前的计划计算，也包括事后的实际计算。会计是一种典型的经济计算，经济计算除包括会计计算外，还包括统计计算和业务计算等。

2. 会计是一个经济信息系统

它将一个企业分散的经营活动转化成一组客观的数据，提供有关企业的业绩、问题以及企业资金、劳动、所有权、收入、成本、利润、债权、债务等信息；向有关方面提供有关信息咨询服务。任何人都可以通过会计提供的信息了解企业的基本情况，并作为其决策的依据。可见，会计是一个以提供财务信息为主的经济信息系统，是企业经营的记分牌，因而会计又被称为"企业语言"。

3. 会计是一项经济管理工作

在非商品经济条件下，会计直接对财产物资进行管理；而在商品经济条件下，由于存在商品生产和商品交换，经济活动中的财产物资都是以价值形式表现的，所以会计是利用价值形式对财产物资进行管理的。如果说会计是一个信息系统，主要是针对企业外部的有关信息使用者而言的；如果说会计是一个经济管理活动，主要是针对企业内部而言的。从历史的发展和现实状况来看，会计是社会生产发展到一定阶段的产物，是为了适应生产发展和管理需要而产生的，尤其是随着商品经济的发展和市场竞争的出现，要求通过管理对经济活动进行严格的控制和监督。同时，会计的内容和形式也在不断地完善和变化，由单纯的记账、算账，办理账务业务，对外报送会计报表，发展为参与事前经营预测、决策，对经济活动进行事中控制、监督，开展事后分析、检查。可见、无论是过去、现在还是将来，会计都是人们对经济进行管理的活动。

(二) 电子商务会计具有其特殊性

1. 电子商务企业会计的系统操作智能化、批量化

电子商务企业会计的首要特性是其应用的会计系统智能化、批量化。电子商务企业的经营模式下，所有交易环节均通过互联网完成，业务种类多、交易量级大，与交易相关的各类经济活动，如第三方资金收付、第三方保险售卖等均具有实时性特点，电子商务企业的这些特性使得其会计活动也必须通过互联网完成。因此，电子商务企业会计的系统随着互联网技术的不断发展，也越来越呈现出明显的智能化、批量化的特征。一方面，电子商务企业会计系统的智能化使其突破了传统会计的人工操作、转变为计算机自动化操作；另一方面，电子商务企业的计算机自动化操作使得一切会计活动的批量化操作成为可能，会计数据及信息的处理由传统的人工、逐个操作转变为现代的计算机批量化操作，这是其他企业会计活动短时期内较难达到的效果。

2. 电子商务企业会计与业务关联紧密化、实时化

电子商务企业会计活动与业务活动关联紧密、信息同步，这主要体现在：一方面，电子商务企业业务运营活动的各个环节在互联网上进行和交易的同时，会计活动也在同步进行。例如，电子商务企业中的生鲜商品交易企业，其售卖的生鲜商品从采购、销售下单、配送、客户收货，到企业实收货款、交易完成，每个交易环节均同步发生会计核算和会计数据实时传递。因此，电子商务企业的会计实现了真正意义上的业务交易信息交互，这使得会计与业务关系更紧密化、实时化。另一方面，电子商务企业的会计实时反映了业务交易数据，这使得企业管理者更方便快捷地获取各个业务模块、各条业务线的经营数据，如交易量、交易额、成本、毛利等。在市场竞争日趋激烈及电子商务业务更新加速的环境下，电子商务企业会计对业务经营决策的支持参考性尤为重要。这也是电子商务企业会计与业务关联紧密化的重要体现。

3. 电子商务企业会计的更新迭代快速化、多样化

电子商务企业会计活动呈现出独特的更新迭代快速化、多样化特征，这主要源于两方面的原因：第一，因电子商务企业的业务经营活动涉及的生产及生活范围越来越广、产品及服务的形式越来越多样化、交易方式越来越灵活化，电子商务企业的会计活动随着这些业务活动的调整升级而不断更新迭代。在符合会计准则的前提下，根据电子商务与企业实际业务场景开展会计活动，成为电子商务企业会计更新迭代的基础；更加方便快捷、实时精准地统计和传递会计信息，从而为电子商务企业提供更为有效的决策参考，则成为电子商务企业更新迭代的中心。第二，因电子商务企业的业务运营及会计活动均通过互联网完成，其更新迭代也依赖于互联网技术的升级发展；与此同时，电子商务企业会计的更新迭代反过来又推动了会计活动自动化的进程。电子商务企业会计的更新迭代要求会计从业者研究设计出更适合电子商务企

业经营需要的会计系统及软件,以满足会计数据获取、处理及分析的需求,这使得电子商务企业会计在更新迭代过程中呈现出了多样化的特征。越来越多的电子商务会计系统及软件突破了传统的形式和功能,操作更便捷化、功能更完整化、兼容性更强,实现了电子商务企业会计的新发展。

二、了解电子商务会计核算

(一)会计核算的对象

会计以货币为主要计量单位,对企业、机关、事业单位和其他组织的经济活动进行核算和监督。以货币表现的经济活动,通常称为资金运动。资金运动包括各种特定对象的资金投入、资金的循环与周转(资金运用)和资金退出等过程。

不同的行业、企业的资金运动有不同的特点,差异性较大。会计在电子商务环境下的核算对象由生产过程中的资金运动转变成了电子商务活动,其将现实的商务运作用虚拟的数字世界进行模拟,实现了"数出一门,数据共享"。电子商务企业的资金运动示例如图1-6所示。

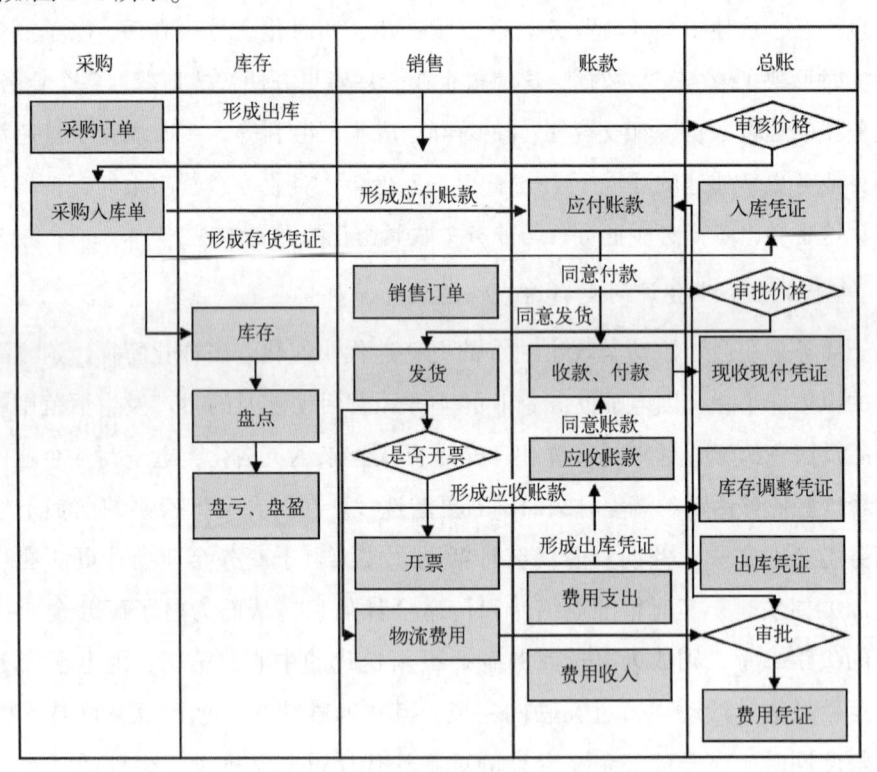

图1-6 电子商务企业的资金运动

（二）电子商务企业会计核算的特点

1. 实时性

传统的会计核算信息在传递时存在许多问题，例如信息不能及时传递、传递过程容易出现错误等，这使得会计核算不能及时有效地进行，效率低下、实时性较差。在电子商务企业的实际发展中，随着互联网技术的不断革新与升级，电子商务企业会计核算的信息反馈能力有了极大的提升。电子商务企业会计核算信息的传递以互联网技术及系统为媒介，传递速度快、传递质量高。同时电子商务企业在业务开展前期、商品投放市场过程中实现了会计核算所需数据和信息的实时性同步传递，这使电子商务企业的会计核算从传统的、较为死板的静态事后核算转化为现代的、较灵活的事前或事中核算。电子商务企业的这类实时性会计核算，可以使企业经营者随时随地掌握企业的运营状况，以待随时发现问题，并及时解决，既能满足消费者的良好消费体验需求，又能提升电子商务企业的运营效率。

2. 全面性

传统的会计核算管理系统集中在会计核算类数据的获取、存储、传递及处理，这类会计核算管理系统与企业业务关联较少甚至无关联，使得会计核算与企业业务运营割裂较大，无法实现会计核算与企业业务运营的及时有效结合。电子商务企业依托于互联网技术，能创建更全面的会计核算管理系统，这样就能实现企业的财务系统和业务系统更有效的结合，同步进行线上管理，全面反映企业的财务状况和企业的业务运营状况。在电子商务企业的互联网环境中，会计核算从纸质页面数据和信息发展成网络页面数据和信息，使得会计核算冲破传统信息的展示和传递形式局限，电子商务企业会计核算数据和信息的存储及传递便捷化也极大地促进了各类数据处理及分析的深度化、精准化，从而为电子商务企业的经营决策提供更全面、更有效的参考。

3. 开放性

传统的会计核算数据和信息通过纸质媒介进行获取、存储、传递及处理，这使得企业管理者无法实时获取核算数据和信息，易造成会计核算信息的不对称；另外，外部关联机构如政府部门、合作企业、监管机构等无法实时共享企业财税信息，只能通过企业自行对外报送的方式获取，这可能引发企业偷税漏税、虚假账务等违法违规行为，既不利于企业的持续性经营，也不利于整个国民经济的发展。电子商务企业应用互联网技术，将企业的核算数据和信息存储在网络上，实时获取、传递、分析及处理，可实现对企业财务的远程监控和核算，提高会计核算的效率；企业管理者可以通过网络了解核算数据和信息，政府部门也能通过网络实时监控企业的财税信息，避免偷税漏税、虚假账务等违法违规行为，企业之间也能通过共享一些财务资源，增强与其他部门的工作协调性。

4. 智能性

传统的会计核算完全依赖人工操作，核算数据和信息的获取、录入、修改和审核均为人工完成。这种传统的会计核算方式不仅耗费大量的工时，而且难以保证核算的准确性和及时性。电子商务企业应用互联网技术，将企业的业务系统、核算系统等各类财务系统进行实时的数据交互和分享。电子商务企业只要预先设定符合会计核算准则及业务运营实质的核算逻辑和会计分录，就可以实现计算机实时自动记账、复核、财务报表生成、业务运营数据及财务分析数据自动获取等，这些均使得电子商务企业的会计核算更加智能化。电子商务企业会计核算的智能化发展，一方面使得会计核算工作突破了时间及人工操作的束缚，减少了人工进行会计核算信息处理的时间，极大地提高了会计核算的及时性；另一方面，计算机自动核算也极大地减少了因人工操作造成的核算失误，提高了会计核算的准确性。

5. 灵活性

传统的会计核算在会计分录的设置上较为传统，根据会计核算原则及业务运营实质所设置的明细科目通常量级较少、复杂程度较低。电子商务企业因其电子商务业务开展及运营的多样性、灵活性、发展快速、更新迭代较为频繁等特点，会计核算也呈现出区别于传统会计核算的灵活性特点，这主要表现在：第一，电子商务企业的会计核算涉及的明细科目较多。这主要是由电子商务企业的业务性质决定的。尤其是业务范围较广、业务种类较多的电子商务企业，为了更加精准、更切合实际地反映企业的财务状况和经营成果，设置了量级较大、复杂程度较高的会计核算分录。第二，电子商务企业在会计核算中涉及较多的中转科目。电子商务企业的业务运营过程中会涉及资金的代收代付、收入在较长期限内的确认和分摊、各类保证金的收取及退还等业务场景，这使得会计核算中有必要设置较多的中转科目，以便在符合会计核算原则的前提下，更好地反映业务实质。第三，电子商务企业的会计核算维度广。随着电子商务企业业务运营的多样化、灵活化发展及企业架构的不断完善和升级，传统的单一维度会计核算已不再能够满足企业经营发展的需要了，取而代之的是多维度的会计核算方式。例如，从事生鲜商品交易的电子商务企业，已经实现了同时反映和记录业务侧、区域侧、部门侧、客户侧等多维度的会计核算,这为电子商务企业从不同维度改善经营管理提供了有效的数据参考。第四,电子商务企业会计核算软件升级较快。在电子商务企业的业务运营环境中,传统的会计核算软件(即会计电算化)已经被更为智能、更新迭代速度更快的核算软件所取代。电子商务企业的会计核算软件更注重其与业务的一致性、实时性,并根据前段业务发展及调整的需要随时更新和升级相应的会计核算软件。比较成熟的大型电子商务企业,通常会投入专项的资金及人力从事会计核算软件及系统的开发研究,以实现会计核算与企业业务的同步发展。

(三)电子商务企业会计核算流程

电子商务企业会计核算流程见表1-1。

表1-1 电子商务企业会计核算流程

交易类型	交易步骤	会计核算流程及处理
(1)先付款后发货,有第三方担保,正常交易	客户提交订单	不需做会计核算处理
	客户在线付款至担保方	因此笔款项尚不确定是否会最终流入电子商务企业,故不需做会计核算处理
	企业发货	发货仍尚不确定此笔交易是否最终成交,尚无法确认收入及成本看,但可将库存商品转为发出商品。 借:发出商品 　　贷:库存商品 第三方物流公司配送货物时发生物流费用时确认费用。 借:销售费用 　　贷:银行存款/应付账款
	客户确认收货	此环节代表此笔交易最终成功,可确认收入及成本。 借:应收账款 　　贷:主营业务收入 应交增值税——销项税额 借:主营业务成本 　　贷:发出商品
	担保方清算货款	收到第三方担保扣除手续费之后的货款,确认费用,核销应收账款。 借:银行存款/财务费用 　　贷:应收账款
(2)先付款后发货,有第三方担保,因拒收需重新发货的交易	客户提交订单	不需做会计核算处理
	客户在线付款至担保方	因此笔款项尚不确定是否会最终流入电子商务企业,故不需做会计核算处理
	企业发货	发货仍尚不确定此笔交易是否最终成交,尚无法确认收入及成本看,但可将库存商品转为发出商品。 借:发出商品 　　贷:库存商品 第三方物流公司配送货物时发生物流费用时确认费用。 借:销售费用 　　贷:银行存款/应付账款

续表

交易类型	交易步骤	会计核算流程及处理
(2)先付款后发货，有第三方担保，因拒收需重新发货的交易	客户拒收退回货物	将退回货物由发出商品转回库存商品。 借：库存商品 　　贷：发出商品　或 借：发出商品(红字) 　　贷：库存商品(红字)
	企业重新发货	重新发货仍尚不确定此笔交易是否最终成交，尚无法确认收入及成本看，但可将库存商品转为发出商品。 借：发出商品 　　贷：库存商品 第三方物流公司配送货物时发生物流费用时确认费用。 借：销售费用 　　贷：银行存款/应付账款
	客户确认收货	此环节代表此笔交易最终成功，可确认收入及成本。 借：应收账款 　　贷：主营业务收入　应交增值税——销项税额 借：主营业务成本 　　贷：发出商品
	担保方清算货款	收到第三担保扣除手续费之后的货款，确认费用，核销应收账款。 借：银行存款/财务费用 　　贷：应收账款
(3)先付款后发货，有第三方担保，被拒收并取消交易	客户提交订单	不需做会计核算处理
	客户在线付款至担保方	因此笔款项尚不确定是否会最终流入电子商务企业，故不需做会计核算处理
	企业发货	发货仍尚不确定此笔交易是否最终成交，尚无法确认收入及成本看，但可将库存商品转为发出商品。 借：发出商品 　　贷：库存商品 第三方物流公司配送货物时发生物流费用时确认费用。 借：销售费用 　　贷：银行存款/应付账款
	客户拒收退回货物	将退回货物由发出商品转回库存商品。 借：库存商品 　　贷：发出商品　或 借：发出商品(红字) 　　贷：库存商品(红字)
	担保方退款至客户	此笔款项未流入企业，不需做会计核算处理
(4)先付款后发货，有第三方担保，付款后即返回取消交易	客户提交订单	不需做会计核算处理
	客户在线付款至担保方	因此笔款项尚不确定是否会最终流入电子商务企业，故不需做会计核算处理
	担保方退款至客户	此笔款项未流入企业，不需做会计核算处理

第一章 人生若只如初见——认识电子商务会计

续表

交易类型	交易步骤	会计核算流程及处理
（5）先付款后发货，无第三方担保，正常交易	客户提交订单	不需做会计核算处理
	客户在线付款到账	此笔款项已到达企业账户，视作预收账款；如发生结算手续费，视作财务费用。 借：银行存款/财务费用 　　贷：预收账款
	企业发货	发货仍尚不确定此笔交易是否最终成交，尚无法确认收入及成本看，但可将库存商品转为发出商品。 借：发出商品 　　贷：库存商品 第三方物流公司配送货物时发生物流费用时确认费用。 借：销售费用 　　贷：银行存款/应付账款
	客户确认收货	此环节代表此笔交易最终成功，可确认收入及成本。 借：预收账款 　　贷：主营业务收入　应交增值税——销项税额 借：主营业务成本　贷：发出商品
（6）先付款后发货，无第三方担保，因拒收需重新发货的交易	客户提交订单	不需做会计核算处理
	客户在线付款到账	此笔款项已到达企业账户，视作预收账款；如发生结算手续费，视作财务费用。 借：银行存款/财务费用 　　贷：预收账款
	企业发货	发货仍尚不确定此笔交易是否最终成交，尚无法确认收入及成本看，但可将库存商品转为发出商品。 借：发出商品 　　贷：库存商品 第三方物流公司配送货物时发生物流费用时确认费用。 借：销售费用 　　贷：银行存款/应付账款
	客户拒收退回货物	将退回货物由发出商品转回库存商品。 借：库存商品 　　贷：发出商品　或 借：发出商品（红字） 　　贷：库存商品（红字）
	企业重新发货	重新发货仍尚不确定此笔交易是否最终成交，尚无法确认收入及成本看，但可将库存商品转为发出商品。 借：发出商品 　　贷：库存商品 第三方物流公司配送货物时发生物流费用时确认费用。 借：销售费用 　　贷：银行存款/应付账款
	客户确认收货	此环节代表此笔交易最终成功，可确认收入及成本。 借：预收账款 　　贷：主营业务收入　应交增值税—销项税 借：主营业务成本 　　贷：发出商品

续表

交易类型	交易步骤	会计核算流程及处理
(7)先付款后发货，无第三方担保，因拒收取消交易	客户提交订单	不需做会计核算处理
	客户在线付款到账	此笔款项已到达企业账户，视作预收账款；如发生结算手续费，视作财务费用。 借：银行存款/财务费用 　　贷：预收账款
	企业发货	发货仍尚不确定此笔交易是否最终成交，尚无法确认收入及成本看，但可将库存商品转为发出商品。 借：发出商品 　　贷：库存商品 第三方物流公司配送货物时发生物流费用时确认费用。 借：销售费用 　　贷：银行存款/应付账款
	客户拒收退回货物	将退回货物由发出商品转回库存商品。 借：库存商品 　　贷：发出商品　或 借：发出商品(红字) 　　贷：库存商品(红字)
	退款至客户	取消交易，企业退回货款。 借：预收账款 　　贷：银行存款
(8)先付款后发货，无第三方担保，付款后即反悔取消交易	客户提交订单	不需做会计核算处理
	客户在线付款到账	此笔款项已到达企业账户，视作预收账款；如发生结算手续费，视作财务费用。 借：银行存款/财务费用 　　贷：预收账款
	退款至客户	取消交易，企业退回货款。 借：预收账款 　　贷：银行存款
(9)先发货后付款，正常交易	客户提交订单	不需做会计核算处理
	企业发货	发货仍尚不确定此笔交易是否最终成交，尚无法确认收入及成本看，但可将库存商品转为发出商品。 借：发出商品 　　贷：库存商品 第三方物流公司配送货物时发生物流费用时确认费用。 借：销售费用 　　贷：银行存款/应付账款
	客户确认收货，企业收款	此环节代表此笔交易最终成功，可确认收入及成本。 借：银行存款 　　贷：主营业务收入　应交增值税——销项税额 借：主营业务成本 　　贷：发出商品

第一章 人生若只如初见——认识电子商务会计

续表

交易类型	交易步骤	会计核算流程及处理
（10）先发货后付款，因拒收需重新发货的交易	客户提交订单	不需做会计核算处理
	企业发货	发货仍尚不确定此笔交易是否最终成交，尚无法确认收入及成本看，但可将库存商品转为发出商品。 借：发出商品 　　贷：库存商品 第三方物流公司配送货物时发生物流费用时确认费用。 借：销售费用 　　贷：银行存款/应付账款
	客户拒收退回货物	将退回货物由发出商品转为库存商品。 借：库存商品 　　贷：发出商品　或 借：发出商品（红字） 　　贷：库存商品（红字）
	企业重新发货	重新发货仍尚不确定此笔交易是否最终成交，尚无法确认收入及成本看，但可将库存商品转为发出商品。 借：发出商品 　　贷：库存商品 第三方物流公司配送货物时发生物流费用时确认费用。 借：销售费用 　　贷：银行存款/应付账款
	客户确认收货，企业收款	此环节代表此笔交易最终成功，可确认收入及成本。 借：银行存款 　　贷：主营业务收入　应交增值税——销项税额 借：主营业务成本 　　贷：发出商品
（11）先发货后付款、拒收后取消交易（实际中此种方式较少）	客户提交订单	不需做会计核算处理
	企业发货	发货仍尚不确定此笔交易是否最终成交，尚无法确认收入及成本看，但可将库存商品转为发出商品。 借：发出商品 　　贷：库存商品 第三方物流公司配送货物时发生物流费用时确认费用。 借：销售费用 　　贷：银行存款/应付账款
	客户拒收退回货物	将退回货物由发出商品转回库存商品。 借：库存商品 　　贷：发出商品　或 借：发出商品（红字） 　　贷：库存商品（红字）
（12）受理已成交后的换货	已成交后退回货物	冲减原已确认的收入 借：主营业务收入/应交增值税销项税 　　贷：应收账款　或 借：应收账款（红字） 　　贷：主营业务收入（红字）/应交增值税——销项税额
	换货发货	按退货金额确认收入： 借：银行存款 　　贷：主营业务收入　应交增值税—销项税 借：主营业务成本 　　贷：发出商品 第三方物流公司配送货物时发生物流费用时确认费用。 借：销售费用 　　贷：银行存款/应付账款

续表

交易类型	交易步骤	会计核算流程及处理
（13）受理已成交后的退货并退款	已成交后退回货物	冲减原已确认的收入： 借：主营业务收入/应交增值税——销项税额 　　贷：应收账款　或 借：应收账款(红字) 　　贷：主营业务收入(红字)/应交增值税——销项税额
	退款	借：应收账款 　　贷：银行存款

三、会计工作岗位

(一)常见会计工作岗位

会计工作岗位是指一个单位的会计机构内部根据业务分工而设置的职能岗位。会计工作岗位可以一人一岗、一人多岗或者一岗多人。但出纳人员不得兼管稽核，以及会计档案保管和收入、费用、债权债务账目的登记工作。在会计机构内部设置会计工作岗位，有利于明确分工和确定职责，建立岗位责任制；有利于会计人员钻研业务，提高工作效率和质量；有利于会计工作的程序化和规范化，加强会计基础工作；有利于强化会计管理职能，提高会计工作。同时，会计工作岗位也是配备数量适当的会计人员的客观依据之一。

会计工作岗位一般可分为：总会计师(或行使总会计师职权)岗位；会计机构负责人或者会计主管岗位；出纳岗位；存货核算岗位；工资核算岗位；固定资产核算岗位；成本费用核算岗位；财务成果核算岗位；往来核算岗位；税务核算岗位；总分类账报表岗位；稽核岗位；档案管理岗位；资本、基金核算岗位；收入、支出、债权债务核算岗位；财产物资收发、增减核算岗位；对外财务会计报告编制岗位；会计电算化岗位等。

常见的会计工作岗位职责如表1-2所示。

表1-2　常见的会计工作岗位职责

岗位	岗位职责
总会计师	(1)编制和执行预算、财务收支计划、信贷计划，拟定资金筹措和使用方案，开辟财源，有效地使用资金。 (2)进行成本费用的预测、计划、控制、预算、分析和考核，督促本单位有关部门降低消耗、节约费用，提高经济效益。

续表

岗位	岗位职责
总会计师	(3)建立健全经济核算制度,利用财务会计资料进行经济活动分析。 (4)承办单位主要行政领导人交办的其他工作。 (5)负责对本单位财务会计部门的设置和会计人员的配备以及会计专业职务的设置和聘任提出方案;组织会计人员的业务培训并对其进行考核;支持会计人员依法行使职权。 (6)协助单位主要行政领导人对企业的生产经营、业务发展以及基本建设投资等问题做出决策。 (7)参与新产品、技术改造、科技研究、商品(劳务)、价格和工资奖金等方案的制定;参与重大经济协议的研究审查
会计主管	(1)审核日常费用报销单据,提交财务经理。 (2)安排、检查、督促会计即日工作,负责所有日常会计凭证的审核检查。 (3)核算每月工资表等。 (4)审核检查日常促销活动单,分析处理促销费用及挂账的账务等。 (5)落实对公司预算管理体系指标的考核,并对指标完成情况进行过程控制和总结分析。 (6)指导税务会计进行网上报税及发票的购领。 (7)月初跟进及检查会计的供应商成本表,负责供应商成本核算,结转收入成本,如供应商的当月销售收入、租金扣点的核对、账务处理;指导往来会计按供应商逐个核对应付账款往来;并跟进往来会计对货款的清查应付,确保往来准确。 (8)月末当日及时安排对库存商品的盘点并跟进盘点报告的处理;及时指导会计进行现金、银行存款、商务卡、电费、收据、发票的现场盘点及盘点表的落实。 (9)协助并配合财务经理的工作,如负责与财政、税务、银行等有关部门保持密切联系,沟通信息,发挥承上启下的作用。 (10)月末结账前检查、核对各级账目,包括固定资产折旧、低值易耗品摊销等的数据是否准确,待处理财产损溢是否结平;收银员长短款是否异常,是否挂个人往来账扣取;银行存款是否核对好,特别是信用卡、POS机的核对;商务卡账务是否处理正确;促销费用平账是否及时、促销费用账务处理是否正确,要供应商承担部分促销费用时是否挂供应商往来;月底是否安排盘查出纳现金和收银员备用金,检查出纳每日营业款是否及时缴存银行;月中安排会计人员抽查现金出入是否有登记;月终结转各项收入成本及税费等账务处理
出纳	(1)办理现金出纳和银行结算业务。 (2)登记现金和银行存款日记账。 (3)保管有关印章和空白支票。 (4)负责编制报送资金收支日报表;完成领导交办的其他工作。 (5)认真执行财经法纪和各项规章制度;协调好同银行的工作关系

续表

岗位	岗位职责
存货核算会计	(1)材料核算会计岗位责任制度 ①能够同有关部门制定本企业的材料核算与管理办法。 ②监督材料采购用款计划，控制材料采购成本。 ③负责材料的明细核算和有关的往来结算业务。 ④配合有关部门制定材料消耗定额。 ⑤参与库存材料的清查盘点。 ⑥分析材料的储备情况，如分析材料超过正常储备、待滞积压的原因。 (2)库存商品、产成品、半成品核算会计岗位责任制度 ①负责库存商品、产成品、自制半成品的财务核算，及时掌握产品流向，并负责与实物管理部门的实物账核对，做到账证、账实、账账、账表相符。 ②参与库存商品、产成品、半成品的清查盘点，并分析其收发存情况
工资核算会计	(1)根据批准的工资基金计划，会同劳资部门，严格按规定掌握工资基金和各种奖金的支付情况，并分析工资基金计划的执行情况。对违反工资政策，乱发津贴、奖金的要予以制止，并向领导报告。 (2)按照职工实有人数、工资等级和工资标准(含计件工资)，按月计算职工工资、津贴及奖金，凭扣款通知单办理代扣款项。 (3)按照工资的用途和发生归属，合理分配工资费用，正确计算产品成本及期间费用。按照工资支付的对象和成本核算要求汇总企业工资、编制工资分配表、填制工资转账分录；按规定提取职工福利费、工会经费及职工教育费。 (4)按工资总额的组成和支付工资的资金来源，根据有关凭证进行工资、奖金的明细核算。 (5)工资发放完毕后，要及时收回工资、奖金计算表，装订成册，妥善保管，定期全数归档，不得丢失和损坏
固定资产核算会计	(1)组织本单位的固定资产核算。 (2)协助有关部门加强固定资产管理。 (3)负责固定资产的明细核算。 (4)负责固定资产折旧及后续支出的核算。 (5)参与固定资产盘点清查。 (6)分析固定资产使用效果
成本费用核算会计	(1)拟定成本核算办法。 (2)编制成本费用计划。 (3)加强成本管理的基础工作。 (4)核算产品成本。 (5)编制成本费用报表。 (6)组织在产品和自制半成品核算。 (7)保管有关凭证、账簿、报表及有关成本、计算资料，防止丢失损坏，按规定装订归档

续表

岗位	岗位职责
财务成果核算会计	(1)熟悉并掌握有关利润核算方面的制度,如实反映企业利润的形成和分配情况。 (2)编制利润计划。 (3)办理销售款项的结算业务。 (4)负责销售和利润的明细核算。 (5)编制损益表、利润分配表,进行利润的分析和考核
往来核算会计	(1)建立往来款项清算手续制度。 (2)负责办理往来款项的结算业务。 ①对各种应收预付款项要每月进行核对清理,及时催收结算;对各种应付预收款项要抓紧清算支付;对职工各种借款要经常督催、及时报销、差额收回、余额清退,不得拖欠、不准挪用、不挂货余。 ②往来账款必须定期进行核对清理,年末前要进行清查处理。对确实无法收回的应收款项和无法支付的应付款项应及时查明,按规定报经批准后做相应的账务处理。 ③正确使用会计科目,按照单位和个人分户设置明细分类账,根据复核后的记账凭证,做到及时记账、按月结账、数字清楚、余额准确、账证和账账相符,并按季、按年、按规定编报债权债务明细表 ④期末,根据应收账款的余额分别做出内外欠款表及账龄分析表,同时根据应收明细单位情况做出应收分析
税务核算会计	(1)审核发票。审核各单位送来的普通发票、增值税进项发票。 (2)正确计税。按照企业会计制度及税法规定正确计算增值税、所得税、房产税、印花税等税种。 (3)编制相关报表,如编制公司本部的汇总税金表、应缴增值税明细表,做到勾稽关系正确、内容完整、数字准确,定期从公司总分类账、明细分类账中获取数据,据此按月编制纳税申报表。 (4)定期申报纳税。将审批后的纳税申报表、金税IC卡、报税软盘报请税务专管人员审核,核通过后向税务机关申报纳税,并将其开具的税票送交开户行缴纳税金。 (5)申请减免税。如从生产技术部获取相关部门出具的减免税项目确认书,对符合减免税项目的,携申请减免税报告及其他证明及时向税务机关办理减免税申请。 (6)增值税销项发票的管理。审核购货单位开具专用发票的资格并根据销售合同、出库单等开具增值税销项发票。此外,购买的专用发票应由专人保管和开具,定期核对库存数量,做到账实相符。 (7)配合税收稽查部门等做好企业税收检查报告的落实工作
总分类账报表会计	(1)按会计制度规定设置总分类账会计科目和账簿。 (2)编制会计报表。 (3)管理会计凭证和账表
稽核会计	(1)审核财务成本计划。 (2)审查各项财务收支。 (3)复核会计凭证和账表。 (4)会计稽核人员要对审查签署过的会计凭证、会计账簿和会计报表等会计资料承担责任

续表

岗位	岗位职责
档案管理会计	(1)根据《中华人民共和国会计法》《中华人民共和国档案法》《会计档案管理办法》的规定，建立健全会计档案的立卷、归档、调阅、保存和销毁等管理制度，管好、用好会计档案。 (2)按年度形成分类法，编制会计档案案卷目录表，统一分类排序归档。 (3)做好安全防范和保密工作。 (4)负责计算机系统的各类数据、软盘、光盘的存档保管工作。 (5)按规定期限，催交有关软盘资料和账表凭证等会计档案资料。

(二)电子商务会计工作岗位

与常见的会计岗位职责相比，电子商务企业中的会计岗位及工作职责因企业规模、业务特性等有所差异。其中，小型或发展初期的电子商务企业中，会计岗位及工作职责与上述大同小异，但大型电子商务企业会计岗位及工作职责则具有如下的显著特点：

1. 大型电子商务企业实行会计集中管理

大型电子商务企业的业务经营范围较大、产品种类较多，不同的业务线、分布区域、分支机构的会计活动通常集中起来，进行统一管理。其中，比较典型的就是集团式经营的大型电子商务企业。这类大型电子商务企业通常将集团旗下各个子分公司及分支机构在全国甚至全世界范围内开展的所有业务活动，集中到集团本部层面进行统一的会计核算及财务管理，建立集中核算中心或财务共享中心，以便达到节省会计人力、集中会计信息的管理效果。

2. 大型电子商务企业会计岗位设置趋于模块化

大型电子商务企业的企业规模和业务量较大，会计工作事项及工作人员较多，因此其会计岗位的设置呈现出模块化分工的趋势。例如，会计岗位从整体上划分为资金模块、核算模块、税务模块及财务BP模块；资金模块细分为资金操作岗位、资金分析岗位、资金报表岗位等；核算模块细分为总账核算、业务账核算、应收/应付账款核算、费用核算、固定资产核算等；税务模块细分为税务基础岗位、税务分析岗位、税务筹划岗位等；财务BP细分为基础协调岗位、财务分析岗位等。

3. 大型电子商务企业资金岗位职责趋于广义化

传统企业会计中的资金岗位侧重于出纳岗位，其中大型企业会成立专门的资金集中管理中心，对资金进行统筹管理，包括资金筹划、对外资金往来对接及洽谈等，但都集中于日常资金收支划转、降低结算成本、提高自有资金收益等传统资金智能上。

大型电子商务企业会计中的资金模块突破了传统资金的角色，依托于大资金概念，其职能已扩大到辅助和支持电子商务业务拓展、获取资金结算分润等更为广义的范畴。例如，以资金收付与结算为主营业务的第三方支付公司以获取资金服务手续费为主要收入来源，这类电子商务企业中专门设立清结算部门进行业务类资金操作的岗位，其岗位设置和职能已与传统的出纳岗位完全不同。其他交易类或平台类的电子商务企业，虽不以资金收付与结算为主营业务，但通过第三方平台进行与其主营业务配套的资金结算活动，已成为其会计中不可或缺的重要组成部分。在这类电子商务企业中，资金岗位依然具备辅助和支持电子商务业务拓展、获取资金结算分润等职能。

4. 大型电子商务企业会计基础岗位人员减少

大型电子商务企业规模大、业务量大，因此会计工作量大。这使得其会计工作事项不再单纯地依靠人工操作完成，而是更多地借助互联网技术自动完成。大型电子商务企业中会计基础工作自动化程度的不断提高，极大地减少了传统企业中会计基础岗位的从业人员，取而代之的是具有互联网会计思维能力、会计自动化系统搭建能力的会计工作人员。这一趋势使得大型电子商务企业中会计从业人员的结构得以优化，也促使现代市场经济环境下会计从业人员不断提高自身的从业技能。

5. 大型电子商务企业衍生出财务 BP 岗位

电子商务企业，尤其是大型电子商务企业中会计活动与业务运营活动关系更加紧密化，这一行业特征使得大型电子商务企业会计中衍生出了专门的财务 BP（Business Partner）岗位。财务 BP 岗位负责协调电子商务企业业务活动及会计活动之间的沟通，促进业务活动与会计活动的有效对接，即在会计部门与业务部门之间起到沟通衔接的桥梁作用，极大地降低了会计部门与业务部门的对接成本；部分大型电子商务企业中的财务 BP 岗位还需承担业务分析及财务分析职能，即整合业务经营数据及财务数据进行定期及不定期分析，搭建各类分析模型，出具各类分析报告，为企业管理者的经营决策提供参考协助。

6. 大型电子商务企业会计档案趋于无纸化

大型电子商务企业会计活动中互联网技术的应用，使会税基础工作由人工操作变为计算机自动操作，传统的会计凭证、财务报表、发票单据等均可以电子数据形式保存于相关系统中，因此其会计档案也越来越趋于无纸化保存。大型电子商务企业的会计档案无纸化有效避免了传统纸质会计档案的存放量大、查找耗时长、易损毁等劣势，由于电子化的会计档案不占用实物空间、搜索及调取方便、可无限备份，已成为越来越多的电子商务企业的选择。

现以大型电子商务企业为例,其会计岗位及工作职责如表1-3所示。

表1-3 电子商务企业的会计工作岗位职责(以大型电子商务企业为例)

岗位	岗位职责
财务总监	全面负责电子商务企业会计工作,主要包括: (1)编制和执行预算、财务收支计划、信贷计划,拟定资金筹措和使用方案,开辟财源,有效地使用资金。 (2)进行成本费用的预测、计划、控制、预算、分析和考核,督促本企业有关部门降低消耗、节约费用,提高经济效益。 (3)建立健全经济核算制度,利用财务会计资料进行经济活动分析。 (4)负责对本单位财务会计部门的设置和会计人员的配备以及会计专业职务的设置和聘任提出方案;组织会计人员的业务培训并对其进行考核;支持会计人员依法行使职权。 (5)参与新产品、技术改造、科技研究、商品(劳务)、价格和工资奖金等方案的制定;参与重大经济协议的研究审查。 (6)协助企业管理者对企业的生产经营、业务发展以及基本建设投资等问题做出决策
财务经理/ 会计经理	协助财务总监,带领财务团队开展日常财务工作事项,主要包括: (1)安排、检查、督促会计基础工作,负责审核检查所有会计工作事项。 (2)落实对公司预算管理体系指标的考核,并对指标完成情况进行过程控制和总结分析。 (3)协助并配合财务经理的工作,如负责与财政、税务、银行等有关部门保持密切联系,沟通信息,发挥承上启下的作用。 (4)监督和指导基础会计人员的工作,协调日常分工;培训和培养基础会计人员,提升其岗位技能及职业素质
总账会计	负责电子商务企业除业务线核算、应收/应付账款核算、费用报销核算、固定资产核算、税务核算以外的其他日常会计事项,主要包括: (1)工资及奖金发放的会计处理,如计提、分摊、调整等。 (2)未通过报销途径发生的各类费用的确认及分摊。 (3)各类往来账款的记账、核对、清理等。 (4)总账与业务系统、应收应付账款管理系统、费用报销系统、固定资产管理系统、税务系统等系统对接及调试优化
业务线会计	负责电子商务企业具体业务线的会计事项,主要包括: (1)库存商品的盘点、入库及出库确认和核算。 (2)商品销售的收入确认及分摊、成本确认、各类成本及费用的计提。 (3)出具业务线的各类财务报表。 (4)新业务上线前的会计配合,如核算逻辑的确认、会计分录的设置、对账系统的建立等。 (5)业务合作协议中结算条款的审核。 (6)与业务开展相关的各类往来账款的记账、核对、清理等

续表

岗位	岗位职责
应收/应付会计	负责电子商务企业应收账款及应付账款的会计事项，主要包括： (1) 应收账款的确认标准、确认流程、确认回款期限等。 (2) 应收账款的核对、实际收款确认、长账龄的应收账款催收协调等。 (3) 应付账款的确认标准、确认流程、确认实际支付期限等。 (4) 应付账款的核对、实际付款确认、长账龄的应付账款清理等
费用会计	负责电子商务企业费用报销事项，主要包括： (1) 费用报销制度的拟定及修改、更新。 (2) 费用报销系统的搭建、调整、上线使用及优化。 (3) 费用报销单据审核、流程操作。 (4) 费用标准把控
固定资产核算会计	负责电子商务固定资产相关的会计处理，主要包括： (1) 组织本单位的固定资产核算。 (2) 协助有关部门加强固定资产管理。 (3) 负责固定资产的明细核算。 (4) 负责固定资产折旧及后续支出的核算。 (5) 参与固定资产盘点清查。 (6) 分析固定资产使用效果
税务核算会计	负责电子商务企业的税务工作，主要包括： (1) 发票管理。审核增值税进项发票；审核购货单位开具专用发票的资格并根据销售合同、出库单等开具增值税销项发票。此外，购买的专用发票应由专人保管和开具，定期核对库存数量，做到账实相符。 (2) 申报纳税。按照企业会计制度及税法规定正确计算增值税、所得税、房产税、印花税等税种；编制相关报表，如编制公司本部的汇总税金表、应缴增值税明细表，做到勾稽关系正确、内容完整、数字准确，定期从公司总分类账、明细分类账中获取数据，据此按月编制纳税申报表；将审批后的纳税申报表、金税IC卡、报税软盘报请税务专管人员审核，审核通过后向税务机关申报纳税，并将其开具的税票送交开户行缴纳税金。 (3) 税务筹划。根据国家税法及各类税收优惠政策，结合企业实际，进行税务筹划，如正确应用减免税政策、增值税进项税抵扣政策等，以在合法合规的框架下节省税金。 (4) 配合税收稽查部门等做好企业税收检查报告的落实工作
财务BP（Business Partner）	负责协调电子商务企业业务活动及财务活动之间的沟通，促进业务活动与财务活动的有效对接，主要包括： (1) 深入了解企业业务活动，完善并优化业务流程；进行业务开展方案的可能性分析和风险评估，协助推进业务方案的有效实施。 (2) 整合业务经营数据及财务数据进行定期及不定期分析，搭建各类分析模型，出具各类分析报告，为企业管理者的经营决策提供参考协助。 (3) 参与业务及产品的定价、收入及成本测算，建立对应的财务监控体系，加强对业务的事前、事中及事后追踪管理，获取有效的业务信息及财务信息。 (4) 进行跨部门沟通，推动财务流程在业务部门中的有效落地，协助控制财务风险

续表

岗位	岗位职责
稽核会计/审计	负责稽查或审计电子商务企业的所有会计活动,并对审查签署过的会计凭证、会计账簿和会计报表等会计资料承担责任
档案管理会计	负责电子商务企业会计档案的管理,主要包括: (1)根据《中华人民共和国会计法》《中华人民共和国档案法》《会计档案管理办法》的规定,建立健全会计档案的立卷、归档、调阅、保存和销毁等管理制度,管好、用好会计档案。 (2)按年度形成分类法,编制会计档案案卷目录表,统一分类排序归档。 (3)做好安全防范和保密工作。 (4)负责计算机系统的各类数据、软盘、光盘的存档保管工作。 (5)按规定期限,催交有关软盘资料和账表凭证等会计档案资料
资金会计	负责电子商务企业资金往来的实际操作,主要包括: (1)办理现金结算业务。 (2)办理银行结算业务,包括银行线上自动结算及线下手工结算。银行线上自动结算包括结算规则设置、结算核对逻辑设置、日常结算对账、结算差异排查及修复、结算风险识别及规避等;银行线下手工结算包括结算数据及票据审核、结算系统录入、结算系统复核等。 (3)登记现金和银行存款日记账。 (4)保管有关印章和空白支票。 (5)负责编报各类资金报表

四、会计的职能及电子商务的影响

会计是一种经济管理活动。具体来说,会计的职能主要表现在以下几个方面。

(一)会计的反映职能

会计的反映职能是指会计提供对企业决策有用的信息,有助于提高企业透明度,规范企业行为。

企业会计通过其反映职能,提供有关企业财务状况、经营成果和现金流量方面的信息,该信息是包括投资者和债权人在内的各方进行决策的依据。例如,对于作为企业所有者的投资者来说,他们为了选择投资对象、衡量投资风险、做出投资决策,不仅需要了解包括毛利率、总资产收益率、净资产收益率等指标在内的企业盈利能力和发展趋势方面的信息,还需要了解企业经营情况方面的信息及其所处行业的信息;对于作为债权人的银行来说,它们为了选择贷款对象、衡量贷款风险、做出贷款决策,不仅需要了解包括流动比率、速动比率、资产负债率等指标在内的企业短期偿债能力和长期偿债能力,还需要了解企业所处行业的基本情况及其在同行业所处的地位;对于作为社会经济管理者的政府部门来说，它们为了制定经济政策、进行宏观调控、配置社会资源，需要从总体上掌握企业的资产负债结构、损益状况和现金流转情况，从而从宏观上把握经济运行状况和发展变化趋势。所有这一切，都需要会计提供有助于他们进行决策的信息，通过提高会计信息透明度来规范企业的会计行为。

（二）参与经营决策职能

企业经营管理水平的高低直接影响企业的经济效益、经营成果、竞争能力和发展前景，在一定程度上决定着企业的前途和命运。为了满足企业内部经营管理对会计信息的需要，现代会计已经渗透到企业内部经营管理的各个方面。例如，企业会计通过分析和利用企业财务状况、现金流量和经营成果方面的信息，可以全面、系统、总括地了解企业的生产经营情况，并在此基础上预测和分析企业未来的发展前景；可以发现企业在过去的经营活动中存在的问题，找出存在差距的原因，并提出改进措施。此外，可以通过预算的分解和落实，建立内部经济责任制，做到目标明确、责任清晰、考核严格、赏罚分明。总之，企业会计通过真实地反映企业的财务信息，参与经营决策，为处理企业与各方面的关系、考核企业，管理人员的经营业绩、落实企业内部管理责任奠定了基础，有助于发挥会计信息在加强企业经营管理、提高经济效益方面的积极作用。

（三）会计的监督职能

企业接受了包括国家在内的所有投资者和债权人的投资，就有责任按照其预定的发展目标和要求，合理利用资源，加强经营管理，提高经济效益，接受考核和评价。会计信息有助于评价企业的业绩，有助于考核企业管理层经济责任的履行情况。例如，对于作为企业所有者的投资者来说，他们为了了解企业当年度的经营活动成果和当年度的资产保值和增值情况，需要将利润表中的净利润与上年度进行对比，以反映企业的盈利发展趋势；需要将净利润与同行业进行对比，以反映企业在与同行业竞争时所处的位置，从而考核企业管理层经济责任的履行情况；对于作为社会经济管理者的政府部门来说，它们为了解企业执行计划的能力，需要将资产负债表、利润表和现金流量表中反映的实际情况与预算进行对比，以反映企业完成预算的情况，表明企业执行预算的能力和水平。这些信息都是由作为经济管理工作者的会计提供的。

（四）电子商务对会计职能的影响

随着电子商务时代下计算机处理环境的变化和电子交易形式的出现，电子商务会计的基本职能与传统会计也有所区别。会计具有反映、监督、参与经营决策三大职能。

计算机处理环境的变化和电子交易形式的出现，使建立基于网络化的会计信息处理系统成为必然。在这个新的会计信息处理系统中，能够自动从企业的内部和外部采集企业发生的各项业务的会计核算资料，并汇集于企业内部的会计信息处理系统进行实时反映。由于会计信息实现了实时和自动处理，所以会计的监督职能和参与经营决策职能就变得更加重要。

在监督职能方面，由于会计信息实现了实时与自动化处理。电子商务会计的监督职能主要表现为监督会计信息处理系统的过程和结果，以反映国家财经法纪和会计制度的执行情况。这时，其监督的形式也将发生变化，如可以通过网络对经济活动进行远程和实时监控。此外，电子商务会计的参与经营决策职能主要通过建立一个完善的、功能强大的预测决策支持系统来体现，这样，企业经营者和外部的信息使用者，可随时利用企业的会计信息对企业的未来财务形势做出合理的预测，从而帮助他们做出正确的决策。

在电子商务环境下，网络财务从根本上促进了财务与业务的协同，是企业电子商务的重要组成部分。

（1）与内部业务协同。其涵盖企业全程业务，从网上采购、网上销售、网上服务到网上考勤等。财务部门的预算控制、资金准备、网上支付、网上结算等工作与业务部门的工作协同进行。

（2）与供应链协同。如网上询价、网上催账等。

（3）与社会部门协同。如网上银行、网上保险、网上报税、网上报关等。

电子商务企业会计职能的影响具体体现如下：

第一，电子商务企业对会计反映职能的影响。会计的反映职能，即运用价值形式对社会生产过程进行综合反映，包含对社会生产和在生产过程中的数量、质量等进行反映和分析；会计最基本的反映职能体现为记录每期资金在各账户之间的流转、期末生成相应的财务报表，反映企业经济活动的现状。电子商务企业借助互联网技术，突破了地域界限，直接面对全球市场，因此，传统的现金和票据支付已不再适合电子商务交易。随着电子商务的发展和普及，现代化的支付方式也开始不断发展和升级，电子钱包、电子票据等基于互联网技术的新兴支付方式逐步取代传统支付方式；与此同时，银行、非银行机构、保险公司等在电子支付方式环境下不断完善和扩大电子账户的服务范围和服务模式，电子商务交易的支付数据都会在互联网平台上自动记录。这种资金操作和数据处理模式大大改变了会计反映职能的实现形式，使得电子商务环境下会计的反映职能不再是简单的人工记录和汇总数据，而是互联网自动化的数据处理。

因此，电子商务的出现和发展，削弱了会计的反映职能。

第二，电子商务企业对会计监督职能的影响。会计的监督职能是指通过指挥、协调等方式，将企业的各类生产经营活动纳入计划轨道，使得企业的经营发展向预期的目标和效果靠拢。电子商务突破了时间、空间的束缚，免除了中间商、代理等诸多中间环节，拉进了企业与市场、企业与消费者之间的距离；同时，电子商务的交易环节也突破了传统交易中过程冗长、步骤繁多的弊端，而是在互联网平台中统一管理、集中交易，实现了电子化、标准化的交易效果。电子商务的这些发展和特点，极大地促进了企业管理。在电子商务企业中，会计的监督职能也显得尤为重要，会计监督职能的实现效率也得到了极大的提高。

第三，电子商务企业对会计决策职能的影响。电子商务企业中会计的决策职能指以会计的理论方法和对策方式为基础，运用适合电子商务企业的模型和形式，对电子商务企业的经营数据进行分析和处理，从而为电子商务企业的经营决策提供参考和依据。在电子商务企业中，互联网技术及大数据技术的发展和应用使得企业内部各个部门的生产协作关系更加紧密，企业内部的各类生产数据、财务数据、经营数据以更加快捷的方式在各部门之间、各级经营管理决策者之间进行同步和共享；与此同时，会计处理方式也得以应用更加先进的数据处理方式和分析方式。这些均使会计的决策职能在电子商务企业中扮演越来越重要的角色。另外，电子商务企业中，会计的决策职能也逐渐突破了单一维度的决策角色，开始逐步向多维度决策、全局决策转变和发展，这对电子商务企业的经营发展提供了愈加重要的参考和依据。

五、电子商务企业对会计工作的特殊要求

电子商务有助于把人类更快地带入信息社会。与此同时，其对企业的会计信息系统在集成化应用、管理控制和决策支持等方面提出了更高的要求。

(一)企业经营环境方面

以网络为基础的电子商务将改变企业的内部组织结构。企业商务电子化后，信息交流十分便捷，部门之间及其与外界环境之间的沟通成本大大降低，企业管理的许多中间层次不再重要；经济活动量大大增加，传统的金字塔式的等级制组织结构不利于企业的快速反应，取而代之的将是扁平化、分布式的网络结构。相应地，企业各部门的组织结构也要进行重组以适应网络环境，会计部门将与其他部门相互融合、出现分工模糊的情况，以往由会计部门处理的一些核算业务将按其业务发生地点归到制造、营销、供应等部门去处理。在线销售商品和服务、在线采购、在线支付货款等将迫使

会计信息系统以原始凭证为起点，实时对相关信息进行收集、分类、分析和审计。

电子商务使市场竞争空前加剧。电子商务改变了过去信息不对称的状况，消费者借助网上的搜索引擎可便捷地货比多家；电子商务低廉的交易成本和方便的市场准入环境，使中小型企业可以和远比它们强大的竞争对手一样进行网上在线业务操作。在空前加剧的全球化的竞争压力下，企业不仅需要合理规划和运用自身各项资源，还需将经营环境的各方面（如客户、供应商、分销商和分支机构等的经营资源）通过网络紧密地结合起来，形成供应链，并准确、及时地反映各方面的动态信息，监控经营成本和资金流向，提高企业对市场反应的灵活性和财务效率。这就要求会计信息系统做到：快速反馈全球市场的信息；在降低经营成本和缩短产品进入市场的周期间寻求平衡；提高对企业内部各部门和外部组织的财务管理水平；提供更丰富的战略性财务信息，更强的财务分析和决策支持能力等。实际上，企业真正需要的是计算机管理，而非计算机处理。因此，会计信息系统向财务管理方向发展是必然趋势。

（二）会计信息使用者的需求方面

在电子商务环境下，会计信息使用者更关注会计信息的时效性。会计信息使用者需要随时随地做出经济决策，而传统会计信息系统是按月、按年定期提供财务会计报表的。另外，在网络时代，竞争越来越激烈，产品的生命周期和产品推向市场所需的时间大大缩短，因此，及时获取信息（包括对未来的预测信息）对会计信息使用者来讲至关重要。在电子商务环境下，一方面，企业的制造、销售、财务、人事等部门在网络环境下协同工作，产生的各类信息存储于集成的企业数据库中，授权的会计信息使用者可以在线访问企业数据库，以获取自己所需的实时数据；另一方面，企业会计信息系统也可主动把会计信息发布到企业的内、外部网页上，把财务会计资料以电子邮件方式传至税务、会计师事务所、证交所等机构，以替代传统的纸质或软盘报送的方式。

在电子商务环境下，会计信息使用者更关注会计信息的有用性。由于受传统劳动分工、信息传导机制及会计假设的限制，传统的企业会计信息系统难以满足会计信息使用者全面了解企业现状、发展前景以及面临的机会和风险的需求。例如，很多企业有企业内部的财务分析数据，却很少有企业外部甚至分部经营的财务分析数据。而互联网提供了广泛、低成本、及时的在线商业信息，财务会计部门可收集到足够的同行业其他企业的财务会计指标等外部经营信息并进行比较分析，以便正确预测企业发展趋势。在电子商务环境下，由于企业能够实时得到企业外部市场的商品价格信息（尤其是证券信息），以历史成本为主的一维定式计量可能变为更有用的以历史成本和公允价值并重的二维乃至多维动态计量。历史成本反映并体现受托责任的、作为当期企业利润分配主要依据的、面向过去的信息;公允价值反映并体现各个项目收益和风险情况的、作为会计信息使用者投资决策主要依据的、面向未来的信息。在现代信息技术的支持下,企业将能够收集到与业务活动有关的所有关键信息(而不仅仅是价值信息),会计要素的划分将更加细密,对企业运营状况的反应会更加精确和丰富,最终可以满足会计信息使用者的广泛需求。

【例1-1】 A公司是一家大型电子商务公司,其财会部设有财务、会计和审计等三个职能科室。该公司的财务管理分工如下图所示:

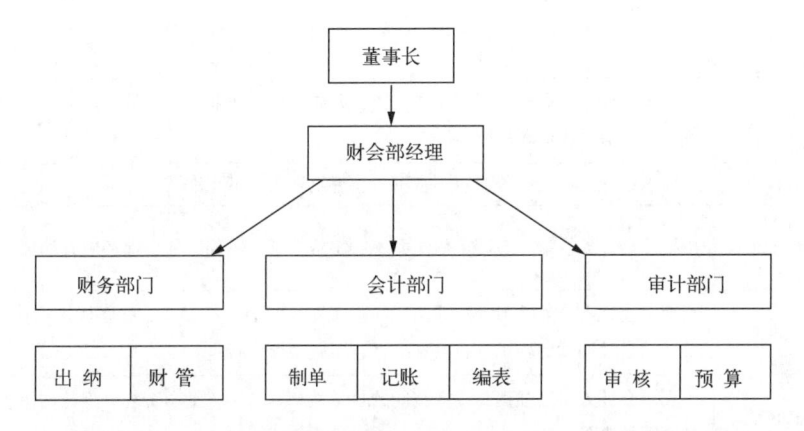

```
                    董事长
                      │
                      ▼
                  财会部经理
              ┌───────┼───────┐
              ▼       ▼       ▼
          财务部门  会计部门  审计部门
          ┌──┬──┐ ┌──┬──┬──┐ ┌──┬──┐
          出纳 财管 制单 记账 编表 审核 预算
```

要求:指出该企业会计机构的设置存在哪些问题?你认为还应该增设什么岗位?

解析:①该会计机构设置违背了适应性原则,作为一个大型的电子商务企业,该企业的会计组织结构,并不与单位的经营类型和业务规模相适应;②不满足牵制性原则,该企业没有做到在关键点上设置控制岗位;③不满足效率性原则,该企业作为一个大型的电子商务企业,没有在搞好会计工作的基础条件下设置岗位,该企业业务量大、数据多,但岗位设置少,各个部门需要负责的业务量大,导致分工不够明确,降低了会计人员的办事效率。可增设补充岗位:会计科下设财务核算岗位、固定资产核算岗位、成本核算岗位、往来核算岗位、工资核算岗位。财务科下设利税管理岗位、综合分析岗位。另外还应根据业务需求设置信息处理、分析等岗位,以提高工作效率。

第四节 德为先——会计职业道德

一、会计职业道德的基本内容

会计职业道德是会计人员在会计工作中应当遵循的道德规范。《中华人民共和国会计法》(以下简称《会计法》)第三十九条规定:"会计人员应当遵守职业道德,提高业务素质。"这是对会计人员职业道德教育问题的规定,也是修订后《会计法》在原《会计法》第二十三条"会计人员应当具备必要的专业知识"规定的基础上充实、强化的一项重要内容。

会计职业道德的基本内容有 8 项,具体如表 1-4 所示。

表 1-4 会计职业道德基本内容

序号	会计职业道德	内容
1	爱岗敬业	要求会计人员热爱会计工作、安心本职岗位、忠于职守、尽心尽力、尽职尽责
2	诚实守信	要求会计人员做老实人、说老实话、办老实事、执业谨慎、信誉至上,不为利益诱惑、不弄虚作假、不泄露秘密
3	廉洁自律	要求会计人员公私分明、不贪不占、遵纪守法、清正廉洁
4	客观公正	要求会计人员端正态度、依法办事、实事求是、不偏不倚,保持应有的独立性
5	坚持准则	要求会计人员熟悉国家法律法规和国家统一的会计制度,始终坚持按法律法规和国家统一的会计制度的要求进行会计核算,实施会计监督
6	提高技能	要求会计人员增强提高专业技能的自觉性和紧迫感,勤学苦练、刻苦钻研、不断进取,提高业务水平
7	参与管理	要求会计人员在做好本职工作的同时,努力钻研相关业务,全面熟悉本单位经营活动和业务流程,主动提出合理的建议,协助领导决策,积极参与管理
8	强化服务	要求会计人员树立服务意识,提高服务质量,努力维护和提升会计职业的良好社会形象

二、电子商务中的诚信教育

在电子商务中,消费者与商家通过互联网进行信息交流,没有传统模式中的面对面直接沟通的机会,彼此之间的信任没有一个合适的载体来传递。此时,消费者和商家在不了解彼此信用度的情况下,只能依靠以往的销售或购物经验及彼此的需求进行交易。

(一)电子商务中的非诚信表现

1. 网络信息不真实

消费者和商家都存在提供不实信息的问题。消费者在注册购物网站账号时提供虚假信息,使商家在处理业务时产生不必要的麻烦,给商家带来一定的困扰;商家在对商品进行描述时提供虚假信息，没有真实地还原商品细节，对商品的质量或者功效夸大其词，误导或影响了消费者的正确判断和选择。

2. 不及时付款或发货

在一些B2C网站进行交易时，会出现一些不和谐的现象。例如，买家收到商品后不及时付款，或无故退货，增加了企业的经营成本；商家收到买家付款却不及时发货或不发货，损害了买家的利益，给买家带来困扰，陷入诚信危机。

3. 产品售后服务无保障

有些商家在消费者购买其商品前承诺的商品售后服务在消费者购买后却没有实现，面对消费者的询问，很多商家选择冷漠对待、不受理，使消费者无法享受应有的服务，影响了商品的整体价值。

4. 消费者私密信息无安全保障

消费者的个人信息、消费记录等私密信息被泄露，如在交易过程中，传输的重要信息被窃取；在支付时，支付密码或银行卡密码被记录，使交易存在一定的风险，达不到绝对保密。此外，消费者在完成交易后仍能收到来自商家的宣传短信或电话，这也是消费者信息被记录的表现。

5. 物流服务不周全

在运输过程中，商品受损或丢失、商品不能被及时送到以及派件人员态度粗暴、不认真等，都会降低物流服务的质量。

（二）电子商务中存在不诚信行为的原因

从表面上看，电子商务的虚拟性和不确定性是非诚信行为产生的主要原因，但其根本原因是深层次的社会经济原因。

1. 相关的法律条例不齐全

虽然我国已颁布了关于互联网的法律法规，但其中涉及电子商务的部分相对来说还不是很完备，对于一些问题的解决缺乏相关的法律支持。而且，我国在电子商务方面的立法较晚，不能对交易中的主体提供强有力的法律保障。除此之外，我国还缺少与信用制度相对应的失信惩罚制度，面对社会经济中的种种失信行为，没有一条确切的法律条例能对其进行惩罚，这使电子商务失信现象进一步加重。

2. 信用管理制度缺失

一个完善的信用管理体系要有基本的有关信用方面的立法、执法，行业自律，政府对企业诚信行为的监督等。虽然诚信现已有了初步的运作形态,众多公司按照商业原则互相竞争,但仍存在运作不规范现象,行业自律尚未形成。与其对应的监管制度相对落后,缺乏对诚信的有效管理,导致行业竞争秩序混乱。此外,政府的多头管理现象仍旧存在,各部门对各领域信用制度的要求不统一,管理中存在漏洞,使企业在管理方面的负担加重,也使失信行为逃脱惩罚有了可乘之机。

3. 商家和消费者的诚信意识薄弱

我国诚信基础相对薄弱,信用问题一直困扰着整个经济体系,群众信用意识不足的现象普遍存在。我国的监管机制尚不健全,消费者和商家在交易过程中缺乏诚信意识,彼此之间防范多于信任。不同于传统商务活动的面对面交流,电子商务主要基于互联网,利用电子技术进行交易,由于交易双方的网上信用意识较差,所以增大了企业市场行为的随意性。

4. 电子商务的虚拟性与不确定性

电子商务以互联网为平台进行贸易活动,互联网则是在一个完全虚拟的环境,所以它的虚拟性是不容忽视的。在虚拟的网络环境中,网络主体表现得并不完整和真实,交易双方也无法确认彼此真实的信用状况,因此产生了交易的不确定性,导致彼此缺少足够的信任。

5. 利益的诱惑

既然是交易活动,其中受关注的除去诚信问题外,另一点就是利益问题。交易的本质就是利益的交换。在利益的驱使下,很多企业只以"钱"为中心。利用网络从事商务活动,只注重短期经济效益,而忽略了商品的质量、物流配送、售后服务等方面,致使消费者对其失去信心。此外,一些消费者为了自身的利益,有时也会做出损害商家利益的事。

综上所述,造成我国电子商务诚信危机的根源颇深,这阻碍了企业电子商务的全面发展,交易中商家和消费者的诚信意识缺失使电子商务的发展陷入瓶颈。想要电子商务更快速、更平稳地发展,就必须解决存在的问题,并提出相应的对策。

(三)解决电子商务中不诚信行为的途径

为了让电子商务有一个和谐健康的发展环境,建立一套完善的社会信用保障制度成为一种必然趋势。完善的社会信用保障制度不仅为我国谋求发展电子商务的企业提供了一个互相监督、共同进步的发展平台,规范了企业的诚信行为,而且为交易双方的合法权益提供了安全保障。

1. 营造良好的电子商务发展环境

电子商务发展受到阻碍的主要因素是人们缺少基本的信用意识，为了一己之利而忽视给别人带来的不好的影响。想要电子商务进一步发展就要驱除信用缺失这一障碍，倡导诚信观念，促进企业诚信经营，消费者素质购物，培养全民诚信意识，提高道德素质，营造一个诚实守信的社会经济氛围，踏出电子商务健康成长的第一步。

2. 完善相关法律法规

信用是一种道德观点，也是一个法学概念，而法律法规作为维护、判定人们合法权益的唯一依据，在电子商务中起着重大作用。目前，我国电子商务的发展迫切需要一个公平、公正、公开的环境，作为诚信的最后一道保障，加强信用法律法规的建设刻不容缓。虽然我国已颁布《中华人民共和国电子签名法》《商用密码管理条例》等与互联网相关的法律法规，但其中涉及网络交易方面的条例仍不完备，迫切需要一套完整的法律制度来规范电子商务行为，明确参与交易双方的责任，使电子商务有法可依。

电子商务在我国还处于发展阶段，相关法律制度的建立也是一个长期且复杂的工程。结合电子商务在我国发展的实际情况，可以向国外电子商务发展得好的国家学习经验，对比国与国之间电子商务发展的差异，总结并建立适合中国市场环境的法律制度。

3. 完善社会信用体系

企业要想树立良好的企业形象就要有良好的信用评价，消费者在购物时、同类商品也会倾向于信用评价高、口碑好的品牌。互联网作为信息传递的平台有着信息传播速度快、传播范围广等优点，所以企业可以利用互联网来实现企业信用评价的传播。

建立一个全国范围的信息数据库，可通过访问数据库来查询国内企业和个人买家的详细资料、信用评价等，并对企业和个人的信用评价进行及时更新。除去信用评价，还可查询企业和个人是否有恶意透支信用卡、逃税及其他不良记录，实现信用透明化。

政府部门也可建立监管机构来监督企业网站发布的信息是否真实可信、产品描述是否与实物一致、产品质量是否达到标准。制定奖罚制度，严格执行监管条例，确保企业信息真实可信。

4. 加强网络技术开发和应用

电子商务的实现手段是电子技术，可见信息安全技术在信用体系中扮演着重要的角色。随着B2B、B2C、C2C等交易模式的发展，越来越多的购物网站投入运营。在网站进行购物时会涉及个人信息的填写、支付密码和银行卡密码等重要信息的输入，此时消费者就会担心这些信息的输入是否安全。通过建立信用信息安全管理的规范，对消费者个人隐私信息进行严格的管理、保密，以保障个人信息的安全。

信用体系的建设需要强大的网络技术来支持。加强信息安全技术、数据采集技术、数据挖掘技术等网络安全认证技术的开发和应用，不断加强网络交易环境的安全性，让消费者能真正地享受网上购物，无须担心安全问题。

5. 提高消费者的自我保护意识

网络交易存在着虚拟性和不确定性，容易滋生欺诈现象。以下列出了几个需要在交易过程中特别留意的方面：

(1) 确保链接安全。在提交重要信息前一定要确保交易环境安全，确认信息是通过安全链接传输的。

(2) 保护自己的隐私。交易前阅读一下网站隐私保护条款，确认网站对个人信息的使用途径和安全保护，避免泄露个人的重要信息。

(3) 保护密码。不要用过于简单的数字串做密码，同时也应避免用出生日期、手机号码、节日等容易被破解的数字做密码。

(4) 阅读销售条款。了解有关商品的细节、配送及售后问题，避免产生不必要的纠纷，使个人利益受损。

(5) 确认订单。提交订单前再确认一遍订单，检查收货地址、收货人、联系方式是否填写正确。

总之，在网上购物时，消费者要"擦亮自己的眼睛"，提高自我保护意识，尽可能多地避免一些不必要的麻烦，以确保个人利益不受损。

【例1-2】 2×21年11月，某集团公司旗下的电子商务企业因产品销售不畅，新产品研发受阻。公司财会部预测公司本年度将发生800万元亏损。刚刚上任的公司总经理责成总会计师王某千方百计实现当年盈利目标，并说："实在不行，可以修改一些财务数据。"总会计师很清楚公司本年度亏损已成定局，要落实总经理的盈利目标，只能在财务数据上做手脚。总会计师考虑到自身的职业发展及日后工作的开展，委婉地向总经理提出修改财务数据违反国家财经法规，也不符合会计从业人员的职业道德标准，希望总经理重新考虑对此盈利目标的界定并向集团公司如实反映本企业产品销售现状及经营难点。但总经理表示，新产品虽然是在公司网站及手机App上实行线上销售，但因新产品上限周期不长，线上的退货功能尚未开发完善，大量消费者通过线上给购买产品产生的退货采用了线下退货的方式，所以退货数据并未在线上产生数据记录，因此，可以隐瞒退货数据及实际库存数据，只将线上销售数据作为创收数据反映到财务报表中，这样并不会有人真正觉察。总会计师感到左右为难：如果不按总经理的意见去办，自己以后在公司不好待下去；如果按照总经理意见去办，对自己也有风险。为此，总会计师思想负担很重，不知如何是好。根据《会计法》和会计职业道德的要求，分析总会计师王某应如何处理，并简要说明理由。

解析：总会计师王某应当拒绝总经理的要求。因为总经理要求的隐瞒线下退货及实际库存数据、只将线上销售数据作为创收数据反映到财务报表中的做法不仅违反了《会计法》"单位负责人对本单位的会计工作和会计资料的真实性、完整性负责"和"任何单位或者个人不得以任何方式授意、指使、强令会计机构、会计人员伪造、变造会计凭证、会计账簿和其他会计资料，提供虚假财务会计报告"的要求，也违背了会计职业道德中的会计人员应当诚实守信、客观公正、遵守准则的要求。

第五节　有借必有贷——会计核算原理

一、会计基本假设

会计基本假设又称会计基本前提，是企业组织会计工作时必须具备的前提条件，是会计确认、计量和报告的前提，也是对会计核算所处时间、空间范围等做出的合理设定。

(一) 会计基本假设的主要内容

企业会计核算对象、会计核算期间、会计政策的选择、会计数据的搜集等都要以会计基本假设为依据。会计基本假设包括会计主体、持续经营、会计分期和货币计量。

1. 会计主体

会计主体是指会计人员服务的特定单位或组织，是企业会计确认、计量和报告的空间范围。

会计核算应当以一个特定独立的或相对独立的经营单位的经营活动为对象，对其本身发生的交易或事项进行会计确认、计量和报告。企业是典型的会计主体，但会计主体也可以是企业内部相对独立的经营单位。企业主体不同于法律主体的概念，会计主体可以是一个独立的法律主体，如企业法人；也可以不是一个独立的法律主体，如企业内部相对独立的核算单位、有多个企业法人组成的企业集团等。

会计主体规定了全计核算内容的空间范围,这一前提明确了会计所提供的信息(特别是财务报表),反映的是特定的会计主体的财务状况和经营成果,既不能与其他会计主体相混淆,也不能将本会计主体的会计事项遗漏或转嫁。

2. 持续经营

持续经营是指会计主体在可以预见的未来,会按照当前的规模、状况和既定目标持续经营下去,不会大规模削减业务,也不会停业。

企业在会计确认、计量和报告时应当以企业持续、正常的生产经营活动为前提,并且确保可预见的未来企业的经营活动会按照既定经营方针和目标无限期延续下去,不会面临破产清算。只有这样,企业所持有的资产将按既定目标正常营运,企业所负有的债务将按既定合约条件正常偿还,会计信息的可比性等会计信息质量要求才能得到满足,会计计量的历史成本计量属性才能发挥作用,企业在信息的收集和处理上采用的会计方法才能保持稳定,会计核算才能正常进行。例如,在市场经济条件下,企业破产清算的风险始终存在,一旦企业发生破产清算,所有以持续经营为前提的会计程序与方法就不再适用,而应当采取破产清算的会计程序和方法。

当然,一般企业是不会永久、持续地经营的,一旦企业不具备持续经营的前提,即将或已经停业,则应当改变会计核算的原则和方法,并在企业财务报告中作相对披露。

3. 会计分期

会计分期是指将一个持续经营的会计主体的生产经营活动期间划分为若干持续的、长短相同的期间。

会计期间分为年度和中期。以年度为会计期间通常称为会计年度,会计年度的起止时间,各个国家划分方式不尽相同。在我国,以公历年度作为企业的会计年度,以公历1月1日起至12月31日止。在年度内,再划分为季度和月度等较短的期间,这些短于一个完整的会计年度的报告期间统称为中期。会计分期的目的是确定每一个会计期间的收入、费用和盈亏等,据以按期结清账目,编制财务会计报告,从而及时向财务会计报告使用者提供有关企业财务状况、经营成果和现金流量的信息。

明确会计分期这一基本假设后,会计工作才产生了当期与其他期间的差别,从而出现了权责发生制和收付实现制。

4. 货币计量

货币计量是指特定会计主体进行确认、计量和报告时,以货币为计量单位来反映企业的财务状况、经营成果和现金流量的信息。

对企业经济活动进行计量时，存在多种计量单位，如实物数量、货币、质量、长度、体积等。人们通常把货币以外的计量单位称为非货币计量单位。由于计量各种经济活动的非货币计量单位具有不同的性质，因而在量上无法直接进行比较。为了连续、系统、全面、综合地反映企业的经营活动，客观上需要一种统一的计量单位作为会计核算的计量尺度。

在我国，企业会计通常将人民币作为记账本位币。业务收支以人民币以外的货币为主的企业，可以选择其中一种货币作为记账本位币，但是编报的财务会计报告应当折算为人民币；在境外设立的中国企业向国内报送的财务会计报告，应当折算为人民币。

（二）电子商务对会计基本假设的影响

随着电子商务的发展，原有的会计所依据的社会经济环境发生了巨大变化，使得会计基本假设也发生了相应的变化。

1. 对会计主体假设的影响

会计主体又称会计实体，是指会计为之服务的特定组织，规定了会计活动的空间范围。这个特定组织是有形实体概念。而网络公司作为一种虚拟公司(Virtual Firm)，为了完成某一目标会在短时间内结合形成一个存在于计算机网络上，各独立法人企业组成的临时结盟体，它没有固定的形态，没有确定的空间范围。组成网络公司的各独立法人企业可以借助计算机网络，随时根据实际情况增加或减少组合方。换言之，网络公司作为会计主体具有可变性，这就使得对会计主体的认定产生困难，使会计核算的空间范围处于一种模糊状态。如果会计主体不确定，那么，资产、负债、收入、费用等会计要素就没有空间的归属，会计信息使用者就无法理解财务报告所反映的会计信息。因此，我们可以将会计主体看作一个相对的概念，以确定网络公司"虚"的会计主体计算机网络上各独立法人企业组成的临时结盟体。这样，我们就要用相对的会计主体假设替代现行的会计主体假设，以确定电子商务时代的会计核算的空间范围，从而正确地确认和计量资产、负债、收入、费用等会计要素，向会计信息使用者提供会计信息。

2. 对持续经营假设的影响

持续经营假设的基本含义是：会计主体的生产经营活动将无限期地持续下去，在可预见的未来，会计主体不会因清算、解散、倒闭而不复存在。只有在这一假设下，企业的再生产过程才得以进行，企业资本才能正常循环，会计才可用历史成本而非生产价格来确认。而在电子商务时代，网络公司只是一个临时结盟体，在完成目标后可能立即解散，此时持续经营假设将不再适用。同时，会计核算否定了持续经营假设，我们就要借鉴破产清算会计中的破产清算及破产清算期间假设，并在此基础上研究公允价值、收付实现制等确认、计量基础的理论与实践意义，这样才有利于加强对网络公司的风险管理。

3. 对会计分期假设的影响

会计分期是指将会计持续不断的经营活动分为各个连续的、长短相同的期间，其目的在于通过会计期间的划分，结算账目、编制财务报告，提供有关财务状况和经营成果的会计信息。而在电子商务时代，会计分期假设将会完全被否定，其原因：第一，计算机网络的使用使网络上的一项交易可在瞬间完成。网络公司可能在交易完成之后立即解散，换言之，网络公司的存续时间即是某项业务从开始到结束的期间，具有很大的弹性。在公司存续期间不确定的情况下，尤其是在存续期间很短的情况下仍进行期间划分，不仅难度很大，而且没有什么实际意义。第二，在电子商务时代，由于财务报告采用实时报告系统(Real Time Reporting System)，任何时候，会计信息使用者都可以从网络上获得最新的财务报告，而不必等到一个会计期间结束由报告企业编制财务报告后才得到。在这种财务报告模式下，根本不需要对会计期间进行划分。

4. 对货币计量假设的影响

货币计量假设包括币值不变(一致性)假设和记账本位币(唯一性)假设。一方面，媒体空间的无限扩展性使得资本流动加快，资本决策可在瞬间完成，从而加剧了会计主体所面临的货币风险，也冲击了币值不变假设；另一方面，网上银行的兴起、电子货币的出现，强化了记账本位币假设，使得货币真正成为观念的产物。因此，面对货币计量假设所受到的冲击与强化，完全有可能产生一种浮动的、全球一致的电子购买力单位。这样，货币计量假设可能会被人们扬弃，并最终形成电子购买力单位计量假设。

同时还有一个值得注意的问题，在现代电子商务中，通过货币反映的价值信息已不足以成为管理者和投资者决策的主要依据，而诸如创新能力、客户满意度、市场占有率、虚拟企业创建速度等表现企业竞争力方面的指标更能代表一个企业未来的获利能力，但在报表上它们又不能用货币来表示。随着知识的创新和技术的进步，产生了以电子商务为代表的新的商务模式。对无形资产(特别是知识产权)和人力资源的计量、高级技术管理人员价值的计算、高科技企业潜在的高额风险回报的计量、通货膨胀的计量等成为突出问题。因此，会计计量手段将不再局限于电子货币，而是会向多元化发展。

二、会计核算基础

（一）电子商务对权责发生制的影响

会计核算基础就是应当以权责发生制为基础进行会计确认、计量和报告。由于企业存在会计期间，因此现金实际收付的期间和资源实际变动的期间可能不一致，这样在资产、负债、收入和费用确认时，就出现了可供选择的两种制度：收付实现制和权责发生制。收付实现制按照会计期间内实际收付的现金对相关项进行确认、计量和报告；权责发生制应按收入的权利和义务是否属于本期来确认收入、费用的入账时间。

在权责发生制下，凡是本期实现的收入和已经或应当担负的费用，不论款项是否收付都应当作为本期的收入和费用入账；凡不属于本期的收入和费用，即使款项已在本期收付，也不作为本期的收入和费用。与权责发生制相对应的是收付实现制。收付实现制是按照款项实际收到或付出的日期来确定收入和费用的归属期的。我国企业的会计准则规定，企业应当以权责发生制为基础进行会计确认、计量和报告。

在电子商务时代，由于采用了实时报告系统，不再需要进行会计分期，因此权责发生制失去了存在的基础而是采用收付实现制。所以，网络公司的经营所得和实际支出的款项可直接作为收入和费用，从而可以更好地反映公司的现金流量。

（二）电子商务会计对历史成本原则的影响

历史成本原则是指企业取得的各种财产物资，应以其购进或建造时发生的原始成本即实际成本入账，并以此作为分摊和转作费用成本的依据。当物价变动时，除国家另有规定外，不得调整其账面价值。按实际成本计价，能防止随意性，使会计信息真实可靠，便于了解和比较。

电子商务对历史成本原则的影响有：

(1)历史成本原则以持续经营假设为基础，然而电子商务否定了持续经营假设，因此历史成本原则将失去存在价值。

(2)网络公司的交易对象多是处于活跃市场的金融工具，其市场价格波动频繁，历史成本不能如实反映网络公司的财务状况和经营成果，与会计信息使用者的相关性极差。

（3）历史成本是一种静态的计量属性，它对网络公司的经营业绩的反映相对滞后，经营管理者无法根据市场变化及时调整经营策略，会计参与决策的职能无法发挥。

在电子商务时代，信息技术的发展使资产按现时价值、可变现净值计价成为可能。通过在线访问，可以从网络上获得最新的资产成交价格信息。例如与美国芝加哥交易所联网的公司可以很容易地知道采用"盯市"(Marketing to Market)制定的期货产品的当日价格。采用现时价值计价，可以为投资者提供更有价值的信息。

三、会计信息质量要求

会计信息质量要求是对企业财务报告中提供的会计信息质量的基本要求，是使财务报告中提供的会计信息对使用者决策有用所应具备的基本特征，它包括可靠性、相关性、可理解性、可比性、实质重于形式、重要性、谨慎性和及时性等。

（一）可靠性

可靠性要求企业应当以实际发生的交易或者事项为依据进行确认、计量和报告，如实反映符合确认和计量要求的各项会计要素及其他相关信息，保证会计信息真实可靠、内容完整。

会计信息要想有用，必须以可靠为基础，如果财务报告提供的会计信息是不可靠的，就会给投资者等会计信息使用者的决策产生误导甚至损失。为了贯彻可靠性要求，企业应当做到：

（1）以实际发生的交易或者事项为依据进行确认、计量，将符合会计要素定义及其确认条件的资产、负债、所有者权益、收入、费用和利润等如实反映在财务报表中，不得根据虚构的、没有发生的或者尚未发生的交易或者事项进行确认、计量和报告。

（2）在符合重要性和成本效益原则的前提下，保证会计信息的完整性，其中包括编报的报表及其附注内容等应当保持完整，不能随意遗漏或者减少应予披露的信息，与会计信息使用者决策相关的有用信息都应当充分披露。

（3）在财务报告中的会计信息应当是中立的、无偏的。如果企业在财务报告中为了达到事先设定的结果或效果，通过选择或列示有关会计信息来影响决策和判断，那么这样的财务报告信息不是中立的。

（二）相关性

相关性要求企业提供的会计信息应当与会计信息使用者的经济决策需要相关，有助于会计信息使用者对企业过去、现在或者未来的情况做出评价或者预测。

会计信息是否有用，是否具有价值，关键是看其与会计信息使用者的决策需要是否相关，是否有助于决策或者提高决策水平。会计信息的相关性表现为反馈价值和预测价值。相关的会计信息应当有助于会计信息使用者评价企业过去的决策，证实或者修正过去的有关预测，因而具有反馈价值。相关的会计信息还应当具有预测价值，即有助于会计信息使用者根据提供的会计信息预测企业未来的财务状况、经营成果和现金流量。

会计信息质量的相关性要求企业在确认、计量和报告会计信息的过程中，充分考虑会计信息使用者的决策模式和信息需要。但是，相关性是以可靠性为基础的，两者之间并不矛盾，不应将两者对立起来。也就是说，会计信息应在可靠的前提下，尽可能地做到相关性，以满足会计信息使用者的决策需要。

(三) 可理解性

可理解性要求企业提供的会计信息应当清晰明了，以便于会计信息使用者理解和使用。企业编制财务报告、提供会计信息的目的在于使用，而要使会计信息使用者有效使用会计信息，应当能让其了解会计信息的内涵，弄懂会计信息的内容，这就要求财务报告提供的会计信息应当清晰明了，易于理解。只有这样，才能提高会计信息的有用性，实现财务报告的目标，满足所提供的信息对会计信息使用者进行决策有用的要求。对于某些复杂的信息（如交易本身较为复杂或者会计处理较为复杂，但其对会计信息使用者的经济决策相关），企业应当在财务报告中予以充分披露。

(四) 可比性

可比性要求企业提供的会计信息应当相互可比。这主要包括两层含义：

1. 同一企业不同时期可比

这样便于会计信息使用者了解企业财务状况、经营成果和现金流量的变化趋势，比较企业在不同时期的财务报告信息，全面、客观地评价过去，预测未来，从而做出决策。会计信息质量的可比性要求同一企业不同时期发生的相同或者相似的交易或者事项，应当采用一致的会计政策，不得随意变更。但是，满足会计信息可比性要求，并非表明企业不得变更会计政策，如果按照规定或者在会计政策变更后可以提供更可靠、更相关的会计信息，则可以变更会计政策。有关会计政策变更的情况，应当在附注中予以说明。

2. 不同企业相同会计期间可比

为了便于会计信息使用者评价不同企业的财务状况、经营成果和现金流量及其变动情况，会计信息质量的可比性要求不同企业同一会计期间发生的相同或者相似的交易或者事项，应当采用规定的会计政策，确保会计信息口径一致、相互可比，以使不同企业按照一致的确认、计量和报告要求提供有关会计信息。

（五）实质重于形式

实质重于形式要求企业应当按照交易或者事项的经济实质进行会计确认、计量和报告，不仅仅以交易或者事项的法律形式为依据。

对于企业发生的交易或事项，在多数情况下，其经济实质和法律形式是一致的。但在某些情况下会不一致。例如，以融资租赁方式租入的资产虽然从法律形式来讲企业并不拥有其所有权，但是由于租赁合同中规定的租赁期相当长，接近于该资产的使用寿命，所以租赁期结束时承租企业有优先购买该资产的选择权，且在租赁期内承租企业有权支配该资产并从中受益等。因此，从经济实质来看，若企业能够控制以融资租赁方式租入的资产所创造的未来经济利益，则在会计确认、计量和报告上就应当将以融资租赁方式租入的资产视为企业的资产列入企业的资产负债表。

（六）重要性

重要性要求企业提供的会计信息应当反映与企业财务状况、经营成果和现金流量有关的所有重要交易或者事项。

在实际工作中，如果会计信息的省略或者误报会影响会计信息使用者据此做出决策，那么该信息就具有重要性。重要性需要凭借职业经验来判断，企业应当根据其所处环境和实际情况加以判断。如果某项会计信息的省略或误报会影响会计信息使用者据以做出的决策，那么它就具有重要性。反之，则不然。可见，重要性就像一道门槛，对众多的信息施加一种限制。至于重要性大小的判断则要依赖会计人员的个人经验和素质。企业应当根据其所处的环境和实际情况，从事项的性质和金额大小等方面来判断会计信息的重要性。

（七）谨慎性

谨慎性要求企业对交易或者事项进行会计确认、计量和报告应当保持应有的谨慎，不应高估资产或者收益、低估负债或者费用。

会计信息质量的谨慎性要求企业需要在面临不确定性因素的情况下做出职业判断时，应当保持应有的谨慎，充分估计各种风险和损失，既不高估资产或者收益，也不低估负债或者费用。例如，要求企业对可能发生的资产减值损失计提资产减值准备、对售出商品可能发生的保修义务等确认预计负债等，就体现了会计信息质量的谨慎性要求。谨慎性的应用也不允许企业设置秘密准备，如果企业故意低估资产或者收益，抑或者故意高估负债或者费用，则将不符合会计信息的可靠性和相关性的要求，损害会计信息质量，扭曲企业实际的财务状况和经营成果，从而对会计信息使用者的决策产生误导，这是会计准则所不允许的。

（八）及时性

及时性要求企业对于已经发生的交易或者事项，应当及时进行确认、计量和报告，不得提前或者延后。

会计信息的价值在于帮助所有者或者其他方面做出经济决策，具有时效性。即使是可靠、相关的会计信息，如果不及时提供，就失去了时效性，对于会计信息使用者的效用就大大降低甚至不再具有实际意义。在会计确认、计量和报告过程中贯彻及时性，主要包括下面三个方面：

(1)及时收集会计信息，即在经济交易或者事项发生后，及时收集整理各种原始单据或者凭证。

(2)及时处理会计信息，即按照会计准则的规定，及时对经济交易或者事项进行确认或者计量，并编制财务报告。

(3)及时传递会计信息，即按照国家规定的有关时限，及时地将编制的财务报告传递给财务报告使用者，以便于其及时使用和决策。在实际工作中，为了及时提供会计信息，可能需要在有关交易或者事项的信息全部获得之前即进行会计处理，这样就满足了会计信息的及时性要求，但这可能会影响会计信息的可靠性；反之，如果企业等到与交易或者事项有关的全部信息获得之后再进行会计处理，那么对于投资者等财务报告使用者来说，决策的有用性可能会因信息披露的时效性问题而大大降低。这就需要在及时性和可靠性之间做相应权衡，以最好地满足投资者等财务报告使用者的经济决策需要为判断标准。

【例1-3】 2010年，阿姆鲁股份有限公司成立于德克萨斯州，其主营业务是销售墙板和橱柜等室内家居产品。几年后，强劲的发展势头使得公司成为该地区家装行业的龙头，并于2017年2月在纽约证券交易所上市。

阿姆鲁公司的主要运营费用是广告费，包括直销广告的邮费和电视广告费。每年阿姆鲁公司都会把一部分广告费放入递延费用账户里，在每个会计期间，阿姆鲁公司都会用全部的广告费除以这个期间产生的新客户，然后把计算所得的"平均客户成本"乘以"流动的客户"的总数。也就是说，该部分客户还未成为真正的客户，需要对这部分广告费进行递延，在以后各期加以确认，其余的广告费计入当年的广告费账户，以此虚增收入。在阿姆鲁公司实际的经营状况仍没有达到预期的水平时，该公司扩大了会计舞弊的范围，虚增了期末存货。为了多确认未完工项目的收入，他们夸大了完工的程度。阿姆鲁公司在 2018 会计年度财务报表上披露的税前收入是 1220 万美元，而阿姆鲁公司该年度的实际税前收入比报表上的数额少了 50%。

分析：公司进行财务舞弊这一行为严重违反了会计法规，同时也违背了会计人员应遵守的会计职业道德要求，财务舞弊使经济业务失去了本来面目，使得企业会计信息失真，管理者受益，却侵害了企业股东权利和债权人利益，不利于企业的长期发展。

本例属于管理层舞弊，是无法得到有效控制的，因为不论是过去还是现在，都不存在能够有效制约管理层的内部控制。因管理层所处地位特殊，其舞弊可能逾越内部控制，使得即使设计完善的内部控制也形同虚设，内部控制甚至成为管理层掩盖舞弊事实的有力工具。因此要努力识别失真的会计信息，并按规划实施审计，以期在审计报告上得到如实反映。

第二章

千里之行，始于足下
——会计核算基础

第一节 会计体系的"四梁八柱"——会计要素

会计要素是根据交易或者事项的经济特征所确定的财务会计对象及其基本分类。会计要素按照其性质分为资产、负债、所有者权益、收入、费用和利润，其中，资产、负债和所有者权益要素侧重于反映企业的财务状况，收入、费用和利润要素侧重于反映企业的经营成果。

一、反映财务状况的会计要素

财务状况是指企业一定日期的资产及权益情况，是资金运动相对静止状态时的表现。反映企业财务状况的会计要素有资产、负债、所有者权益。

(一) 资产

1. 定义

资产，是指企业过去的交易或者事项形成的、由企业拥有或者控制的、预期会给企业带来经济利益的资源。根据资产的定义，资产具有以下三方面特征：

(1) 资产应为企业拥有或者控制的资源。

(2) 资产预期会给企业带来经济利益。

(3) 资产是由企业过去的交易或者事项形成的。

2. 资产的确认条件

符合上述资产定义的资源，在同时满足以下条件时，确认为资产：

(1) 与该资源有关的经济利益很可能流入企业；

(2) 该资源的成本或者价值能够可靠地计量。

3. 资产的分类和列报

企业资产分为流动资产和非流动资产两大类。其中，流动资产包括货币资金、交易性金融资产、衍生金融资产、应收票据、应收账款、应收款项融资、预付款项、其他应收款、存货、合同资产、持有待售资产、一年内到期的非流动资产、其他流动资产；非流动资产包括债权投资、其他债权投资、长期应收款、长期股权投资、其他权益工具投资、其他非流动金融资产、投资性房地产、固定资产、在建工程、生产性生物资产、油气资产、使用权资产、无形资产、开发支出、商誉、长期待摊费用、递延所得税资产、其他非流动资产。

符合资产定义和资产确认条件的项目，应当列入资产负债表；符合资产定义、但不符合资产确认条件的项目，不应当列入资产负债表。

(二) 负债

1. 定义

负债，是指企业过去的交易或者事项形成的，预期会导致经济利益流出企业的现时义务。根据负债的定义，负债具有以下三方面特征：

(1) 负债是企业承担的现时义务。

(2) 负债预期会导致经济利益流出企业。

(3) 负债是由企业过去的交易或者事项形成的。

2. 负债的确认条件

符合上述负债定义的义务，在同时满足以下条件时，确认为负债：

(1) 与该义务有关的经济利益很可能流出企业。

从负债的定义可以看到，预期会导致经济利益流出企业是负债的一个本质特征。在实务中，履行义务所需流出的经济利益带有不确定性，尤其是与推定义务相关的经济利益通常需要依赖于大量的估计。

(2) 未来流出的经济利益的金额能够可靠地计量。

负债的确认在考虑经济利益流出企业的同时，对于未来流出的经济利益的金额应当能够可靠计量。

3. 负债的分类和列报

企业负债分为流动负债和非流动负债两大类。其中，流动负债包括短期借款、交易性金融负债、衍生金融负债、应付票据、应付账款、预收款项、合同负债、应付职工薪酬、应交税费、其他应付款、持有待售负债、一年内到期的非流动负债、其他流动负债；非流动负债包括长期借款、应付债券、租赁负债、长期应付款、预计负债、递延收益、递延所得税负债、其他非流动负债。

符合负债定义和负债确认条件的项目，应当列入资产负债表；符合负债定义、但不符合负债确认条件的项目，不应当列入资产负债表。

（三）所有者权益

1. 定义

所有者权益，是指企业资产扣除负债后，由所有者享有的剩余权益。公司的所有者权益又称为股东权益。所有者权益是所有者对企业资产的剩余索取权，它是企业的资产扣除债权人权益后应由所有者享有的部分，既可反映所有者投入资本的保值增值情况，又体现了保护债权人权益的理念。

2. 来源构成

所有者权益的来源包括所有者投入的资本、其他综合收益、留存收益等，通常由股本（或实收资本）、资本公积（含股本溢价或资本溢价、其他资本公积）、其他综合收益、盈余公积和未分配利润等构成。

所有者投入的资本，是指所有者投入企业的资本部分，它既包括构成企业注册资本或者股本的金额，也包括投入资本超过注册资本或股本部分的金额，即资本溢价或股本溢价，这部分投入资本作为资本公积（资本溢价）反映。

其他综合收益，是指企业根据会计准则规定未在当期损益中确认的各项利得和损失。

留存收益，是指企业从历年实现的利润中提取或形成的留存于企业的内部积累，包括盈余公积和未分配利润。

3. 所有者权益的确认条件

所有者权益体现的是所有者在企业中的剩余权益，因此，所有者权益的确认和计量主要依赖于资产和负债的确认和计量。例如，企业接受投资者投入的资产，在该资产符合资产确认条件时，就相应地符合所有者权益的确认条件；当该资产的价值能够可靠计量时，所有者权益的金额也就可以确定。

4. 所有者权益的列报

所有者权益项目应当列入资产负债表。

二、反映经营成果的会计要素

经营成果是企业在一定时期内从事生产经营所取得的最终成果，是资金运动显著变动的主要体现。反映企业经营成果的会计要素有收入、费用和利润。

（一）收入

1. 定义

收入，是指企业在日常活动中形成的、会导致所有者权益增加的、与所有者投入资本无关的经济利益的总流入。根据收入的定义，收入具有三方面特征：

(1) 收入是企业在日常活动中形成的。

(2) 收入是与所有者投入资本无关的经济利益的总流入。

(3) 收入会导致所有者权益的增加。

2. 收入的确认条件

当企业与客户之间的合同同时满足下列条件时，企业应当在客户取得相关商品控制权时确认收入：

(1) 合同各方已批准该合同并承诺将履行各自义务；

(2) 该合同明确了合同各方与所转让商品或提供劳务相关的权利和义务；

(3) 该合同有明确的与所转让商品或提供劳务相关的支付条款；

(4) 该合同具有商业实质，即履行该合同将改变企业未来现金流量的风险、时间分布或金额；

(5) 企业因向客户转让商品或提供劳务而有权取得的对价很可能收回。

3. 收入的列报

符合收入定义和收入确认条件的项目，应当列入利润表。

（二）费用

1. 定义

费用，是指企业在日常活动中发生的、会导致所有者权益减少的、与向所有者分配利润无关的经济利益的总流出。根据费用的定义，费用具有三方面特征：

(1) 费用是企业在日常活动中形成的。

(2) 费用是与向所有者分配利润无关的经济利益的总流出。

(3) 费用会导致所有者权益的减少。

2. 费用的确认条件

费用的确认除了应当符合其定义外，还至少应当符合以下条件：

(1) 与费用相关的经济利益应当很可能流出企业；

(2)经济利益流出企业的结果会导致资产的减少或者负债的增加;

(3)经济利益的流出额能够可靠计量。

3. 费用的列报

符合费用定义和费用确认条件的项目,应当列入利润表。

(三)利润

1. 定义

利润,是指企业在一定会计期间的经营成果。通常情况下,如果企业实现了利润,表明企业的所有者权益增加;反之,如果企业发生亏损(即利润为负数),表明企业的所有者权益减少。

2. 利润的确认条件

利润反映的是收入减去费用、利得减去损失后净额的概念。因此,利润的确认主要依赖于收入和费用,以及利得和损失的确认,其金额的确定也主要取决于收入、费用、利得和损失金额的计量。

3. 利润的构成与列报

利润包括收入减去费用后的净额、直接计入当期利润的利得和损失等。其中,收入减去费用后的净额反映的是企业日常活动的业绩。直接计入当期利润的利得和损失,是指应当计入当期损益、会导致所有者权益发生增减变动的、与所有者投入资本或者向所有者分配利润无关的利得或损失。其中,利得,是指由企业非日常活动所形成的、会导致所有者权益增加的、与所有者投入资本无关的经济利益的流入;损失,是指由企业非日常活动所发生的、会导致所有者权益减少的、与向所有者分配利润无关的经济利益的流出。

利润项目应当列入利润表,上述几项利润构成项目都体现在我国企业的利润表中。

第二节 会计科目与账户

一、会计科目定义

会计要素是对会计对象的基本分类,而这六项会计要素仍显得过于粗略,难以满足各有关方面对会计信息的需要,为此还必须对会计要素作进一步分类。因此,会计科目是为了满足会计确认、计量、报告的要求,根据企业内部会计管理和外部信息需要,对会计要素的具体内容进行分类的项目,是对资金运动第三层次的划分。

会计科目,简称科目,是对会计要素具体内容进行分类核算的项目,是进行会计核算和提供会计信息的基本单元。

二、会计科目设置原则

会计科目作为反映会计要素的构成及其变化情况,为投资者、债权人、企业经营管理者等提供会计信息的重要手段,在其设置过程中应努力做到科学、合理、适用,满足下列原则:

(一)合法性原则

指所设置的会计科目应当符合国家统一会计制度的规定。在我国,总分类科目原则上由财政部统一制定,主要是为了保证会计信息的可比性。对于国家统一会计制度规定的会计科目,企业可以根据自身的生产经营特点,在不影响会计核算要求,以及对外提供统一的财务会计报表的前提下,自行增设、减少或合并某些会计科目。

(二)相关性原则

指所设置的会计科目应为提供有关各方所需要的会计信息服务,满足对外报告与对内管理的要求。主要是为了提高会计核算所提供的会计信息相关性,满足相关各方的信息需求。

(三)实用性原则

指所设置的会计科目应符合企业的组织形式、所处行业、经营内容及业务种类等自身特点,满足单位实际需要。对于制造业,重要的经营活动是制造产品,需要设置反映生产消耗、生产成果等的科目,如"生产成本""制造费用""库存商品"等;对于商品流通企业,主要的经营活动是购进和销售商品,则需要设置反映商品购销及购销存等环节发生的费用科目。

会计科目作为对会计要素分类核算的项目,要求简单明确、字义相符、通俗易懂。同时,企业对每个会计科目所反映的经济内容也必须做到界限明确,既要避免不同会计科目所反映的内容重叠的现象,也要防止全部会计科目未能涵盖企业某些经济内容的现象。

三、资产类科目

资产类科目,是对资产要素的具体内容进行分类核算的项目,按资产的流动性分为反映流动资产的科目和反映非流动资产的科目。反映流动资产的科目主要有"库存现金""银行存款""应收账款""原材料""库存商品"等科目；反映非流动资产的科目主要有"长期股权投资""长期应收款""固定资产""在建工程""无形资产"等科目。

1001 库存现金 本科目核算企业的库存现金。企业有内部周转使用备用金的，可以单独设置"备用金"科目。本科目期末借方余额，反映企业持有的库存现金。

1002 银行存款 本科目核算企业存入银行或其他金融机构的各种款项。银行汇票存款、银行本票存款、信用卡存款、信用证保证金存款、存出投资款、外埠存款等，在"其他货币资金"科目核算。本科目期末借方余额，反映企业存在银行或其他金融机构的各种款项。

1012 其他货币资金 本科目核算以摊余成本计量的、企业的银行汇票存款、银行本票存款、信用卡存款、信用证保证金存款、存出投资款、外埠存款等其他货币资金。本科目期末借方余额，反映企业持有的其他货币资金。

1101 交易性金融资产 本科目核算企业分类为以公允价值计量且其变动计入当期损益的金融资产。本科目可按金融资产的类别和品种，分别"成本""公允价值变动"等进行明细核算。企业持有的指定为以公允价值计量且其变动计入当期损益的金融资产可在本科目下单设"指定类"明细科目核算；划分为以摊余成本计量的金融资产的，应在"银行存款""贷款""应收账款""债权投资"等科目核算；划分为以公允价值计量且其变动计入当期损益的金融资产的，应在"其他债权投资"科目核算；衍生金融资产在"衍生工具"科目核算。本科目期末借方余额，反映企业持有的交易性金融资产的公允价值。

1121 应收票据 本科目核算以摊余成本计量的、企业因销售商品、提供劳务等而收到的商业汇票，包括银行承兑汇票和商业承兑汇票。本科目期末借方余额，反映企业持有的商业汇票的票面金额。

1122 应收账款 本科目核算以摊余成本计量的、企业因销售商品、提供劳务等日常活动应收取的款项。因销售商品、提供劳务等，采用递延方式收取合同或协议价款、实质上具有融资性质的，在"长期应收款"科目核算。本科目可按债务人进行明细核算。本科目期末借方余额，反映企业尚未收回的应收账款；期末如为贷方余额，反映企业预收的账款。

1123 预付账款 本科目核算企业按照合同规定预付的款项。预付款项情况不多的，也可以不设置本科目，将预付的款项直接记入"应付账款"科目。企业进行在建工程预付的工程价款，也在本科目核算。企业（保险）从事保险业务预先支付的赔付款，可将本科目改为"1123 预付赔付款"科目，并按照保险人或受益人进行明细核算。本科目期末借方余额，反映企业预付的款项；期末如为贷方余额，反映企业尚未补付的款项。

1131 应收股利 本科目核算企业应收取的现金股利和应收取其他单位分配的利润。本科目期末借方余额，反映企业尚未收回的现金股利或利润。

1132 应收利息 本科目核算企业发放的贷款、各类债权投资、存放中央银行款项、拆出资金、买入返售金融资产等应收取的利息。企业购入的一次还本付息的债权投资持有期间取得的利息，在"债权投资"科目核算。本科目期末借方余额，反映企业尚未收回的利息。

1221 其他应收款 本科目核算分类为以摊余成本计量的、企业除存出保证金、买入返售金融资产、应收票据、应收账款、预付账款、应收股利、应收利息、应收代位追偿款、应收分保账款、应收分保未到期责任准备金、应收分保保险责任准备金、长期应收款等经营活动以外的其他各种应收、暂付的款项。本科目期末借方余额，反映企业尚未收回的其他应收款项。

1231 坏账准备 本科目核算企业应收款项的坏账准备。本科目期末贷方余额，反映企业已计提但尚未转销的坏账准备。

1401 材料采购 本科目核算企业采用计划成本进行材料日常核算而购入材料的采购成本。采用实际成本进行材料日常核算的，购入材料的采购成本，在"在途物资"科目核算。委托外单位加工材料、商品的加工成本，在"委托加工物资"科目核算。购入的工程用材料，在"工程物资"科目核算。本科目期末借方余额，反映企业在途材料的采购成本。

1402 在途物资 本科目核算企业采用实际成本（或进价）进行材料、商品等物资的日常核算、货款已付尚未验收入库的在途物资的采购成本。

1403 原材料 本科目核算企业库存的各种材料，包括原料及主要材料、辅助材料、外购半成品（外购件）、修理用备件（备品备件）、包装材料、燃料等的计划成本或实际成本。收到来料加工装配业务的原料、零件等，应当设置备查簿进行登记。本科目期末借方余额，反映企业库存材料的计划成本或实际成本。

1404 材料成本差异 本科目核算企业采用计划成本进行日常核算的材料计划成本与实际成本的差额。企业也可以在"原材料""周转材料"等科目设置"成本差异"明细科目。本科目期末借方余额，反映企业库存材料等的实际成本大于计划成本的差异；贷方余额反映企业库存材料等的实际成本小于计划成本的差异。

1405 库存商品 本科目核算企业库存的各种商品的实际成本（或进价）或计划成本（或售价），包括库存产成品、外购商品、存放在门市部准备出售的商品、发出展览的商品以及寄存在外的商品等。接受来料加工制造的代制品和为外单位加工修理的代修品，在制造和修理完成验收入库后，视同企业的产成品，也通过本科目核算。企业（房地产开发）的开发产品，可将本科目改为"1405 开发产品"科目。企业（农业）收获的农产品，可将本科目改为"1405 农产品"科目。

1406 发出商品 本科目核算企业未满足收入确认条件但已发出商品的实际成本（或进价）或计划成本（或售价）。采用支付手续费方式委托其他单位代销的商品，也可以单独设置"委托代销商品"科目。

1407 商品进销差价 本科目核算企业采用售价进行日常核算的商品售价与进价之间的差额。本科目的期末贷方余额，反映企业库存商品的商品进销差价。

1408 委托加工物资 本科目核算企业委托外单位加工的各种材料、商品等物资的实际成本。本科目期末借方余额，反映企业委托外单位加工尚未完成物资的实际成本。

1411 周转材料 本科目核算企业周转材料的计划成本或实际成本，包括包装物、低值易耗品，以及企业（建造承包商）的钢模板、木模板、脚手架等。企业的包装物、低值易耗品，也可以单独设置"包装物""低值易耗品"科目。本科目期末借方余额，反映企业在库周转材料的计划成本或实际成本以及在用周转材料的摊余价值。

1461 融资租赁资产 本科目核算企业（租赁）为开展融资租赁业务取得资产的成本。本科目期末借方余额，反映企业融资租赁资产的成本。

1471 存货跌价准备 本科目核算企业存货的跌价准备。本科目期末贷方余额，反映企业已计提但尚未转销的存货跌价准备。

1501 债权投资 本科目核算以摊余成本计量的债券投资的账面余额。本科目期末借方余额，反映企业以摊余成本计量的金融资产的摊余成本。

1502 债权投资减值准备 本科目核算企业以摊余成本计量的债权投资以预期信用损失为基础计提的损失准备。本科目期末贷方余额，反映企业已计提但尚未转销的以摊余成本计量的金融资产减值准备。

1503 其他债权投资 本科目核算企业按照本准则第十八条分类为以公允价值计量且其变动计入其他综合收益的金融资产。本科目期末借方余额，反映企业以公允价值计量且其变动计入其他综合收益的金融资产的公允价值。

1504 其他权益工具投资 本科目核算企业指定为以公允价值计量且其变动计入其他综合收益的非交易性权益工具投资。

1511 长期股权投资 本科目核算投资方对被投资单位实施控制、重大影响的权益性投资（联营企业），以及对其合营企业的权益性投资。本科目期末借方余额，反映企业长期股权投资的价值。

1512 长期股权投资减值准备 本科目核算企业长期股权投资的减值准备。本科目期末贷方余额，反映企业已计提但尚未转销的长期股权投资减值准备。

1521 投资性房地产 本科目核算企业采用成本模式计量的投资性房地产的成本。企业采用公允价值模式计量投资性房地产的，也通过本科目核算。采用成本模式计量的投资性房地产的累计折旧或累计摊销，可以单独设置"投资性房地产累计折旧（摊销）"科目，比照"累计折旧"等科目进行处理。采用成本模式计量的投资性房地产发生减值的，可以单独设置"投资性房地产减值准备"科目，比照"固定资产减值准备"等科目进行处理。本科目期末借方余额，反映企业采用成本模式计量的投资性房地产成本。企业采用公允价值模式计量的投资性房地产，反映投资性房地产的公允价值。

1531 长期应收款 本科目核算企业的长期应收款项，包括融资租赁产生的应收款项、采用递延方式具有融资性质的销售商品和提供劳务等产生的应收款项等。实质上构成对被投资单位净投资的长期权益，也通过本科目核算。本科目的期末借方余额，反映企业尚未收回的长期应收款。

1532 未实现融资收益 本科目核算企业分期计入租赁收入或利息收入的未实现融资收益。本科目期末贷方余额，反映企业尚未转入当期收益的未实现融资收益。

1601 固定资产 本科目核算企业持有的固定资产原价。建造承包商的临时设施，以及企业购置计算机硬件所附带的、未单独计价的软件，也通过本科目核算。本科目期末借方余额，反映企业固定资产的原价。

1602 累计折旧 本科目核算企业固定资产的累计折旧。本科目期末贷方余额，反映企业固定资产的累计折旧额。

1603 固定资产减值准备 本科目核算企业固定资产的减值准备。本科目期末贷方余额，反映企业已计提但尚未转销的固定资产减值准备。

1604 在建工程 本科目核算企业基建、更新改造等在建工程发生的支出。在建工程发生减值的，可以单独设置"在建工程减值准备"科目，比照"固定资产减值准备"科目进行处理。企业（石油天然气开采）发生的油气勘探支出和油气开发支出，可以单独设置"油气勘探支出""油气开发支出"科目。本科目期末借方余额，反映企业尚未达到预定可使用状态的在建工程的成本。

1605 工程物资 本科目核算企业为在建工程准备的各种物资的成本，包括工程用材料、尚未安装的设备以及为生产准备的工器具等。本科目可按"专用材料""专用设备""工器具"等进行明细核算。工程物资发生减值的，可以单独设置"工程物资减值准备"

科目，比照"固定资产减值准备"科目进行处理。本科目期末借方余额，反映企业为在建工程准备的各种物资的成本。

1606 固定资产清理 本科目核算企业因出售、报废、毁损、对外投资、非货币性资产交换、债务重组等原因转出的固定资产价值以及在清理过程中发生的费用。本科目期末借方余额，反映企业尚未清理完毕的固定资产清理净损失。

1701 无形资产 本科目核算企业持有的无形资产成本，包括专利权、非专利技术、商标权、著作权、土地使用权等。本科目期末借方余额，反映企业无形资产的成本。

1702 累计摊销 本科目核算企业对使用寿命有限的无形资产计提的累计摊销。本科目期末贷方余额，反映企业无形资产的累计摊销额。

1703 无形资产减值准备 本科目核算企业无形资产的减值准备。本科目期末贷方余额，反映企业已计提但尚未转销的无形资产减值准备。

1711 商誉 本科目核算企业合并中形成的商誉价值。商誉发生减值的，可以单独设置"商誉减值准备"科目，比照"无形资产减值准备"科目进行处理。非同一控制下企业合并中确定的商誉价值，借记本科目，贷记有关科目。本科目期末借方余额，反映企业商誉的价值。

1801 长期待摊费用 本科目核算企业已经发生但应由本期和以后各期负担的分摊期限在1年以上的各项费用，如以经营租赁方式租入的固定资产发生的改良支出等。本科目期末借方余额，反映企业尚未摊销完毕的长期待摊费用。

1811 递延所得税资产 本科目核算企业确认的可抵扣暂时性差异产生的递延所得税资产。本科目期末借方余额，反映企业确认的递延所得税资产。

1901 待处理财产损溢 本科目核算企业在清查财产过程中查明的各种财产盘盈、盘亏和毁损的价值。物资在运输途中发生的非正常短缺与损耗，也通过本科目核算。企业如有盘盈固定资产的，应作为前期差错记入"以前年度损益调整"科目。

1481 持有待售资产 本科目核算持有待售的非流动资产和持有待售的处置组中的资产。本科目期末借方余额，反映企业持有待售的非流动资产和持有待售的处置组中资产的账面余额。

1482 持有待售资产减值准备 本科目核算适用本准则计量规定的持有待售的非流动资产和持有待售的处置组计提的允许转回的资产减值准备和商誉的减值准备。本科目期末贷方余额，反映企业已计提但尚未转销的持有待售资产减值准备。

此外企业可自主设置以下科目：

合同履约成本 本科目核算企业为履行当前或预期取得的合同所发生的、不属于其他企业会计准则范围且按照本准则应当确认为一项资产的成本。企业因履行合同而产生的毛利不在本科目核算。本科目期末借方余额,反映企业尚未结转的合同履约成本。

合同履约成本减值准备 本科目核算与合同履约成本有关的资产的减值准备。本科目期末贷方余额,反映企业已计提但尚未转销的合同履约成本减值准备。

合同取得成本 本科目核算企业取得合同发生的、预计能够收回的增量成本。本科目期末借方余额,反映企业尚未结转的合同取得成本。

合同取得成本减值准备 本科目核算与合同取得成本有关的资产的减值准备。本科目期末贷方余额,反映企业已计提但尚未转销的合同取得成本减值准备。

应收退货成本 本科目核算销售商品时预期将退回商品的账面价值,扣除收回该商品预计发生的成本(包括退回商品的价值减损)后的余额。本科目期末借方余额,反映企业预期将退回商品转让时的账面价值,扣除收回该商品预计发生的成本(包括退回商品的价值减损)后的余额,在资产负债表中按其流动性计入"其他流动资产"或"其他非流动资产"项目。

合同资产 本科目核算企业已向客户转让商品而有权收取对价的权利。仅取决于时间流逝因素的权利不在本科目核算。

合同资产减值准备 本科目核算合同资产的减值准备。本科目期末贷方余额,反映企业已计提但尚未转销的合同资产减值准备。

买入返售金融资产 本科目核算以摊余成本计量的、企业(金融)按返售协议约定先买入再按固定价格返售给卖出方的票据、证券、贷款等金融资产所融出的资金。

四、负债类科目

负债类科目,是对负债要素的具体内容进行分类核算的项目,按负债的偿还期限长短分为反映流动负债的科目和反映非流动负债的科目。反映流动负债的科目主要有"短期借款""应付账款""应付职工薪酬""应交税费"等科目;反映非流动负债的科目主要有"长期借款""应付债券""长期应付款"等科目。

2001 短期借款 本科目核算企业向银行或其他金融机构等借入的期限在 1 年以下(含 1 年)的各种借款。本科目期末贷方余额,反映企业尚未偿还的短期借款。

2101 交易性金融负债 本科目核算企业承担的交易性金融负债。企业持有的指定为以公允价值计量且其变动计入当期损益的金融负债可在本科目下单设"指定类"明细科目核算。衍生金融负债在"衍生工具"科目核算。本科目期末贷方余额,反映企业承担的交易性金融负债的公允价值。

2201 应付票据 本科目核算企业购买材料、商品和接受劳务供应等开出、承兑的商业汇票，包括银行承兑汇票和商业承兑汇票。本科目期末贷方余额，反映企业尚未到期的商业汇票的票面金额。

2202 应付账款 本科目核算企业以摊余成本计量的因购买材料、商品和接受劳务供应等经营活动应支付的款项。企业（金融）应支付但尚未支付的手续费和佣金，可将本科目改为"应付手续费及佣金"科目，并按照对方单位（或个人）进行明细核算。企业（保险）应支付但尚未支付的赔付款项，可将本科目改为"应付赔付款"科目，并按照保险受益人进行明细核算。本科目期末贷方余额，反映企业尚未支付的应付账款余额。

2203 预收账款 本科目核算企业按照合同规定预收的款项。预收账款情况不多的，也可以不设置本科目，将预收的款项直接记入"应收账款"科目。企业（保险）收到未满足保费收入确认条件的保险费，可将本科目改为"2203 预收保费"科目，并按投保人进行明细核算；从事再保险分出业务预收的赔款，可以单独设置"预收赔付款"科目。本科目期末贷方余额，反映企业预收的款项；期末如为借方余额，反映企业尚未转销的款项。

2211 应付职工薪酬 本科目核算企业根据有关规定应付给职工的各种薪酬。企业（外商）按规定从净利润中提取的职工奖励及福利基金，也在本科目核算。本科目期末贷方余额，反映企业应付未付的职工薪酬。

2221 应交税费 本科目核算企业按照税法等规定计算应交纳的各种税费，包括增值税、消费税、所得税、资源税、土地增值税、城市维护建设税、房产税、城镇土地使用税、车船税、教育费附加、矿产资源补偿费等。企业代扣代交的个人所得税等，也通过本科目核算。本科目期末贷方余额，反映企业尚未交纳的税费；期末如为借方余额，反映企业多交或尚未抵扣的税费。

2231 应付利息 本科目核算企业按照合同约定应支付的利息，包括吸收存款、分期付息到期还本的长期借款、企业债券等应支付的利息。本科目期末贷方余额，反映企业应付未付的利息。

2232 应付股利 本科目核算企业分配的现金股利或利润。本科目期末贷方余额，反映企业应付未付的现金股利或利润。

2241 其他应付款 本科目核算企业除应付票据、应付账款、预收账款、应付职工薪酬、应付利息、应付股利、应交税费、长期应付款等以外的其他各项应付、暂收的款项。企业（保险）应交纳的保险保障基金，也通过本科目核算。本科目期末贷方余额，反映企业应付未付的其他应付款项。

2401 递延收益 本科目核算企业确认的应在以后期间计入当期损益的政府补助。本科目期末贷方余额，反映企业应在以后期间计入当期损益的政府补助。

2501 长期借款 本科目核算企业以摊余成本计量的向银行或其他金融机构借入的期限在1年以上(不含1年)的各项借款。本科目期末贷方余额，反映企业尚未偿还的长期借款。

2502 应付债券 本科目核算企业为筹集(长期)资金而发行的以摊余成本计量的债券。企业发行的可转换公司债券，应将负债和权益成分进行分拆，分拆后形成的负债成分在本科目核算。企业应当设置"企业债券备查簿"，详细登记企业债券的票面金额、债券票面利率、还本付息期限与方式、发行总额、发行日期和编号、委托代售单位、转换股份等资料。企业债券到期兑付，在备查簿中应予标注。本科目期末贷方余额，反映企业尚未偿还的长期债券摊余成本。

2504 继续涉入负债 本科目核算企业在金融资产转移中因继续涉入被转移资产而产生的义务。

2701 长期应付款 本科目核算企业除长期借款和应付债券以外的其他各种长期应付款项，包括应付融资租入固定资产的租赁费、以分期付款方式购入固定资产等发生的应付款项等。本科目期末贷方余额，反映企业应付未付的长期应付款项。

2702 未确认融资费用 本科目核算企业应当分期计入利息费用的未确认融资费用。本科目期末借方余额，反映企业未确认融资费用的摊余价值。

2711 专项应付款 本科目核算企业取得政府作为企业所有者投入的具有专项或特定用途的款项。本科目期末贷方余额，反映企业尚未转销的专项应付款。

2801 预计负债 本科目核算企业确认的对外提供担保、未决诉讼、产品质量保证、重组义务、亏损性合同等预计负债。本科目期末贷方余额，反映企业已确认尚未支付的预计负债。

2901 递延所得税负债 本科目核算企业确认的应纳税暂时性差异产生的所得税负债。本科目期末贷方余额，反映企业已确认的递延所得税负债。

2245 持有待售负债 本科目核算持有待售的处置组中的负债。本科目期末贷方余额，反映企业持有待售的处置组中的负债的账面余额。

此外企业可自主设置以下科目：

合同负债 本科目核算企业已收或应收客户对价而应向客户转让商品的义务。本科目期末贷方余额，反映企业在向客户转让商品之前，已经收到的合同对价或已经取得的无条件收取合同对价权利的金额。

贷款 本科目核算以摊余成本计量的、企业(银行)按规定发放的各种客户贷款，包括质押贷款、抵押贷款、保证贷款、信用贷款等。

贷款损失准备 本科目核算企业(银行)以摊余成本计量的贷款以预期信用损失为基础计提的损失准备。计提贷款损失准备的资产包括客户贷款、拆出资金、贴现资产、银团贷款、贸易融资、协议透支、信用卡透支、转贷款和垫款等。企业(保险)的保户质押贷款计提的减值准备，也在本科目核算。企业(典当)的质押贷款、抵押贷款计提的减值准备，也在本科目核算。

五、共同类科目

共同类科目，是既有资产性质又有负债性质的科目，主要有"清算资金往来""货币兑换""套期工具""被套期项目"等科目。

3101 衍生工具 本科目核算企业衍生工具的公允价值及其变动形成的衍生金融资产或衍生金融负债。作为套期工具的衍生工具不在本科目核算。本科目期末借方余额，反映企业衍生工具形成资产的公允价值；本科目期末贷方余额，反映企业衍生工具形成负债的公允价值。

3201 套期工具 本科目核算企业开展套期业务(包括公允价值套期、现金流量套期和境外经营净投资套期)的套期工具及其公允价值变动形成的资产或负债。本科目期末借方余额，反映企业套期工具形成资产的公允价值；本科目期末贷方余额，反映企业套期工具形成负债的公允价值。

3202 被套期项目 本科目核算企业开展套期业务的被套期项目及其公允价值变动形成的资产或负债。本科目可按被套期项目类别或套期关系进行明细核算。本科目期末借方余额，反映企业被套期项目形成的资产；本科目期末贷方余额，反映企业被套期项目形成的负债。

六、所有者权益类科目

所有者权益类科目，是对所有者权益要素的具体内容进行分类核算的项目，主要有"实收资本"(或"股本")"资本公积""其他综合收益""盈余公积""本年利润""利润分配""库存股"等科目。

4001 实收资本 本科目核算企业接受投资者投入的实收资本。股份有限公司应将本科目改为"4001 股本"科目。企业收到投资者出资超过其在注册资本或股本中所占份额的部分，作为资本溢价或股本溢价，在"资本公积"科目核算。本科目可按投资者进行明细核算。企业(中外合作经营)在合作期间归还投资者的投资,应在本科目设置"已归还投资"明细科目进行核算。本科目期末贷方余额,反映企业实收资本或股本总额。

4002 资本公积 本科目核算企业收到投资者出资额超出其在注册资本或股本中所占份额的部分。直接计入所有者权益的利得和损失,也通过本科目核算。本科目期末贷方余额,反映企业的资本公积。

4101 盈余公积 本科目核算企业从净利润中提取的盈余公积。本科目期末贷方余额,反映企业的盈余公积。

4103 本年利润 本科目核算企业当期实现的净利润(或发生的净亏损)。

4104 利润分配 本科目核算企业利润的分配(或亏损的弥补)和历年分配(或弥补)后的余额。本科目应当分别"提取法定盈余公积""提取任意盈余""应付现金股利或利润""转作股本的股利""盈余公积补亏"和"未分配利润"等进行明细核算。本科目年末余额,反映企业的未分配利润(或未弥补亏损)。

4201 库存股 本科目核算企业收购、转让或注销的本公司股份金额。本科目期末借方余额,反映企业持有尚未转让或注销的本公司股份金额。

4301 其他综合收益 本科目核算企业根据其他会计准则规定未在当期损益中确认的各项利得和损失。包括以后会计期间不能重分类进损益的其他综合收益和以后会计期间满足规定条件时将重分类进损益的其他综合收益两类。本科目期末贷方余额,反映企业的其他综合收益。

4401 其他权益工具 本科目核算企业发行的除普通股以外的归类为权益工具的各种金融工具。本科目期末贷方余额,反映企业持有其他权益工具。

七、成本类科目

成本类科目,是对可归属于产品生产成本、劳务成本等的具体内容进行分类核算的项目,主要有"生产成本""制造费用""合同取得成本""合同履约成本""研发支出"等科目。

5001 生产成本 本科目核算企业进行工业性生产发生的各项生产成本,包括生产各种产品(产成品、自制半成品等)、自制材料、自制工具、自制设备等。企业(农业)进行农业生产发生的各项生产成本,可将本科目改为"5001 农业生产成本"科目,并分别种植业、畜牧养殖业、林业和水产业确定成本核算对象(消耗性生物资产、生产性生物资产、公益性生物资产和农产品)和成本项目,进行费用的归集和分配。企业(房地产开发)可将本科目改为"5001 开发成本"科目。本科目可按基本生产成本和辅助生产成本进行明细核算。基本生产成本应当分别按照基本生产车间和成本核算对象(产品的品种、类别、订单、批别、生产阶段等)设置明细账(或成本计算单,下同),并按照规定的成本项目设置专栏。本科目期末借方余额,反映企业尚未加工完成的在产品成本或尚未收获的农产品成本。

5101 制造费用 本科目核算企业生产车间(部门)为生产产品和提供劳务而发生的各项间接费用。企业行政管理部门为组织和管理生产经营活动而发生的管理费用,在"管理费用"科目核算。除季节性的生产性企业外,本科目期末应无余额。

5201 劳务成本 本科目核算企业对外提供劳务发生的成本。

企业(证券)在为上市公司进行承销业务发生的各项相关支出,可将本科目改为"5201 待转承销费用"科目,并按照客户进行明细核算。本科目期末借方余额,反映企业尚未完成或尚未结转的劳务成本。

5301 研发支出 本科目核算企业进行研究与开发无形资产过程中发生的各项支出。本科目可按研究开发项目,分别"费用化支出""资本化支出"进行明细核算。本科目期末借方余额,反映企业正在进行无形资产研究开发项目满足资本化条件的支出。

八、损益类科目

损益类科目,是对收入、费用等要素的具体内容进行分类核算的项目。其中,反映收入的科目主要有"主营业务收入""其他业务收入"等科目;反映费用的科目主要有"主营业务成本""其他业务成本""销售费用""管理费用""财务费用"等科目。

6001 主营业务收入 本科目核算企业确认的销售商品、提供服务等主营业务的收入。期末,应将本科目的余额转入"本年利润"科目,结转后本科目应无余额。

6051 其他业务收入 本科目核算企业确认的除主营业务活动以外的其他经营活动实现的收入,包括出租固定资产、出租无形资产、出租包装物和商品、销售材料、用材料进行非货币性交换(非货币性资产交换具有商业实质且公允价值能够可靠计量)或债务重组等实现的收入。企业(保险)经营受托管理业务收取的管理费收入,也通过本科目核算。期末,应将本科目余额转入"本年利润"科目,结转后本科目应无余额。

6101 公允价值变动损益 本科目核算企业交易性金融资产、交易性金融负债,以及采用公允价值模式计量的投资性房地产、衍生工具、套期保值业务等公允价值变动形成的应计入当期损益的利得或损失。指定为以公允价值计量且其变动计入当期损益的金融资产或金融负债因公允价值变动形成的应计入当期损益的利得或损失,也在本科目核算。

企业开展套期保值业务的，有效套期关系中套期工具或被套期项目的公允价值变动，也可以单独设置"套期损益"科目核算。本科目可按交易性金融资产、交易性金融负债、投资性房地产等进行明细核算。期末，应将本科目余额转入"本年利润"科目，结转后本科目无余额。

6111 投资收益 本科目核算企业确认的投资收益或投资损失。企业（金融）债券投资持有期间取得的利息收入，也可在"利息收入"科目核算。期末，应将本科目余额转入"本年利润"科目，本科目结转后应无余额。

6115 资产处置损益 本科目核算企业出售划分为持有待售的非流动资产（金融工具、长期股权投资和投资性房地产除外）或处置组（子公司和业务除外）时确认的处置利得或损失，以及处置未划分为持有待售的固定资产、在建工程、生产性生物资产及无形资产而产生的处置利得或损失。本科目按照处置的资产类别或处置组进行明细核算。期末，应将本科目余额转入"本年利润"科目，本科目结转后应无余额。

6117 其他收益 本科目核算总额法下与日常活动相关的政府补助以及其他与日常活动相关且应直接计入本科目的项目。计入本科目的政府补助可以按照类型进行明细核算。期末，应将本科目余额转入"本年利润"科目，本科目结转后应无余额。

6301 营业外收入 本科目核算企业发生的各项营业外收入，主要包括非流动资产处置利得、非货币性资产交换利得、债务重组利得、政府补助、盘盈利得、捐赠利得等。期末，应将本科目余额转入"本年利润"科目，结转后本科目无余额。

6401 主营业务成本 本科目核算企业确认销售商品、提供服务等主营业务收入时应结转的成本。期末，应将本科目余额转入"本年利润"科目，结转后本科目无余额。

6402 其他业务成本 本科目核算企业确认的除主营业务活动以外的其他经营活动所发生的支出，包括销售材料的成本、出租固定资产的折旧额、出租无形资产的摊销额、出租包装物的成本或销额等。除主营业务活动以外的其他经营活动发生的相关税费，在"税金及附加"科目核算。采用成本模式计量投资性房地产的，其投资性房地产计提的折旧额或摊销额，也通过本科目核算。期末，应将本科目余额转入"本年利润"科目，结转后本科目无余额。

6403 税金及附加 本科目核算企业经营活动发生的消费税、城市维护建设税、资源税和教育费附加等相关税费。房产税、车船税、城镇土地使用税、印花税在"管理费用"科目核算，但与投资性房地产相关的房产税、城镇土地使用税在本科目核算。期末，应将本科目余额转入"本年利润"科目，结转后本科目无余额。

6601 销售费用 本科目核算企业销售商品和材料、提供劳务的过程中发生的各种费用,包括保险费、包装费、展览费和广告费、商品维修费、预计产品质量保证损失、运输费、装卸费等以及为销售本企业商品而专设的销售机构(含销售网点、售后服务网点等)的职工薪酬、业务费、折旧费等经营费用。企业发生的与专设销售机构相关的固定资产修理费用等后续支出,也在本科目核算。企业(金融)应将本科目改为"6601 业务及管理费"科目,核算企业(金融)在业务经营和管理过程中所发生的各项费用,包括折旧费、业务宣传费、业务招待费、电子设备运转费、钞币运送费、安全防范费、邮电费、劳动保护费、外事费、印刷费、低值易耗品摊销、职工工资及福利费、差旅费、水电费、职工教育经费、工会经费、会议费、诉讼费、公证、咨询费、无形资产摊销、长期待摊费用摊销、取暖降温费、聘请中介机构费、技术转让费、绿化费、董事会费、财产保险费、劳动保险费、待业保险费、住房公积金、物业管理费、研究费用、提取保险保障基金等。企业(金融)不应设置"管理费用"科目。期末,应将本科目余额转入"本年利润"科目,结转后本科目无余额。

6602 管理费用 本科目核算企业为组织和管理企业生产经营所发生的管理费用,包括企业在筹建期间内发生的开办费、董事会和行政管理部门在企业的经营管理中发生的或者应由企业统一负担的公司经费(包括行政管理部门职工工资及福利费、物料消耗、低值易耗品摊销、办公费和差旅费等)、工会经费、董事会费(包括董事会成员津贴、会议费和差旅费等)、聘请中介机构费、咨询费(含顾问费)、诉讼费、业务招待费、房产税、车船使用税、城镇土地使用税、印花税、技术转让费、矿产资源补偿费、研究费用、排污费等。

企业(商品流通)管理费用不多的,可不设置本科目,本科目的核算内容可并入"销售费用"科目核算。企业生产车间(部门)和行政管理部门等发生的固定资产修理费用等后续支出,也在本科目核算。期末,应将本科目的余额转入"本年利润"科目,结转后本科目无余额。

6603 财务费用 本科目核算企业为筹集生产经营所需资金等而发生的筹资费用,包括利息支出(减利息收入)、汇兑损益以及相关的手续费、企业发生的现金折扣或收到的现金折扣等。

为购建或生产满足资本化条件的资产发生的应予资本化的借款费用,在"在建工程""制造费用"等科目核算。期末,应将本科目余额转入"本年利润"科目,结转后本科目无余额。

6701 资产减值损失 本科目核算企业计提各项资产减值准备所形成的损失。期末,应将本科目余额转入"本年利润"科目,结转后本科目无余额。

6702 信用减值损失 本科目核算企业计提《企业会计准则第 22 号》要求的各项金融工具减值准备所形成的预期信用损失。

6711 营业外支出 本科目核算企业发生的各项营业外支出，包括非流动资产处置损失、非货币性资产交换损失、债务重组损失、公益性捐赠支出、非常损失、盘亏损失等。期末，应将本科目余额转入"本年利润"科目，结转后本科目无余额。

6801 所得税费用 本科目核算企业确认的应从当期利润总额中扣除的所得税费用。本科目可按"当期所得税费用""递延所得税费用"进行明细核算。期末，应将本科目的余额转入"本年利润"科目，结转后本科目无余额。

6901 以前年度损益调整 本科目核算企业本年度发生的调整以前年度损益的事项以及本年度发现的重要前期差错更正涉及调整以前年度损益的事项。企业在资产负债表日至财务报告批准报出日之间发生的需要调整报告年度损益的事项，也可以通过本科目核算。本科目结转后应无余额。

6117 其他收益 本科目核算总额法下与日常活动相关的政府补助以及其他与日常活动相关且应直接计入本科目的项目。期末，应将本科目余额转入"本年利润"科目，本科目结转后应无余额。

此外企业还可自行设置以下科目：

套期损益 本科目核算套期工具和被套期项目价值变动形成的利得和损失。期末，应当将本科目余额转入"本年利润"科目，结转后本科目无余额。

净敞口套期损益 本科目核算净敞口套期下被套期项目累计公允价值变动转入当期损益的金额或现金流量套期储备转入当期损益的金额。期末，应当将本科目余额转入"本年利润"科目，结转后本科目无余额。

九、电子商务会计科目及账户设置

根据会计科目的设置原则，企业在不影响会计核算要求和会计报表指标汇总，以及对外提供统一的财务会计报告的前提下，企业可以根据本单位的具体情况、行业特征和业务特点，对统一规定的会计科目作必要的增设、删减或合并，有针对性地设置会计科目。除有明确规定的，如应交税费——应交增值税（销项税额）以外，其他二、三级科目可以按企业实际情况自行设置。

电子商务会计可根据会计准则的要求选定会计科目及主要账务处理方法结合企业自身需要，分别从资产类、负债类、所有者权益类、共同类、成本类、损益类科目表中选择其应该设置的会计科目。如根据其交易及收支方式等的特殊性，可在"其他货币资金"科目下设置"支付宝账户"二级科目,在一级科目"无形资产"下设置"电子类"二级科目名称。表2-1和表2-2显示了电子商务会计科目设置中资产类及损益类的重点筛选对象。

表2-1 电子商务会计科目设置筛选表(资产类)

类型	级次	科目编码	科目名称	辅助型类型	余额方向
资产	1	1012	其他货币资金		借
资产	2	101201	支付宝账户		借
资产	2	10102	直通车账户		借
资产	2	101203	钻展账户		借
资产	1	1122	应收账款		借
资产	2	112201	店铺	部门核算	借
资产	2	112201	平台积分	部门核算	借
资产	1	1405	无形资产		借
资产	2	140501	电子类		借
资产	3	14050101	视频		借
资产	3	14050102	电子书籍		借

表2-2 电子商务会计科目设置筛选表(损益类)

类型	级次	科目编码	科目名称	辅助型类型	余额方向
损益	1	6601	销售费用	部门核算	借
损益	2	660101	广告宣传费	部门核算	借
损益	3	66010101	直通车	部门核算	借
损益	3	66010102	赠品	部门核算	借
损益	3	66010103	淘客费	部门核算	借
损益	3	66010104	卖家返现	部门核算	借
损益	3	660102	技术服务费	部门核算	借
损益	3	66010201	佣金	部门核算	借
损益	3	66010202	代扣积分	部门核算	借

第三节 会计等式

会计等式,又称会计恒等式、会计方程式或会计平衡公式,是表明会计要素之间基本关系的等式。

一、会计等式的表现形式

企业要进行经济活动，必须拥有一定数量和质量的能给企业带来经济利益的经济资源，即资产。企业的资产最初来源于两个方面：一是由企业所有者投入；二是由企业向债权人借入。所有者和债权人将其拥有的资产提供给企业使用，就相应地对企业的资产享有一种要求权，前者称为所有者权益，后者则称为债权人权益，即负债。

资产表明企业拥有什么经济资源和拥有多少经济资源，负债和所有者权益表明经济资源的来源渠道，即谁提供了这些经济资源。因此，资产和负债、所有者权益三者之间在数量上存在恒等关系，用公式表示为：

$$资产 = 负债 + 所有者权益$$

这一等式反映了企业在某一特定时点资产、负债和所有者权益三者之间的平衡关系，因此，该等式被称为财务状况等式、基本会计等式或静态会计等式，它是复式记账法的理论基础，也是编制资产负债表的依据。

企业进行生产经营活动的目的是获取收入，实现盈利。企业在取得收入的同时，必然要发生相应的费用。通过收入与费用的比较，才能确定一定期间的盈利水平，确定实现的利润总额。在不考虑利得和损失的情况下，它们之间的关系用公式表示为：

$$收入 - 费用 = 利润$$

这一等式反映了企业利润的实现过程，称为经营成果等式或动态会计等式。收入、费用和利润之间的上述关系，是编制利润表的依据。

二、交易或事项对会计等式的影响

企业发生的交易或事项按其对财务状况等式的影响不同，可以分为以下9种基本类型：

（1）一项资产增加、另一项资产等额减少的经济业务；

（2）一项资产增加、一项负债等额增加的经济业务；

（3）一项资产增加、一项所有者权益等额增加的经济业务；

（4）一项资产减少、一项负债等额减少的经济业务；

（5）一项资产减少、一项所有者权益等额减少的经济业务；

（6）一项负债增加、另一项负债等额减少的经济业务；

（7）一项负债增加、一项所有者权益等额减少的经济业务；

(8)一项所有者权益增加、一项负债等额减少的经济业务;

(9)一项所有者权益增加、另一项所有者权益等额减少的经济业务。

以财务状况等式为例,上述9类基本经济业务的发生均不影响会计等式的平衡关系,具体分为三种情形:基本经济业务(1)、(6)、(7)、(8)、(9)使会计等式左右两边的金额保持不变;基本经济业务(2)、(3)使会计等式左右两边的金额等额增加;基本经济业务(4)、(5)使会计等式左右两边的金额等额减少。

【例2-1】 2×22年1月,甲公司发生的经济业务资料如下:

(1)从银行提取现金2万元。

该项经济业务发生后,甲公司的一项资产(库存现金)增加2万元,另一项资产(银行存款)同时减少2万元,即会计等式左边资产要素内部的金额有增有减,增减金额相等,其平衡关系保持不变。属于上述第1种经济业务类型。

(2)从银行借入期限为3个月的短期借款8 000万元,存入银行。

该项经济业务发生后,甲公司的一项资产(银行存款)增加8 000万元,一项负债(短期借款)同时增加8 000万元,即会计等式左右两边金额等额增加,其平衡关系保持不变。属于上述第2种经济业务类型。

(3)收到投资者投入的机器一台,价值5 000万元。

该项经济业务发生后,甲公司的一项资产(固定资产)增加5 000万元,一项所有者权益(实收资本)同时增加5 000万元,即会计等式左右两边金额等额增加,其平衡关系保持不变。属于上述第3种经济业务类型。

(4)以银行存款2 000万元偿还前欠货款。

该项经济业务发生后,甲公司的一项资产(银行存款)减少2 000万元,一项负债(应付账款)同时减少2 000万元,即会计等式左右两边金额等额减少,其平衡关系保持不变。属于上述第4种经济业务类型。

(5)股东大会决定减少注册资本3 000万元,以银行存款向投资者退回其投入的资本。

该项经济业务发生后,甲公司的一项资产(银行存款)减少3 000万元,一项所有者权益(实收资本)同时减少3 000万元,即会计等式左右两边金额等额减少,其平衡关系保持不变。属于上述第5种经济业务类型。

(6)已到期的应付票据2 500万元因无力支付转为应付账款。

该项经济业务发生后,甲公司的一项负债(应付账款)增加2 500万元,另一项负债(应付票据)同时减少2 500万元,即会计等式右边负债要素内部的金额有增有减,增减金额相等，其平衡关系保持不变。属于上述第6种经济业务类型。

(7)宣布向投资者分配利润1 000万元。

该项经济业务发生后，甲公司的一项负债(应付利润)增加1 000万元，一项所有者权益(未分配利润)同时减少1 000万元，即会计等式右边一项负债增加而一项所有者权益等额减少，其平衡关系保持不变。属于上述第7种经济业务类型。

(8)经批准将已发行的公司债券5 000万元转为实收资本。

该项经济业务发生后，甲公司的一项负债(应付债券)减少5 000万元，一项所有者权益(实收资本)同时增加5 000万元，即会计等式右边一项所有者权益增加而一项负债等额减少，其平衡关系保持不变。属于上述第8种经济业务类型。

(9)经批准将资本公积3 000万元转为实收资本。

该项经济业务发生后，甲公司的一项所有者权益(实收资本)增加3 000万元，另一项所有者权益(资本公积)同时减少3 000万元，即会计等式右边所有者权益要素内部的金额有增有减，增减金额相等，其平衡关系保持不变。属于上述第9种经济业务类型。

由此可见，每一项经济业务的发生，都必然会引起会计等式的一边或两边有关项目相互联系地发生等额变化，即当涉及会计等式的一边时，有关项目的金额发生相反方向的等额变动；当涉及会计等式的两边时，有关项目的金额发生相同方向的等额变动，但始终不会影响会计等式的平衡关系。

第四节　复式记账

一、复式记账法

复式记账法就是对任何一笔经济业务，都必须用相等的金额同时在两个或两个以上相互联系的会计科目中进行登记的方法。这是因为任何一笔经济业务的发生，对会计等式的影响是：都会引起资产和权益发生增减变化，但其变化结果是资产总额永远等于权益总额。即资产=负债+所有者权益。

各种经济活动会引起资产和权益发生变化。这些经济活动在会计上称为"经济交易"或"会计事项"。虽然经济业务的发生影响资产和权益，但无论它们怎样变化，都不会破坏会计的基本等式，不会破坏资产和权益之间的平衡关系，该式反映了资产、负债和所有者权益之间的基本数量关系，是复式记账的理论依据。

复式记账法的主要特点是：

(1)复式记账法作为一种科学的记账方法，它不仅要对每一笔经济业务进行全面、系统的反映，而且对会计主体所发生的全部经济业务要进行记录，因此，需要设置完整的会计科目(账户)体系，用来反映各种各样的经济业务。例如，既要设置各种资产类和负债类会计科目，又要设置所有者权益类、成本类和损益类会计科目。

(2)复式记账法必须对每一笔经济业务进行核算和监督。这既有必要，又有可能，其必要性在于复式记账要求全面反映企业、行政、事业单位的经济活动，其可能性在于复式记账具有完整的会计科目体系，也就是具有全面反映记录经济业务的条件。

(3)复式记账法对每笔经济业务，都要反映其来踪去迹两个方面，而且也只有通过复式记账才能全面了解每一笔经济业务的内容。

(4)复式记账可对一定时期内所发生的全部经济业务进行综合计算。因为所有经济业务都在两个或两个以上的有关会计科目中相互联系，以相等的金额进行登记，因此可以用账簿记录综合计算，试算平衡。

二、借贷记账法

借贷记账法，是以"借"和"贷"作为记账符号的一种复式记账法。复式记账法，是指对于每一笔经济业务，都必须用相等的金额在两个或两个以上相互联系的账户中进行登记，全面、系统地反映会计要素增减变化的一种记账方法。复式记账法分为借贷记账法、增减记账法、收付记账法等。我国会计准则规定，企业、行政单位和事业单位会计核算采用借贷记账法记账。

(一)借贷记账法的账户结构

借贷记账法下，账户的左方称为借方，右方称为贷方。所有账户的借方和贷方按相反方向记录增加数和减少数，即一方登记增加额，另一方就登记减少额。至于"借"表示增加(或减少)，还是"贷"表示增加(或减少)，则取决于账户的性质与所记录经济内容的性质。

通常情况下，资产类、成本类和费用类账户的增加记"借"方，减少记"贷"方；负债类、所有者权益类和收入类账户的增加记"贷"方，减少记"借"方。

1. 资产类和成本类账户的结构

在借贷记账法下，资产类、成本类账户的借方登记增加额；贷方登记减少额；期末余额一般在借方。其余额计算公式为：

期末借方余额=期初借方余额+本期借方发生额-本期贷方发生额

资产类和成本类账户结构用 T 型账户表示，如图 2-1 所示。

借方	资产类和成本类账户			贷方
期初余额	×××			
本期增加额	×××	本期减少额		×××
	×××			×××
	…			…
本期借方发生额合计	×××	本期贷方发生额合计		×××
期末余额	×××			

图 2-1　资产类和成本类账户结构

2. 负债类和所有者权益类账户的结构

在借贷记账法下，负债类、所有者权益类账户的借方登记减少额；贷方登记增加额；期末余额一般在贷方。其余额计算公式为：

期末贷方余额：期初贷方余额+本期贷方发生额-本期借方发生额

负债类和所有者权益类账户结构用 T 型账户表示，如图 2-2 所示。

借方	负债类和所有者权益类账户			贷方
		期初余额		×××
本期减少额	×××	本期增加额		×××
	×××			×××
	…			…
本期借方发生额合计	×××	本期贷方发生额合计		×××
		期末余额		×××

图 2-2　负债类和所有者权益类账户结构

3. 损益类账户的结构

损益类账户主要包括收入类账户和费用类账户。

在借贷记账法下，收入类账户的借方登记减少额；贷方登记增加额。本期收入净额在期末转入"本年利润"账户，用以计算当期损益，结转后无余额。收入类账户结构用 T 型账户表示，如图 2-3 所示。

借方		收入类账户		贷方
本期减少额	×××	本期增加额		×××
本期转出额	×××			×××
	...			...
本期借方发生额合计	×××	本期贷方发生额合计		×××

图 2-3 收入类账户结构

在借贷记账法下,费用类账户的借方登记增加额;贷方登记减少额。本期费用净额在期末转入"本年利润"账户,用以计算当期损益,结转后无余额。费用类账户结构用 T 型账户表示,如图 2-4 所示。

借方		费用类账户		贷方
本期增加额	×××	本期减少额		×××
	×××	本期转出额		×××
	...			...
本期借方发生额合计	×××	本期贷方发生额合计		×××

图 2-4 费用类账户结构

(二)借贷记账法的记账规则

记账规则,是指采用某种记账方法登记具体经济业务时应当遵循的规则。如果运用"借""贷"符号表示【例 2-1】中 9 种基本类型经济业务所涉及的增减变动情况,可以发现借贷记账法的记账规则为"有借必有贷,借贷必相等"。即:任何经济业务的发生总会涉及两个或两个以上的相关账户,一方(或几方)记入借方,另一方(或几方)必须记入贷方,记入借方的金额等于记入贷方的金额。如果涉及多个账户,记入借方账户金额的合计数等于记入贷方账户金额的合计数。

上述 9 种基本经济业务的资金运动与记账规则的对应关系,如图 2-5 所示。

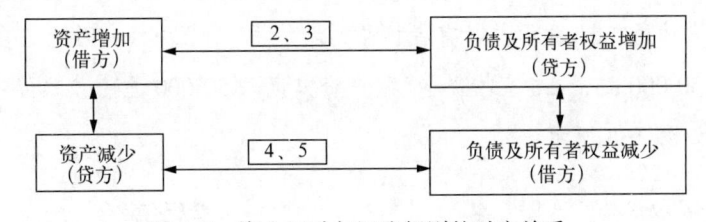

图 2-5 资金运动与记账规则的对应关系

借贷记账法记账规则的具体运用,如【例 2-2】至【例 2-5】所示。

【例 2-2】 甲公司购入原材料一批,价款 1 000 元,用银行存款支付,假定不考虑增值税因素。

该项经济业务发生后，甲公司原材料增加1 000元，银行存款同时减少1 000元，它涉及"原材料"和"银行存款"这两个资产类账户。资产的增加用"借"表示，减少用"贷"表示，因此应在"原材料"账户借方记入1 000元，在"银行存款"账户贷方记入1 000元。该项经济业务在T型账户中的登记如图2-6所示。

借方	银行存款	贷方		借方	原材料	贷方
期初余额：30 000				期初余额：30 000		
		(1)1 000	⟷	(1)1 000		

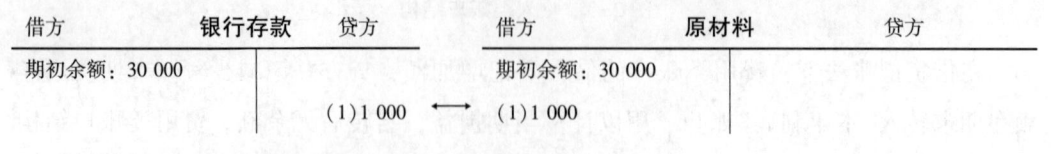

图2-6 以银行存款购入原材料

注：T型账户中业务序号来自次页会计分录，下同。

【例2-3】 甲公司已到期的应付票据20 000元因无力支付转为应付账款。

该项经济业务发生后，甲公司应付账款增加20 000元，应付票据同时减少20 000元，它涉及"应付账款"和"应付票据"这两个负债类账户。负债的增加用"贷"表示，减少用"借"表示，因此应在"应付票据"账户借方记入20 000元，在"应付账款"账户贷方记入20 000元。该项经济业务在T型账户中的登记如图2-7所示。

借方	应付账款	贷方		借方	应付票据	贷方
		期初余额：12 000				期初余额：30 000
		(2)20 000	⟷	(2)20 000		

图2-7 已到期的应付票据转为应付账款

【例2-4】 甲公司收到投资者投入资本50 000元，款项存入银行。

该项经济业务发生后，甲公司银行存款增加50 000元，所有者对甲公司的投资同时增加50 000元，它涉及"银行存款"这个资产类账户和"实收资本"这个所有者权益类账户。资产的增加用"借"表示，所有者权益的增加用"贷"表示，因此应在"银行存款"账户借方记入50 000元，在"实收资本"账户贷方记入50 000元。该项经济业务在T型账户中的登记如图2-8所示。

借方	实收资本	贷方		借方	银行存款	贷方
		期初余额：14 000		期初余额：30 000		
		(3)50 000	⟷	(3)50 000		

图2-8 收到投资者投入的资本金

【例2-5】 甲公司以银行存款30 000元，偿还到期的长期借款。

该项经济业务发生后，甲公司的银行存款减少 30 000 元，长期借款同时减少 30 000 元，它涉及"银行存款"这个资产类账户和"长期借款"这个负债类账户。资产的减少用"贷"表示，负债的减少用"借"表示，因此应在"长期借款"账户的借方记入 30 000 元，在"银行存款"账户的贷方记入 30 000 元。该项经济业务在 T 型账户中的登记如图 2-9 所示。

借方	银行存款	贷方		借方	长期借款	贷方
期初余额：30 000						期初余额：30 000
		(4) 30 000	⟷	(4) 30 000		

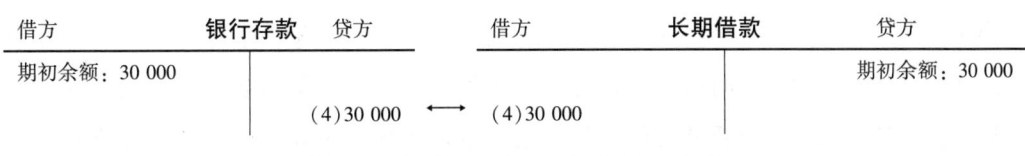

图 2-9 以银行存款偿还到期的长期借款

(三) 借贷记账法下的账户对应关系与会计分录

账户对应关系，是指采用借贷记账法对每笔交易或事项进行记录时，相关账户之间形成的应借、应贷的相互关系。存在对应关系的账户称为对应账户。

会计分录，简称分录，是对每项经济业务列示出应借、应贷的账户名称(科目)及其金额的一种记录。会计分录由应借应贷方向、相互对应的科目及其金额三个要素构成。在我国，会计分录记载于记账凭证中。【例 2-2】至【例 2-5】所列示四项经济业务的会计分录分别如下：

(1) 借：原材料　　　　　　　　　　　　　　　　　　　　1 000
　　　贷：银行存款　　　　　　　　　　　　　　　　　　　　1 000
(2) 借：应付票据　　　　　　　　　　　　　　　　　　　　20 000
　　　贷：应付账款　　　　　　　　　　　　　　　　　　　　20 000
(3) 借：银行存款　　　　　　　　　　　　　　　　　　　　50 000
　　　贷：实收资本　　　　　　　　　　　　　　　　　　　　50 000
(4) 借：长期借款　　　　　　　　　　　　　　　　　　　　30 000
　　　贷：银行存款　　　　　　　　　　　　　　　　　　　　30 000

按照所涉及账户的多少，会计分录分为简单会计分录和复合会计分录。简单会计分录，是指只涉及一个账户借方和另一个账户贷方的会计分录，即一借一贷的会计分录，如上述【例 2-2】至【例 2-5】列示的会计分录。复合会计分录，是指由两个以上(不含两个)对应账户组成的会计分录，即一借多贷、多借一贷或多借多贷的会计分录，如【例 2-6】中的会计分录。

【例 2-6】　甲公司购入原材料一批，价款 60 000 元，其中 40 000 元用银行存款支付，20 000元尚未支付，假定不考虑增值税因素。会计分录如下：

　　借：原材料　　　　　　　　　　　　　　　　　　　60 000
　　　　贷：银行存款　　　　　　　　　　　　　　　　　　40 000
　　　　　　应付账款　　　　　　　　　　　　　　　　　　20 000

　　复合会计分录实际上是由若干简单会计分录复合而成的，但为了保持账户对应关系清晰，一般不应把不同经济业务合并在一起，编制多借多贷的会计分录。一笔复合会计分录可以分解为若干简单的会计分录，而若干笔相关简单的会计分录又可复合为一笔复合会计分录，复合或分解的目的是便于会计工作，更好地反映经济业务发生引起资金运动的来龙去脉。

第五节　记录每一件事情的证据——会计凭证

一、会计凭证的概念和种类

　　会计凭证，是指记录经济业务发生或者完成情况的书面证明，是登记账簿的依据，包括纸质会计凭证和电子会计凭证两种形式。每个企业都必须按一定的程序填制和审核会计凭证，根据审核无误的会计凭证进行账簿登记，如实反映企业的经济业务。会计凭证按照填制程序和用途可分为原始凭证和记账凭证。

　　原始凭证，又称单据，是指在经济业务发生或完成时取得或填制的，用以记录或证明经济业务的发生或完成情况的原始凭据。原始凭证的作用主要是记载经济业务的发生过程和具体内容。常用的原始凭证有现金收据、发货票、增值税专用（或普通）发票、差旅费报销单、产品入库单、领料单等。

　　记账凭证，又称记账凭单，是指会计人员根据审核无误的原始凭证，按照经济业务的内容加以归类，并据以确定会计分录后填制的会计凭证，作为登记账簿的直接依据。记账凭证的作用主要是确定会计分录，进行账簿登记，反映经济业务的发生或完成情况，监督企业经济活动，明确相关人员的责任。

二、原始凭证

（一）原始凭证的种类

　　原始凭证可以按照取得来源、格式、填制的手续和内容进行分类。

1. 按取得来源分类

原始凭证按照取得来源，可分为自制原始凭证和外来原始凭证。

自制原始凭证，是指由本单位有关部门和人员，在执行或完成某项经济业务时填制的原始凭证，如领料单、产品入库单、借款单等。单位内部使用的领料单格式如表2-3所示。

表2-3 领料单

领料部门：　　　　　　　　　发料仓库：

用途：　　　　　　　　　　　年　　月　　日　　　　　　　编号：

材料编号	材料名称	规格	单位	请领数量	实发数量	备注

制单：　　　　审核：　　　　领料人：　　　　发料人：

外来原始凭证，是指在经济业务发生或完成时，从其他单位或个人直接取得的原始凭证，如购买原材料取得的增值税专用发票、职工出差报销的飞机票、火车票和餐饮费发票等。增值税专用发票的格式如表2-4所示。

表2-4 增值税专用发票

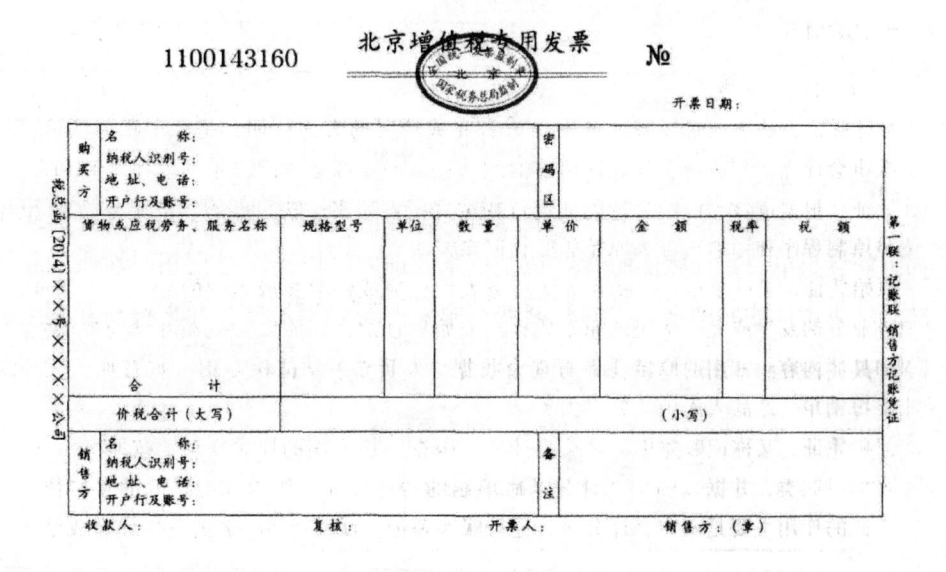

2. 按格式分类

原始凭证按照格式的不同，可分为通用凭证和专用凭证。

通用凭证，是指由有关部门统一印制、在一定范围内使用的具有统一格式和使用方法的原始凭证。通用凭证的使用范围因制作部门的不同而有所差异，可以是分地区、分行业使用，也可以全国通用，如某省(市)印制的在该省(市)通用的发票、收据等；由中国人民银行制作的在全国通用的银行转账结算凭证、由国家税务总局统一印制的全国通用的增值税专用发票等。

专用凭证，是指由单位自行印制的原始凭证，如领料单、差旅费报销单、折旧计算表、工资费用分配表等。

3. 按填制的手续和内容分类

原始凭证按照填制的手续和内容，可分为一次凭证、累计凭证和汇总凭证。

一次凭证，是指一次填制完成，只记录一笔经济业务且仅一次有效的原始凭证，如收据、收料单、发货票、银行结算凭证等。发货票的一般格式，如表2-5所示。

表2-5 发货票

购买单位：

结算方式：　　　　　　　　　　年　月　日　　　　　编号：

品名规格	单位	数量	单价	金额

会计：　　　　　　复核：　　　　　　　制单：

累计凭证，是指在一定时期内多次记录发生的同类经济业务且多次有效的原始凭证，如限额领料单。累计凭证的特点是在一张凭证内可以连续登记相同性质的经济业务，随时结出累计数和结余数，并按照费用限额进行费用控制，期末按实际发生额记账。限额领料单的一般格式如表2-6所示。

表2-6 限额领料单

领料部门：　　　　　　　　　　发料仓库：

用途：　　　　　　　　　　　　年　月　日　　　　编号：

材料编号	材料名称	规格	计量单位	计划单价	领用限额	全月实额	
						数量	金额

续表

材料编号	材料名称	规格	计量单位	计划单价	领用限额	全月实额
领用日期	请领数量	实发数量		领料人签章	发料人签章	限额结余数量

供应部门负责人：　　　　　　领料部门负责人：　　　　　　仓库负责人：

汇总凭证，是指对一定时期内反映经济业务内容相同的若干张原始凭证，按照一定标准综合填制的原始凭证。汇总原始凭证合并了同类经济业务，简化了凭证编制和记账工作。发料凭证汇总表是一种常用的汇总凭证，格式如表2-7所示。

表2-7　发料凭证汇总表

年　　月

借方科目 材料	生产成本	制造费用	管理费用	销售费用	合计
合计					

（二）原始凭证的基本内容

原始凭证的格式和内容因经济业务和经营管理的不同而有所差异，但原始凭证应当具备以下基本内容（也称为原始凭证要素）：凭证的名称、填制凭证的日期、填制凭证单位名称和填制人姓名、经办人员的签名或者盖章、接受凭证单位名称、经济业务内容、数量、单价和金额。

（三）原始凭证的填制要求

1. 原始凭证填制的基本要求

（1）记录真实。原始凭证所填列经济业务的内容和数字，必须真实可靠，符合实际情况。

（2）内容完整。原始凭证所要求填列的项目必须逐项填列齐全，不得遗漏或省略。

原始凭证中的年、月、日要按照填制原始凭证的实际日期填写；名称要齐全，不能简化；品名或用途要填写明确，不能含糊不清；有关人员的签章必须齐全。

（3）手续完备。单位自制的原始凭证必须有经办单位相关负责人的签名盖章；对外开出的原始凭证必须加盖本单位公章或者财务专用章；从外部取得的原始凭证，必须盖有填制单位的公章或者财务专用章；从个人取得的原始凭证，必须有填制人员的签名或盖章。

（4）书写清楚、规范。原始凭证要按规定填写，文字要简明，字迹要清楚，易于辨认，不得使用未经国务院公布的简化汉字。大小写金额必须符合填写规范，小写金额用阿拉伯数字逐个书写，不得写连笔字。在金额前要填写人民币符号"￥"（使用外币时填写相应符号），且与阿拉伯数字之间不得留有空白。金额数字一律填写到角、分，无角无分的，写"00"或符号"—"；有角无分的，分位写"0"，不得用符号"—"。大写金额用汉字壹、贰、叁、肆、伍、陆、柒、捌、玖、拾、佰、仟、万、亿、元、角、分、零、整等，一律用正楷或行书字书写。大写金额前未印有"人民币"字样的，应加写"人民币"三个字且和大写金额之间不得留有空白。大写金额到元或角为止的，后面要写"整"或"正"字；有分的，不写"整"或"正"字，如小写金额为￥1 007.00，大写金额应写成"壹仟零柒元整"。

（5）编号连续。各种凭证要连续编号，以便检查。如果凭证已预先印定编号，如发票、支票等重要凭证，在因错作废时，应加盖"作废"戳记，妥善保管，不得撕毁。

（6）不得涂改、刮擦、挖补。原始凭证金额有错误的，应当由出具单位重开，不得在原始凭证上更正。原始凭证有其他错误的，应当由出具单位重开或更正，更正处应当加盖出具单位印章。

（7）填制及时。各种原始凭证一定要及时填写，并按规定的程序及时送交会计机构审核。

2. 自制原始凭证填制的基本要求

一次凭证，应在经济业务发生或完成时，由相关业务人员一次填制完成。该凭证往往只能反映一项经济业务，或者同时反映若干项同一性质的经济业务。一次凭证有些是自制的原始凭证，如收料单、领料单、工资结算表、制造费用分配表等；有些是外来的原始凭证，如增值税专用发票、税收缴款书、各种银行结算凭证等。

累计凭证，应在每次经济业务完成后，由相关人员在同一张凭证上重复填制完成。该凭证能在一定时期内不断重复地反映同类经济业务的完成情况。典型的累计凭证是限额领料单。

汇总凭证，应由相关人员在汇总一定时期内反映同类经济业务的原始凭证后填制完成。该凭证只能将类型相同的经济业务进行汇总，不能汇总两类或两类以上的经济业务。

（四）原始凭证的审核

为了如实反映经济业务的发生和完成情况，充分发挥会计的监督职能，保证会计信息的真实、完整，会计人员必须对原始凭证进行严格审核。审核的内容主要包括：

1. 原始凭证的真实性

真实性的审核包括凭证日期是否真实、业务内容是否真实、数据是否真实等。对外来原始凭证，必须有填制单位公章或财务专用章和填制人员签章；对自制原始凭证，必须有经办部门和经办人员的签名或盖章。此外，对通用原始凭证，还应审核凭证本身的真实性，以防作假。

2. 原始凭证的合法性、合理性

审核原始凭证所记录经济业务是否符合国家法律法规，是否履行了规定的凭证传递和审核程序；审核原始凭证所记录经济业务是否符合企业经济活动的需要、是否符合有关的计划和预算等。

3. 原始凭证的完整性

审核原始凭证各项基本要素是否齐全，是否有漏项情况，日期是否完整，数字是否清晰，文字是否工整，有关人员签章是否齐全，凭证联次是否正确等。

4. 原始凭证的正确性

审核原始凭证记载的各项内容是否正确，包括：①接受原始凭证单位的名称是否正确。②金额的填写和计算是否正确。阿拉伯数字分位填写，不得连写。小写金额前要标明"￥"字样，中间不能留有空位。大写金额前要加"人民币"字样，大写金额与小写金额要相符。③更正是否正确。原始凭证记载的各项内容均不得涂改、刮擦和挖补。

三、记账凭证

（一）记账凭证的种类

1. 按其用途可以分为专用记账凭证和通用记账凭证

（1）专用记账凭证。是指分类反映经济业务的记账凭证。这种记账凭证按其反映经济业务的内容不同，又可以分为收款凭证、付款凭证和转账凭证。

①收款凭证。收款凭证是指用于记录现金和银行存款收款业务的会计凭证。

②付款凭证。付款凭证是指用于记录现金和银行存款付款业务的会计凭证。

③转账凭证。转账凭证是指用于记录不涉及现金和银行存款业务的会计凭证。

(2)通用记账凭证。与专用记账凭证不同，通用记账凭证的格式不再分为收款凭证、付款凭证和转账凭证，而是以一种格式记录全部经济业务。经济业务比较简单的企业，其会计可以使用通用记账凭证来记录企业所发生的各种经济业务，从而简化凭证，提升工作效率。

2. 按其填列会计科目的数目分类

记账凭证按其填列会计科目的数目分类，可以分为单式记账凭证和复式记账凭证两类。

(1)单式记账凭证。单式记账凭证是指每一张记账凭证只填列经济业务事项所涉及的一个会计科目及其金额的记账凭证。填列借方科目的称为借项凭证，填列贷方科目的称为贷项凭证。

(2)复式记账凭证。复式记账凭证是指将每一笔经济业务事项所涉及的全部会计科目及其发生额均在同一张记账凭证中反映的一种凭证。

3. 按其包括的内容分类

记账凭证按其包括的内容分类可以分为单一记账凭证、汇总记账凭证和科目汇总表三类。

(1)单一记账凭证。单一记账凭证是指只包括一笔会计分录的记账凭证。上述的专用记账凭证和通用记账凭证，均为单一记账凭证。

(2)汇总记账凭证。汇总记账凭证是指根据一定时期内的同类单一记账凭证加以汇总而重新编制的记账凭证。汇总记账凭证又可以分为汇总收款凭证、汇总付款凭证和汇总转账凭证。

(3)科目汇总表(亦称记账凭证汇总表、账户汇总表)。科目汇总表是指根据一定时期内所有的记账凭证定期加以汇总而重新编制的记账凭证，其目的也是简化总分类账的登记手续。

(二)记账凭证必须具备的基本内容

记账凭证的名称及填制单位名称。

填制记账凭证的日期。

记账凭证的编号。

经济业务事项的内容摘要。

经济业务事项所涉及的会计科目及其记账方向。

经济业务事项的金额。

记账标记。

所附原始凭证张数。

会计主管、记账、审核、出纳、制单等有关人员的签章。

(三)记账凭证的填制

会计人员填制记账凭证要严格按照规定的格式和内容进行,除必须做到记录真实、内容完整、填制及时、书写清楚之外,还必须符合下列要求:

(1)"摘要"栏是对经济业务内容的简要说明,要求文字说明要简练、概括,以满足登记账簿的要求。

(2)应当根据经济业务的内容,按照会计制度的规定,确定应借应贷的科目。科目使用必须正确,不得任意改变、简化会计科目的名称,有关的二级或明细科目要填写齐全。

(3)记账凭证中,应借、应贷的账户必须保持清晰的对应关系。

(4)一张记账凭证填制完毕,应按所使用的记账方法,加计合计数,以检查对应账户的平衡关系。

(5)记账凭证必须连续编号,以便考查且避免凭证散失。

(6)每张记账凭证都要注明附件张数,以便于日后查对。

(四)记账凭证的审核

所有填制的记账凭证,都必须经过其他会计人员认真的审核,在审核记账凭证的过程中,如发现记账凭证填制有误,应当按照规定的方法及时加以更正。只有经过审核无误后的记账凭证,才能作为登记账簿的依据。

记账凭证的审核主要包括以下内容:

(1)记账凭证是否附有原始凭证,记账凭证的经济内容是否与所附原始凭证的内容相同。

(2)应借应贷的会计科目(包括二级或明细科目)对应关系是否清晰、金额是否正确。

(3)记账凭证中的项目是否填制完整,摘要是否清楚,有关人员的签章是否齐全。

为了正确登记账簿和监督经济业务,除了编制记账凭证的人员应当认真负责、正确填制、加强自审以外,同时还应建立专人审核制度。如前所述,记账凭证是根据审核后的合法的原始凭证填制的。因此,记账凭证的审核,除了要对原始凭证进行复审外，还应注意以下几点：

1. 合规性审核

审核记账凭证是否附有原始凭证，原始凭证是否齐全，内容是否合法，记账凭证所记录的经济业务与所附原始凭证所反映的经济业务是否相符。

2. 技术性审核

审核记账凭证的应借、应贷科目是否正确，账户对应关系是否清晰，所使用的会计科目及其核算内容是否符合会计制度的规定，金额计算是否准确。摘要是否填写清楚、项目填写是否齐全，如日期、凭证编号、二级和明细会计科目、附件张数以及有关人员签章等。在审核过程中，如果发现差错，应查明原因，按规定办法及时处理和更正。只有经过审核无误的记账凭证，才能据以登记账簿。

对会计凭证进行审核，是保证会计信息质量，发挥会计监督的重要手段。这是一项政策性很强的工作，要做好会计凭证的审核工作、正确发挥会计的监督作用，会计人员应当做到：既要熟悉和掌握国家政策、法令、规章制度和计划预算的有关规定，又要熟悉和了解本单位的经营情况。这样，才能明辨是非，确定哪些经济业务是合理、合法的，哪些经济业务是不合理、不合法的。会计人员应自觉地执行政策，遵守制度，正确处理各种经济关系。

（五）手机转账凭证

对电子商务会计而言，手机转账凭证是其经常要处理的一种转账凭证。手机转账凭证是指记录手机银行经济业务、明确银行经济责任，并在银行会计核算过程中作为记账依据的一种书面证明。

为节省时间，操作人在使用手机银行转账完成后，可登录网上银行找到该笔订单，打印电子回单。手机转账凭证的打印流程如图2-10所示。

图2-10 手机转账凭证的打印流程

对于电子回单，银行给出的说明是：电子回单不但记载了客户收付款交易的详细信息，还加盖了专门的银行电子回单章，并标注了特殊的电子回单验证码。确保了电子回单的真实性、可靠性、唯一性及可认证性。可见，电子回单是企业编制记账凭证的原始依据。

电子回单固然方便，但电子商务会计在使用电子回单的同时应注意以下三点：

第一，电子回单不作为收款方的发货依据；

第二，电子回单为补打回单，请勿重复记账；

第三，每笔交易的电子回单号是唯一的，但回单的验证码不唯一。

三、电子商务会计凭证及其特征

电子商务行业的发展促进了各类电子会计凭证的产生。电子会计凭证包括单位从外部接受的电子形式的各类会计凭证，如电子发票、财政电子票据、电子客票、电子行程单、电子海关专用缴款书、银行电子回单等等。电子会计凭证的出现使得电子商务企业运营更加规范化，并在一定程度上减少了偷税漏税后的恶性竞争行为，降低企业管理成本。与此同时，电子会计凭证的出现也提高了电子商务交易效率，并促进电子商务交易额的增长。

区别于传统会计凭证，电子会计凭证具有以下特点：

1. 无形性及技术性

传统纸质会计凭证是由人工直接书写或打印完成，而电子会计凭证需要借助一定的计算机设备才能完成，它是计算机存储介质中的无形的电子信息。电子会计凭证需要通过一定的计算机设备才能阅读，其保存一般也采用磁介质或光介质形式而不是书面打印形式。它主要通过网络通信设备，以信息流的形式完成传输。

电子会计凭证的生成、确认、传递、存储是建立在一系列的信息技术上的，因此其处理加工的方式和传统纸质凭证的处理加工方式大不相同，这给传统会计信息输入系统带来很大的冲击。

2. 内容载体相分离

电子会计凭证可以存放在光介质的光盘上、磁介质的磁盘上，以及电子介质的USB电子硬盘上，因此它的存放载体不是固定不变的。此外，电子会计凭证可以通过互联网在不同计算机间传递和复制，且其信息内容不发生任何变化。

3. 易篡改性

传统的纸质会计凭证的改动一般会留下痕迹，《会计法》对部分允许修改的会计资料的修改方法和要求作出了严格规定，包括划线更正法等。区别于传统纸质凭证的不可改动性，电子会计凭证以磁介质或光介质为信息载体，在对其进行修改、删除时不会留下痕迹，因此电子会计凭证具有易篡改性。

4. 不稳定性

传统纸质凭证不容易修改，除非遇到不可抗拒的灾害事故。否则在会计档案保管期内，传统纸质凭证及其内容的稳定性是可以得到保障的。而电子会计凭证除了会面临不可抗拒的灾害事故，还可能面临计算机设备故障、计算机病毒感染、操作故障及黑客攻击等诸多威胁。因此，电子会计凭证具有极大不稳定性。

对于电子商务会计而言，为了应对电子会计凭证的不稳定性，其应该做到以下几点：

（1）将满足条件的电子会计凭证报销入账归档。单位接收的电子会计凭证要经查验合法、真实；电子会计凭证的传输、存储应安全可靠，对电子会计凭证的任何篡改能够及时发现；使用的会计核算系统能准确、完整、有效接收和读取电子会计凭证及其元数据，能够按照国家统一会计制度完成会计核算业务，能够按国家档案行政管理部门规定格式输出电子会计凭证及其元数据，设定了经办、审核、审批等必要的审签程序，同时能有效防止电子会计凭证重复入账。电子会计凭证的归档及管理符合《会计档案管理方法》（财政部 国家档案局第79号令）的要求。同时满足以上条件，除法律及行政法规另有规定外，单位可仅使用电子会计凭证进行报销入账归档。

（2）单位以电子会计凭证的纸质打印件作为报销入账归档依据的，必须同时保存打印该纸质件的电子会计凭证。

（3）除法律、行政法规另有规定外，会计档案可不再另以纸质形式保存。

（4）严格遵守《中华人民共和国会计法》《中华人民共和国档案法》等有关法律、行政法规，按照规定将电子会计凭证报销入账归档。

第六节 记录每一类事件的数据——会计账簿

一、账簿的概念

会计账簿，简称账簿，是指由一定格式的账页组成的，以经过审核的会计凭证为依据，全面、系统、连续地记录各项经济业务和会计事项的簿籍。

二、会计账簿的内容

在实际工作中，由于各种会计账簿所记录的经济业务不同，账簿的格式也多种多样，但各种账簿都应具备以下基本内容。

(一)封面

主要用来标明账簿的名称,如总分类账、各种明细分类账、库存现金日记账、银行存款日记账等。

(二)扉页

主要用来列明会计账簿的使用信息,如科目索引、账簿启用和经管人员一览表等。"账簿启用登记和经管人员一览表"格式如表2-8所示。

表2-8 账簿启用登记和经管人员一览表

账簿名称:_____ 账簿编号:_____ 账簿页数:_____ 会计主管:_____
单位名称:_____ 账簿册数:_____ 启用日期:_____ 记账人员:_____

移交日期			移交人		接管日期			接管人		会计主管	
年	月	日	签名	签章	年	月	日	签名	签章	签名	签章

(三)账页

是账簿用来记录经济业务的主要载体,包括账户的名称、日期栏、凭证种类和编号栏、摘要栏、金额栏,以及总页次和分户页次等基本内容。

三、会计账簿的分类

会计账簿可以按照用途、账页格式、外形特征等进行分类。

(一)按用途分类

会计账簿按照用途,可以分为序时账簿、分类账簿和备查账簿。

序时账簿,又称日记账,是按照经济业务发生时间的先后顺序逐日、逐笔登记的账簿。在我国企业、行政事业单位中,库存现金日记账和银行存款日记账是应用比较广泛的日记账。其格式如表2-9和表2-10所示。

表2-9 库存现金日记账 第 页

2×22年		记账凭证		对方科目	摘要	收入	支出	结余
月	日	字	号					
4	1				月初余额			1 500
4	2	银付	(略)	银行存款	从银行提现	500		2 000

续表

2×22年		记账凭证		对方科目	摘要	收入	支出	结余
月	日	字	号					
4	2	现付	（略）	其他应收款	预支差旅费		300	1 700
4	2	现付	（略）	管理费用	购买办公用品		50	1 650
4	2	现收	（略）	其他应收款	交回差旅费余额	18		1 668
4	2	现收	（略）	其他业务收入	出售废旧物资	20		1 688
4	2				本日合计	538	350	1 688

表 2-10　银行存款日记账　　　　　　　第　　页

2×22年		记账凭证		对方科目	摘要	收入	支出	结余
月	日	字	号					
6	1				期初余额			38 000
6	2	现付	（略）	库存现金	存入销货款	2 500		40 500
6	2	银付	（略）	材料采购	材料采购款		23 000	17 500
6	2	银付	（略）	应交税费	支付进项税额		3 910	13 590
					本日合计	2 500	26 910	13 590
6	3	银收	（略）	应收账款	收回应收款	10 000		23 590
6	4	银付	（略）	应付账款	偿还欠款		5 000	18 590

　　分类账簿，是指按照分类账户设置登记的账簿。分类账簿是会计账簿的主体，也是编制财务报表的主要依据。分类账簿按其反映经济业务的详略程度，可分为总分类账簿和明细分类账簿。其中，总分类账簿，简称总账，是根据总分类账户设置的，总括地反映某类经济活动。总分类账簿主要为编制财务报表提供直接数据资料，通常采用三栏式，其格式如表 2-11 所示。明细分类账簿，简称明细账，是根据明细分类账户设置的，用来提供明细的核算资料。明细分类账簿可采用的格式主要有三栏式明细账(格式与三栏式总分类账相同，如表 2-11 所示)、多栏式明细账、数量金额式明细账等。

表 2-11　总分类账　　　　　　　第　　页

年		凭证		摘要	借方	贷方	借或贷	余额
月	日	种类	编号					

备查账簿，又称辅助登记簿或补充登记簿，是对某些在序时账簿和分类账簿中未能记载或记载不全的经济业务进行补充登记的账簿。例如，反映企业租入固定资产的"租入固定资产登记簿"、反映为其他企业代管商品的"代管商品物资登记簿"等。备查账簿只是对其他账簿记录的一种补充，与其他账簿之间不存在严密的依存和勾稽关系。备查账簿根据企业的实际需要设置，没有固定的格式要求。

(二)按账页格式分类

会计账簿按照账页格式，主要分为三栏式账簿、多栏式账簿、数量金额式账簿。

三栏式账簿，是设有借方、贷方和余额三个金额栏目的账簿。各种日记账、总账以及资本、债权、债务明细账都可采用三栏式账簿。三栏式账簿又分为设对方科目和不设对方科目两种。区别是在摘要栏和借方科目栏之间是否有一栏"对方科目"。设有"对方科目"栏的，称为设对方科目的三栏式账簿；不设有"对方科目"栏的，称为不设对方科目的三栏式账簿。其格式与总账的格式基本相同。

多栏式账簿，是在账簿的两个金额栏目(借方和贷方)按需要分设若干专栏的账簿。这种账簿可以按"借方"和"贷方"分设专栏，也可以只设"借方"或"贷方"专栏，设多少栏则根据需要确定。收入、成本、费用明细账一般采用多栏式账簿。

数量金额式账簿，是在账簿的借方、贷方和余额三个栏目内，每个栏目再分设数量、单价和金额三小栏，借以反映财产物资的实物数量和价值量的账簿。原材料、库存商品等明细账一般采用数量金额式账簿。

(三)按外形特征分类

会计账簿按照外形特征，可以分为订本式账簿、活页式账簿、卡片式账簿。

订本式账簿，简称订本账，是在启用前将编有顺序页码的一定数量的账页装订成册的账簿。订本账的优点是能避免账页散失和防止抽换账页；缺点是不能准确为各账户预留账页。订本式账簿一般适用于重要的和具有统驭性的总分类账、库存现金日记账和银行存款日记账。

活页式账簿，简称活页账，是将一定数量的账页置于活页夹内，可根据记账内容的变化随时增加或减少部分账页的账簿。活页式账簿的优点是记账时可以根据实际需要，随时将空白账页装入账簿，或抽去不需要的账页，便于分工记账；缺点是如果管理不善，可能会造成账页散失或故意抽换账页。活页式账簿一般适用于明细分类账。

卡片式账簿，简称卡片账，是将一定数量的卡片式账页存放于专设的卡片箱中，可以根据需要随时增添账页的账簿。在我国，企业一般只对固定资产的核算采用卡片账形式，也有少数企业在材料核算中使用材料卡片。

四、会计账簿的启用与登记要求

启用会计账簿时，应当在账簿封面上写明单位名称和账簿名称，并在账簿扉页上附启用表。启用订本式账簿应当从第一页到最后一页顺序编定页数，不得跳页、缺号。使用活页式账簿应当按账户顺序编号，并须定期装订成册，装订后再按实际使用的账页顺序编定页码，另加目录以便于记明每个账户的名称和页次。

为了保证账簿记录的正确性，必须根据审核无误的会计凭证登记会计账簿，并符合有关法律、行政法规和国家统一的会计制度的规定。

(1)登记会计账簿时，应当将会计凭证日期、编号、业务内容摘要、金额和其他有关资料逐项记入账内。账簿记录中的日期，应该填写记账凭证上的日期；以自制原始凭证(如收料单、领料单等)作为记账依据的，账簿记录中的日期应按有关自制凭证上的日期填列。

(2)为了保持账簿记录的持久性，防止涂改，登记账簿必须使用蓝黑墨水或碳素墨水书写，不得使用圆珠笔(银行的复写账簿除外)或者铅笔书写。以下情况可以使用红墨水记账：①按照红字冲账的记账凭证，冲销错误记录；②在不设借贷等栏的多栏式账页中，登记减少数；③在三栏式账户的余额栏前，如未印明余额方向的，在余额栏内登记负数余额；④根据国家规定可以用红字登记的其他会计记录。除上述情况外，不得使用红色墨水登记账簿。

(3)会计账簿应当按照连续编号的页码顺序登记。记账时发生错误或者隔页、缺号、跳行的，应在空页、空行处用红色墨水划对角线注销，或者注明"此页空白"或"此行空白"字样，并由记账人员和会计机构负责人(会计主管人员)在更正处签章。

(4)凡需要结出余额的账户，结出余额后，应当在"借或贷"栏目内注明"借"或"贷"字样，以示余额的方向；对于没有余额的账户，应在"借或贷"栏内写"平"字，并在"余额"栏"元"位处用"0"表示。库存现金日记账和银行存款日记账必须逐日结出余额。

(5)每一账页登记完毕时，应当结出本页发生额合计及余额，在该账页最末一行"摘要"栏注明"转次页"或"过次页"，并将这一金额记入下一页第一行有关金额栏内，在该行"摘要"栏注明"承前页"，以保持账簿记录的连续性，便于对账和结账。

(6)账簿记录发生错误时,不得刮擦、挖补或用褪色药水更改字迹,而应采用规定的方法更正。

五、会计账簿的格式与登记方法

(一)日记账的格式与登记方法

日记账,是按照经济业务发生或完成的时间先后顺序逐日逐笔进行登记的账簿。设置日记账的目的,是为了使经济业务的时间顺序清晰地反映在账簿记录中。在我国,大多数企业一般只设库存现金日记账和银行存款日记账。

1. 库存现金日记账的格式与登记方法

库存现金日记账,是用来核算和监督库存现金日常收、付和结存情况的序时账簿。库存现金日记账的格式主要为三栏式。库存现金日记账必须使用订本账。

三栏式库存现金日记账,是用来登记库存现金的增减变动及其结果的日记账。设有借方、贷方和余额三个金额栏目,一般将其分别称为收入、支出和结余三个基本栏目。三栏式库存现金日记账由出纳人员根据库存现金收款凭证、库存现金付款凭证和银行存款付款凭证,按照库存现金收、付款业务和银行存款付款业务发生时间的先后顺序逐日逐笔登记。

三栏式库存现金日记账的登记方法如下:①日期栏,是记账凭证的日期,应与库存现金实际收付日期一致。②凭证栏,是登记入账的收付款凭证的种类和编号,如"库存现金收(付)款凭证",简写为"现收(付)";"银行存款收(付)款凭证",简写为"银收(付)"。凭证栏还应登记凭证的编号数,以便于查账和核对。③摘要栏,摘要说明登记入账的经济业务的内容。④对方科目栏,是库存现金收入的来源科目或支出的用途科目。如银行提取现金,其来源科目(即对方科目)为"银行存款"。⑤收入、支出栏(或借方、贷方),是库存现金实际收付的金额。每日终了,应分别计算库存现金收入和付出的合计数,并结出余额,同时将余额与出纳人员的库存现金核对。如账款不符应查明原因,记录备案。月终同样要计算库存现金收、付和结存的合计数。

2. 银行存款日记账的格式与登记方法

银行存款日记账,是用来核算和监督银行存款每日的收入、支出和结余情况的账簿。银行存款日记账应按企业在银行开立的账户和币种分别设置,每个银行账户设置一本日记账。由出纳人员根据与银行存款收付业务有关的记账凭证,按时间先后顺序逐日逐笔进行登记。根据银行存款收款凭证和有关的库存现金付款凭证(如现金存入银行的业务)登记银行存款收入栏,根据银行存款付款凭证登记其支出栏,每日结出存款余额。

银行存款日记账的格式与库存现金日记账相同,可以采用三栏式,也可以采用多栏式。多栏式可以将收入和支出的核算在一本账上进行,也可以分设"银行存款收入日记账"和"银行存款支出日记账"两本账。其格式和登记方法与"库存现金收入日记账"和"库存现金支出日记账"基本相同。

银行存款日记账的登记方法与库存现金日记账的登记方法基本相同。

(二)总分类账的格式与登记方法

总分类账是按照总分类账户分类登记以提供总括会计信息的账簿。总分类账最常用的格式为三栏式,设有借方、贷方和余额三个金额栏目,其格式如表 2-12 所示。

表 2-12 总分类账

会计科目:原材料　　　　　　　　　　　　　　　　　　　　　　　　　第　页

2×22年		凭证号码	摘要	借方	贷方	借或贷	余额
月	日						
4	1		月初余额			借	50 000
4	2	转1	材料验收入库	25 000		借	75 000
4	2	转2	领用材料		30000	借	45 000

总分类账的登记方法因登记的依据不同而有所不同。经济业务少的小型单位的总分类账,可以根据记账凭证逐笔登记;经济业务多的大中型单位的总分类账,可以根据记账凭证汇总表(又称科目汇总表)或汇总记账凭证等定期登记。

(三)明细分类账的格式与登记方法

明细分类账是根据有关明细分类账户设置并登记的账簿。它能提供交易或事项比较详细、具体的核算资料,以弥补总账所提供核算资料的不足。因此,各单位在设置总账的同时,还应设置必要的明细账。明细分类账一般采用活页式账簿、卡片式账簿。明细分类账一般根据记账凭证和相应的原始凭证进行登记。

根据各种明细分类账所记录经济业务的特点,明细分类账的格式常用的主要有:

1. 三栏式

三栏式账页是设有借方、贷方和余额三个栏目,用以分类核算各项经济业务,提供详细核算资料的账簿,其格式与三栏式总账格式相同。

2. 多栏式

多栏式账页将属于同一个总账科目的各个明细科目合并在一张账页上进行登记,

即在这种格式账页的借方或贷方金额栏内按照明细项目设若干专栏。这种格式适用于收入、成本、费用类科目的明细核算，其格式如表2-13所示。

表2-13 制造费用明细分类账

明细科目：一车间　　　　　　　　　　　　　　　　　　　　　　　　　　第1页

2×22年		凭证号码	摘要	借方					贷方	余额
月	日			职工薪酬	折旧费	机物料消耗	办公费	水电费		
4	5	（略）	分配工资	3 500						3 500
4	8	（略）	领用材料			500				4 000
4	10	（略）	支付办公费				350			4 350
4	15	（略）	支付水电费					400		4 750
4	30	（略）	计提折旧		2 000					6 750
4	30	（略）	转入生产成本						6 750	0

3. 数量金额式

数量金额式账页适用于既要进行金额核算又要进行数量核算的账户，如原材料、库存商品等存货账户，其借方（收入）、贷方（发出）和余额（结存）都分别设有数量、单价和金额三个专栏。数量金额式账页提供了企业有关财产物资数量和金额收、发、存的详细资料，有助于加强财产物资的实物管理和使用监督，保证财产物资的安全完整。数量金额式账页的格式，如表2-14所示。

表2-14 原材料明细分类账

会计科目：原材料　　　　　　　　　　　　　　　　　　　　　　　　　　　第1页

类别：钢材　　　品名及规格：普通圆钢　　　计量单位：千克　　　存放地点：2号库

2×22年		凭证号码	摘要	收入			发出			结存		
月	日			数量	单价	金额	数量	单价	金额	数量	单价	金额
4	1		月初结存							1 000	100	100 000
4	2	（略）	购入	2 000	100	200 000				3 000	100	300 000
4	3	（略）	领用				500	100	50 000	2 500	100	250 000

4. 总分类账与明细分类账的平行登记

平行登记，是指对所发生的每项经济业务都要以会计凭证为依据，一方面记入有关总分类账户，另一方面记入所辖明细分类账户的方法。总分类账户与明细分类账户平行登记的要点如下：

(1)方向相同。在总分类账户及其所辖的明细分类账户中登记同一项经济业务时，方向应当相同。即在总分类账户中记入借方，在其所辖的明细分类账户中也应记入借方；在总分类账户中记入贷方，在其所辖的明细分类账户中也应记入贷方。

(2)期间一致。发生的经济业务，记入总分类账户和所辖明细分类账户的具体时间可以有先后，但应在同一个会计期间记入总分类账户和所辖明细分类账户。

(3)金额相等。记入总分类账户的金额必须与记入其所辖的一个或几个明细分类账户的金额合计数相等。

六、对账与结账

(一)对账

对账，是对账簿记录所进行的核对，也就是核对账目。对账工作一般在记账之后结账之前，即在月末进行。对账一般分为账证核对、账账核对、账实核对。

1. 账证核对

账证核对是指将账簿记录与会计凭证核对，核对账簿记录与原始凭证、记账凭证的时间、凭证字号、内容、金额等是否一致，记账方向是否相符，做到账证相符。

2. 账账核对

账账核对的内容主要包括：

(1)总分类账簿之间的核对。按照"资产=负债+所有者权益"这一会计等式和"有借必有贷、借贷必相等"的记账规则，总分类账簿各账户的期初余额、本期发生额和期末余额之间存在对应的平衡关系，各账户的期末借方余额合计和贷方余额合计也存在平衡关系。通过这种等式和平衡关系，可以检查总账记录是否正确、完整。

(2)总分类账簿与所辖明细分类账簿之间的核对。总分类账各账户的期末余额应与其所辖各明细分类账的期末余额之和核对相符。

(3)总分类账簿与序时账簿之间的核对。主要是指库存现金总账和银行存款总账的期末余额，与库存现金日记账和银行存款日记账的期末余额之间的核对。

(4)明细分类账簿之间的核对。例如，会计机构有关实物资产的明细账与财产物资保管部门或使用部门的明细账定期核对，以检查余额是否相符。核对方法一般是由财产物资保管部门或使用部门定期编制收发结存汇总表报会计机构核对。

3. 账实核对

账实核对，是指各项财产物资、债权债务等账面余额与实有数额之间的核对。主要包括：

(1) 库存现金日记账账面余额与现金实际库存数逐日核对是否相符。

(2) 银行存款日记账账面余额与银行对账单余额定期核对是否相符。

(3) 各项财产物资明细账账面余额与财产物资实有数额定期核对是否相符。

(4) 有关债权债务明细账账面余额与对方单位债权债务账面记录核对是否相符。

(二) 结账

结账是将账簿记录定期结算清楚的会计工作。在一定时期结束时(如月末、季末或年末)，为编制财务报表，需要进行结账，具体包括月结、季结和年结。结账的内容通常包括两个方面：一是结清各种损益类账户，据以计算确定本期利润；二是结出各资产、负债和所有者权益账户的本期发生额合计和期末余额。结账的要点主要有：

(1) 对不需按月结计本期发生额的账户，如各项应收、应付款明细账和各项财产物资明细账等，每次记账以后，都要随时结出余额，每月最后一笔余额是月末余额。月末结账时，只需要在最后一笔经济业务记录下面通栏划单红线，不需要再次结计余额。

(2) 库存现金、银行存款日记账和需要按月结计发生额的收入、费用等明细账，每月结账时，要在最后一笔经济业务记录下面通栏划单红线，结出本月发生额和余额，在摘要栏内注明"本月合计"字样，并在下面通栏划单红线。

(3) 对于需要结计本年累计发生额的明细账户，每月结账时，应在"本月合计"行下结出自年初起至本月末止的累计发生额，登记在月份发生额下面，在摘要栏内注明"本年累计"字样，并在下面通栏划单红线。12月末的"本年累计"就是全年累计发生额，全年累计发生额下面通栏划双红线。

(4) 总账账户平时只需结出月末余额。年终结账时，为总括反映全年各项资金运动情况的全貌，核对账目，要将所有总账账户结出全年发生额和年末余额，在摘要栏内注明"本年合计"字样，并在合计数下面通栏划双红线。

(5) 年度终了结账时，有余额的账户，应将其余额结转下年，并在摘要栏注明"结转下年"字样；在下一会计年度新建有关账户的第一行余额栏内填写上年结转的余额，并在摘要栏注明"上年结转"字样，使年末有余额账户的余额如实地在账户中加以反映，以免混淆有余额的账户和无余额的账户。

(三) 电子商务会计对账难题

由于电子商务会计在处理业务过程中，可能会遇到诸多对账难题。如，在订单数量大、服务对象多、收货地址分散的情况下采用手工核对方式效率较低。促销活动中处理包含折扣、优惠券等项目的订单账务，由于订单量大使得对账容易出错。电子商务企业在不同平台拥有较多店铺，其店铺数据分散，难以汇总收集分析等。

针对以上情况，电子商务企业可以充分运用 ERP 软件，电子商务订单中心，发货对账软件等提高对账效率。

1. ERP 软件的运用

在会计工作中，用友 U8+是企业常用的 ERP 软件。用友 U8+主要适用于工业或贸易行业，其涵盖的范围包括进销存管理、财务管理等，功能完整高度集成。

因此，电子商务会计可以使用用友 U8+订单中心对接第三方支付平台，下载第三方支付平台的对账单收款数据或将其数据文件导入系统，生成对账单；然后在电子商务平台下载业务订单，将收款数据与订单数据进行勾对，系统自动生成收款单；再将收款单与之前确立的针对店铺的应收账款进行核销。

在上述过程中，电子商务订单中心后端与电子商务会计所在的电子商务企业内部 ERP 系统深度继承，后端 ERP 系统收获订单数据及单据进行相关的财务成本核算、库存管理及报表管理等，帮助电子商务企业实现了信息流、物流、资金流完整高效的统一。同时，用友 U8+还便于电子商务会计及时确认收入、支出，解决了订单与支付第三方对账单、发货物流费用与物流公司结算单自动对账、结算的问题，大大提升了电子商务会计的工作效率。因此，用友 U8+为电子商务企业提供了整合前端与后端的财务业务一体化解决方案，是电子商务企业适应未来商业环境的工具。

2. 电子商务订单中心的运用

结合业务流程的电子商务订单中心也能帮助电子商务企业达到高效管理的目的。电子商务企业的业务流程：买家下单支付→客服人员检查订单(审核)→仓库按订单发货-拣货、包装、扫描确认出货→包裹交快递公司→送达到买家。

通常情况下，电子商务订单中心支持从第三方电子商务平台使用的支付平台下载对账单进行收入对账，以及与物流公司提交的物流对账数据(文件形式)导入后进行物流运费对账的功能。

3. 运用发货对账软件

在发货时，电子商务企业可以将发货订单合并成一张发货单，或者将同一快递公司的多张订单批量生成发货单，同时套打发货单和快递单，自动匹配快递单与订单。面对庞大的日销售量，为了用较低的人力成本快速完成销售开单打印，并在日结中快速完成销售对账，电子商务企业会使用些简单、方便的发货对账软件进行对账工作，如发货易、信管飞、易打单等。

总而言之，电子商务企业的账务处理结合业务流程能有效支撑企业完成商品、订单、库存的统一化管理，方便电子商务会计及时准确对账、确认收入及核销。

七、错账更正的方法

在记账过程中，可能由于种种原因会使账簿记录发生错误。账簿记录发生错误，应当采用正确、规范的方法予以更正，不得涂改、挖补、刮擦或者用药水消除字迹，不得重新抄写。错账更正的方法一般有划线更正法、红字更正法和补充登记法三种。

（一）划线更正法

在结账前发现账簿记录有文字或数字错误，而记账凭证没有错误，应当采用划线更正法。更正时，可在错误的文字或数字上划一条红线，在红线的上方填写正确的文字或数字，并由记账人员和会计机构负责人(会计主管人员)在更正处盖章，以明确责任。需要注意的是，对于数字错误更正时不得只划销错误数字，应将全部数字划销，并保持原有数字清晰可辨，以便审查。例如，把"3 457"元误记为"8 457"元时，应将错误数字"8 457"全部用红线注销后，再写上正确的数字"3 457"，而不是只删改一个"8"字。如记账凭证中的文字或数字发生错误，在尚未过账前，也可用划线更正法更正。

（二）红字更正法

红字更正法，适用于两种情形：①记账后发现记账凭证中应借、应贷会计科目有错误所引起的记账错误。更正方法是：用红字填写一张与原记账凭证完全相同的记账凭证，在摘要栏内写明"注销某月某日某号凭证"，并据以用红字登记入账，以示注销原记账凭证，然后用蓝字填写一张正确的记账凭证，并据以用蓝字登记入账。②记账后发现记账凭证和账簿记录中应借、应贷会计科目无误，只是所记金额大于应记金额所引起的记账错误。更正方法是：按多记的金额用红字编制一张与原记账凭证应借、应贷科目完全相同的记账凭证，在摘要栏内写明"冲销某月某日第×号记账凭证多记金额"，以冲销多记的金额，并据以用红字登记入账。

（三）补充登记法

记账后发现记账凭证和账簿记录中应借、应贷会计科目无误，只是所记金额小于应记金额时，应当采用补充登记法。更正方法是：按少记的金额用蓝字填制一张与原记账凭证应借、应贷科目完全相同的记账凭证，在摘要栏内写明"补记某月某日第×号记账凭证少记金额"，以补充少记的金额，并据以用蓝字登记入账。

八、账务处理程序

企业常用的账务处理程序，主要有记账凭证账务处理程序、汇总记账凭证账务处理程序和科目汇总表账务处理程序，它们之间的主要区别是登记总分类账的依据和方法不同。

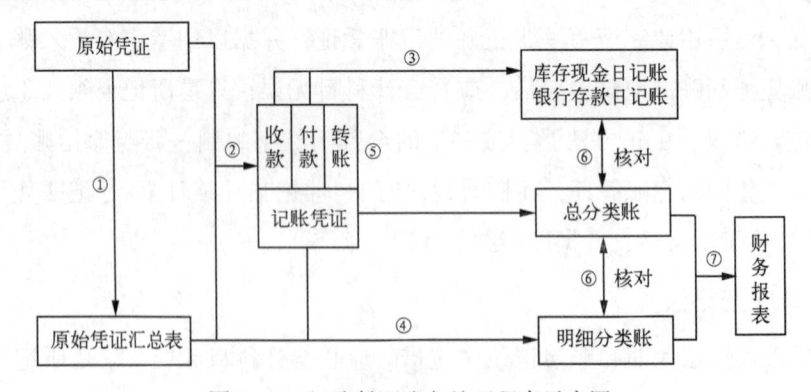

（一）记账凭证账务处理程序

记账凭证账务处理程序是指对发生的经济业务，先根据原始凭证或汇总原始凭证填制记账凭证，再根据记账凭证登记总分类账的一种账务处理程序。记账凭证账务处理程序适用于规模较小、经济业务量较少的单位。

记账凭证账务处理程序的一般步骤有：

(1) 根据原始凭证填制汇总原始凭证；

(2) 根据原始凭证或汇总原始凭证，填制收款凭证、付款凭证和转账凭证，也可以填制通用记账凭证；

(3) 根据收款凭证和付款凭证逐笔登记库存现金日记账和银行存款日记账；

(4) 根据原始凭证、汇总原始凭证和记账凭证，登记各种明细分类账；

(5) 根据记账凭证逐笔登记总分类账；

(6) 期末，将库存现金日记账、银行存款日记账和明细分类账的余额与有关总分类账的余额核对相符；

(7) 期末，根据总分类账和明细分类账的记录，编制财务报表。

记账凭证账务处理程序如图 2-11 所示。

图 2-11 记账凭证账务处理程序示意图

记账凭证账务处理程序的主要特点是直接根据记账凭证逐笔登记总分类账。其优点是简单明了，易于理解，总分类账可以反映经济业务的详细情况；缺点是登记总分类账的工作量较大。

（二）汇总记账凭证账务处理程序

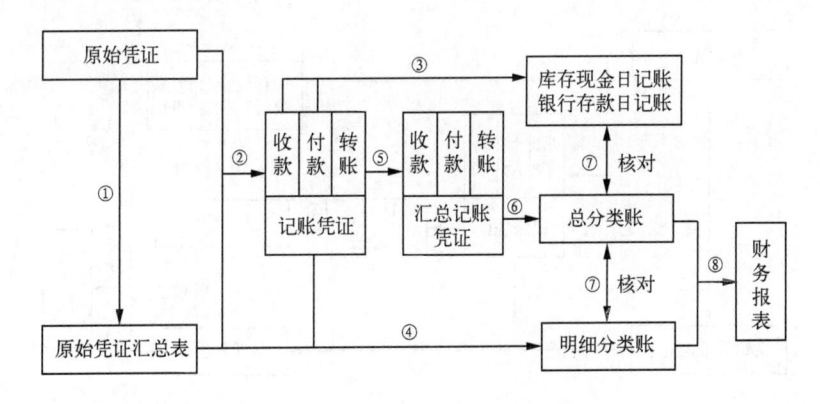

汇总记账凭证账务处理程序是指先根据原始凭证或汇总原始凭证填制记账凭证，定期根据记账凭证分类编制汇总收款凭证、汇总付款凭证和汇总转账凭证，再根据汇总记账凭证登记总分类账的一种账务处理程序。汇总记账凭证，是指对一段时间内同类记账凭证进行定期汇总而编制的记账凭证。汇总记账凭证账务处理程序适合于规模较大、经济业务较多的单位。

汇总记账凭证账务处理程序的一般步骤有：

（1）根据原始凭证填制汇总原始凭证；

（2）根据原始凭证或汇总原始凭证，填制收款凭证、付款凭证和转账凭证，也可以填制通用记账凭证；

（3）根据收款凭证、付款凭证逐笔登记库存现金日记账和银行存款日记账；

（4）根据原始凭证、汇总原始凭证和记账凭证，登记各种明细分类账；

（5）根据各种记账凭证编制有关汇总记账凭证；

（6）根据各种汇总记账凭证登记总分类账；

（7）期末，将库存现金日记账、银行存款日记账和明细分类账的余额与有关总分类账的余额核对相符；

（8）期末，根据总分类账和明细分类账的记录，编制财务报表。

汇总记账凭证账务处理程序如图2-12所示。

图2-12 汇总记账凭证账务处理程序示意图

汇总记账凭证账务处理程序的主要特点是先根据记账凭证编制汇总记账凭证，再根据汇总记账凭证登记总分类账。其优点是减轻了登记总分类账的工作量，缺点是当转账凭证较多时，编制汇总转账凭证的工作量较大，并且按每一贷方账户编制汇总转账凭证，不利于会计核算的日常分工。

(三)科目汇总表账务处理程序

科目汇总表账务处理程序，又称记账凭证汇总表账务处理程序，是指根据记账凭证定期编制科目汇总表，再根据科目汇总表登记总分类账的一种账务处理程序。科目汇总表，又称记账凭证汇总表，是企业定期对全部记账凭证进行汇总后，按照不同的会计科目分别列示各账户借方发生额和贷方发生额的一种汇总凭证。科目汇总表账务处理程序适用于经济业务较多的单位。

科目汇总表账务处理程序的一般步骤如下：

(1)根据原始凭证填制汇总原始凭证；

(2)根据原始凭证或汇总原始凭证填制记账凭证；

(3)根据收款凭证、付款凭证逐笔登记库存现金日记账和银行存款日记账；

(4)根据原始凭证、汇总原始凭证和记账凭证，登记各种明细分类账；

(5)根据各种记账凭证编制科目汇总表；

(6)根据科目汇总表登记总分类账；

(7)期末，将库存现金日记账、银行存款日记账和明细分类账的余额同有关总分类账的余额核对相符；

(8)期末，根据总分类账和明细分类账的记录，编制财务报表。

科目汇总表账务处理程序如图2-13所示。

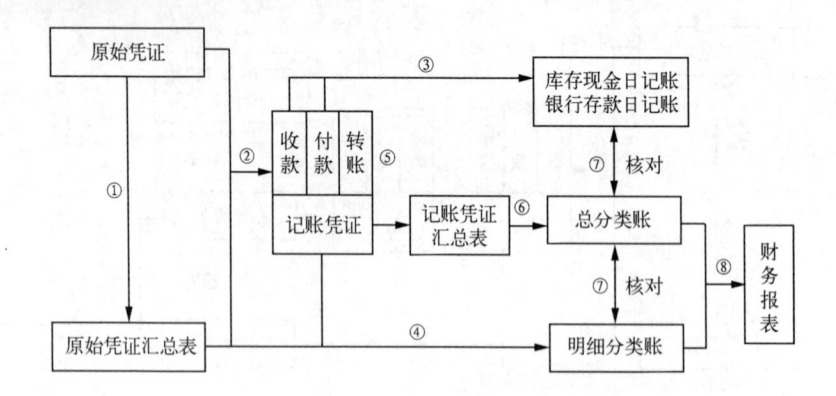

图2-13 科目汇总表账务处理程序示意图

科目汇总表账务处理程序的主要特点是先将所有记账凭证汇总编制成科目汇总表，然后根据科目汇总表登记总分类账。其优点是减轻了登记总分类账的工作量，并且科目汇总表可以起到试算平衡的作用，缺点是科目汇总表不能反映各个账户之间的对应关系，不利于对账目进行检查。

九、会计账户与账簿

（一）账户的概念

账户是根据会计科目设置的，具有一定格式和结构，用于分类反映资产、负债、所有者权益、收入、费用、利润等要素增减变动情况及其结果的载体。会计科目是账户的名称，账户是会计科目的具体应用。两者之间的区别在于：账户具有一定的格式和结构，用于反映会计要素增减变动情况及其结果。在实际工作中，对会计科目和账户不加严格区分，而是相互通用。

（二）账户的基本结构

账户分为左方（记账符号为"借"）、右方（记账符号为"贷"）两个方向，一方登记增加，另一方登记减少。资产、成本、费用类账户的借方登记增加额，贷方登记减少额；负债、所有者权益、收入类账户的借方登记减少额，贷方登记增加额。

登记本期增加的金额称为本期增加发生额；登记本期减少的金额称为本期减少发生额；增减相抵后的差额称为余额。余额按照表示时间不同分为期初余额和期末余额，基本关系为：

期末余额=期初余额+本期发生额-本期减少发生额

账户基本结构包括账户名称（会计科目）、记录经济业务的日期、所依据记账凭证编号、经济业务摘要、增减金额、余额等。

（三）账户与账簿的关系

账户与账簿有着十分密切的联系。账户存在于账簿之中，账簿中的每一账页就是账户的存在形式和载体。没有账簿，账户就无法存在；账簿序时、分类地记载经济业务，是在个别账户中完成的。因此，账簿只是一个外在形式，账户才是真实的内容。账户与账簿的关系是形式和内容的关系。例如，总分类账对应的内容是总分类账户，明细分类账对应的内容是明细分类账户。

十、电子商务会计建账流程及注意事项

建账是电子商务会计日常工作中最重要的基础环节。通过建账，电子商务会计可

以进行会计信息的收集、整理、加工、储存和提供等工作，连续、系统、全面、综合地反映企业的财务状况和经营成果。企业管理者可以根据会计账簿提供的信息，全面了解和掌握企业经营情况，及时采取必要的措施弥补不足，改善经营。

（一）电子商务会计的建账流程

1. 设置账簿

电子商务企业需要设置总账、明细账、日记账和其他辅助性账簿。电子商务会计需要按照各种账簿的格式要求，预备各种账页，并将活页用账夹装订成册。

2. 填写基本信息

在设置完账簿后，电子商务会计需要填写基本信息。电子商务会计要在账簿的启用表上写明单位名称、账簿名称、册数、编号、起止页数、启用日期及记账人员和会计主管姓名等，并加盖人员名章和单位公章。如果某一年度会计主管人员调动工作时，要在账簿上注明交接日期、接办及监交人员姓名，并由交接双方签名或盖章，以明确经济责任。

3. 设置会计科目及账户

电子商务会计需要结合会计准则及企业实际情况设置相应会计科目及账户。

4. 启用账簿

电子商务会计启用账簿时，对于未印制顺序号的账簿，应该按照第一页到最后一页的顺序编订页数，不得出现跳页、缺页或缺号的情况。在使用活页式明细账时，也要按账户顺序编号，并定期装订成册。装订完成后，再按实际使用的账页顺序编订页码，另设"账户目录"记录每个账户的名称和页次，并粘贴索引纸（账户标签），以便检索。

（二）电子商务企业建账注意事项

电子商务企业发展初期应该将账目理顺、厘清，这对企业的后续发展有重大影响。因此其在建账时应该注意以下几点：

1. 与企业相适应

一般情况下，企业的规模与业务量是成正比的：企业规模大，业务量大，分工复杂，需要建立的账簿也多；企业规模小，业务量小，需要建立的账簿也少。企业经济业务较少的情况下，将所有的明细账合成一两本即可。

2. 依据企业管理需要

建立账簿是为了满足企业管理需要，为管理提供有用的会计信息，所以电子商务会计在建账时须以满足管理需要为前提，不能盲目建账、重复建账。

3. 依据账务处理程序

电子商务会计需要从企业业务量、规模、经济业务的繁简程度、财务人员的数量，以及采用的核算形式及电子化程度等方面来确定账务处理程序。同时，电子商务会计还要设置现金日记账、银行存款日记账及相关的总账和明细账。另外，建账初始，电子商务会计必须购置记账凭证、记账凭证封面、记账凭证汇总表、记账凭证装订线及装订工具，还应购买空白资产负债表、利润表(损益表)、现金流量表等相关会计报表。

4. 建账需谨慎

①不设账外账。电子商务会计应以诚信为本，不做假账，不设账外账。②建立备查账。备查簿是电子商务会计最好的备忘录，方便电子商务会计事后查账时使用。③资料要齐全。在建账前，电子商务会计应该确认企业是否具有资质，相关证件及其他材料是否齐全。

第七节　反映企业整体状况的数据——会计报表

一、财务报表概述

财务会计的目的是为了通过向外部会计信息使用者提供有用的信息，帮助使用者做出相关决策。承担这一信息载体和功能的便是企业编制的财务报告，它是财务会计确认和计量的最终成果，是沟通企业管理层与外部信息使用者之间的桥梁和纽带。

财务报告是企业对外提供的反映企业某一特定日期的财务状况和某一会计期间的经营成果、现金流量等会计信息的文件。

根据财务报告的定义，财务报告具有以下几层含义：一是财务报告应当是对外报告，其服务对象主要是投资者、债权人等外部使用者，专门为了内部管理需要的、特定目的的报告不属于财务报告的范畴；二是财务报告应当综合反映企业的生产经营状况，包括某个时点的财务状况和某一时期的经营成果与现金流量等信息，以勾画出企业财务的整体和全貌；三是财务报告必须形成一个完整的文件，不应是零星的或者不完整的信息。

财务报告是企业财务会计确认与计量最终结果的体现，投资者等使用者主要是通过财务报告来了解企业当前的财务状况、经营成果和现金流量等情况，从而预测未来的发展趋势。因此，财务报告是向投资者等财务报告使用者提供决策有用信息的媒介和渠道，是沟通投资者、债权人等使用者与企业管理层之间信息的桥梁和纽带。

二、财务报表的种类

按照不同的标准进行分类：
(1)按服务对象，可以分为对外报表和内部报表。
(2)按报表所提供会计信息的重要性，可以分为主表和附表。
(3)按编制和报送的时间分类，可分为中期财务报表和年度财务报表。
(4)按编报单位不同，分为基层财务报表和汇总财务报表。
(5)按编报的会计主体不同，分为个别报表和合并报表。
(6)按照企业资金运动形态的不同，可以分为静态报表和动态报表。

三、财务报表的结构

通常一张财务报表包括三部分：表头、表体和表尾。其中，表头包括报表的标题、报表的编号、编表单位名称、编制日期和计量单位等；表体是财务报表的主要内容，包括报表项目和金额等；表尾位于财务报表底部，包括制表人、附注等。

（一）资产负债表

资产负债表是反映企业在某一特定日期的财务状况的报表，是企业经营活动的静态反映。资产负债表是根据"资产=负债+所有者权益"这一平衡公式，依照一定的分类标准和一定的次序，将某一特定日期的资产、负债、所有者权益的具体项目予以适当的排列编制而成。资产负债表主要反映资产、负债和所有者权益三方面的内容。通过资产负债表，可以反映企业在某一特定日期所拥有或控制的经济资源、所承担的现时义务和所有者对净资产的要求权，帮助财务报表使用者全面了解企业的财务状况、分析企业的偿债能力等情况，从而为其做出经济决策提供依据。

资产负债表一般由表头、表体两部分组成。表头部分应列明报表名称、编制单位名称、资产负债表日、报表编号和计量单位；表体部分是资产负债表的主体，列示了用以说明企业财务状况的各个项目。资产负债表的表体格式一般有两种：报告式资产负债表和账户式资产负债表。报告式资产负债表是上下结构，上半部分列示资产各项目，下半部分列示负债和所有者权益各项目。账户式资产负债表是左右结构，左边列示资产各项目，反映全部资产的分布及存在状态；右边列示负债和所有者权益各项目，反映全部负债和所有者权益的内容及构成情况。不管采取什么格式，资产各项目的合计一定等于负债和所有者权益各项目的合计。

我国企业的资产负债表采用账户式结构，分为左右两方，左方为资产项目，大体按资产的流动性大小排列，流动性大的资产如"货币资金""交易性金融资产"等排在前面，流动性小的资产如"长期股权投资""固定资产"等排在后面。右方为负债及所有者权益项目，一般按要求清偿时间的先后顺序排列，"短期借款""应付票据"及"应付账款"等需要在一年以内或者长于一年的一个正常营业周期内偿还的流动负债排在前面，"长期借款"等在一年以上才需偿还的非流动负债排在中间，在企业清算之前不需要偿还的所有者权益项目排在后面。

账户式资产负债表中的资产各项目的合计等于负债和所有者权益各项目的合计，即资产负债表左方和右方平衡。通过账户式资产负债表，可以反映资产、负债、所有者权益之间的内在关系，即"资产=负债+所有者权益"。我国一般企业资产负债表格式如表2-15所示。

表2-15 资产负债表

会企01表

编制单位： 　　　年　月　日　　　　　　　　　单位：元

资产	期末余额	上年年末余额	负债和所有者权益（或股东权益）	期末余额	上年年末余额
流动资产：			流动负债：		
货币资金			短期借款		
交易性金融资产			交易性金融负债		
衍生金融资产			衍生金融负债		
应收票据			应付票据		
应收账款			应付账款		
应收款项融资			预收款项		
预付款项			合同负债		
其他应收款			应付职工薪酬		
存货			应交税费		
合同资产			其他应付款		
持有待售资产			持有待售负债		
一年内到期的非流动资产			一年内到期的非流动负债		
其他流动资产			其他流动负债		

续表

资产	期末余额	上年年末余额	负债和所有者权益（或股东权益）	期末余额	上年年末余额
流动资产合计			流动负债合计		
非流动资产：			非流动负债：		
债权投资			长期借款		
其他债权投资			应付债券		
长期应收款			其中：优先股		
长期股权投资			永续债		
其他权益工具投资			租赁负债		
其他非流动金融资产			长期应付款		
投资性房地产			预计负债		
固定资产			递延收益		
在建工程			递延所得税负债		
生产性生物资产			其他非流动负债		
油气资产			非流动负债合计		
使用权资产			负债合计		
无形资产			所有者权益（或股东权益）：		
开发支出			实收资本（或股本）		
商誉			其他权益工具		
长期待摊费用			其中：优先股		
递延所得税资产			永续债		
其他非流动资产			资本公积		
非流动资产合计			减：库存股		
			其他综合收益		
			专项储备		
			盈余公积		
			未分配利润		
			所有者权益（或股东权益）合计		
资产总计			负债和所有者权益（或股东权益）总计		

（二）利润表

利润表是反映企业在一定会计期间的经营成果的会计报表。企业编制利润表的目的是通过如实反映企业实现的收入、发生的费用、应当计入当期利润的利得和损失以及其他综合收益等金额及其结构情况，从而有助于使用者分析评价企业的盈利能力及其构成与质量。

利润表的结构有单步式和多步式两种。单步式利润表是将当期所有的收入列在一起，所有的费用列在一起，然后将两者相减得出当期净损益。我国企业的利润表采用多步式格式，即通过对当期的收入、费用、支出项目按性质加以归类，按利润形成的主要环节列示一些中间性利润指标，分步计算当期净损益，以便财务报表使用者理解企业经营成果的不同来源。

利润表一般由表头、表体两部分组成。表头部分应列明报表名称、编制单位名称、编制日期、报表编号和计量单位。表体部分为利润表的主体，列示了形成经营成果的各个项目和计算过程。

为了使财务报表使用者通过比较不同期间利润的实现情况，判断企业经营成果的未来发展趋势，企业需要提供比较利润表。为此，利润表金额栏"本期金额"和"上期金额"两栏分别填列。我国一般企业利润表的格式如表2-16所示。

表 2-16 利润表

会企02表

编制单位：　　　　　　　　　　　　　年　　月　　　　　　　　　　　　　单位：元

项　　目	本期金额	上期金额
一、营业收入		
减：营业成本		
税金及附加		
销售费用		
管理费用		
研发费用		
财务费用		
其中：利息费用		
利息收入		
加：其他收益		
投资收益（损失以"-"号填列）		
其中：对联营企业和合营企业的投资收益		
以摊余成本计量的金融资产终止确认收益（损失以"-"号填列）		
净敞口套期收益（损失以"-"号填列）		
公允价值变动收益（损失以"-"号填列）		

续表

项　　目	本期金额	上期金额
信用减值损失(损失以"-"号填列)		
资产减值损失(损失以"-"号填列)		
资产处置收益(损失以"-"号填列)		
二、营业利润(亏损以"-"号填列)		
加：营业外收入		
减：营业外支出		
三、利润总额(亏损总额以"-"号填列)		
减：所得税费用		
四、净利润(净亏损以"-"号填列)		
(一)持续经营净利润(净亏损以"-"号填列)		
(二)终止经营净利润(净亏损以"-"号填列)		
五、其他综合收益的税后净额		
(一)不能重分类进损益的其他综合收益		
1. 重新计量设定受益计划变动额		
2. 权益法下不能转损益的其他综合收益		
3. 其他权益工具投资公允价值变动		
4. 企业自身信用风险公允价值变动		
……		
(二)将重分类进损益的其他综合收益		
1. 权益法下可转损益的其他综合收益		
2. 其他债权投资公允价值变动		
3. 金融资产重分类计入其他综合收益的金额		
4. 其他债权投资信用减值准备		
5. 现金流量套期		
6. 外币财务报表折算差额		
……		
六、综合收益总额		
七、每股收益：		
(一)基本每股收益		
(二)稀释每股收益		

(三)所有者权益变动表

所有者权益变动表是指反映构成所有者权益各组成部分当期增减变动情况的报表。

通过所有者权益变动表,既可以为财务报表使用者提供所有者权益总量增减变动的信息,也能为其提供所有者权益增减变动的结构性信息,特别是能够让财务报表使用者理解所有者权益增减变动的根源。

在所有者权益变动表上,企业至少应当单独列示反映下列信息的项目:

(1)综合收益总额;

(2)会计政策变更和差错更正的累积影响金额;

(3)所有者投入资本和向所有者分配利润等;

(4)提取的盈余公积;

(5)实收资本、其他权益工具、资本公积、其他综合收益、专项储备、盈余公积、未分配利润的期初和期末余额及其调节情况。

所有者权益变动表以矩阵的形式列示:一方面,列示导致所有者权益变动的交易或事项,即所有者权益变动的来源,对一定时期所有者权益的变动情况进行全面反映;另一方面,按照所有者权益各组成部分(即实收资本、其他权益工具、资本公积、库存股、其他综合收益、盈余公积、未分配利润)列示交易或事项对所有者权益各部分的影响。

我国一般企业所有者权益变动表的格式如表 2-17 所示。

(四)附注

附注是财务报表不可或缺的组成部分,是对在资产负债表、利润表、现金流量表和所有者权益变动表等报表中列示项目的文字描述或明细资料的补充,以及对未能在这些报表中列示项目的说明等。

财务报表是财务报告的核心内容,但是除了财务报表之外,财务报告还应当包括其他相关信息,具体可以根据有关法律法规的规定和外部使用者的信息需求而定。如企业可以在财务报告中披露其承担的社会责任、对社区的贡献、可持续发展能力等信息,这些信息对于使用者的决策也是相关的,尽管属于非财务信息,无法包括在财务报表中,但是如果有规定或者使用者有需求的,企业应当在财务报告中予以披露,有时企业也可以自愿在财务报告中披露相关信息。

表 2-17 所有者权益变动表

项目	本年金额											上年金额										
	实收资本（或股本）	其他权益工具		资本公积	减:库存股	其他综合收益	专项储备	盈余公积	未分配利润	所有者权益合计		实收资本（或股本）	其他权益工具		资本公积	减:库存股	其他综合收益	专项储备	盈余公积	未分配利润	所有者权益合计
		优先股	永续债 其他										优先股	永续债 其他							
一、上年年末余额																					
加：会计政策变更																					
前期差错更正																					
其他																					
二、本年年初余额																					
三、本年增减变动金额（减少以"-"号填列）																					
（一）综合收益总额																					
（二）所有者投入和减少资本																					
1.所有者投入的普通股																					

第二章 千里之行，始于足下——会计核算基础

续表

项目	本年金额											上年金额										
	实收资本（或股本）	其他权益工具		资本公积	减：库存股	其他综合收益	专项储备	盈余公积	未分配利润	所有者权益合计		实收资本（或股本）	其他权益工具		资本公积	减：库存股	其他综合收益	专项储备	盈余公积	未分配利润	所有者权益合计
		优先股	永续债 其他										优先股	永续债 其他							
2. 其他权益工具持有者投入资本																					
3. 股份支付计入所有者权益的金额																					
4. 其他																					
（三）利润分配																					
1. 提取盈余公积																					
2. 对所有者（或股东）的分配																					
3. 其他																					
（四）所有者权益内部结转																					
1. 资本公积转增资本（或股本）																					

119

续表

项目	本年金额											上年金额										
	实收资本（或股本）	其他权益工具			资本公积	减:库存股	其他综合收益	专项储备	盈余公积	未分配利润	所有者权益合计	实收资本（或股本）	其他权益工具			资本公积	减:库存股	其他综合收益	专项储备	盈余公积	未分配利润	所有者权益合计
		优先股	永续债	其他									优先股	永续债	其他							
2. 盈余公积转增资本（或股本）																						
3. 盈余公积弥补亏损																						
4. 设定受益计划变动额结转留存收益																						
5. 其他综合收益结转留存收益																						
6. 其他																						
四、本年年末余额																						

四、电子商务对财务报告的影响

现行财务报告是综合反映企业一定时期的财务状况、经营成果以及财务状况的变动情况的书面文件，由财务报表和附表组成。提供财务报告的目的是向会计信息使用者提供会计信息，在电子商务时代，财务报告受到的影响有：

(1)现行会计信息系统是为某一特定模型服务，将所有的会计信息使用者作为一个整体来看待，提供的是一种"通用的"财务报告。然而，不同的会计信息使用者有不同的决策模型，"通用的"财务报告所提供的会计信息不能完全满足会计信息使用者不同决策模型的需要。

(2)国际贸易剧增，币值波动大，财务报告所反映的会计信息不能反映企业真实的经营成果和财务状况。

(3)现行财务报告缺少对衍生金融工具的揭示。而网上交易的主要对象是衍生金融工具，风险性较大。因此，会计信息使用者需要看到这方面的揭示，以便他们合理地预计风险和未来现金流量，做出正确的决策。

(4)知识和信息作为一种全新的资本及一种关键性的生产要素进入经济发展过程，企业的生存和经济效益的提高越来越依赖于知识和创新，知识资本，人力资源在企业资产中的地位越发重要，而现行财务报表对此反映较少。利用现代计算机技术和网络技术建立集电子交易、核算处理、信息随机查询于一体的"动态实时报告系统"，可实时满足不同层次的报表使用者对企业会计信息的多元要求。在会计报表中，也应将知识资本和人力资源作为主要资产项目加以重点列示。反映的侧重点应由关心"创造未来有利现金流动的能力"，转向关心"知识资本拥有量及其增值的能力"等。

此外，财务报告还要能反映大量的非货币性信息，如企业员工素质、企业组织结构等。

第三章

小荷才露尖尖角
——企业资金筹集

第一节　企业资金来源

企业要从事正常的经营活动，首先必须拥有一定量的资金。筹集资金是企业经营资金运动的起点。企业取得资金的来源就是企业筹集资金的渠道，主要有投资者投入的资本和向银行等金融机构借入的款项。从企业所有者处筹集的资金（即所有者权益）主要通过直接投资、发行股票（普通股和优先股）、企业的留存收益等方式获得。从企业债权人处筹集的资金属于企业的负债，主要通过银行借款、发行债券、融资租赁、商业信用等方式获得。

一、所有者权益筹资业务

所有者投入资本按照投资主体的不同可以分为国家资本金、法人资本金、个人资本金和外商资本金等。所有者投入的资本主要包括实收资本（或股本）和资本公积，其具体内容如表3-1所示。

二、负债筹资业务

负债筹资是指企业以已有的自有资金作为基础，为了维系企业的正常营运、扩大经营规模、开创新事业等，产生财务需求，发生现金流量不足，通过银行借款、商业信用和发行债券等形式吸收资金，并运用这笔资金从事生产经营活动，使企业资产不断得到补偿、增值和更新的一种现代企业筹资的经营方式。

负债筹资主要包括短期借款、长期借款以及结算形成的负债等。

短期借款是指企业为了满足其生产经营对资金的临时性需要而向银行或其他金融

机构等借入的、偿还期限在一年以内(含一年)的各种借款。短期借款的筹资方式适应于企业经营中的短期资金需求，筹资数量比较小，对解决企业营销活动中的资金短缺比较有效。

表3-1 所有者权益筹资

科目	定义	内容
实收资本（或股本）	指企业的投资者按照企业章程、合同或协议的约定，实际投入企业的资本金以及按照有关规定由资本公积、盈余公积等转增资本的资金	实收资本按照投资形式主要分为：货币资金、实物、无形资产： 1. 货币资金以人民币现金投资，应以实际收到或者存入企业开户银行的时间和金额确定入账。以外币投资，应将外币折算为记账本位币金额入账。有合同约定汇率的，按合同、协议约定汇率折算；合同没有约定汇率的，按收到出资额当日的汇率折算。 2. 实物（固定资产、材料物资）：需审计等权威机构认定其入账价值来核算其实收资本。 3. 无形资产：一般不得超过企业注册资金的70%，按投资各方确认的价值作为实收资本入账
资本公积	指企业在经营过程中由于接受捐赠、股本溢价以及法定财产重估增值等原因所形成的公积金。资本公积是与企业收益无关而与资本相关的贷项，是投资者或者他人投入到企业、所有权归属于投资者、并且投入金额超过法定资本部分的资本	可计入资本公积的贷项的主要为：资本（股本）溢价、其他资本公积： 1. 资本溢价是公司发行权益债券价格超出所有者权益的部分，股本溢价是公司发行股票的价格超出票面价格的部分。 2. 其他资本公积包括可供出售的金融资产公允价值变动、长期股权投资权益法下被投资单位净利润以外的变动等

长期借款是指企业向银行或其他金融机构等借入的偿还期限在一年以上(不含一年)的各种借款。筹措长期借款资金，可以解决企业长期资金的不足，如满足发展长期性固定资产的需要；同时由于长期负债的归还期长，债务人可对债务的归还作长期安排，还债压力或风险相对较小。

结算形成的负债主要有应付账款、应付职工薪酬、应交税费等。

表3-2 负债筹资的四种主要方式

方式	定义	分类
银行借款	指企业根据借款合同从有关银行或非银行金融机构借入所需资金的一种筹资方式	根据借款期限可分为短期借款、长期借款；根据借款条件可分为信用借款、担保借款、票据贴现；根据提供贷款的机构可分为政策性银行贷款、商业银行贷款

续表

方式	定义	分类
发行债券	指公司依照法定程序发行的,约定在一定期限还本付息的有价证券	根据发行主体性质可分为国家债券、金融债券和企业债券;根据是否存在抵押担保可分为信用债券、抵押债券;根据利率特征可分为固定利率债券、浮动利率债券、零息票债券
融资租赁	指根据承租人选定所需要设备的货样,由出租人出资购买,并在契约或合同规定的较长期限内提供给承租人使用	主要包括售后回租、杠杆租赁
商业信用	指工商企业之间在商品交易时,以契约(合同)作为预期的货币资金支付保证的经济行为,故其物质内容可以是商品的赊销或货款预付,而其核心却是资本运作,是企业间的直接信用关系	主要形式包括赊购商品、预收货款、商业汇票

三、资金成本

资金成本主要包括资金筹集费用和资金占用费用两部分,是指企业为筹集费用(借款手续费、证券发行费用)和资金使用费用(利息、股息等)而付出的代价,是资金使用者向资金所有者和中介机构支付的占用费和筹集资金的费用。

常见的筹资方式的资金成本计算:

(1)个别资金成本率=资金使用费用/(筹资额-筹资费用)=资金使用费用/[筹资额×(1-筹资费率)]

(2)银行借款资金成本率=借款额×利率×(1-所得税税率)/(借款额-筹资费用)×100%

(3)债券的资金成本率=票面金额×票面利率×(1-所得税税率)/(筹资全额-筹资费用)×100%

(4)普通股资金成本率=预计第一年股利/(发行价-发行费用)+预计每年股利增长率

(5)优先股资金成本率=(票面金额×票面利率)/发行总额×(1-筹资费率)

对于电子商务企业来说,不仅要考虑筹集资金过程中的用资代价,而且要选择筹集资金的来源方式。因此,搞清楚筹集资金的渠道和利息的计算对电子商务企业有重要的意义。关于利息的理解,本书在下文结合资金时间价值的计算来进行介绍。

【例 3-1】 某公司向银行借入 5 年期长期借款 2 000 万元，年利率为 12%，筹资费用率为 0.1%，所得税税率为 25%，计算该公司长期借款成本。

长期借款成本 = [12% ×(1-25%)] /(1-0.1%) = 9.009%

【例 3-2】 某公司经批准发行公司债券 1 000 万元，债券年利率为 6%，筹资费用率为 1%，所得税税率为 25%，计算该公司债券成本。

债券成本 = [1 000 × 6% ×(1-25%)] / [1 000 ×(1-1%)] = 4.545%

【例 3-3】 某股份公司发行普通股 1 000 万元，共支付有关费用占股本的 2%，每年支付股利 100 万元，预计未来每年将增长 2%，计算该普通股的资金成本。

普通股资金成本 = 100/[1 000 ×(1-2%)]+2% = 12.204%

【例 3-4】 某股份公司按面值发行优先股 2 000 万元，共支付有关费用 10 万元，该优先股的年股利率为 7%，计算该优先股的资金成本。

优先股资金成本 =(2 000 × 7%)/(2 000-10) = 7.035%

第二节 躺着也在赚钱——资金时间价值

市场经济时期，竞争激烈、优胜劣汰，适者生存，企业在经济活动中，应该时刻注重资金的时间价值，抢占商机，充分利用现代管理手段，使企业立于不败之地。

一、资金的时间价值

资金是运动的价值，资金的价值是随时间变化而变化的，是时间的函数，随时间的推移而增值，其增值的这部分资金就是原有资金的时间价值。其实质是资金作为生产经营要素，在扩大再生产及其资金流通过程中，资金随时间周转使用的结果。在不同的时间，付出或得到同样数额的资金在价值上是不相等的，也就是说，数额相等的资金，如果存在的时间点不一样，那么它们的价值量就不相等。今天可用于投资的一项资金即使不考虑通货膨胀因素，也比将来可获得的同样数额的资金更有价值。

影响资金时间价值的因素如表 3-3 所示。

表 3-3 影响资金时间价值的因素

影响因素	特点
资金的使用时间	资金使用时间越长，则资金的时间价值越大；使用时间越短，则资金的时间价值越小

续表

影响因素	特点
资金数量的多少	在其他条件不变的情况下，资金数量越多，资金的时间价值就越大；反之，资金的时间价值则越小
资金投入和回收	在总投入资金一定的情况下，前期投入的资金越多，资金的时间价值越小；反之，后期投入的资金越多，资金的时间价值越大。在资金回收额一定的情况下，前期回收的资金越多，资金的时间价值越大；反之，后期回收的资金越多，资金的时间价值小
资金周转的速度	资金周转越快，在一定时间内等量资金的周转次数越多，资金的时间价值越大；反之，资金的时间价值越小

二、资金的时间价值的计算

资金的时间价值的计算主要分为单利和复利两种：单利只按本金计算利息，即"本生利"；复利就是前期利息要与本金合并计算本期利息，即"利滚利"。复利计息法同单利计息法相比，计算过程更复杂，计算难度更大，但它不仅考虑了初始资金的时间价值，还考虑了由初始资金产生的时间价值，能更好地诠释资金的时间价值。

利息是资金的时间价值的一种重要表现形式。而且，通常将利息额的多少作为衡量资金的时间价值的绝对尺度，将利率作为衡量资金的时间价值的相对尺度。

（一）利息

在借贷过程中，债务人支付给债权人超过原借贷金额的部分就是利息。从本质上看，利息是贷款发生利润的一种再分配。在营销经济业务中，利息也可以被看成是资金的一种机会成本。这是因为如果放弃资金的使用权利，则相当于失去收益的机会，也就相当于付出了一定的代价。事实上，投资就是为了在未来获得更大的收益而对目前的资金进行的某种安排。很显然，未来的收益应当超过现在的投资，正是这种预期的价值增长刺激人们投资。

（二）利率

在经济学中，利率的定义是从利息的定义中衍生出来的。也就是说，在理论上先承认了利息，再以利息来解释利率。在实际计算中，则正好相反，常根据利率计算利息。利率就是在单位时间内所得利息额与原借贷金额之比，通常用百分数表示。

$$年利率 = 年利息总数 / 本息 \times 100\%$$

资金时间价值的换算计算如表3-4所示。

表 3-4 资金时间价值换算

	P-本金；i-计息周期利率；n-计息周期数；F-n 期后本利和	
计息方法	单利（利不生利）	复利（利生利）
计算公司	$F=P\times(1+n\times i_{单})$	$F=P\times(1+i_{复})^n$
说明	单利只对本金计息，计息基础是本金。每期的利息相等	复利不仅对本金计息，而且对前期的利息也要计息。复利计息的基础是前期的本利，故每期的利息不等
	本金越大，利率越高，计息周期越多时，两者差距就越大	

【例 3-5】 假设银行贷款利率为 5%，徐良计划贷款后进行投资，他有两个选择，一次性投资 50 万元或每年支付 20 万元分三次支付。对徐良来说，如果一次性支付，则相当于付现值 50 万元；若分次支付，则相当于一个 3 年的先付年金，徐良应该把这个先付年金折算为 3 年后的终值，再与 50 万元的 3 年终值进行比较，只有这样才能发现哪个方案更有利。

如果分次支付，则其 3 年终值：

$$F=20\times(1+5\%)+20\times(1+5\%)+20\times(1+5\%)=66.2025(万元)$$

如果一次性支付，则其 3 年的终值：

$$F=50\times(1+5\%)=57.88(万元)$$

相比之下，一次性支付更划算。

三、资金的时间价值对电子商务业务策划的作用

资金的时间价值是客观存在的，生产经营的一项基本原则就是充分利用资金的时间价值并最大限度地获得其时间价值，这就要加快资金周转速度，早期回收资金，并不断从事利润较高的投资活动；任何资金的闲置，都会损失资金的时间价值。企业领导者应该充分注重资金的时间价值，抓住商机。资金时间价值在电子商务企业资金管理中的应用主要有以下几点：

（一）在企业投资活动中的应用

企业的投资活动需要占用企业的一部分资金，这部分资金是否应被占用，可以被占用多长时间，都是企业决策者需要运用科学方法确定的问题。企业在进行投资项目可行性分析时需要考虑资金的时间价值的影响。传统的投资项目评价中，一般采用静态指标，在分析项目是否可行时，往往不考虑资金时间价值，从而对项目投资的可行性得出过于乐观的结论。而科学的评价方法是应引入时间因素，在考虑时间价值的基

础上对项目可行性作出评价，主要指标有财务内部收益率、财务净现值、动态投资回收期等。

（二）在企业进行项目的盈亏平衡分析中的应用

投资决策建立在对项目经济效果预测的基础之上，而企业对未来的预测能力和影响能力是有限的。项目的未来实际经济效果与企业的预测结果可能有差距，即作为决策重要依据的经济效果本身具有不确定性，为了减少企业的投资风险，避免决策失误，就必须对项目的经济效果的不确定性及项目对各种不确定性的承受能力进行分析。盈亏平衡分析是项目不确定性分析的重要方法之一。

传统盈亏平衡分析采用的是某一正常生产年份的数据，以盈利为零作为盈亏平衡状态，没有考虑资金时间价值。动态盈亏平衡分析就是将项目盈亏平衡状态定义为净现值等于零的状态，然后考察各个因素的变动对净现值的影响，由于净现值的实质是项目在整个计算期内可以获得的、超过其基准收益水平的、以现值表示的超额净收益，所以，净现值等于零意味着项目刚好获得了基准收益水平的收益，实现了资金的基本水平的保值和真正意义上的"盈亏平衡"，提高了投资决策的科学性和可靠性。

（三）资金时间价值在企业产品定价过程中的应用

企业的产成品是企业生产经营中占用资金最多的一个环节，产成品除占用企业在生产过程所投入的资金外，还占用大量的库存现金等资金。如何将产品尽快销售出去，减少资金占用，使资金尽快回笼，是企业应该仔细考虑的问题。因为如果产品积压或者滞销，企业将缺乏用于下一轮生产所需要的资金，其资金周转将发生问题，这样会影响企业的整个生产经营活动。因此，企业在产品定价过程中，在充分考虑其财务成本的基础上，要考虑资金时间成本，对购买者的某些行为，如批量购买、提前付款、淡季购买等，可以将其产品成本价格调低，给购买者一定比例的价格优惠。即采用价格策略促使资金尽快回笼。

（四）为企业的预测、决策提供准确、全面的信息

会计是经济管理的重要组成部分，会计工作可以把企业日常发生的大量经营活动数据，通过鉴定、计量、分类、汇总、分析转变为若干综合有用的经济信息，以财务报表的形式总括反映出来，满足管理当局和有关方面预测、控制和决策的需要。资金时间价值的现值和终值概念用于会计的资本预算和财务报表构成要素的计价上，可在制定长期资本支出计划过程中，评价不同资本支出计划的盈利能力。即企业先制定出现金流出的资本支出计划，以此确定将来的现金流入量，运用资金时间价值概念，就

可计算出将来现金流入量的现值并做出资本预算，从而为企业的预测、决策、规划、控制提供准确、全面的信息。

(五)提高结算资金的时间价值

根据资金时间价值原理，不同时点上的资金具有不同的价值。因此，拖欠发生时的资金与以后收回的资金是不可比的。只有考虑了资金的时间价值，将以后收回的资金折算成现值，才能与拖欠发生时的资金进行比较，从而判断在资金循环中受到的损失，拖欠越长损失越大。因此，加强结算资金管理，提高结算资金的货币时间价值非常重要。

(六)优化资金总量，降低资金成本

资金成本实质部分是资金占用费，它在借入资金的筹措上表现为利息，在自有资金筹措上则表现为股息或期望的最低投资报酬。因此，降低资金成本，首要的是优化资金总量，减少资金占用。一是在经济景气、市场坚挺时期，可以适当增加借入资金，以扩大生产经营，获取更多的盈利；反之则应少借入或不借入。二是在商品处于开发或成长阶段，进行市场预测后，确认生产和销售前景乐观的，可以考虑增加借入资金；反之则不能盲目筹资扩大生产或采购量；三是对优质名牌商品优先贷款，对长线、淘汰、滞销商品和重复进货严格控制贷款。

第三节 电子商务企业资金支付方式

随着电子商务的快速发展，电子支付的重要性越来越明显，已经成为整个电子商务产业链中的核心环节。在我国电子商务发展的过程中，B2C电子商务、C2C电子商务产生了多种支付方式，包括汇款、货到付款、网上支付、电话支付、手机短信支付等，并且这些方式同时并存，在经济交易往来中也被广泛使用。

一、汇款

银行汇款或邮局汇款是一种传统支付方式，也是目前为止电子商务支付方式中较常用的支付方式。汇款是消费者将订单金额通过银行或者邮政部门汇给商户的一种结算支付方式。采用银行或邮局汇款，可以直接用人民币进行交易，避免了诸如黑客攻击、账号泄露、密码被盗等问题，对消费者来说更安全。但采用此种支付方式的收、发货周期时间较长。例如，卓越网的邮局汇款支付期限为14天，银行电汇为10天，而

采用其他网上支付只需1~2天或者即时到账。此外，消费者还必须到银行或邮局进行支付，支付过程比较烦琐。对商家来说，这种交易方式也无法体现电子商务高速、交互性强、简单易用且运作成本低等优势。因此，这种支付方式并不能适应电子商务长期、高速的发展。

汇款可分为电汇、信汇和票汇三种。

（一）电汇

电汇是汇出行应汇款人的申请，以发加押电报或电传的方式指示汇入行将资金解付给收款人的汇款方式。其基本做法是：由汇款人填写电汇申请书，并交付电汇款项及手续费，取得电汇回执。汇出行接受汇款以发电报或电传方式通知汇入行，为防止意外及便于汇入行辨别电报、电传的真伪，汇出行所拍发的电报、电传都带有密押。汇入行收到电报或电传后，经核对密押相符，即用电汇通知书通知收款人取款。收款人取款时填写收款收据并签章交汇入行，汇入行凭此解付汇款，并将付讫借记通知书寄汇出行。电汇业务流程如图3-1所示。

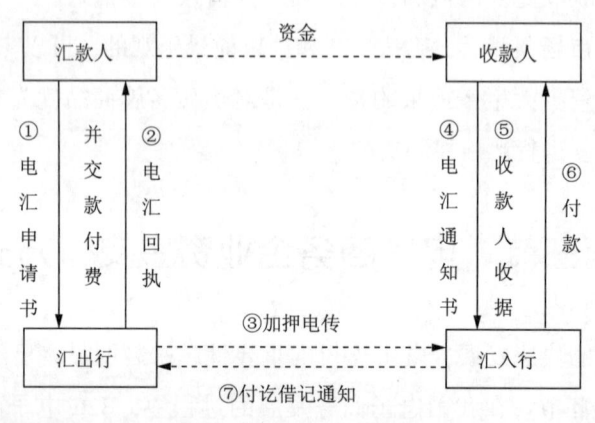

图3-1　电汇业务流程图

（二）信汇

信汇是指汇出行应汇款人的委托，以信函指示汇入行解付一定款项给收款人的汇款方式。

信汇的结算程序与电汇大致相同，所不同的是结算及其寄送方式的差异。信汇是以信汇委托书（M/T advice）或支付委托书（payment order）作为结算工具，以航函方式邮寄给汇入行，委托其解付汇款，从而完成资金的划拨。信汇委托书不加密押，只需签字，汇入行核对无误后方能解付。信汇方式费用低廉，但收款时间较慢，传递环节多，易发生积压甚至丢失等情况。

(三)票汇

票汇是汇出行应汇款人的要求，开立以汇出行的外分行或代理行为付款人的银行即期汇票，交给汇款人自带出境或自行寄交收款人，由后者凭票取款的汇款方式。票汇的基本做法是：汇款人填写票汇申请书，交款付费给汇出行，汇出行开立银行即期汇票交给汇款人，由汇款人寄给收款人；同时由汇出行将汇票通知书或票根寄给汇入行；收款人持汇票向汇入行取款时，汇入行将汇票与票根核对无误后，解付票款给取款人，并将付讫借记通知书寄汇出行，从而使资金从债务人流向债权人，完成一笔汇票业务。汇票的业务流程如图 3-2 所示。

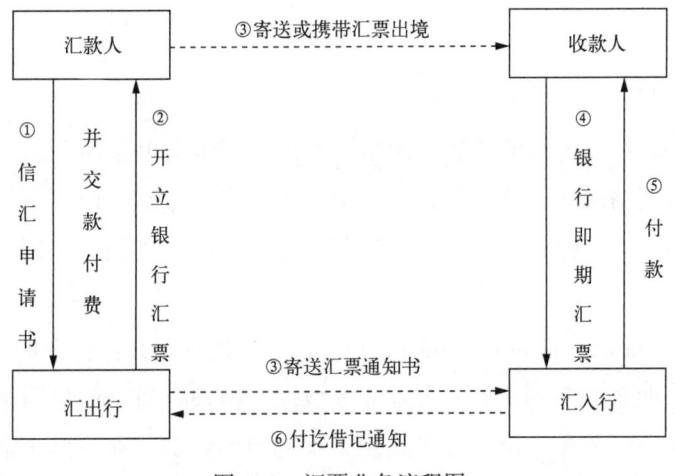

图 3-2 汇票业务流程图

二、货到付款

货到付款又称送货上门，指按照客户提交的订单内容，在承诺的配送时限内送达消费者指定交货地点后，双方当场验收商品，当场缴纳货款的一种结算支付方式。目前，很多购物网站都提供这种支付方式。这是一个充满"中国特色"的 B2C 电子商务支付方式、物流方式，既解决了中国网上零售行业的支付和物流两大问题，又培养了客户对网络的信任。货到付款仍然是中国用户最喜欢的支付方式之一。但是，将支付与物流结合在一起存在很多问题。首先，采用现金付费的方式时，只局限在小额支付上，对于商家的大额交易则无法实现。其次，由于送货上门受到地区的局限，而 EMS 费用又较高，所以消费者选择最多的还是普通邮寄，这就会带来必然的时间损耗，从而给用户造成不便。例如，当当书店送货上门时，送到北京市内读者手中需 1~2 天，送到其他城市需 3~7 天，普通邮寄则可能需 1~2 周。而且，送货上门单张订单购物金额满

30元免5元平邮费用，单张订单购物金额满200元免加急费用等政策并不适用于小额购物的消费者。

三、网上支付

网上支付是电子支付的一种形式，它是指电子交易的当事人，包括消费者、厂商和金融机构，是以金融电子化网络为基础，以商用电子化工具和各类交易卡为媒介，以电子计算机技术和通信技术为手段，以二进制数据形式存储，并通过计算机网络系统以电子信息传递形式实现的流通和支付。

网上支付是电子商务支付形式中的绝对主力，网上支付的主要方式有网上银行和第三方支付。

（一）网上银行

网上银行卡转账支付指的是通过网络，利用银行卡对电子商务的交易进行支付的方式。客户通过网络向商家订货后，在网上将银行卡卡号和密码加密发送到银行，直接要求转移资金到商家银行账户，完成支付。银行卡的卡类包括信用卡、借记卡和智能卡等。

网上银行（Internetbank or E-bank），包含两个层次的含义：一个是机构概念，指通过信息网络开办业务的银行；另一个是业务概念，指银行通过信息网络提供的金融服务，包括传统银行业务和因信息技术应用带来的新兴业务。在日常生活和工作中，我们提及网上银行，更多是第二层次的概念，即网上银行服务的概念。

简单地说，网上银行就是银行在互联网上设立虚拟银行柜台，使传统的银行服务不再通过物理的银行分支机构来实现，而是借助于网络与信息技术手段在互联网上实现，因此网上银行也称网络银行。网上银行又被称为"3A银行"，因为它不受时间、空间限制，能够在任何时间（Anytime）、任何地点（Anywhere）、以任何方式（Anyway）为客户提供金融服务。

网上银行卡转账支付存在着安全性和方便性方面的矛盾。例如，若要启用数字证书保护，则付款人必须经过向银行申请安装数字证书、下载指定软件等多道手续，这对于那些不熟悉相关操作和不会上网的客户而言就很难实现。另外，由于客户直接将货款转移到商家的账户上，故如果出现交易失败的情况，那么讨回货款的过程就可能变得非常烦琐和困难。

1. 网上银行分类

按照不同的标准，网上银行可以分为不同的类型。

(1)按主要服务对象分为企业网上银行和个人网上银行。企业网上银行主要适用于企事业单位,企事业单位可以通过企业网络银行适时了解财务运作情况,及时调度资金,轻松处理大批量的网络支付和工资发放业务。个人网上银行主要适用于个人与家庭,个人可以通过个人网络银行实现实时查询+转账、网络支付和汇款功能。

(2)按经营组织分为分支型网上银行和纯网上银行。分支型网上银行是指现有的传统银行利用互联网作为新的服务手段,建立银行站点,提供在线服务而设立的网上银行。纯网上银行的本身就是一家银行,是专门为提供在线银行服务而成立的,因而也被称为只有一个站点的银行。

2. 网上银行的主要功能

目前,网上银行利用 Internet 和 HTML 技术,能够为客户提供综合、统一、安全、实时的银行服务,包括提供对私、对公的全方位银行业务,还可以为客户提供跨国的支付与清算等其他贸易和非贸易的银行业务服务。

(1)企业网上银行子系统。企业网上银行子系统目前能够支持所有的对公企业客户,能够为客户提供网上账务信息服务、资金划拨、网上 B2B 支付和批量支付等服务,使集团公司总能对其分支机构的财务活动进行实时监控,随时获得其账户的动态情况,同时还能为客户提供 B2B 网上支付。其主要业务功能包括:

①账户信息查询。能够为企业客户提供账户信息的网上在线查询、网上下载和电子邮件发送账务信息等服务,包括账户的昨日余额、当前余额、当日明细和历史明细等。

②支付指令。支付指令业务能够为客户提供集团、企业内部各分支机构之间的账务往来,同时也能提供集团、企业之间的账务往来,并且支持集团、企业向他行账户进行付款。

③ B2B (Business to Business)网上支付。B2B,商业机构之间的商业往来活动,指的是企业与企业之间进行的电子商务活动。B2B 网上支付能够为客户提供网上 B2B 支付平台。

④批量支付。能够为企业客户提供批量付款(包括同城、异地及跨行转账业务)、代发工资、一付多收等批量支付功能。企业客户负责按银行要求的格式生成数据文件,通过安全通道传送给银行,银行负责系统安全及业务处理,并将处理结果反馈客户。

(2)个人网上银行子系统。个人网上银行子系统主要提供银行卡、本外币活期一本通客户账务管理、信息管理、网上支付等功能,是网上银行对个人客户服务的窗口。其具体业务功能包括:

①账户信息查询。系统为客户提供信息查询功能,能够查询银行卡的人民币余额和活期一本通的不同币种的钞、汇余额;提供银行卡在一定时间段内的历史明细数据查询;下载包含银行卡、活期一本通一定时间段内的历史明细数据的文本文件;查询使用银行卡进行网上支付后的支付记录。

②人民币转账业务。系统能够提供个人客户本人的或与他人的银行卡之间的卡卡转账服务。系统在转账功能上严格控制了单笔转账最大限额和当日转账最大限额,使客户的资金安全有一定的保障。

③银证转账业务。银行卡客户在网上能够进行银证转账,可以实现银转证、证转银、查询证券资金余额等功能。

④外汇买卖业务。客户通过网上银行系统能够进行外汇买卖,主要可以实现外汇即时买卖、外汇委托买卖、查询委托明细、查询外汇买卖历史明细、撤销委托等功能。

⑤账户管理业务。系统提供客户对本人网上银行各种权限功能、客户信息的管理以及账户的挂失。

⑥ B2C(Business to Customer)网上支付。B2C,商业机构对消费者的电子商务,指的是企业与消费者之间进行的在线式零售商业活动(包括网上购物和网上拍卖等)。个人客户在申请开通网上支付功能后,能够使用本人的银行卡进行网上购物后的电子支付。通过账户管理功能,客户还能够随时选择使用哪一张银行卡来进行网上支付。

3. 网上银行主要业务流程

(1)客户开户流程。

客户开通网上银行有两种方式:一是客户前往银行柜台办理;二是客户先网上自助申请,后到柜台签约。

使用网上交易的用户申请证书的流程如下:

①客户使用浏览器通过 Internet 登录到网银中心的"申请服务器"(数据库)上,填写开户申请表,提交申请。

②网银中心将开户申请信息通过内部网以邮件形式发送到签约柜台。

③客户持有效身份证件和账户凭证到签约柜台办理签约手续,签约柜台核实客户有效证件及账户凭证的真实性,同时参照网银中心传来的客户开户申请,核实客户的签约账户申请信息。之后,将核实的客户信息通过电子邮件/传真等方式返回给网银中心。

④网银中心根据签约柜台核实后的邮件(传真件),进行申请的初审和复审。并录入复审后的申请客户信息,为其生成证书申请,通过内部网以邮件方式发送到 CA(Certificate Authority）中心。

⑤CA 中心为客户申请签发证书，并将证书放置到客户从 Internet 网上可以访问的目录服务器上。然后通知网银中心，网银中心通过邮件通知客户从指定地址下载 CA 证书。

⑥客户下载并安装证书后，即可进入网上银行系统，进行网上交易。

（2）网上银行的交易流程。

网上银行的具体交易流程如下：

①网上银行客户使用浏览器通过 Internet 网连接到网银中心，并发出网上交易请求。

②网银中心接收、审核客户的交易请求，经过通信格式转换，然后将交易请求转发给相应成员行的业务主机。

③成员行业务主机完成交易处理，并返回处理结果给网银中心。

④网银中心对交易结果进行再处理后，返回相应信息给客户。

（二）第三方支付

第三方支付平台结算支付本质上是具备一定实力和信誉保障的第三方平台进行资金的托管代付。客户和商家都首先在第三方支付平台处开立账户；并将各自的银行账户信息提供给第三方支付平台，第三方支付平台通知商家已经收到货款，商家发货；客户收到并检验商品后，通知第三方支付平台付款给商家，第三方支付平台收到通知后，再将款项划转到商家的账户中。这样，客户和商家的银行账户信息只需提供给第三方支付平台，相对比较安全，且支付通过第三方支付平台完成，如果客户未收到商品或商品有问题则可以通知第三方支付平台拒绝付款给商家。同时，商家可以在货款有保障的情况下放心发货，从而有效地降低了交易风险。

第三方支付在中国人民银行《非金融机构支付服务管理办法》中是指非金融机构作为收、付款人的支付中介所提供的网络支付、预付卡发行与受理、银行卡收单以及中国人民银行确定的其他支付服务。这一定义让第三方支付不仅仅是互联网支付，而是成为一个集线上、线下于一体，提供移动支付、电话支付、预付卡支付于一体的综合支付服务工具。

1. 第三方支付的开户要求

非银行支付机构（以下简称"支付机构"）为个人开立支付账户的，同一个人在同一家支付机构只能开立一个一类账户。支付机构为单位开立支付账户，应当参照《人民币银行结算账户管理办法》(中国人民银行令〔2003〕第5号)第十七条、第二十四条、第二十六条等相关规定,要求单位提供相关证明文件,并自主或者委托合作机构以面对面的方式核实客户身份,或者以非面对面方式通过至少3个合法安全的外部渠道对单位基本信息进行多重交叉验证。支付机构在为单位和个人开立支付账户时,应当与单位和个人签订协议,约定支付账户与支付账户、支付账户与银行账户之间的日累计转账限额和笔数,超出限额和笔数的,不得再办理转账业务。

2. 第三方支付的种类

(1)线上支付方式。

线上支付是指通过互联网实现的用户和商户、商户和商户之间在线货币支付、资金清算、查询统计过程。网上支付完成了使用者信息传递和资金转移的过程。广义的线上支付包括直接使用网上银行进行的支付和通过第三方支付平台进行的支付。狭义的线上支付仅指通过第三方支付平台实现的互联网在线支付,包括网上支付和移动支付中的远程支付。

(2)线下支付方式。

线下支付区别于网上银行等线上支付,是指通过非互联网线上的方式对购买商品或服务所产生的费用进行的资金支付行为。其中,订单的产生可能通过互联网线上完成。新兴线下支付的具体表现形式,包括POS机刷卡支付、拉卡拉等自助终端支付、电话支付、手机近端支付、电视支付等。

3. 第三方支付的行业分类及主流品牌

第三方支付机构是最近几年出现的新的支付清算组织,它是为银行业金融机构或其他机构及个人提供电子支付指令交换和计算的法人组织,须获得由中国人民银行颁发的支付业务许可证。

目前第三方支付机构主要有两类模式:

(1)金融型支付企业。金融型支付企业是以银联商务、快钱、易宝支付、汇付天下、拉卡拉等为典型代表的独立第三方支付模式,其不负有担保功能,仅仅为用户提供支付产品和支付系统解决方案,侧重行业需求和开拓行业应用,是立足于企业端的金融型支付企业。

(2)互联网支付企业。互联网支付企业是以支付宝、财付通等为典型代表的依托于自有的电子商务网站并提供担保功能的第三方支付模式,以在线支付为主,是立足于个人消费者端的互联网型支付企业。

4. 第三方支付交易流程

在第三方支付模式下，支付者必须在第三方支付机构平台上开立账户，向第三方支付机构平台提供银行卡信息或账户信息，在账户中"充值"，通过支付平台将该账户中的虚拟资金划转到收款人的账户，完成支付行为。收款人可以在需要时将账户中的资金兑成实体的银行存款。第三方平台结算支付模式的资金划拨是在平台内部进行的，此时划拨的是虚拟资金。真正的实体资金还需要通过实际支付层来完成。

以 B2C（商业机构对消费者的电子商务）交易为例：

第一步，客户在电子商务网站上选购商品，决定购买后，买卖双方在网上达成交易意向；

第二步，客户选择利用第三方作为交易中介，客户用银行卡将货款划到第三方账户；

第三步，第三方支付平台将客户已经付款的消息通知商家，并要求商家在规定时间内发货；

第四步，商家收到通知后按照订单发货；

第五步，客户收到货物并验证后通知第三方；

第六步，第三方将其账户上的货款划入商家账户中，交易完成。

第四节　企业筹集资金业务账务处理

筹集资金是企业进行生产经营活动的前提条件，是资金运动的起点。企业筹集资金的渠道主要有三条：一是投资者投入的资本，即所有者投资，也称实收资本；二是从债权人那里筹集的资金，形成企业的负债，如向银行等金融机构借入的款项等；三是以政府补助形式申请到的政府扶持资金，如财政贴息、政府转贷等。

一、投资者投入资本的核算

我国有关法律规定，投资者设立企业首先必须投入资本。投资者投入资本是投资者实际投入企业的各种财产物资的货币表现，它包括投资者的原始投资及以后的追加投资；按照投资主体的不同，可分为国家投入资本、法人投入资本、个人投入资本和外商投入资本；按照投入资本的形式不同，可分为货币投资、实物投资和无形资产投资等。

（一）账户设置

1. 实收资本

为了反映和监督投资者投入资本的增减变化情况，除股份有限公司外（股份公司为

"股本"），其他各类企业应设置"实收资本"账户。该账户是所有者权益类账户，贷方登记企业实收资本的增加额，借方登记企业依法定程序报经批准减少的实收资本，期末余额在贷方，反映企业期末实收资本实有数额。为了反映企业的所有者投资在企业所有者权益中的构成及其变动情况，"实收资本"账户须按所有者设置明细分类账户，进行明细分类核算。股份有限公司设置"股本"账户，核算投资者投入的资本。企业收到投资者投入的资本超过其注册资本所占份额的部分，作为资本溢价或股本溢价，确认为企业的资本公积。

企业的实收资本按投资者实际投入数额入账。企业收到投资者作为资本投入的现金资产时，按照实际收到的金额入账；企业收到投资者作为资本投入的非现金资金时，应按投资各方确认的价值作为实收资本入账。该账户的核算内容及其结构如图3-3所示。

借方	实收资本	贷方
	期初余额：期初所有者投资的实有数额	
本期所有者投资的减少额	本期所有者投资的增加额	
	期末余额：期末所有者投资的实有数额	

图3-3 "实收资本"账户的核算内容及其结构

2. 资本公积

资本公积是企业收到投资者的超出其在注册资本中所占份额的部分，以及直接计入所有者权益的利得和损失等。"资本公积"账户属于所有者权益类账户，其账户结构如图3-4所示。

借方	资本公积	贷方
资本公积减少额	资本公积增加额	
	期末余额：资本公积结存数	

图3-4 "资本公积"账户的核算内容及其结构

(二) 账务处理

1. 接受货币资金投资

企业收到投资者投入资本，资本金增加应记入"实收资本"账户的贷方；同时收到的资金已存入银行，银行存款增加应记入"银行存款"账户的借方。该业务编制会计分录如下：

借：银行存款
　　贷：实收资本

2. 接受实物资产投资

企业接受的其他单位投入的实物资产和无形资产，其价值应按评估确认价值入账。

企业接受其他单位投资，法人资本金增加，应记入"实收资本"账户的贷方；收到设备，使公司的固定资产增加，应记入"固定资产"账户的借方。该业务应编制会计分录如下：

借：固定资产
　　贷：实收资本

3. 资本公积转增资本

企业资本公积转增资本，法人资本金增加，应计入"实收资本"账户的贷方；同时资本公积金减少，应计入"资本公积"账户的借方。该业务应编制会计分录如下：

借：资本公积
　　贷：实收资本

【例3-6】 优品公司收到智联公司投入的资本1 600 000元。

该项经济业务的发生，使企业资产要素和所有者权益要素发生变化。一方面，优品公司的银行存款增加1 600 000元，应借记"银行存款"账户；另一方面，优品公司所有者权益增加了1 600 000元，应贷记"实收资本"账户。其会计分录如下：

借：银行存款　　　　　　　　　　　　　　　　　　　　　　1 600 000
　　贷：实收资本——智联公司　　　　　　　　　　　　　　　　　　1 600 000

【例3-7】 天河有限责任公司收到A公司投入设备一台，投资单位账面原价500 000元，双方协议确定的价值为650 000元，该设备已投入使用。

企业接受其他单位投资，法人资本金增加，应记入"实收资本"账户的贷方；同时收到设备，使公司的固定资产增加，应记入"固定资产"账户的借方。该业务应编制会计分录如下：

借：固定资产　　　　　　　　　　　　　　　　　　　　　　650 000
　　贷：实收资本　　　　　　　　　　　　　　　　　　　　　　　650 000

【例3-8】 天河有限公司经批准，用资本公积300 000元转增资本。

企业资本公积转增资本，法人资本增加，应计入"实收资本"账户的贷方；同时资本公积金减少，应计入"资本公积"账户的借方。该业务的编制会计分录如下：

借：资本公积　　　　　　　　　　　　　　　　　　300 000
　　贷：实收资本　　　　　　　　　　　　　　　　　　300 000

二、借入资金的核算

借入资金是指电子商务企业依法筹集的、依约使用并按期偿还的资金。银行借款是借入资金的主体，电子商务企业的借入资金主要包括：从国家银行取得的借款，如流动资金借款、基本建设借款、结算借款等，这些借款应按规定用途使用，到期必须归还，并需支付利息；在结算过程中尚未支付和预收的款项，如未交税金、应付货款、应付工资和预收货款等，这些款项只能供电子商务企业暂时使用，不是经常性的，其数额也是经常变动的。

(一) 短期借款

1. 短期借款的含义

短期借款是指电子商务企业为维持正常生产经营所需的资金或为抵偿某项债务而向银行或其他金融机构等外单位借入的、还款期限在1年以内(含1年)的各种借款。电子商务企业由于发放工资、购买材料、购置车辆设备、开发软件等形成的临时性资金需求，在正常的资金流转无法满足时，都可以向银行等金融机构申请短期借款。

2. 短期借款的种类

短期借款按偿还方式的不同，可分为一次性偿还借款和分期偿还借款；按有无担保，可分为抵押借款和信用借款；按利息支付方式不同，可分为收款法借款、贴现法借款和加息法借款。我国目前的短期借款主要按目的和用途进行分类，可分为生产周转借款、临时借款和结算借款。

3. 短期借款账户设置

电子商务企业应设置"短期借款"账户来总括地反映和监督短期借款的取得和归还情况，该账户属于负债类账户。贷方登记取得借款数，借方登记归还的借款数额，贷方余额表示尚未归还的借款数额。该账户应按债权人设置明细账户进行明细分类账务处理。由于短期借款利息属于筹资费用，所以应设置"财务费用"科目，该科目的借方登记利息费用的发生，贷方登记期末结转至"本年利润"科目的金额。

4. 短期借款的账务处理

短期借款的账务处理内容包括短期借款的借入、利息的发生、本金和利息的偿还等。

（1）借入短期借款的账务处理。

电子商务企业从银行或其他金融机构取得短期借款时，借记"银行存款"科目，贷记"短期借款"科目。

（2）短期借款利息的账务处理。

在实际工作中，银行一般于每季度末收取当季发生的短期借款利息。为此，电子商务企业短期借款利息通常采用每季度前两个月的月末预提，季末支付当季全部短期借款利息（包括已经预提和每季末当月发生的利息）的方式进行账务处理。

（3）短期借款偿还的账务处理。

短期借款到期偿还本金时，借记"短期借款"科目，贷记"银行存款"科目。季末支付利息时，按照已经预提的短期借款利息费用，借记"应付利息"科目，按照支付当月发生的利息费用，借记"财务费用"科目，按照实际支付的短期借款利息，贷记"银行存款"科目。

（4）短期借款账务处理归纳。

①借入短期借款。

借：银行存款（本金）

　　贷：短期借款（本金）

②付息和还本处理（归纳为三种情况）。

a. 当月利息当月支付。

按月付息：

借：财务费用（月利息）

　　贷：银行存款（月利息）

到期还本：

借：短期借款（本金）

　　贷：银行存款（本金）

b. 每月预提，按季支付。

表3-5　每月预提并按季支付

每月预提	按季支付	到期还本
借：财务费用 　　贷：应付利息	借：应付利息（已预提利息） 　　财务费用（未预提利息） 　　贷：银行存款	借：短期借款（本金） 　　贷：银行存款（本金）

c. 到期一次还本付息。

表3-6 到期一次还本付息

每月预提	到期一次还本付息
借：财务费用 　　贷：应付利息	借：短期借款（本金） 　　应付利息（已预提利息） 　　财务费用（未预提利息） 　　贷：银行存款

【例3-9】 某网络科技有限公司由于业务需要向银行申请短期贷款，获得批准并于2×21年3月1日从银行取得借款1 600 000元，款项已存入银行。该笔借款期限为4个月，年利率为6%，利息于每季度末支付，本金到期偿还。应按照实际借入的款项：

借：银行存款　　　　　　　　　　　　　　　　　　　　　1 600 000
　　贷：短期借款　　　　　　　　　　　　　　　　　　　　1 600 000

(1)该公司应于3月末支付第一季度短期借款利息(当月利息＝1 600 000×6%/12＝8 000元)，到3月末支付利息8 000元，填制付款凭证并编制填写分录：

借：财务费用　　　　　　　　　　　　　　　　　　　　　　　8 000
　　贷：银行存款　　　　　　　　　　　　　　　　　　　　　8 000

(2)借款剩余月份的月末预提利息时，按照上述短期借款数额和适用的利率计算当月短期借款利息费用也各为8 000元，则：

借：财务费用　　　　　　　　　　　　　　　　　　　　　　　8 000
　　贷：应付利息　　　　　　　　　　　　　　　　　　　　　8 000

(3)该公司于6月末支付当月利息8 000元及上两个月预提利息16 000元，并偿还本金1 600 000元，填制付款凭证并编制填写分录：

借：短期借款　　　　　　　　　　　　　　　　　　　　　1 600 000
　　贷：银行存款　　　　　　　　　　　　　　　　　　　　1 600 000
借：财务费用　　　　　　　　　　　　　　　　　　　　　　　8 000
　　应付利息　　　　　　　　　　　　　　　　　　　　　　16 000
　　贷：银行存款　　　　　　　　　　　　　　　　　　　　　24 000

(二)长期借款

1. 长期借款的含义

长期借款是指电子商务企业向银行或其他金融机构借入的期限在1年以上(不含1

年)或超过1年的一个营业周期以上的各项借款。电子商务企业取得土地使用权、购置车辆、增添或更新设备、开发管理软件、建造堆场或仓库、受让股权所需要的大量资金可通过长期借款实现。

长期借款是电子商务企业长期负债的重要组成部分,加强长期借款的管理和账务处理,提高长期借款的使用效率是电子商务企业长期可持续发展的重要内容。

2. 长期借款的种类

长期借款的种类很多,按用途可分为固定资产投资借款、更新改造借款、科技开发和新产品试制借款等;按提供贷款的机构可分为政策性银行贷款、商业银行贷款等;按偿还方式可分为定期偿还借款和分期偿还借款;按有无担保可分为信用贷款和抵押贷款等。

3. 长期借款账户设置

为了反映电子商务企业的各种长期借款,应设置"长期借款"账户,用来处理各种长期借款的借入、应计利息、归还和结欠情况。该账户属于负债类,其贷方登记借入的款项及预计的应付利息;借方登记还本付息的数额;期末余额在贷方,表示尚未偿还的长期借款本息数额。该账户应按贷款单位设置明细账,并按贷款种类进行明细账务处理。长期借款费用应根据长期借款的用途和期间分别记入"在建工程""固定资产""长期待摊费用""财务费用"等账户。

与短期借款相比,长期借款除借款期限较长外,其不同点还体现在对借款利息费用的处理上。企业会计准则规定,长期借款的利息费用,应按照权责发生制原则的要求,按期预提计入购建的资产的资本(即予以资本化)或直接计入当期财务费用。

电子商务企业应设置"长期借款"科目,并按"本金""利息调整"进行明细账务处理。若长期借款期末贷方有余额的,反映电子商务企业存在尚未偿还的长期贷款。

4. 长期借款的账务处理

(1)长期借款取得的账务处理。

电子商务企业取得长期借款,应按实际收到的金额,借记"银行存款"科目,按借款的本金,贷记"长期借款——本金"科目,按借贷双方之间的差额,借记"长期借款——利息调整"科目。

(2)长期借款利息的账务处理。

电子商务企业在资产负债表日按照长期借款的待摊成本和实际利率确定长期借款的利息费用,并借记"在建工程""财务费用""制造费用"等科目,按借款本金和合同利率计算确定应付未付利息并贷记"应付利息"科目，按其差额，贷记"长期借款——利息调整"科目。

在进行长期借款账务处理时，需要注意以下几个问题：

①长期借款所发生的利息支出，应分用途按照权责发生制原则按期预提计入在建工程的成本或计入当期财务费用。如果该项长期借款用于购建固定资产，应将利息支出分期预提计入所购建的固定资产的价值；若该项长期借款是固定资产已达到预定可使用状态后发生的，应按月预提计入当期损益。

②外币借款所发生的外币折合差额，应按照外币账务处理的有关规定，按期计算汇兑损益，计入在建工程成本或当期损益。

③长期借款的本金和利息，以及外币折合差额，均应通过"长期借款"账户进行账务处理。

（3）长期借款归还的账务处理。

电子商务企业归还长期借款时，应归还的本金，借记"长期借款——本金"科目，如果在归还本金的同时还要支付一次还本付息借款的到期利息或分次付息借款的最后一期利息，还应按支付的利息借记"应付利息""财务费用"等科目，按归还的本金和支付的利息之和，贷记"银行存款"科目。

（4）长期借款账务处理归纳。

①借入款项。

借：银行存款
　　贷：长期借款

②计算长期借款利息（年利息本金×年利率）。

如果长期借款用于需要经过相当长时间的购建或者生产经营才能达到预定可使用或者销售状态的固定资产、投资性房地产和存货等资产的，应当予以资本化，计入相关资产成本。

a. 在固定资产达到预定可使用状态前所发生的利息应当资本化，计入"在建工程"。

借：在建工程——××
　　贷：应付利息

b. 在固定资产达到预定可使用状态后所发生的利息应当计入当期损益，计入"财务费用"。

借：财务费用
　　贷：应付利息

c. 到期还本付息。

借：长期借款(本金)

　　应付利息

　　贷：银行存款(本息)

【例3-10】 2×20年喜购网络科技有限公司为拓展业务、扩大规模向中国建设银行申请长期借款、获得批准、签订借款合同，按照合同规定1月1日从银行借入为期2年的款项2 000 000元，年利率为9%(假设实际利率与合同利率相同)，到期一次还本付息。借款全部用于一小型存货仓库(固定资产)建设，工程一年后完工。为简化债务处理，利息按年计算、到期还本付息。款项已于2×21年12月底到期归还，账务如何处理？

相关操作：

(1)2×20年1月取得2年期长期借款建设仓库，取得借款时：

借：银行存款　　　　　　　　　　　　　　　　　　　　2 000 000

　　贷：长期借款　　　　　　　　　　　　　　　　　　　2 000 000

(2)填制确认2×20年利息费用的转账凭证并编制分录：

借：在建工程　　　　　　　　　　　　　　　　　　　　　180 000

　　贷：应付利息　　　　　　　　　　　　　　　　　　　　180 000

(3)填制支付年应付利息的付款凭证并编制分录：

借：应付利息　　　　　　　　　　　　　　　　　　　　　180 000

　　贷：银行借款　　　　　　　　　　　　　　　　　　　　180 000

(4)2×21年1—12月每月计提利息(2 000 000×9%/12=15 000)时，填制转账凭证并编制分录：

借：财务费用　　　　　　　　　　　　　　　　　　　　　 15 000

　　贷：应付利息　　　　　　　　　　　　　　　　　　　　 15 000

(5)2×21年12月填制到期还本付息的付款凭证并编制分录：

借：长期借款　　　　　　　　　　　　　　　　　　　　2 000 000

　　应付利息　　　　　　　　　　　　　　　　　　　　　180 000

　　贷：银行存款　　　　　　　　　　　　　　　　　　　2 180 000

三、政府扶持资金的核算

电子商务企业主要以政府补助形式申请到政府扶持基金，其账务处理流程：填写扶持资金申请书，经审批后，签订用款合同或取得政府扶持资金，取得扶持资金到账原始凭证，进行账务处理等。

(一) 政府扶持资金的含义

政府扶持资金是指为了促进国民经济发展、支持科学研究和企业发展，国家各级政府专门设立的一种政策扶持资金或计划项目资金。

只要企业具备申报条件，均可以申请政府扶持资金。国家由原来的消极减税支持企业发展转变为积极财政资金直接支持。目前，支持企业改革与发展的财政资金大致分为五大类别。据不完全统计，仅中央有关的财政资金就有几十项。但是，对有关财政资金一直缺乏统一、明确的财务处理原则。《企业财务通则》分门别类，对企业取得财政资金的财务处理做出了具体规定：

(1) 属于国家直接投资、资本注入的财政资金，如基本建设投资、国债投资项目等。这类资金属于国家以投资者身份对企业的资本性投入，因此，应当增加国家资本，对于超过注册资本的投资则增加国有资本公积。

(2) 属于投资补助的财政资金，如公益性和公共基础设施投资项目补助、推进科技进步和高新技术产业化的投资项目补助等。这类资金是对投资者投入资本的补助，但是与前一类资金最大的区别是国家不一定以投资者身份投入，大部分时候是政府为了贯彻宏观经济政策或实现调控目标，给予企业的、具有导向性的资金。因此，《企业财务通则》规定企业收到这类资金时应增加资本公积或者实收资本，由全体投资者共同享有；如果国家拨款时，明确形成的资本由某个单位持有，或者做出其他权属规定的，则按规定执行。

(3) 属于贷款贴息、专项经费补助的财政资金，如技术更新改造项目贷款贴息、中小企业发展专项资金、产业技术研究与开发资金、科技型中小企业技术创新基金、中小企业国际市场开拓资金等。这类资金一般是对企业特定经济活动支付的成本费用的补偿，因此，企业使用这类资金时，作为收益处理。企业在具体执行时，使用这类财政资金如果形成固定资产或者无形资产，应当作为递延收益，按照资产使用寿命分期确认；如果没有形成资产，则应当作为本期收益处理。

(4) 属于政府转贷、偿还性资助的财政资金，如世界银行贷款项目等。这类资金使用后要求归还本金，因此，企业收到时，应当作为负债管理。

(5) 属于弥补亏损、救助损失或者其他用途的财政资金，如国有企业亏损补贴、"非典"期间补偿民航公司的损失、关闭小企业补助等。企业收到这类资金时，作为本期收益或者递延收益处理。

(二) 政府补助的特点和形式

1. 政府补助的特点

政府补助是指企业从政府无偿取得的货币性资产或非货币性资产，但不包括政府作为企业所有者投入的资本。政府补助主要有如下两大特征：

(1)无偿性。

政府并不因此享有企业的所有权，企业将来也不需要向政府偿还，但企业经法定程序申请取得政府补助后，应当按照政府规定的用途和要求使用该项补助。

(2)直接取得资产。

不涉及资产直接转移的经济支持不属于政府补助，如直接减征、免征、抵免税额、加计扣除等。

2. 政府补助的形式

政府对企业的补助表现为政府向企业转移资产，通常为货币性资产，也可能为非货币性资产。其形式主要有以下几种：

(1)财政拨款。

财政拨款是政府无偿拨付企业的资金，通常在拨款时明确规定了资金用途。

(2)财政贴息。

财政贴息主要有两种方式，一种方式是财政部门将贴息资金直接拨付给受益企业；另一种方式是财政部门将贴息资金拨付给向企业提供贷款的银行，由银行以政策性优惠利率向企业提供贷款，受益企业按照实际发生的利率计算确认利息费用。

(3)税收返还。

税收返还是政府按照国家有关规定采取先征后返(退)、即征即退等办法向企业返还税款，属于以税收优惠形式给予的一种政府补助。但不包括企业按规定取得的出口退税款，类似这样的税收优惠并未直接向企业无偿提供资产。

为了核算政府补助，企业应设置"递延收益"科目和"营业外收入——政府补助"科目。

企业取得的政府补助，根据其政策效应划分为与资产相关的政府补助和其他政府补助。与资产相关的政府补助是指企业取得的、用于购建或以其他方式形成非流动资产的政府补助，其他政府补助是指除与资产相关的政府补助之外的政府补助。

3. 政府补助的计量

政府补助为货币性资产的，应当按照收到的金额计量。政府补助为非货币性资产的，政府提供了有关凭据的，应当按照凭据上标明的金额计量；政府没有提供有关凭据的，应当按照同类或类似资产的市场价格或评估价值计量。

(三)政府补助的会计处理

1. 与资产相关的政府补助

其通常为货币性资产形式，企业应当在实际收到款项时，按照到账的实际金额入账。根据配比原则，电子商务企业取得与资产相关的政府补助时，不能全额确认为当期收益，应当随着资产的使用逐渐计入以后各期的收益。具体会计账务处理如下：

(1)收到与资产相关的政府补助时：

借：银行存款

　　贷：递延收益

(2)购建长期资产时。

借：在建工程

　　研发支出

　　固定资产

　　无形资产

　　贷：银行存款

(3)在相关资产的使用寿命内平均分配(计提并分配递延收益)时：

借：递延收益

　　贷：营业外收入

【例3-11】 某市为支持企业电子商务发展，2×21年3月1日该市政府批准了宏大网络科技有限公司的申请，并拨付了1 000 000元政府补助资金，用于购买大型的电子商务货物传输设备，款项已拨付至该公司银行账户。3月30日，该企业购入货物传输设备1台，实际成本为1 200 000元，其中200 000元为自筹资金，款项已支付，使用寿命为10年，采用直线法计提折旧(假设无残值)。宏大公司会计账务处理如下：

(1)款项到账确认政府补助：

借：银行存款　　　　　　　　　　　　　　　　　　　　1 000 000

　　贷：递延收益　　　　　　　　　　　　　　　　　　　　1 000 000

(2)购入设备：

借：固定资产　　　　　　　　　　　　　　　　　　　　1 200 000

　　贷：银行存款　　　　　　　　　　　　　　　　　　　　1 200 000

(3)4月起每月计提折旧并分摊递延收益：

借：管理费用　　　　　　　　　　　　　　　　　　　　　　10 000

　　贷：累计折旧　　　　　　　　　　　　　　　　　　　　　　10 000

借：递延收益　　　　　　　　　　　　　　　　　　　　　　 8 333

　　贷：营业外收入　　　　　　　　　　　　　　　　　　　　　 8 333

2. 与收益相关的政府补助

与收益相关的政府补助是指除与资产相关的政府补助之外的政府补助，其通常以银行存款方式拨付，在实际收到款项时按照到账的实际金额确认和计量。用于补偿企业以后期间费用或亏损的，在取得时先确认为递延收益，然后在确认相关费用的期间计入当期营业外收入；用于补偿企业已经发生的费用或亏损的，取得时直接计入当期营业外收入。

(1) 收到用于补偿电子商务企业以后期间的相关费用或亏损的政府补助时，按收到的金额：

借：银行存款
　　贷：递延收益

在发生相关费用或亏损的未来期间，应当按照应补偿的金额：

借：递延收益
　　贷：营业外收入

(2) 收到用于补偿电子商务企业已发生的相关费用或亏损的政府补助时，按收到的金额：

借：银行存款
　　贷：营业外收入

【例3-12】 喜购网络科技有限公司是一家电子商务企业，于2×21年6月1日收到政府拨付的扶持企业发展专项资金50万元，用于扶持企业电子商务的发展。企业当月将全部资金用于购买电脑。该账务应如何处理？

喜购网络科技有限公司账务处理：

(1) 收到政府补助50万元时：

借：银行存款	500 000	
贷：递延收益		500 000

(2) 购买电脑时：

借：固定资产	500 000	
应交税费——应交增值税(进项税额)	65 000	
贷：银行存款		565 000

第四章

买得一枝春欲放
——企业采购业务

第一节　采购业务介绍

一、采购过程经济业务

采购，是指企业在一定的条件下从供应市场获取产品或服务作为企业资源，以保证企业生产及经营活动正常开展的一项企业经营活动。采购过程是指从开始采购到验收入库为止的过程。

二、采购业务的主要核算内容

采购业务的主要核算内容包括：结算货款、支付采购费用、计算采购成本、验收入库等主要经济业务。

采购成本包括购买价款、相关税费、运输费、装卸费、保险费以及其他可归属于采购成本的费用。购买价款是指企业购入的材料或商品的发票账单上列明的价款，但不包括按照规定可以抵扣的增值税进项税额。相关税费是指企业购买时发生的进口关税、消费税、资源税和不能抵扣的增值税进项税额以及相应的教育费附加等应计入采购成本的税费。其他可归属于采购成本的费用是指采购成本中除上述各项以外的可归属于采购的费用，如在采购过程中发生的仓储费、包装费、运输途中的合理损耗、入库前的挑选整理费用等。运输途中的合理损耗，是指商品在运输过程中，因商品性质、自然条件及技术设备等因素，所发生的自然的或不可避免的损耗。例如，汽车在运输煤炭、化肥等的过程中自然散落以及易挥发产品在运输过程中的自然挥发。

商品流通企业在采购商品过程中发生的运输费、装卸费、保险费以及其他可归属于采购成本的费用等进货费用，应当计入存货采购成本，也可以先进行归集，期末根据所购商品的存销情况进行分摊。对于已售商品的进货费用,计入当期损益;对于未售商品的进货费用,计入期末存货成本。企业采购商品的进货费用金额较小的,可以在发生时直接计入当期损益。

货物入库验收是指仓库在物品正式入库前,按照一定的程序和手续,对到库物品进行数量和外观质量的检查,以验证它是否符合订货合同规定的一项工作。

第二节 电子商务采购业务介绍

一、电子商务企业的采购

电子商务的产生使传统的采购模式发生了根本性的变革。这种采购制度与模式的变化,使企业采购成本和库存量得以降低、采购人员和供应商数量得以减少、资金流转速度得以加快。

电子商务采购是在电子商务环境下的采购模式,也就是网上采购。通过建立电子商务交易平台,发布采购信息,或主动在网上寻找供应商、寻找产品,然后通过网上洽谈、比价、网上竞价实现网上订货,甚至网上支付货款,最后通过网下的物流过程进行货物的配送,完成整个交易过程。

二、电子商务企业的采购特点

传统零售与电子商务零售在业务形态上有很大区别,以至于对供应商的要求也发生了很大的变化。下文通过对比,说明电子商务企业和传统企业的区别。

(一)库存的周转速度

传统企业需要对大量门店进行铺货,而对于电子商务企业来说,只需要将货物从工厂运到有限个仓库中,再从仓库发货。从理论上来说,库存周转周期可以缩短到产品的生产周期。随着周转速度的增加,即使电子商务企业的商品利润率有所降低,但是绝对利润大幅增加。因此,电子商务供应链的第一要务是库存的周转速度。

(二)商品开发的驱动力

传统企业的特点是供应链周期长、反季节生产,因此其开发多属于市场预测性开发,即从后端向前端驱动,虽然容易把握产品的风格、定位和结构,但是开发的风险很高。而电子商务企业为了降低开发风险,多属于跟随性开发,从前端向后端驱动。

(三)采购订单的下单频次、单量

传统企业由于反季节生产,供货时间较长,下单时单量较大、批次较少,对供应商的要求较低,而且规模生产可以降低成本。而电子商务企业库存周转率快,属于跟随型开发,因此其供应链特点是多批次、少单量、快速响应,因此对供应商的要求高,生产成本也较高。

三、电子商务采购模式

采购直接影响着企业的生产经营过程、企业效益,并构成企业竞争力的重要方面。采购作为满足社会需求的一种重要手段,对整个社会的生产与生活产生了极其重要的影响。对企业来说,采购直接影响着生产经营过程、企业效益,并构成企业竞争力的重要方面。

传统的采购模式存在下列问题:采购、供应双方为了各自利益互相封锁消息,进行非对称信息博弈,采购很容易发展成为一种盲目行为;供需关系一般为临时或短期行为,竞争多于合作,容易造成双输后果;信息交流不畅,无法对供应商产品质量、交货期进行跟踪;响应用户需求的能力不足,无法面对快速变化的市场;利益驱动造成暗箱操作,舍好求次、舍贱求贵、舍近求远,产生腐败温床;设计部门、生产部门与采购部门联系脱节,造成库存积压,占用大量流动资金。

电子商务采购是一种适应时代发展的先进采购模式,具有公开、透明、快捷和低成本等特点,能够提高采购效率。电子商务采购作为一种新的采购模式,充分利用了现代网络的开放性、信息的多样性、交易的快捷性和低成本等特点,可以有效地解决企业所面临的这些问题。

四、电子商务采购的优势

(1)有利于扩大供应商范围,提高采购效率,降低采购成本,产生规模效益。由于电子商务面对的是全球市场,可以突破传统采购模式的局限,从货比三家到货比多家,在比质比价的基础上找到满意的供应商,大幅度地降低采购成本。由于不需要出差,可以大大降低采购费用,通过网站信息的共享,可以节省纸张,实现无纸化办公,大大提高采购效率。

(2)满足企业即时化生产和柔性化制造的需要,缩短采购周期,使生产企业由"为库存而采购"转变为"为订单而采购"。为了满足不断变化的市场需求,企业必须具有针对市场变化的快速反应能力,通过电子商务网站可以快速收集用户订单信息,然后进行生产计划安排，接着根据生产需求进行物资采购或及时补货，即时响应用户需求，降低库存，提高物流速度和库存周转率。

(3) 实现采购管理向供应链管理的转变。由于现代企业的竞争不再是单个企业之间的竞争，而是供应链与供应链之间的竞争，因此要求供需双方建立起长期的、互利的、信息共享的合作关系，而电子商务采购模式可以使参与采购的供需双方进入供应链，从以往的"输赢关系"变为"双赢关系"。采购方可以及时将数量、质量、服务、交货期等信息通过商务网站或EDI方式传送给供应方，并根据生产需求及时调整采购计划，使供方严格按要求提供产品与服务，实现准时化采购和生产，降低整个供应链的总成本。

(4) 有利于信息的沟通，促进采购管理定量化、科学化，为决策提供更多、更准确、更及时的信息，使决策依据更充分。

第三节　电子商务采购方式

一、电子商务采购方式

电子商务的方式多种多样，因此电子商务采购也可以有多种形式。国际流行的网上采购数据传送途径主要包括以下几种形式：电子商务网站招标；人工向供应商打电话或发送书面文件、传真订购；向供应商发送电子邮件订单；向供应商的站点提交订单；与供应商的ERP系统进行集成；电子交易平台等。

二、电子商务采购方式分类

(一) 按利用计算机网络的程度分类

完全网上采购，即完全通过网上电子商务采购完成采购的全部活动(除运输配送)。网上和网下相结合采购，即在网上完成部分采购活动，例如发布采购消息、招标公告等，而其他活动如采购谈判、供应商调查、交易支付等则在网下进行。

(二) 按采购主体分类

自己网上采购，即企业自己建立网站，进行电子商务采购活动。代理网上采购，即不是自己建立网站，而是利用别人的网站进行电子商务采购。

(三) 按网上采购的方式分类

网上查询采购，即由采购商自己登录网站，在网上寻找供应商和所需要的产品而进行的网上采购。网上招标采购，即采购商只在网上发布招标公告，由供应商主动来投标而进行的采购活动。

网上查询采购的一般过程步骤如下：

(1) 确定需求。

(2) 上网。

(3) 查询供应商。

(4) 查询商品、调查供应商。

(5) 与选定的供应商接洽，进行采购谈判。

(6) 签订合同。

(7) 采购实施。

网上招标采购的一般过程步骤如下：

(1) 建立企业内部网，建立起管理信息系统，实现业务数据的计算机管理。建立起企业的电子商务网站，在电子商务网站的功能中，应当有电子商务采购的功能。

(2) 利用电子商务网站和企业内部网络收集企业内部各个单位的采购申请。对其企业内部的采购申请进行统计分析，对需要的进行招标采购的项目进行论证，形成招标采购任务。

(3) 对网上招标采购任务进行策划和计划。

(4) 按照既定的采购计划程序进度实施。

第四节 采购业务账务处理

一、采购业务账务处理

采购业务需要设置的主要账户包括原材料、在途物资、应付账款等。

"原材料"科目用于核算企业库存各种材料的收入、发出与结存情况。在原材料按实际成本核算时，"原材料"科目的借方登记入库材料的实际成本，贷方登记发出材料的实际成本，期末余额在借方，反映企业库存材料的实际成本。"原材料"科目应按照材料的保管地点（仓库）、材料的类别、品种和规格等设置明细账进行明细核算。

"在途物资"科目用于核算企业采用实际成本（进价）进行材料、商品等物资的日常核算、价款已付尚未验收入库的各种物资（即在途物资）的采购成本，本科目应当按照供应单位和物资品种进行明细核算。"在途物资"科目的借方登记企业购入的在途物资的实际成本，贷方登记验收入库的在途物资的实际成本，期末余额在借方，反映企业在途物资的采购成本。"在途物资"科目应按照供应单位和物资品种设置明细账进行明细核算。

"应付账款"科目用于核算企业因购买材料、商品和接受劳务等经营活动应支付的款项。"应付账款"科目的贷方登记企业因购入材料、商品和接受劳务等尚未支付的款项，借方登记支付的应付账款，期末余额一般在贷方，反映企业尚未支付的应付账款。"应付账款"科目应按照债权人设置明细科目进行明细核算。

企业购入验收入库的材料，按计划成本，借记"原材料"科目，贷记"材料采购"科目，按实际成本大于计划成本的差异，借记"材料成本差异"科目，贷记"材料采购"科目；实际成本小于计划成本的差异，借记"材料采购"科目，贷记"材料成本差异"科目。在实务中，企业也可以集中在月末一次性对本月已付款或已开出并承兑商业汇票的入库材料汇总核算，记入"原材料"科目，同时结转材料成本差异。

材料采用实际成本核算时，材料的收入、发出及结存，无论总分类核算还是明细分类核算，均按照实际成本计价。使用的会计科目有"原材料""在途物资"等，"原材料"科目的借方、贷方及余额均以实际成本计价，不存在成本差异的计算与结转问题。但采用实际成本核算，日常反映不出材料成本是节约还是超支，从而不便于反映和考核物资采购业务对经营成果的影响。因此，这种方法通常适用于材料收发业务较少的企业。在实务工作中，对于材料收发业务较多并且计划成本资料较为健全、准确的企业，一般可以采用计划成本进行材料收入、发出的核算。

二、引例

（一）货款已经支付，同时材料验收入库

【例4-1】 乙公司为增值税一般纳税人，购入L材料一批，增值税专用发票上注明的价款为3 000 000元，增值税税额为390 000元，发票账单已收到，计划成本为3 200 000元，已验收入库，全部款项以银行存款支付。乙公司采用计划成本进行材料日常核算，应编制如下会计分录：

借：材料采购——L材料　　　　　　　　　　　　　　　　　3 000 000
　　应交税费——应交增值税(进项税额)　　　　　　　　　　　390 000
　　贷：银行存款　　　　　　　　　　　　　　　　　　　　3 390 000

同时：
借：原材料——L材料　　　　　　　　　　　　　　　　　　3 200 000
　　贷：材料采购——L材料　　　　　　　　　　　　　　　3 200 000

结转材料成本差异：

借：材料采购——L材料 200 000
　　贷：材料成本差异——L材料 200 000

在本例中，L材料的实际成本为3 000 000元，计划成本为3 200 000元，实际成本小于计划成本200 000元(为节约差异)，应记入"材料成本差异"科目的贷方。需要说明的是，实务中"材料成本差异"科目既可以逐笔结转，也可月末一次结转。

(二) 货款已经支付，材料尚未验收入库

【例4-2】 乙公司为增值税一般纳税人，采用汇兑结算方式购入M1材料一批，增值税专用发票上注明的价款为200 000元，增值税税额为26 000元，发票账单已收到，计划成本为180 000元，材料尚未入库，款项已用银行存款支付。乙公司采用计划成本进行材料日常核算，应编制如下会计分录：

借：材料采购——M1材料 200 000
　　应交税费——应交增值税(进项税额) 6 000
　　贷：银行存款 226 000

(三) 货款尚未支付，材料已经验收入库

【例4-3】 乙公司为增值税一般纳税人，采用商业承兑汇票支付方式购入M2材料一批，增值税专用发票上注明的价款为500 000元，增值税税额为65 000元，发票账单已收到，计划成本490 000元，材料已验收入库。乙公司采用计划成本进行材料日常核算，应编制如下会计分录：

借：材料采购——M2材料 500 000
　　应交税费——应交增值税(进项税额) 65 000
　　贷：应付票据 565 000

同时：

借：原材料——M2材料 490 000
　　贷：材料采购——M2材料 490 000
借：材料成本差异——M2材料 10 000
　　贷：材料采购——M2材料 10 000

在本例中，M2材料的实际成本为500 000元，计划成本为490 000元，实际成本大于计划成本10 000元(为超支差异)，应记入"材料成本差异"科目的借方。

【例4-4】 乙公司为增值税一般纳税人，购入M3材料一批，材料已验收入库，发票账单未到，月末应按照计划成本600 000元估价入账。乙公司采用计划成本进行材料

日常核算，应编制如下会计分录：

借：原材料 600 000
　　贷：应付账款——暂估应付账款 600 000

下月初，用红字冲销原暂估入账金额：

借：原材料 600 000
　　贷：应付账款——暂估应付账款 600 000

在这种情况下，对于尚未收到发票账单的收料凭证，月末应按计划成本暂估入账，借记"原材料"等科目，贷记"应付账款——暂估应付账款"科目，下月初，用红字予以冲回，借记"原材料"科目(红字)，贷记"应付账款——暂估应付账款"科目(红字)。

【例 4-5】 承【例 4-1】和【例 4-3】，假设月末，乙公司汇总本月已付款或已开出并承兑商业汇票的入库材料的计划成本为 3 690 000 元(3 200 000 + 490 000)。乙公司采用计划成本进行材料日常核算，应编制如下会计分录：

(1) 结转原材料成本时：

借：原材料——L 材料 3 200 000
　　　　　　——M2 材料 490 000
　　贷：材料采购——L 材料 3 200 000
　　　　　　　　——M2 材料 490 000

(2) 结转材料成本差异时：

上述入库材料的实际成本为 3 500 000 元(3 000 000 + 500 000)，入库材料的成本差异为节约 190 000 元(3 500 000 - 3 690 000)。

借：材料采购——L 材料 200 000
　　材料成本差异——M2 材料 10 000
　　贷：材料成本差异——L 材料 200 000
　　　　材料采购——M2 材料 10 000

或将上述会计分录(1)和(2)由两个会计分录合并为一个会计分录：

借：原材料——L 材料 3 200 000
　　　　　——M2 材料 490 000
　　材料成本差异——M2 材料 10 000
　　贷：材料采购——L 材料 3 000 000
　　　　　　　——M2 材料 500 000
　　　材料成本差异——L 材料 200 000

第五章

深巷明朝卖杏花
——企业销售业务

第一节 金玉满堂——收入核算

一、收入的含义

收入，是指企业在日常活动中形成的、会导致所有者权益增加的、与所有者投入资本无关的经济利益的总流入。企业应当在履行了合同中的履约义务，即在客户取得相关商品控制权时确认收入。

当企业与客户之间的合同同时满足下列条件时，企业应当在客户取得相关商品控制权时确认收入：

①合同各方已批准该合同并承诺将履行各自义务；

②该合同明确了合同各方与所转让商品或提供劳务（以下简称"转让商品"）相关的权利和义务；

③该合同有明确的与所转让商品相关的支付条款；

④该合同具有商业实质，即履行该合同将改变企业未来现金流量的风险、时间分布或金额；

⑤企业因向客户转让商品而有权取得的对价很可能收回。

二、电子商务企业的销售方式

为了销售商品，电子商务企业除了采用传统的商业折扣、现金折扣、实物折扣等方式，还广泛采用满额即送、优惠券、积分抵扣、会员抵扣等销售方式。

(一)商业折扣

商业折扣,又称"折扣销售",是指对商品价目单中所列的商品价格,根据批发、零售、特约经销等不同销售对象,给予一定的折扣优惠。商业折扣通常用百分数来表示,如5%、10%、15%等。扣减商业折扣后的价格才是商品的实际销售价格。商业折扣通常作为促销的手段,目的是扩大销路,增加销量。

(二)现金折扣

现金折扣是指在销售商品收入金额确定的情况下,债权人为鼓励债务人在规定的期限内付款而向债务人提供的债务扣除。现金折扣对于销售企业来说,称为销货折扣;对于购货企业来说,称为购货折扣。现金折扣一般表示为"2/10,1/20,n/30"等。2/10表示如果客户在10天内偿付货款,给予2%的折扣;1/20表示如果客户在20天内偿付货款,给予1%的折扣;n/30表示如果客户在30天内付款,则无折扣。现金折扣使得企业应收账款的实收数额,随着客户付款的时间不同而有所差异。

(三)实物折扣

实物折扣是在销售货物的过程中,当购买方所购货物达到一定数量时,销售方即配送或赠送一定数量的货物。这种折扣方式通过无偿赠送货物降低了货物的单位售价,从而给予购买方一定的优惠。现行会计制度对企业发生的实物折扣没有作出具体的规定,但在实际操作中通常是将折扣额冲减当期的销售收入,类似于商业折扣方式销售货物的会计处理方法。

(四)满额即送

满额即送是促进消费者购买更多商品的有力手段。一般情况下,买家购买商品组合满足优惠额度,可以理解为多个商品的降价促销,多个商品收入按照公允价值的比例分摊计算;如果卖家购买一个商品就达到了优惠额度,会计处理与折扣销售类似。

三、电子商务企业产品定价

(一)定价目标

定价目标是企业在对其生产或经营的产品制定价格时,有意识地要求达到的目的和标准。它是指导企业进行价格决策的主要因素。定价目标取决于企业的总体目标。不同行业的企业,同一行业的不同企业,以及同一企业在不同的时期,不同的市场条件下,都可能有不同的定价目标。

1. 以获取最大利润为目标

最大利润定价目标是指企业追求在一定时期内获得最高利润额的一种定价目标。利润额最大化取决于合理价格所推动的销售规模,因而追求最大利润的定价目标并不意味着企业要制定最高单价。最大利润既有长期和短期之分,又有企业全部产品和单个产品之别。有远见的企业经营者,都着眼于追求长期利润的最大化。当然并不排除在某种特定时期及情况下,对其产品制定高价以获取短期最大利润。还有一些多品种经营的企业,经常使用组合定价策略,即有些产品的价格定得比较低,有时甚至低于成本以招徕顾客,借以带动其他产品的销售,从而使企业利润最大化。

2. 以提高市场占有率为目标

市场占有率也称市场份额目标,即把保持和提高企业的市场占有率(或市场份额)作为一定时期的定价目标。市场占有率是一个企业经营状况和企业产品在市场上竞争能力的直接反映,关系到企业的兴衰存亡。较高的市场占有率,可以保证企业产品的销路,巩固企业的市场地位,从而使企业的利润稳步增长。在许多情形下市场占有率的高低,比投资收益率更能说明企业的营销状况。有时,由于市场的不断扩大一个企业可能获得可观的利润,但相对于整个市场来看,所占比例可能很小,或本企业占有率正在下降。无论大、中、小企业,都希望用较长时间的低价策略来扩充目标市场,尽量提高企业的市场占有率。

3. 以防止竞争为目标

企业对竞争者的行为都十分敏感,尤其是价格的变动状况更甚。在市场竞争日趋激烈的形势下,企业在实际定价前,都要广泛收集资料,仔细研究竞争对手产品价格情况,通过自己的定价目标去对付竞争对手。

(二)定价策略

电子商务中常用的定价策略如下几种:

1. 个性化定价策略

个性化定价策略是指利用网络互相性的特征,根据消费者对产品外观、颜色等方面的具体需要,来确定电子商务产品价格的一种策略。随着经济的发展和文明程度的提高,人的个性发展就越容易受到社会的认可、重视与满足,在电子商务中也不例外。个性化产品的提供不仅满足了消费者对产品使用价值的需要,同时还给消费者提供了一次个性化体验,大大提高了消费者重复购买的概率。所以在电子商务环境下,产品定价要实行个性化定价策略。

2. 声誉定价策略

声誉定价策略是指把企业在消费者中的声誉的好坏作为确定产品价格的一个依据。有声誉的企业或名牌产品，利用其在消费者心目中的声望，将产品价格定得很高。在电子商务环境下，对于形象、声誉较好的电子商务企业或产品来说，价格相互可高一些；反之，价格则低一些。所以企业在电子商务环境下对产品进行定价，要从企业本身或产品的声誉考虑。

3. 自动调价、议价策略

自动调价、议价策略是指根据季节变动、市场供求状况、竞争状况及其他因素，在计算收益的基础上，设立电子商务企业自动调价系统，自动进行价格调整。同时，建立与消费者直接在网上协商价格的集体议价系统，使价格更具灵活性和多用性。因为价格对企业、消费者乃至中间商来说都是最为敏感的问题，而在电子商务环境下信息自由的特点使这三方对某产品的价格信息都有比较充分的了解，所以企业要采取自动调价、议价策略对产品进行定价。

4. 拍卖竞价策略

网上拍卖是目前发展比较快的商务领域，经济学认为市场要想形成最合理价格，电子商务拍卖竞价是最合理的方式。网上拍卖由消费者通过互联网轮流公开竞价，在规定时间内价高者赢得。

四、销售收入的账务处理

为了核算企业与客户之间的合同产生的收入及相关的成本费用，一般需要设置"主营业务收入""其他业务收入""主营业务成本""其他业务成本"等科目。其中：

"主营业务收入"科目核算企业确认的销售商品、提供服务等主营业务的收入。该科目贷方登记企业主营业务活动实现的收入，借方登记期末转入"本年利润"科目的主营业务收入，结转后该科目应无余额。该科目可按主营业务的种类进行明细核算。

"其他业务收入"科目核算企业确认的除主营业务活动以外的其他经营活动实现的收入，包括出租固定资产、出租无形资产、出租包装物和商品、销售材料、用材料进行非货币性交换（非货币性资产交换具有商业实质且公允价值能够可靠计量）或债务重组等实现的收入。该科目贷方登记企业其他业务活动实现的收入，借方登记期末转入"本年利润"科目的其他业务收入，结转后该科目应无余额。该科目可按其他业务的种类进行明细核算。

"主营业务成本"科目核算企业确认销售商品、提供服务等主营业务收入时应结转的成本。该科目借方登记企业应结转的主营业务成本,贷方登记期末转入"本年利润"科目的主营业务成本,结转后该科目应无余额。该科目可按主营业务的种类进行明细核算。

"其他业务成本"科目核算企业确认的除主营业务活动以外的其他经营活动所形成的成本,包括出租固定资产的折旧额、出租无形资产的摊销额、出租包装物的成本或摊销额、销售材料的成本等。该科目借方登记企业应结转的其他业务成本,贷方登记期末转入"本年利润"科目的其他业务成本,结转后该科目应无余额。该科目可按其他业务的种类进行明细核算。

(一)一般情况下销售收入的账务处理

发出商品时应借记"发出商品"科目,贷记"库存商品"科目,若有物流费用,借记"销售费用"科目,贷记"应付账款"科目等。"发出商品"科目核算企业商品已发出但客户没有取得商品的控制权的商品成本。当收到货款或取得收取货款权利时,确认收入,借记"应收账款"科目,贷记"主营业务收入"科目,贷记"应交税费——应交增值税(销项税额)"科目,同时结转已销商品成本,借记"主营业务成本"科目,贷记"发出商品"科目。电子商务企业实际收到扣除第三方手续费的货款时,借记"银行存款""财务费用"等科目,贷记"应收账款"科目。

【例5-1】 2×22年1月8日,甲电子商务企业销售一台需要安装的冰柜,经过协商后最终销售总额定为60 000元,该产品成本为40 000元,买方在线付款。次日发货。1月12日安装完毕,安装物流费用为500。1月14日买家确认收货,1月15日第三方清算货款,收取手续费1 000元,则相关账务处理如下:

(1)1月8日发出商品时:

借:发出商品 40 000
　　贷:库存商品 40 000

(2)1月12日发生物流费用时:

借:销售费用 500
　　贷:应付账款 500

(3)付款给物流公司:

借:应付账款 500
　　贷:银行存款 500

(4)1月14日确认收入：

借：应收账款　　　　　　　　　　　　　　　　　　　　　　60 000
　　贷：主营业务收入　　　　　　　　　　　　　　　　　　53 097
　　　　应交税费——应交增值税(销项税额)　　　　　　　　6 903

结转该产品实际成本时：

借：主营业务成本　　　　　　　　　　　　　　　　　　　　40 000
　　贷：库存商品　　　　　　　　　　　　　　　　　　　　40 000

(5)1月15日收到扣除手续费的货款时：

借：银行存款　　　　　　　　　　　　　　　　　　　　　　59 000
　　财务费用　　　　　　　　　　　　　　　　　　　　　　1 000
　　贷：应收账款　　　　　　　　　　　　　　　　　　　　60 000

(二)一般情况下商业折扣、现金折扣和销售退回的账务处理

1. 商业折扣

一般情况下，商业折扣都直接从商品价目单价格中扣减，购买单位应付的货款和销售单位所应收的货款，都根据直接扣减商业折扣后的价格来计算。因此，商业折扣对企业的会计记录没有影响。

【例5-2】 双十一时期，A电子商务公司销售商品一批，货款金额总计100 000元，给买方的商业折扣为10%，适用增值税税率为13%，代垫运杂费5 000元。

在销售时有商业折扣的情况下，应收账款和销售收入按扣除商业折扣后的金额入账。应作如下会计分录：

借：应收账款　　　　　　　　　　　　　　　　　　　　　　106 700
　　贷：主营业务收入　　　　　　　　　　　　　　　　　　90 000
　　　　应交税费——应交增值税(销项税额)　　　　　　　　11 700
　　　　银行存款　　　　　　　　　　　　　　　　　　　　5 000

收到货款时：

借：银行存款　　　　　　　　　　　　　　　　　　　　　　106 700
　　贷：应收账款　　　　　　　　　　　　　　　　　　　　106 700

2. 现金折扣

关于现金折扣的会计核算有两种处理方法：一是按合同总价款扣除现金折扣后的

净额计量收入；二是按合同总价款全额计量收入。我国企业会计准则采用的是第二种做法。这样，当现金折扣实际发生时，直接计入当期损益。

【例5-3】 甲电子商务企业为增值税一般纳税人，2×21年9月1日销售A商品5 000件并开具增值税专用发票，每件商品的标价为200元（不含增值税），A商品适用的增值税税率为13%；每件商品的实际成本为120元；由于是成批销售，甲电子商务企业给予客户10%的商业折扣，并在销售合同中规定现金折扣条件为2/10，1/20，n/30；A商品于9月1日发出，客户于9月9日付款。该项销售业务属于在某一时点履行的履约义务。假定计算现金折扣不考虑增值税。

本例涉及商业折扣和现金折扣问题，销售商品收入的金额应是未扣除现金折扣但扣除商业折扣后的金额，现金折扣应在实际发生时计入当期财务费用。因此，甲电子商务企业应确认的销售商品收入的金额为900 000元（200×5 000-200×5 000×10%），增值税销项税额为117 000元（900 000×13%）。客户在10日内付款，享有的现金折扣为18 000元（900 000×2%）。甲电子商务企业应编制如下会计分录：

(1) 9月1日确认收入时：

借：应收账款　　　　　　　　　　　　　　　　　　　　1 017 000
　　贷：主营业务收入　　　　　　　　　　　　　　　　　　900 000
　　　　应交税费——应交增值税（销项税额）　　　　　　　117 000
借：主营业务成本　　　　　　　　　　　　　　　　　　　600 000
　　贷：库存商品　　　　　　　　　　　　　　　　　　　　600 000

(2) 9月9日收到货款时：

借：银行存款　　　　　　　　　　　　　　　　　　　　　999 000
　　财务费用　　　　　　　　　　　　　　　　　　　　　　18 000
　　贷：应收账款　　　　　　　　　　　　　　　　　　　1 017 000

本例中，若客户于9月19日付款，则享受的现金折扣为9 000元（900 000×1%），收到货款时，甲电子商务企业应编制如下会计分录：

借：银行存款　　　　　　　　　　　　　　　　　　　　1 008 000
　　财务费用　　　　　　　　　　　　　　　　　　　　　　9 000
　　贷：应收账款　　　　　　　　　　　　　　　　　　　1 017 000

若客户于9月底付款，则应按全额付款，收到货款时，甲电子商务企业应编制如下会计分录：

借：银行存款　　　　　　　　　　　　　　　　　　　　1 017 000

贷：应收账款　　　　　　　　　　　　　　　　　　　　　　　　1 017 000

3. 销售退回

销售退回是指企业因售出商品在质量、规格等方面不符合销售合同规定条款的要求，客户要求企业予以退货。企业销售商品发生退货，表明企业履约义务的减少和客户商品控制权及其相关经济利益的丧失。

已确认销售商品收入的售出商品发生销售退回的，除属于资产负债表日后事项的外，企业收到退回的商品时，应退回货款或冲减应收账款，并冲减主营业务收入和增值税销项税额，借记"主营业务收入""应交税费——应交增值税(销项税额)"等科目，贷记"银行存款""应收票据""应收账款"等科目。收到退回商品验收入库，按照商品成本，借记"库存商品"科目，贷记"主营业务成本"科目。如该项销售退回已发生的现金折扣，应同时调整相关财务费用的金额。

【例5-4】 甲电子商务企业2×21年5月20日销售A商品一批，增值税专用发票上注明售价为350 000元，增值税税额为45 500元，该批商品成本为182 000元。A商品于5月20日发出，客户于5月27日付款。该项业务属于在某一时点履行的履约义务并确认销售收入。9月16日，该商品质量出现严重问题，客户将该批商品全部退回给甲电子商务企业。甲电子商务企业同意退货，于退货当日支付了退货款，并按规定向客户开具了增值税专用发票(红字)。假定不考虑其他因素，甲电子商务企业应编制如下会计分录：

(1)2×21年5月20日确认收入时：

借：应收账款　　　　　　　　　　　　　　　　　　　　　395 500
　　贷：主营业务收入　　　　　　　　　　　　　　　　　　350 000
　　　　应交税费——应交增值税(销项税额)　　　　　　　　45 500
借：主营业务成本　　　　　　　　　　　　　　　　　　　182 000
　　贷：库存商品　　　　　　　　　　　　　　　　　　　　182 000

(2)5月27日收到货款时：

借：银行存款　　　　　　　　　　　　　　　　　　　　　395 500
　　贷：应收账款　　　　　　　　　　　　　　　　　　　　395 500

(3)9月16日销售退回时：

借：主营业务收入　　　　　　　　　　　　　　　　　　　350 000
　　应交税费——应交增值税(销项税额)　　　　　　　　　　45 500
　　贷：银行存款　　　　　　　　　　　　　　　　　　　　395 500

借：库存商品	182 000
贷：主营业务成本	182 000

尚未确认销售商品收入的售出商品发生销售退回的，电子商务会计需要将已计入"发出商品"科目的商品成本金额转入"库存商品"科目，其账务处理如下：发货时，借记"发出商品"科目，贷记"库存商品"科目。商品退回时用红字冲销，将商品转回库存。借记"库存商品"科目，贷记"发出商品"科目。

(三) 预收款方式销售商品的会计处理

预收款销售商品，是指购买方在商品尚未收到前按合同或协议约定分期付款，销售方在收到最后一笔款项时才交货的销售方式。在这种方式下，销售方直到收到最后一笔款项才将商品交付购货方，表明商品所有权上的主要风险和报酬只有在收到最后一笔款项时才转移给购货方，因此，企业通常应在发出商品时确认收入，在此之前预收的货款应确认为负债(预收账款)。

【例5-5】 甲电子商务公司与乙电子商务公司签订协议，采用分期预收款方式向乙公司销售一批商品。该批商品实际成本为1 400 000元。协议约定，该批商品销售价格为2 000 000元；乙公司应在协议签订时预付60%的货款(按不含增值税销售价格计算)，剩余货款于2个月后支付。假定甲电子商务企业在收到剩余货款时，销售该批商品的增值税纳税义务发生，增值税税额为260 000元；不考虑其他因素，甲电子商务企业的账务处理如下：

(1) 收到60%的货款时：

借：银行存款	1 200 000
贷：预收账款	1 200 000

(2) 收到剩余货款，发生增值税纳税义务时：

借：预收账款	1 200 000
银行存款	1 060 000
贷：主营业务收入	2 000 000
应交税费——应交增值税(销项税额)	260 000
借：主营业务成本	1 400 000
贷：库存商品	1 400 000

(四) 买一赠一销售的会计处理

"买一赠一"销售需要分情况进行处理：

(1)对于销售时"买""赠"均属于本企业主营范围内的商品,应当按照总的销售金额按各项商品的公允价值的比例来分摊确认各项的销售收入。

(2)如果赠品不属于本企业营业范围内的商品,而是企业为促销而外购的,则应当按照收到的价款确认销售主要商品的收入。赠品不确认收入,按赠品的购入成本结转当期销售费用。

【例5-6】 某电子商务企业(增值税一般纳税人)用买一赠一的方式销售本企业商品,规定以每套1 500元(不含增值税价,下同)购买A西服的客户可获赠一条B领带,A西服正常销售价格每套1 500元,B领带正常销售价格每条200元,该A西服单位成本800元/件,B领带单位成本100元/件。当期该电子商务企业销售组合西服领带100套,收入150 000元,增值税额为22 100元。

则A西服应确认的销售收入=150 000×1 500/(1 500+200)=132 352.94(元)

B领带应确认的销售收入=150 000×200/(1 500+200)=17 647.06(元)

借:银行存款   172 100
　　贷:主营业务收入——西服   132 352.94
　　　　　　　　　　——领带   17 647.06
　　　　应交税费——应交增值税(销项税额)   22 100

【例5-7】 接上例,假设为某专营西服的企业,赠送的领带不属于企业经营范围内,是单独购入的,领带购入价每条100元,一般售价每条200元。

则出售的西服应确认销售收入150 000元,赠送的领带作为销售费用处理,不确认收入。

借:银行存款   169 500
　　销售费用   12 600
　　贷:主营业务收入——西服   150 000
　　　　库存商品   10 000
　　　　应交税费——应交增值税(销项税额)   22 100

(五)其他业务收入的账务处理

其他业务收入是指各类企业主营业务以外的其他日常活动所取得的收入。一般情况下,其他业务活动的收入不大,发生频率不高,在收入中所占比重较小。如材料物资及包装物销售、无形资产使用权实施许可、固定资产出租、包装物出租、运输、废旧物资出售收入等。其他业务收入具有不经常发生,每笔业务金额一般较小,占收入的比重较低等特点。相关业务发生时，应借记"银行存款""应收账款"等科目，贷记"其他业务收入"科目。

【例 5-8】 乙电子商务公司将商标权出租给丙公司使用租期为 3 年，每年收取租金 100 000 万元。该公司在出租期间不再使用该商标。该商标权是乙公司 2×19 年 1 月 1 日购入的，初始入账价值为 1 000 000 万，预计使用年限为 20 年，则账务处理如下：

每年收取租金时：

借：银行存款　　　　　　　　　　　　　　　　　　　　　100 000

　　贷：其他业务收入　　　　　　　　　　　　　　　　　　100 000

每年对该商标权进行摊销：

借：其他业务成本　　　　　　　　　　　　　　　　　　　　50 000

　　贷：累计摊销　　　　　　　　　　　　　　　　　　　　50 000

第二节　四两拨千斤——成本费用核算

一、费用简介

费用包括企业日常活动所发生的经济利益的总流出，主要指企业为取得营业收入进行产品销售等营业活动所发生的营业成本、税金及附加和期间费用。企业为生产产品、提供劳务等发生的可归属于产品成本、劳务成本等的费用，应当在确认销售商品收入、提供劳务收入等时，将已销售商品、已提供劳务的成本确认为营业成本（包括主营业务成本和其他业务成本）。期间费用包括销售费用、管理费用和财务费用。

二、电子商务企业的成本费用

（一）平台固定成本

此部分属于电子商务运营的基建成本，对于运营商来讲，指的是保证金、技术服务年费、实时划扣技术服务费。

（二）运营成本

此部分属于电子商务运营的扩展建设成本，划分为硬运营成本和软运营成本。

1. 硬运营成本

所谓的硬运营成本指的是电子商务运营中所需要的一次性或稳定固定额度的硬件或后端软件的成本。如 CRM 系统、ERP 系统等软件或打印机、扫码枪等硬件购置成本。

2. 软运营成本

所谓的软运营成本指的是电子商务运营所需要做的推广投入。现今主流的推广售模式有四种：CPC（按点击效果付费）、CPM（按展现付费）、CPT（单位时长付费）、CPS（按效果付费）。

（三）货品成本

此部分属于电子商务运营的核心元素成本，主要包含货品净成本、库存积压成本、仓库管理成本、货品残损成本等。

（四）人员成本

此部分属于电子商务运营的支撑元素成本，主要包含员工成本、场地成本、管理成本、办公设备成本等。

三、成本费用账务处理

（一）主营业务成本

主营业务成本是指企业销售商品、提供服务等经常性活动所发生的成本。企业一般在确认销售商品、提供服务等主营业务收入时，或在月末，将已销售商品、已提供服务的成本转入主营业务成本。企业应当设置"主营业务成本"科目，用于核算企业因销售商品、提供服务等日常活动而发生的实际成本，该科目按主营业务的种类进行明细核算。企业结转已销售商品或提供服务成本时，借记"主营业务成本"科目，贷记"库存商品""合同履约成本"等科目。期末，将主营业务成本的余额转入"本年利润"科目，借记"本年利润"科目，贷记"主营业务成本"科目，结转后，"主营业务成本"科目无余额。

【例5-9】 2×21 年 5 月 20 日，甲电子商务企业向乙公司销售一批产品，开具的增值税专用发票上注明的价款为 200 000 元，增值税税额为 26 000 元；甲电子商务企业已收到乙公司支付的款项 226 000 元，并将提货单送交乙公司；该批产品成本为 190 000 元。该项销售业务属于某一时点履行的履约义务。甲电子商务企业应编制如下会计分录：

(1) 销售实现时：

借：银行存款	226 000
贷：主营业务收入	200 000
应交税费——应交增值税(销项税额)	26 000
借：主营业务成本	190 000
贷：库存商品	190 000

(2) 期末，将主营业务成本结转至本年利润时：

借：本年利润	190 000
贷：主营业务成本	190 000

(二) 其他业务成本

其他业务成本是指企业确认的除主营业务活动以外的其他日常经营活动所发生的支出。其他业务成本包括销售材料的成本、出租固定资产的折旧额、出租无形资产的摊销额、出租包装物的成本或摊销额等。采用成本模式计量投资性房地产的，其投资性房地产计提的折旧额或摊销额，也构成其他业务成本。企业应当设置"其他业务成本"科目，核算企业确认的除主营业务活动以外的其他日常经营活动所发生的支出。"其他业务成本"科目按其他业务成本的种类进行明细核算。企业发生的其他业务成本，借记"其他业务成本"科目，贷记"原材料""周转材料""累计折旧""累计摊销""应付职工薪酬""银行存款"等科目。期末，"其他业务成本"科目余额转入"本年利润"科目，结转后，"其他业务成本"科目无余额。

【例5-10】 2×22年1月5日，甲网络公司将自行开发完成的非专利技术出租给一家公司，该非专利技术成本为240 000元，双方约定的租赁期限为10年，甲电子商务企业每月应摊销2 000元(240 000÷10÷12)。甲电子商务企业每月摊销非专利技术成本时，应编制如下会计分录：

借：其他业务成本	2 000
贷：累计摊销	2 000

(三) 销售费用

销售费用是指企业销售商品和材料、提供服务的过程中发生的各种费用，包括企业在销售商品过程中发生的保险费、包装费、展览费和广告费、商品维修费、预计产品质量保证损失、运输费、装卸费等以及为销售本企业商品而专设的销售机构

(含销售网点、售后服务网点等)的职工薪酬、业务费、折旧费等经营费用。企业发生的与专设销售机构相关的固定资产修理费用等后续支出也属于销售费用。销售费用是与企业销售商品活动有关的费用,但不包括销售商品本身的成本,该成本属于主营业务成本。企业应设置"销售费用"科目,核算销售费用的发生和结转情况。该科目借方登记企业所发生的各项销售费用,贷方登记期末转入"本年利润"科目的销售费用,结转后,"销售费用"科目应无余额。"销售费用"科目应按销售费用的费用项目进行明细核算。

【例5-11】 某电子商务企业2×22年6月1日为宣传新产品发生广告费,取得的增值税专用发票上注明的价款为100 000元,增值税税额为6 000元,价税款项用银行存款支付。该公司应编制如下会计分录:

借:销售费用——广告费　　　　　　　　　　　　　　　　100 000
　　应交税费——应交增值税(进项税额)　　　　　　　　　　6 000
　　贷:银行存款　　　　　　　　　　　　　　　　　　　106 000

(四)管理费用

企业在筹建期间内发生的开办费,包括人员工资、办公费、培训费、差旅费、印刷费、注册登记费以及不计入固定资产成本的借款费用等在实际发生时,借记本科目(开办费),贷记"银行存款"等科目。行政管理部门人员的职工薪酬,借记本科目,贷记"应付职工薪酬"科目。行政管理部门计提的固定资产折旧,借记本科目,贷记"累计折旧"科目。发生的办公费、水电费、业务招待费、聘请中介机构费、咨询费、诉讼费、技术转让费、研究费用,借记本科目,贷记"银行存款""研发支出"等科目。期末,应将本科目的余额转入"本年利润"科目,结转后本科目无余额。

【例5-12】 某电子商务企业就一项产品的设计方案向有关专家进行咨询,以现金支付咨询费50 000元。会计分录如下:

借:管理费用　　　　　　　　　　　　　　　　　　　　　50 000
　　贷:库存现金　　　　　　　　　　　　　　　　　　　 50 000

(五)财务费用

财务费用是指企业为筹集生产经营所需资金等而发生的筹资费用,包括利息支出(减利息收入)、汇兑损益以及相关的手续费、企业发生的现金折扣或收到的现金折扣等。企业发生的财务费用,借记本科目,贷记"银行存款""未确认融资费用"等科目。

企业发生的应冲减财务费用的利息收入、汇兑损益、现金折扣，借记"银行存款""应付账款"等科目，贷记本科目。期末，应将本科目余额转入"本年利润"科目，结转后本科目无余额。

【例 5-13】 甲电子商务企业于 2×22 年 1 月 1 日向银行借入生产经营用短期借款 300 000 元，期限 6 个月，年利率 5%，该借款本金到期后一次归还，利息分月预提，按季支付。假定所有利息均不符合利息资本化条件。会计处理如下：

每月末，预提当月份应计利息：

300 000×5%÷12 = 1 250(元)

会计分录如下：

借：财务费用	1 250
贷：应付利息	1 250

第六章

一日复一日
——企业日常账务处理

第一节 黄河之水天上来——货币资金的核算

电子商务企业为保证企业正常运营，必须拥有一定的流动资金，这是为了保证日常经营贸易所需的货币资金(库存现金、银行存款和其他货币资金，按币种不同又分为人民币和外币)用于支付企业日常零星开支，不定期的差旅费、发放工资等。

一、库存现金的核算

库存现金是指保存在企业会计部门的现金，包括库存的人民币和外币现金。在所有资产中，现金是流动性最强的一种资产，是贪污盗窃、营私舞弊的主要对象，因此必须对现金的收支进行严格管理，以保证现金的安全与完整。

(一)库存现金的账户设置

为了核算电子商务企业的库存现金，企业应设置"库存现金"会计科目，该科目属于资产类科目，借方反映库存现金的增加数，贷方反映库存现金的减少数，借方余额反映企业实际持有的库存现金数。

(二)电子商务企业库存现金的主要账务处理

1. 现金收入的账务处理

企业增加库存现金，借记"库存现金"科目，贷记"银行存款""主营业务收入""其他业务收入""应交税费——应交增值税(销项税额)"等科目。

【例6-1】 某电子商务企业有关现金收入业务：该企业签发现金支票，从银行提取现金4 000元备用。

该电子商务企业的账务处理如下：

借：库存现金 4 000
　　贷：银行存款 4 000

2. 现金支出的账务处理

企业减少库存现金，借记"银行存款""其他应收款""管理费用"等科目，贷记"库存现金"科目。

【例6-2】 某电子商务企业有关现金支出业务：

(1)该企业的出纳将库存现金10 000元存入银行。

该电子商务企业的账务处理如下：

借：银行存款 10 000
　　贷：库存现金 10 000

(2)该企业职工张丽因公出差，预借差旅费3 000元，以现金支付。账务处理如下：

借：其他应收款——张丽 3 000
　　贷：库存现金 3 000

(3)张丽出差回来报销差旅费，实际开支2 700元，退回现金300元。账务处理如下：

借：库存现金 300
　　管理费用 2 700
　　贷：其他应收款——张丽 3 000

(4)该企业为了提高职工素质，进行职工培训，期间以现金支付培训费400元。账务处理如下：

借：管理费用 400
　　贷：库存现金 400

3. 现金短缺和溢余的账务处理

为保证资产的安全，确保账实相符，企业应当按规定进行现金清查。现金清查是指对库存现金的盘点与核对，包括出纳员每日终了前进行的账款核对和清查小组进行的定期或不定期的清查。现金清查一般采用实地盘点的方法进行。清查小组清查时，出纳人员必须在现场。

【例6-3】 某电子商务企业于2×21年3月29日现金清查时，发现现金短缺4 200元。经查，其中100元属于出纳李某保管不力造成；另外4 100元短缺原因不明。该企业处理决定由王某赔偿100元。账务处理如下：

(1) 发现库存现金短缺：

借：待处理财产损溢——待处理流动资产损溢　　　　　　　　4 200
　　　贷：库存现金　　　　　　　　　　　　　　　　　　　　4 200

(2) 按照管理权限经批准后处理时，决定由张某赔偿并确认现金短缺的损失：

借：其他应收款——张某　　　　　　　　　　　　　　　　　　100
　　营业外支出——现金短缺　　　　　　　　　　　　　　　4 100
　　　贷：待处理财产损溢——待处理流动资产损溢　　　　　　4 200

(3) 张某缴纳现金赔款

借：库存现金　　　　　　　　　　　　　　　　　　　　　　　100
　　　贷：其他应收款——张某　　　　　　　　　　　　　　　　100

二、银行存款的核算

银行存款是指电子商务企业存入银行和其他金融机构的货币资金，银行存款包括人民币存款和外币存款。"银行存款"账户属于资产类账户，用以核算和反映企业存入银行或其他金融机构的各种存款。该账户的借方反映企业存款的增加，贷方反映企业存款的减少，期末借方余额反映企业期末银行存款的数额。企业应严格按照制度的规定进行核算和管理。该账户应按开户银行和其他金融机构、存款种类等设置明细分类账。

(一) 银行开户的规定

企业要严格按照国家有关规定开立和管理银行存款账户。根据国家支付结算办法的规定，每个企业都应在所在地银行开立结算账户，办理存款、取款或转账结算。银行存款账户分为基本存款账户、一般存款账户、临时存款账户和专用存款账户。

基本存款账户是指企业办理日常转账结算和现金收付的账户，是存款人的主办账户，其日常经营活动的资金收付，工资、奖金和现金的支取，只能通过基本存款账户办理。每个企业一般只能选择一家银行的一个营业机构，开立一个基本存款账户。

一般存款账户是指存款人因借款或其他结算需要，在基本存款账户开户银行以外的银行营业机构开立的银行结算账户。可办理存款人的借款转存、借款归还等，但不办理现金支取。

临时存款账户是指企业因临时生产经营活动的需要在规定的期限内使用而开立的

账户。其有效期限最长不得超过两个月。可以支取现金,但应按国家现金管理规定办理。

专用存款账户是指企业按法律、法规和规章,因特定用途需要开立的账户。

企业有特定用途需要专户管理的资金,可以按照规定向银行申请开立专用存款账户。

(二)银行存款的会计处理

企业应通过设置"银行存款日记账"进行序时核算,发生的收付款业务应按顺序逐笔登记企业银行存款的主要账务处理如下:

1. 银行存款收入的核算

企业增加银行存款,借记"银行存款"科目,贷记"库存现金""应收账款"等科目。

【例6-4】 某电子商务企业2×21年11月发生的有关银行存款收入业务如下:

(1)6日,企业网上销售一批商品,开出的增值税专用发票上注明销售额为200 000元,增值税销项税额为26 000元,商品已经发出,买家已经确认收货。该批商品的实际成本为120 000元。假定不考虑物流等其他因素。根据上述经济业务,账务处理如下:

借:银行存款　　　　　　　　　　　　　　　　　　　　　　226 000
　　贷:主营业务收入　　　　　　　　　　　　　　　　　　200 000
　　　　应交税费——应交增值税(销项税额)　　　　　　　 26 000

同时,结转主营业务成本:

借:主营业务成本　　　　　　　　　　　　　　　　　　　　120 000
　　贷:库存商品　　　　　　　　　　　　　　　　　　　　120 000

(2)25日,该企业将现金12 000元存入银行。根据上述经济业务,企业应做账务处理如下:

借:银行存款　　　　　　　　　　　　　　　　　　　　　　 12 000
　　贷:库存现金　　　　　　　　　　　　　　　　　　　　 12 000

(3)30日,该企业本月银行存款产生的利息为600元,12月5日收到。根据上述经济业务,企业应做账务处理如下:

11月30日,确认利息收入:

借:应收利息　　　　　　　　　　　　　　　　　　　　　　　　600
　　贷:财务费用　　　　　　　　　　　　　　　　　　　　　　600

12月5日，收到利息款项：
借：银行存款　　　　　　　　　　　　　　　　　　　　　　　　　600
　　贷：应收利息　　　　　　　　　　　　　　　　　　　　　　　　600

2. 银行存款支出的核算

电子商务企业减少银行存款，借记"库存现金""应付账款"等科目。贷记"银行存款"科目。

三、其他货币资金的核算

其他货币资金是指企业除现金和银行存款以外的其他各种货币资金，即存放地点和用途均与现金和银行存款不同的货币资金。主要包括银行汇票存款、银行本票存款、信用卡存款、信用证保证金存款等。

（一）其他货币资金的账务处理

为了反映和监督其他货币资金的增减情况，企业应设置"其他货币资金"科目，属于资产类科目。该科目主要用来核算企业的银行汇票存款、银行本票存款、信用卡存款、信用证保证金存款等其他货币资金。借方登记增加数，贷方登记减少数，期末借方余额反映企业持有的其他货币资金。

"其他货币资金"科目应按照银行汇票或本票、信用卡发放银行、信用证的收款单位的开户银行，分别用"银行汇票""银行本票""信用卡""信用证保证金"等项目进行明细核算。

企业其他货币资金的主要账务处理：企业增加其他货币资金，借记"其他货币资金科目"，贷记"银行存款"科目；减少其他货币资金，借记"库存商品""银行存款"等科目，贷记"其他货币资金"科目。

（二）银行汇票存款的账务处理

【例6-5】 2×21年11月16日，某电子商务企业为采购商品，要求银行办理银行汇票26 000元，该企业在填送银行汇票委托书后，将26 000元交给银行，取得银行汇票后，根据银行盖章的委托书存根联，会计账务处理如下：

借：其他货币资金——银行汇票存款　　　　　　　　　　　　　26 000
　　贷：银行存款　　　　　　　　　　　　　　　　　　　　　　26 000

11月18日，该企业用银行汇票办理采购货款的结算，其中货款20 000元，增值税2 600元，商品已验收入库。会计账务处理如下：

```
借：库存商品                                    20 000
    应交税费——应交增值税(进项税额)              2 600
  贷：其他货币资金——银行汇票                    22 600
```

(三)信用证保证金存款的账务处理

企业填写"信用证申请书",将信用证保证金交存银行时,应根据银行盖章退回的"信用证申请书"回单,借记"其他货币资金——信用证保证金"科目,贷记"银行存款"科目,企业接到开证行通知,根据供货单位信用证结算凭证及所附发票账单,借记"在途商品""库存商品""应交税费——应交增值税(进项税额)"等科目,贷记"其他货币资金——信用证保证金"科目。

四、外币业务核算

外汇,就是外国货币或以外国货币表示的能用于国际结算的支付手段。外汇业务是工商银行的重要业务之一,主要包括代理外汇资金清算和外汇资金业务等。主要包括外国货币、外币支付凭证、外币有价证券、特别提款权、其他外币计值的资产。

(一)外汇业务的核算原则

1. 外币账户采用双币记账

即在反映外币业务时,在将外币折算为记账本位币入账的同时,还要在账簿上用业务发生的成交货币(原币)入账,以真实全面地反映一笔外汇业务的实际情况。

2. 外币核算采用折算入账

企业发生外币业务时,应当将有关外币金额折合为记账本位币金额记账,除另有规定外,所有与外币业务有关的账户,应当采用业务发生时的汇率,也可以采用发生期期初的汇率折合。

3. 汇兑损益的账务处理

企业因向外汇指定银行结售或购入外汇时,按银行买入价卖出价进行交易与市场的汇价产生的汇率差额,作为外币兑换损益计入汇兑损益。

4. 外币账户月末余额的账务处理

企业各外币账户的期末余额要以期末市场汇率折合为记账本位币的金额,以如实反映该外币按月末汇率折算为记账本位币后的实际期末余额,并将折算的期末余额与原记账本位币余额的差额按规定记入该账户和汇兑损益账户。

5. 外币分账制的账务处理

对于经营多种货币信贷或融资租赁业务的企业，也可以根据业务的需要，采用分账制。即企业对外币业务的日常核算时按照外币原币进行记账，分别对不同的外币币种核算其所实现的损益，编制各种货币币种的出纳报表，并在资产负债表中一次性地将各外币会计报表折算为记账本位币表示的会计报表，据以编制企业的汇总会计报表。

(二)外币账户的设置

外币账户应根据实际发生外币业务的科目设置，它包括外币货币资金、外币债权和外币债务三大类。外币业务主要包括日常外币业务和月末外币账户汇率调整两类。发生外币业务时，一般应按当日或月初市场汇率(现汇中间价)将外币金额折合为记账本位币金额。具体如下：

1. 分账制

日常核算以外币原币记账，分别币种核算损益和编制会计报表，在资产负债表日折算为记账本位币会计报表。只有银行等少数金融企业采用。

2. 统账制

在发生外币业务时，即折算为记账本位币入账。大多数企业采用。

需设置的外币账户主要有外币现金、外币银行存款以及用外币结算的债权债务(应收账款、应收票据、预付账款、短期借款、长期借款、应付账款、应付票据、应付职工薪酬、预收账款)。

发生外币业务将外币金额折算成记账本位币金额时，可采用发生时的市场汇率，也可采用当期期初的市场汇率。一旦选择后，前后期应保持一致，不得随意变更。期末，各外币账户按期末市场汇率折算为记账本位币金额，并将外币账户期末余额折算为记账本位币的金额与相对应的记账本位币账户的期末余额之间的差额，确认为汇兑损益。

(三)主要外币业务的会计处理

1. 外币兑换业务

借：银行存款——人民币户(发生时的交易汇率)
　　财务费用
　　贷：银行存款——美元户(发生时的市场汇率)

2. 外币购销业务

借：资产类科目

贷：应付账款(发生时的市场汇率)

　借：应收账款(发生时的市场汇率)

　　　贷：主营业务收入等

3. 外币借款业务

　借：银行存款——美元户(发生时的市场汇率)

　　　贷：短期借款等(发生时的市场汇率)

4. 接受外币资本投资

　借：银行存款——美元户(发生时的市场汇率)

　借或贷：资本公积(差额)

　　　贷：实收资本(合同约定汇率)

注：若公司没有约定汇率，应按发生时市场汇率折算。

第二节　五步一楼，十步一阁
——固定资产的核算

一、固定资产概述

(一)固定资产的确认条件

一项资产如要作为固定资产加以确认，首先需要符合固定资产的定义，其次还要符合固定资产的确认条件，即与该固定资产有关的经济利益很可能流入企业，同时，该固定资产的成本能够可靠地计量。

(二)固定资产的会计特征

①使用期限超过一个会计年度的机器、机械、运输工具，以及其他与生产有关的设备。

②使用年限超过2年的不属于生产经营主要设备的物品。(新会计准则对固定资产的认定价值限制取消，只要公司认为可以的且使用寿命大于一个会计年度的均可认定为固定资产，按照一定折旧方法计提折旧。)

③使用期限较长。

④单位价值大。

注：房地产开发企业的房屋和经营性出租的房地产不属于固定资产。

二、科目设置及会计处理

(一)固定资产会计科目的设置

为了处理固定资产的取得、计提折旧、处置、清查等情况,企业一般需要设置"固定资产""累计折旧""固定资产清理""待处理财产损溢——待处理非流动资产损溢"等科目。具体内容如下:

1."固定资产"科目

属于资产类科目,其借方登记企业增加的固定资产原价(成本),其贷方登记企业减少的固定资产原价(成本)。期末借方余额反映企业固定资产的原价(成本)。企业应当根据《企业会计准则》规定的固定资产标准,结合本企业的具体情况,制定固定资产目录,作为会计处理依据。企业购置计算机硬件所附带的、未单独计价的软件,也通过"固定资产"科目核算。企业临时租入的固定资产和以经营租赁租入的固定资产,应另设备查簿进行登记,不在"固定资产"科目核算。该科目应按照固定资产类别和项目进行明细核算。企业根据实际情况决定是否设置"固定资产登记簿"和"固定资产卡片"。

2."累计折旧"科目

属于"固定资产"的备抵科目,用来核算企业固定资产的累计折旧。其贷方登记企业计提的固定资产折旧,借方登记处置固定资产转出的累计折旧,期末贷方余额反映企业固定资产的累计折旧额。该科目可以进行总分类核算,也可以进行明细核算,应当按照所对应固定资产的类别及项目设置明细账,进行明细核算。

3."在建工程"科目

属于资产类科目,用来核算企业需要安装的固定资产、固定资产新建工程、改扩建等所发生的成本。其借方登记企业各项在建工程的实际支出,贷方登记完工工程转出的成本,期末借方余额反映企业尚未完工或虽已完工,但尚未办理竣工决算的工程成本。该科目应按照在建工程项目进行明细核算。

企业购入不需要安装的固定资产,在"固定资产"科目核算,不在"在建工程"科目核算。企业已提足折旧的固定资产的改建支出和经营租入固定资产的改建支出,在"长期待摊费用"科目核算,不在"在建工程"科目核算。

4."工程物资"科目

属于资产类科目,用来核算企业为在建工程准备的各种物资的成本。包括工程用材料、尚未安装的设备以及为生产准备的工器具等。其借方反映工程物资的增加额,贷方反映工程物资的减少额，期末借方余额反映企业为在建工程准备的各种物资的成本。

5."固定资产清理"科目

属于资产类科目，用来核算企业因出售、报废、毁损、对外投资等原因处置固定资产所转出的固定资产账面价值以及在清理过程中发生的费用等。其借方反映清理固定资产的净值以及相关费用和结转的利得，贷方反映清理固定资产的变价收入及结转的损失。该科目期末借方余额反映企业尚未清理完毕的固定资产清理净损失；期末贷方余额反映企业尚未清理完毕的固定资产清理净收益。该科目应按照被清理的固定资产项目进行明细核算。

6."待处理财产损溢"科目

属于资产类科目，用来核算企业在清查财产过程中查明的各种财产盘盈、盘亏和毁损的价值。其借方登记各种资产的盘亏、毁损数额及盘盈的转销数额，其贷方登记各种资产的盘盈数额及盘亏的转销数额。期末如为借方余额，反映企业尚未处理的各种财产物资的净损失；如为贷方余额，反映尚未处理的各种财产物资的净溢余。企业的财产损溢，应当查明原因，在年末结账前处理完毕，处理后"待处理财产损溢"科目应无余额。该科目应按照待处理流动资产损溢和待处理非流动资产损溢进行明细核算。所采购物资在运输途中因自然灾害等发生的损失或尚待查明的损耗，也通过"待处理财产损溢"科目核算。

(二)固定资产的账务处理

企业固定资产应当按照成本进行计量。企业固定资产成本包括企业为购建固定资产达到预定可使用状态前所发生的一切合理的、必要的支出。企业取得固定资产的方式多种多样，主要有外购、自行建造、投资者投入、融资租入、盘盈等。由于取得的方式不同，其成本的具体构成内容及其计量也不尽相同。

1. 外购固定资产

企业外购固定资产的成本包括购买价款、相关税费、运输费、装卸费、保险费、安装费等，但不含按照税法规定可以抵扣的增值税进项税额。

企业购入的固定资产分为不需要安装的固定资产和需要安装的固定资产两种情形。企业外购不需要安装固定资产的主要账务处理：企业购入(含以分期付款方式购入)不需要安装的固定资产应当按照实际支付的购买价款、相关税费(不包含按照税法规定可抵扣的增值税进项税额)、运输和装卸费、保险费等，借记"固定资产"科目，按照税法规定可抵扣的增值税进项税额,借记"应交税费——应交增值税(进项税额)"科目,贷记"银行存款""长期应付款"等科目;企业外购需要安装固定资产的主要账务处理:按应计入固定资产成本的金额,先记入"在建工程"科目,安装完毕交付使用时再转入"固定资产"科目。

【例6-6】 2×19年4月6日,某电子商务企业购入电脑80台,每台2 500元,取得的增值税专用发票上注明的价款为200 000元,增值税进项税额为26 000元,款项全部付清。假定该企业是一般纳税人,不考虑其他相关税费。账务处理如下:

借:固定资产 200 000
  应交税费——应交增值税(进项税额) 26 000
 贷:银行存款 226 000

2. 融资租入的固定资产

企业融资租入的固定资产的成本,应当按照租赁合同约定的付款总额和在签订租赁合同过程中发生的相关费用等确定。

融资租入的固定资产,在租赁期开始日,按照租赁合同约定的付款总额和在签订租赁合同过程中发生的相关费用等,借记"固定资产"科目或"在建工程"科目,贷记"长期应付款""银行存款"等科目。

三、固定资产的折旧

(一)固定资产的折旧方法

固定资产的折旧是指在固定资产的使用寿命内,按确定的方法对应计折旧额进行的系统分摊。

使用寿命是指固定资产预期使用的期限。有些固定资产的使用寿命也可以用该资产所能生产的产品或提供的服务的数量来表示。

应计折旧额是指应计提折旧的固定资产的原价扣除其预计净残值后的余额;如已对固定资产计提减值准备,还应扣除已计提的固定资产减值准备累计金额。

企业应当根据与固定资产有关的经济利益的预期实现方式,合理选择固定资产折旧方法。可选用的折旧方法包括年限平均法、双倍余额递减法、年数总和法、工作量法等。固定资产的折旧方法一经确定,不得随意变更。固定资产应当按月计提折旧,并根据其用途计入相关资产的成本或者当期损益。具体说明如下:

1. 年限平均法

年限平均法又称直线法，是指将固定资产的应计折旧额均衡地分摊到固定资产预计使用寿命内的一种方法。采用这种方法计算的每期折旧额均相等。计算公式如下：

年折旧率=(1-预计净残值率)÷预计使用寿命(年)×100%

月折旧率=年折旧率÷12

月折旧额=固定资产原价×月折旧率

【例6-7】 某电子商务企业的一项固定资产，原始价值为30 000元，折旧年限为25年，预计净残值率为5%。该项固定资产的折旧率和折旧额计算如下：

年折旧率=(1-5%)÷25=3.8%

年折旧额=30 000×3.8%=1 140(元)

月折旧率=3.8%÷12=0.316 7%

月折旧额=1 140÷12=95(元)

2. 双倍余额递减法

双倍余额递减法是在不考虑固定资产残值的情况下，按双倍直线折旧率和固定资产净值来计算折旧的方法。计算公式如下：

年折旧率=年初固定资产净值×2÷折旧年限

月折旧率=年折旧率÷12

月折旧额=固定资产账面净值×月折旧率

采用此法，应当在其固定资产折旧年限到期前两年内，将固定资产净值扣除预计净残值后的净额平均摊销。

3. 年数总和法

年数总和法是将固定资产的原值减去残值后的净额乘以一个逐年递减的分数计算每年的折旧额。计算公式如下：

年折旧率=(折旧年限-已使用年数)÷预计使用寿命年数总和

月折旧额=(固定资产原值-预计净残值)×月折旧率

4. 工作量法

工作量法是根据实际工作量计提折旧额的一种方法，计算公式如下：

每一工作量折旧额 = (固定资产原值-预计净值)÷规定的总工作量

某项固定资产月折旧额=该项固定资产当月工作量×每一工作量折旧额

（二）固定资产折旧的其他规定

固定资产应当按月计提折旧，当月增加的固定资产，下月开始计提折旧；当月减少的固定资产，当月计提折旧。

固定资产提足折旧后，无论能否继续使用，均不再计提折旧；提前报废的固定资产，也不再补提折旧。已提足折旧的固定资产，可以继续使用的，应当继续使用，规范实物管理。

企业至少应当于每年年度终了，对固定资产的使用寿命、预计净残值和折旧方法进行复核。使用寿命预计数与原先估计数有差异的，应当调整固定资产使用寿命。预计净残值预计数与原先估计数有差异的，应当调整预计净残值。与固定资产有关的经济利益预期实现方式有重大改变的，应当改变固定资产折旧方法。固定资产使用寿命、预计净残值和折旧方法的改变应当作为会计估计变更。

（三）固定资产折旧的账务处理

企业固定资产的累计折旧通过"累计折旧"科目进行处理。固定资产的折旧费应当根据固定资产的收益对象计入相关资产成本或者当期损益。企业固定资产计提折旧的账务处理为：企业按月计提固定资产的折旧费，应当按照固定资产的受益对象，借记"制造费用""管理费用"等科目，贷记"累计折旧"科目。

企业固定资产折旧的总分类核算，一般应先编制"固定资产折旧计算表"和"固定资产折旧计算汇总表"，然后再据此进行账务处理。"固定资产折旧计算表"由部门分别编制。在平均年限法下，此表是根据月初各类应计折旧的固定资产原值和分类折旧率计算编制的。为了简化核算工作，在实际工作中，往往根据上月计提的固定资产折旧额，加上上月增加的固定资产应计折旧额，减去上月减少的固定资产应计折旧额，来计算本月的折旧额。

四、固定资产的处置与清查

（一）处置固定资产的账务处理

企业固定资产处置是指企业对其占有、使用的资产进行产权转让或者注销产权的行为。处置方式包括出售、转让、报废、毁损、对外投资等。通常固定资产满足下列条件之一的，应当予以终止确认：

1. 该固定资产处于处置状态，包括固定资产的出售、转让、报废或毁损、对外投资等。

2. 该固定资产预期通过使用或处置不能产生经济利益。

企业处置固定资产，处置收入扣除其账面价值、相关税费和清理费用后的净额，应当计入营业外收入或营业外支出。固定资产的账面价值是指固定资产原价（成本）扣减累计折旧后的金额。

企业因出售、报废、毁损、对外投资等处置固定资产，主要通过"固定资产清理"科目核算。其账务处理一般经过以下几个步骤：

(1) 固定资产转入清理。企业因出售、报废、毁损、对外投资等原因处置固定资产应当按照该项固定资产账面价值，借记"固定资产清理"科目；按已计提的累计折旧，借记"累计折旧"科目，按固定资产原价，贷记"固定资产"科目；按照税法规定不得从增值税销项税中抵扣的进项税额，借记"固定资产清理"科目，贷记"应交税费——应交增值税（进项税额转出）"。

(2) 发生的清理费用。固定资产清理过程中应支付的相关税费及其他费用，借记"固定资产清理"科目，贷记"银行存款""应交税费"等科目。

(3) 出售收入和残料等的处理。企业取得出售固定资产的价款、残料价值和变价收入等处置收入，借记"银行存款""原材料"等科目，贷记"固定资产清理"科目。应由保险公司或过失人赔偿的损失，借记"其他应收款"等科目，贷记"固定资产清理"科目。

(4) 清理净损益的处理。固定资产清理完成后，如为借方余额，借记"营业外支出——非流动资产处置净损失"科目，贷记"固定资产清理"科目；如为贷方余额，借记"固定资产清理"科目，贷记"营业外收入——非流动资产处置净收益"科目。

【例6-8】 某电子商务企业将一台冷库设备进行出售，其原价为400 000元，累计已计提折旧290 000元。在出售过程中，发生清理费用5 000元，实际售价130 000元，其款项均通过银行转账结算。账务处理如下：

(1) 固定资产转入清理：

借：固定资产清理	110 000
累计折旧	290 000
贷：固定资产	400 000

(2) 支付清理费用：

| 借：固定资产清理 | 5 000 |
| 　贷：银行存款 | 5 000 |

(3) 收到出售固定资产价款：

| 借：银行存款 | 130 000 |

贷：固定资产清理　　　　　　　　　　　　　　　　　　　　　130 000

(二)固定资产清查的账务处理

为了加强固定资产管理，清查固定资产账实一致性，核实固定资产使用和分布情况，企业应定期对固定资产进行清查盘点，每年至少盘点一次，并形成固定资产盘点制度。清查盘点后，应将清查的具体情况及在清查过程中发现的问题，由保管部门与使用部门一起协作查明原因，写出书面报告，根据规定的管理权限，报经企业主管领导批准后及时进行处理，一般应在年终决算前处理完毕。

1. 盘盈固定资产的账务处理

盘盈的固定资产，按照同类或类似资产市场价格确定的价值，借记"固定资产"科目，贷记"待处理财产损溢——待处理非流动资产损溢"科目。报经批准处理时，借记"待处理财产损溢——待处理非流动资产损溢"科目，贷记"营业外收入"科目。

2. 盘亏固定资产的账务处理

固定资产盘亏造成的损失，应当计入当期损益。企业在财产清查中盘亏的固定资产，按盘亏固定资产的账面价值，借记"待处理则财产损溢——待处理固定资产损溢"科目；按已计提的累计折旧，借记"累计折旧"科目；按固定资产原价，贷记"固定资产"科目。按管理权限报经批准后处理时，按可收回的保险或过失人赔偿，借记"其他应收款"科目，按计入营业外支出的金额，借记"营业外支出——盘亏损失"科目，贷记"待处理财产损溢"科目。

【例6-9】 某电子商务企业2×21年年末对固定资产进行清查时，发现丢失一台电脑。该电脑原价3 200元，计提折旧2 700元。经查，电脑丢失的原因在于保管员管理不当。按照规定，由保管员赔偿3 00元。账务处理如下：

(1)发现电脑丢失时：

借：待处理财产损溢——待处理固定资产损溢　　　　　　　　500
　　累计折旧　　　　　　　　　　　　　　　　　　　　　2 700
　　贷：固定资产　　　　　　　　　　　　　　　　　　　　3 200

(2)报经批准后：

借：其他应收款　　　　　　　　　　　　　　　　　　　　　300
　　营业外支出——盘亏损失　　　　　　　　　　　　　　　200
　　贷：待处理财产损溢——待处理固定资产损溢　　　　　　500

第三节 锦帽貂裘——存货的核算

一、了解电子商务 ERP

电子商务 ERP 把传统 ERP 中的采购、生产、销售、库存管理等物流及资金流模块与电子商务中的网上采购、网上销售、资金支付等模块整合在一起，以电子及电子技术为手段，以商务为核心，打破国家与地区有形无形的壁垒，让企业从传统的注重内部资源管理利用转向注重外部资源管理利用，从企业内的业务集成转向企业间的业务协同。

电子商务 ERP 的特点如下：

(1) 电子商务 ERP 的精确性和处理效果强。

(2) 不受平台限制。实现真正意义上的多平台运行，即 ERP 系统可以不受任何操作系统限制，以便企业可以根据业务需要和投资能力选择最佳平台，并且帮助企业顺利实现不同应用水平阶段的平滑过渡。

(3) 多种应用集成。电子商务 ERP 围绕核心企业，通过电子商务、进销存供应链、客户关系管理、国际贸易、生产制造、财务等应用模块整合企业信息流、物流、资金流等，将供应商、制造商、分销商、零售商直到最终用户连成一个整体的功能网链结构模式。

(4) 数据高度整合。进入系统的数据能根据业务流程以及管理工作的内在规律和内在联系及各应用功能之间的相互关系，经过转换、整合再传递到相关的功能模块中，使数据和信息能够在应用系统之间畅通流动，使得各应用系统能协同运作，达到数据高度共享和系统的高度集成，完成企业的整个业务流程的管控。

(5) 高度模块化。电子商务 ERP 系统在设计的过程中，要保证各模块中的各项功能都能够高度的模块化。能够实现对系统的自由增减和配置，对系统增减不仅是对各模块的取舍，更是对各模块内部各项功能的增减，这样可以达到根据用户的规模及需求点不同配置系统的目的。电子商务 ERP 系统的模块化表现在：

① 自由配置模块及模块功能，并且支持二次开发实现企业个性化配置。

② 用户可以按需求单独更新某一个模块，而不需要为某一个功能对系统进行全面升级。

(6) 提升效率。大大缩短了供应链上采购信息从下游传递到上游的时间，信息流动时间的缩短提高了物流和资金流的流动速度，而第三方物流和电子支付方式又保证了物流和资金流按照预定的速度流动。物流、资金流、信息流流动速度的加快使得供应链能够在更短的时间内实现价值的增值。

二、存货的确认与初始计量

存货是指企业在日常活动中持有以备出售的产成品或商品、处在生产过程中的在产品、在生产过程或提供劳务过程中耗用的材料或物料等，包括各类材料、在产品、半成品、产成品或库存商品以及包装物、低值易耗品、委托加工物资等。

存货属于企业的流动资产，是为对外销售或生产耗用而储备的资产，一般情况下，存货分为在途物资、原材料、在产品、库存商品、发出商品、委托加工物资、周转材料等七大类。

（一）存货的确认

（1）与该存货有关的经济利益很可能流入企业；
（2）该存货的成本能够可靠地计量。

（二）存货的初始计量

存货应当按照成本进行初始计量。存货成本包括采购成本、加工成本和其他成本。

原材料、商品、低值易耗品等通过购买而取得的存货的成本由采购成本构成；产成品、在产品、半成品、委托加工物资等通过进一步加工而取得的存货的成本由采购成本、加工成本以及为使存货达到目前场所和状态所发生的其他成本构成。

三、存货的期末计量

（一）存货期末计量原则

资产负债表日，存货应当按照成本与可变现净值孰低计量。存货成本高于其可变现净值的，应当计提存货跌价准备，计入当期损益。其中，可变现净值是指在日常活动中，存货的估计售价减去至完工时估计将要发生的成本、估计的销售费用以及相关税费后的金额；存货成本是指期末存货的实际成本。如企业在存货成本的日常核算中采用计划成本法、售价金额核算法等简化核算方法，则成本应为经调整后的实际成本。

企业应以确凿证据为基础计算确定存货的可变现净值。存货可变现净值的确凿证据，是指对确定存货的可变现净值有直接影响的客观证明，如产成品或商品的市场销售价格、与产成品或商品相同或类似商品的市场销售价格、销货方提供的有关资料和生产成本资料等。

(二)存货期末计量方法

1. 存货减值迹象的判断

存货存在下列情况之一的,表明存货的可变现净值低于成本:

(1)该存货的市场价格持续下跌,并且在可预见的未来无回升的希望;

(2)企业使用该项原材料生产的产品的成本大于产品的销售价格;

(3)企业因产品更新换代,原有库存原材料已不适应新产品的需要,而该原材料的市场价格又低于其账面成本;

(4)因企业所提供的商品或劳务过时或消费者偏好改变而使市场的需求发生变化,导致市场价格逐渐下跌;

(5)其他足以证明该项存货实质上已经发生减值的情形。

存货存在下列情形之一的,表明存货的可变现净值为零:

(1)已霉烂变质的存货;

(2)已过期且无转让价值的存货;

(3)生产中已不再需要,并且已无使用价值和转让价值的存货;

(4)其他足以证明已无使用价值和转让价值的存货。

2. 可变现净值的确定

(1)企业确定存货的可变现净值,应当以取得的确凿证据为基础,并且考虑持有存货的目的、资产负债表日后事项的影响等因素。

(2)产成品、商品和用于出售的材料等直接用于出售的商品存货,其可变现净值为在正常生产经营过程中,该存货的估计售价减去估计的销售费用和相关税费后的金额。

(3)需要经过加工的材料存货,用其生产的产成品的可变现净值高于成本的,该材料仍然应当按照成本计量;材料价格的下降表明产成品的可变现净值低于成本的,该材料应当按照可变现净值计量。其可变现净值为在正常生产经营过程中,以该材料所生产的产成品的估计售价减去至完工时估计将要发生的成本、销售费用和相关税费后的金额。

(4)为执行销售合同或者劳务合同而持有的存货,其可变现净值应当以合同价格为基础计算。

企业持有的同一项存货的数量多于销售合同或劳务合同订购数量的,应分别确定其可变现净值,并与其相对应的成本进行比较,分别确定存货跌价准备的计提或转回金额。超出合同部分的存货的可变现净值,应当以一般销售价格为基础计算。

3. 存货跌价准备的核算

(1)存货跌价准备的计提。

资产负债表日,存货的成本高于可变现净值,企业应当计提存货跌价准备。

(2)存货跌价准备的确认和回转。

企业应在每一资产负债表日,比较存货成本与可变现净值,计算出应计提的存货跌价准备,再与已提数进行比较,若应提数大于已提数,应予补提。企业计提的存货跌价准备,应计入当期损益(资产减值损失)。当以前减记存货价值的影响因素已经消失,减记的金额应当予以恢复,并在原已计提的存货跌价准备金额内转回,转回的金额计入当期损益(资产减值损失)。

(3)存货跌价准备的结转。

企业计提了存货跌价准备,如果其中有部分存货已经销售,则企业在结转销售成本时,应同时结转对其已计提的存货跌价准备。

对于因债务重组、非货币性交易转出的存货,应同时结转已计提的存货跌价准备,但不冲减当期的管理费用,按债务重组和非货币性交易的原则进行会计处理。

按存货类别计提存货跌价准备的,也应按比例结转相应的存货跌价准备。

四、存货的账务处理

(一)存货跌价准备的核算

1. 计提存货跌价准备

存货跌价准备通常应当按单个存货项目计提,对数量较多、单价较低的存货,也可以分类计提。

借:资产减值损失
　　贷:存货跌价准备

2. 转回存货跌价准备

当以前减记存货价值的影响因素已经消失,减记的金额应当予以恢复,并在原已计提的存货跌价准备金额内转回。

借:存货跌价准备
　　贷:资产减值损失

3. 存货跌价准备的结转

企业计提了存货跌价准备，如果其中有部分存货已经销售，则企业在结转销售成本时，应同时结转其已计提的存货跌价准备。（在结转时，需要按照比例计算。）

借：存货跌价准备

　　贷：主营业务成本

（二）存货清查的核算（采用实地盘点法）

盘盈：

1. 审批前：

借：原材料等科目

　　贷：待处理财产损溢

2. 审批后：

借：待处理财产损溢

　　贷：管理费用

盘亏：

1. 审批前：

借：待处理财产损溢

　　贷：原材料

　　　　应交税费——应交增值税（进项税额转出）

2. 审批后：

（1）属于正常损耗、管理不善引起的一般损失以及扣除应计入其他科目后的净损失。

借：管理费用

　　贷：待处理财产损溢

（2）由责任人、保险公司赔偿的部分。

借：其他应收款

　　贷：待处理财产损溢

（3）属于自然灾害、不可抗力因素等引起的非常损失。

借：营业外支出——非常损失

　　贷：待处理财产损溢

（4）存在残料入库的情况。

借：原材料
  贷：待处理财产损溢

第四节　清风明月本无价——无形资产核算

一、无形资产概述

（一）无形资产的特征

企业的无形资产按其反映的经济内容可以分为土地使用权、专利权、商标权、著作权、非专利技术等。但自行开发建造仓库等建筑物，相关的土地使用权与建筑物应当分别进行处理。外购土地及建筑物支付的价款应当在建筑物与土地使用权之间按照合理的方法进行分配，难以合理分配的，应当全部作为固定资产。企业的无形资产具有以下特点：

（1）无形资产不具有实物形态；

（2）无形资产具有可确认性；

（3）无形资产属于非货币性资产。

（二）无形资产的构成

1. 土地使用权

土地使用权是指国家准许某企业在一定期间内对国有土地享有开发、利用、经营的权利。根据《中华人民共和国土地管理法》的规定，我国土地实行公有制，任何单位和个人不得侵占、买卖或者以其他形式非法转让。企业取得土地使用权的方式大致有以下几种：行政划拨取得、外购取得及投资者投资取得。

2. 专利权

专利权是指国家专利主管机关依法授予发明创造专利申请人，对其发明创造在法定期限内所享有的专有权利。

3. 商标权

商标是用来辨认特定商品或劳务的标记。商标权指专门在某类指定的商品或产品上使用特定的名称或图案的权利。注册商标的有效期为10年，自核准注册之日起计算。注册商标有效期满，需要继续使用的，应当在期满前6个月内申请续展注册，在此期间未能提出申请的，可以给予6个月的宽展期。

4. 著作权

著作权过去称为版权。版权最初的含义是 copyright（版权），也就是复制权。此乃因过去印刷术的不普及，当时社会认为附随于著作物最重要之权利莫过于将之印刷出版之权，故有此称呼。不过随着时代的演进及科技的进步，著作品的种类逐渐增加。

5. 非专利技术

非专利技术是指不为外界所知的、在生产经营活动中已采用了的、不享有法律保护的各种技术和经验，它没有有效期，只要不泄露，即可有效地使用并可有偿转让。非专利技术可向外界购得，并按实际支付的价款计价入账。但大多数非专利技术是企业自创的。自创的非专利技术需耗费大量的研制费用，原则上应予资本化，由后期分摊。但是非专利技术往往是在生产经营中经过长期的经验积累逐步形成的，而且无法预知是否会形成非专利技术，即使是有意要形成，也无法辨认哪些支出与将来的非专利技术有关，所以在实务中大都不予资本化。按照现行财务制度的规定，非专利技术的计价应经法定评估机构评估确认。主要涵盖工业专有技术、商业贸易专有技术、管理专有技术。

（三）无形资产的确认

无形资产需同时满足以下条件时才能予以确认：
(1) 与该资产有关的经济利益很可能流入企业；
(2) 该无形资产的成本能够可靠地计量。

二、无形资产的账户设置

对于无形资产的取得、摊销和处置等情况，企业应设置"无形资产"科目和"累计摊销"等科目进行账务处理。

（一）"无形资产"科目

"无形资产"科目属于资产类科目，用来核算企业持有的无形资产成本。其借方登记无形资产形成的实际成本，其贷方登记无形资产减少的实际成本，期末借方余额反映企业无形资产的成本。该科目应按照无形资产项目进行明细核算。

（二）"累计摊销"科目

"累计摊销"科目属于"无形资产"的调整科目，用来核算企业对无形资产计提的累计摊销。其贷方登记企业计提无形资产的累计摊销，其借方登记处置无形资产转出的累计摊销，期末借方余额反映企业无形资产的累计摊销额。

三、无形资产的账务处理

企业无形资产应当按照成本进行计量。根据取得的来源不同，无形资产初始成本的具体内容如下：

第一，外购无形资产的成本，包括购买价款、相关税费和相关的其他支出（含相关的借款费用）。

第二，投资者投入的无形资产的成本，应当按照评估价值和相关税费确定。

第三，自行开发的无形资产的成本，由符合资本化条件后至达到预定用途前发生的支出（含相关的借款费用）构成。

电子商务企业取得无形资产的主要账务处理如下：

（一）外购无形资产

企业外购无形资产，应当按照实际支付的购买价款、相关税费和相关的其他支出（含相关的利息费用），借记"无形资产"科目，贷记"银行存款""应付利息"等科目。

【例6-10】 某电子商务企业购入一项非专利技术，支付的买价和有关费用合计20 000元，以银行存款支付。账务处理如下：

借：无形资产——非专利技术　　　　　　　　　　　　　20 000
　　贷：银行存款　　　　　　　　　　　　　　　　　　　　　20 000

（二）外购土地使用权

电子商务企业自行开发建造厂房等建筑物，外购土地及建筑物支付的价款应当在建筑物与土地使用权之间按照合理的方法进行分配，其中对于土地使用权的部分，借记"无形资产"科目，贷记"银行存款"科目。

四、无形资产摊销的账务处理

（一）无形资产摊销的原则

企业无形资产应当在其使用寿命内采用年限平均法进行摊销，根据其受益对象计入相关资产成本或者当期损益。无形资产的摊销期自其可供使用时开始至停止使用或出售时为止。企业应当于取得无形资产时分析判断其使用寿命。有关法律规定或合同约定了使用年限的，可以按照规定或约定的使用年限分期摊销。企业不能可靠估计无形资产使用寿命的，摊销期不得低于10年。

年限平均法又称直线法，是指将无形资产的可摊销金额均衡地分摊到无形资产预计使用寿命内的一种方法。采用这种方法计算的每期摊销均相等。其计算公式为：

每月无形资产摊销额 =（无形资产成本 – 残值）÷ 预计使用寿命（年）÷ 12

其中，无形资产的残值一般为零，除非有第三方承诺在无形资产使用寿命结束时愿意以一定的价格买该项无形资产，或者存在活跃的市场，通过市场可以得到无形资产使用寿命结束时的残值信息，并且从目前情况看，在无形资产使用寿命结束时，该市场还可能存在的情况下，可以预计无形资产的残值。

企业应当按月对无形资产进行摊销，自无形资产可供使用（即其达到预定用途）当月起开始摊销，处置当月不再摊销。

（二）无形资产摊销的账务处理

为了核算企业对无形资产计提的累计摊销，企业应设置"累计摊销"科目，属于"无形资产"的调整科目。其贷方登记企业计提无形资产的累计摊销，其借方登记处置无形资产转出的累计摊销。期末借方余额反映企业无形资产的累计摊销额。该科目应按照无形资产项目进行明细核算。

企业累计摊销的主要账务处理如下：

企业无形资产的摊销应根据其受益对象计入不同的成本费用科目，一般无形资产的摊销应计入当期损益（管理费用）。具体来讲，企业自用的无形资产，其摊销金额计入管理费用；出租的无形资产，其摊销金额计入其他业务成本；某项无形资产包含的经济利益通过所生产的产品或其他资产实现的，其摊销金额应当计入相关资产成本。

企业按月采用年限平均法计提无形资产的摊销，应当按照无形资产的受益对象，借记"制造费用""管理费用"等科目，贷记"累计摊销"科目，处置无形资产时还应同时结转累计摊销。

（三）无形资产处置的账务处理

无形资产的处置，主要是指无形资产出售、对外出租、对外投资、报废，或者是无法为企业带来未来经济利益时，应予转销并终止确认。

企业处置无形资产，处置收入扣除其账面价值、相关税费等后的净额，应当计入营业外收入或营业外支出。其中，无形资产的账面价值是指无形资产的成本扣减累计摊销后的金额。

企业处置无形资产的账务处理：因出售、报废、对外投资等原因处置无形资产，应当按照取得的出售无形资产的价款等处置收入，借记"银行存款"等科目，按照其已计提的累计摊销，借记"累计摊销"科目，按照应支付的相关税费及其他费用，贷记"应交税费——应交增值税""银行存款"等科目，按照其成本，贷记"无形资产"科目，按照其差额，贷记"营业外收入——非流动资产处置净收益"科目或借记"营业外支出——非流动资产处置净损失"科目。

第五节 收拾旧山河——应收款项核算

一、应收账款的核算

"应收账款"账户属于资产类账户，是用来反映和监督企业因销售商品、提供劳务等经营活动应向购买单位或接受劳务单位收取货款结算情况的账户。该账户借方登记企业发生的应收款项，包括由于销售产品而发生的应收款项，以及代购货单位垫付的包装费、运杂费等，贷方登记本期已收回的应收款项，期末余额在借方，表示期末尚未收回的应收款项，该账户应按债务单位设置明细分类账，进行明细分类核算。

（一）应收账款的会计处理

为了核算应收账款的增减变化，企业应设置"应收账款"科目，该科目核算企业因销售商品、提供劳务等日常生产经营活动应收取的款项。企业应收账款核算的内容包括应收账款入账价值的确定，以及应收账款的形成、收回、坏账损失的确认等。

企业应收账款的主要账务处理如下：

企业因销售商品或提供劳务形成应收账款，应当按照应收金额，借记"应收账款"科目，按照税法规定应缴纳的增值税销项税额，贷记"应交税费——应交增值税（销项税额）"科目，按照其差额，贷记"主营业务收入"或"其他业务收入"科目。

【例6-11】 2×21年2月18日，某G网络科技有限公司销售给M公司一批商品，开出的增值税专用发票上注明货款60 000元，增值税税额7 800元。代购货单位垫付运杂费400元，款项尚未支付。该企业的账务处理如下：

借：应收账款——M公司　　　　　　　　　　　　　　　68 200
　　贷：主营业务收入　　　　　　　　　　　　　　　　60 000
　　　　应交税费——应交增值税（销项税额）　　　　　 7 800
　　　　银行存款　　　　　　　　　　　　　　　　　　　 400

（二）应收账款收回的会计处理

收回应收账款，借记"银行存款"或"库存现金"科目，贷记"应收账款"科目。

二、预付账款的核算

预付账款是指企业按照合同规定预付的款项。包括根据合同规定预付的购货款、租金、工程款等。预付账款是预先付给供货方客户的款项,是企业债权的组成部分,属于流动资产,预付账款不是用货币抵偿的,而是要求企业在短期内以某种商品、提供劳务或服务来抵偿。

(一)预付账款的内容

为了核算预付账款,企业应设置"预付账款"科目,属于资产类科目。其借方登记预付账款的发生数,其贷方登记已经结算的预付款项。期末借方余额,反映企业预付的各种款项。该科目应按照对方单位(或个人)进行明细核算。

预付款项情况不多的企业,也可以不设置"预付账款"科目,将预付的款项直接记入"应付账款"科目借方。在编制"资产负债表"时,金额应分别反映。

(二)预付账款的主要账务处理

预付账款时,借记"预付账款"科目,贷记"银行存款"等科目;收到所购物资,按照应计入购入物资成本的金额,借记"在途物资""库存商品"等科目;按照税法规定可抵扣的增值税进项税额,借记"应交税费——应交增值税(进项税额)"科目;按照应支付的金额,贷记"预付账款"科目。补付的款项,借记"预付账款"科目,贷记"银行存款"等科目,退回多付的款项,做相反的会计分录。

【例6-12】 2×21年2月10日,某电子商务企业向红光科技有限公司采购一批商品,按照合同规定,该企业于2月17日预付货款40 000元。该企业的账务处理如下:

  借:预付账款——红光科技有限公司   40 000
    贷:银行存款   40 000

三、其他应收款的核算

(一)其他应收款的概念

其他应收款是指企业除应收票据、应收账款、预付账款等以外的其他各种应收及暂付款项。包括各种应收的赔款、应向职工收取的各种垫付款项、企业出口产品或商品按照税法规定应予以退回的增值税款等。具体的包括应收的各种赔款、罚款,如因企业财产遭受重大损失应向有关保险公司收取的赔款等;应收出租包装物租金;应向职工收取的各种垫付款项,如为职工垫付的水电费、房租费等;存出保证金,如天猫、京东等平台所支付的押金；预付账款转入，指不符合预付账款性质而按规定转入的预付账款；其他各种应付款。

（二）其他应收款的账务处理

为了核算其他应收款，应设置"其他应收款"科目，属于资产类科目。其借方登记其他应付款的发生，其贷方登记其他应收款的收回。期末借方余额，反映企业尚未收回的其他应收款项。该科目应按照对方单位（或个人）进行明细核算。电子商务企业其他应收款的主要账务处理如下：

【例6-13】 某电子商务公司2×21年6月发生其他应收款业务如下：

5日，以银行存款代职工李丽垫付应由其本人负担的住院医药费3 000元，拟从其工资中扣回。账务处理如下：

垫付时：

借：其他应收款——李丽　　　　　　　　　　　　　　　　3 000
　　贷：银行存款　　　　　　　　　　　　　　　　　　　3 000

扣款时：

借：应付职工薪酬　　　　　　　　　　　　　　　　　　　3 000
　　贷：其他应收款——李丽　　　　　　　　　　　　　　3 000

四、应收票据的核算

"应收票据"账户属于资产类账户。在销售产品、提供劳务时，如果购买单位是用商业承兑汇票或银行承兑汇票结算货款时，则企业应设置"应收票据"账户，以反映和监督与购买单位开出的商业汇票的结算情况。企业收到购买单位开出的票据，表明企业应收票据款项增加，应借记"应收票据"科目，汇票到期收回购买单位款项，表明企业应收票据款项减少，应贷记"应收票据"科目，期末账户如有余额，应为借方余额，表示期末尚未到期的商业汇款数额。该账户应按开出承兑商业汇票的单位设置明细分类账，进行明细分类核算。为了了解每一应收票据的结算情况，企业应设置"应收票据备查簿"，逐笔登记每一应收票据的详细资料，应收票据到期结清票款后，应在该备查簿内逐笔注销。

【例6-14】 某F网络科技公司向Y公司销售甲商品800件，每件售价100元，共计价款80 000元；丙商品600件，每件售价20元，共计价款12 000元。应收取增值税11 960（92 000×13%＝11 960）元。收到期限为三个月、票面金额为106 720元、不带息的商业汇票一张。

分析：这项经济业务的发生使资产、收入及负债三个要素发生增减变化。一方面使企业资产要素中应收票据增加103 960（92 000+11 960＝106 720）元，应计入"应收票据"账户的借方；另一方面使企业收入要素中的主营业务收入增加92 000元，使负债要素中的应交增值税增加11 960元。其中，已实现的商品销售收入表示收入增加，应计入"主营业务收入"账户的贷方，应交增值税的增加属于负债的增加，应计入"应交税费——应交增值税（销项税额）"账户的贷方。这项业务应编制如下会计分录：

借：应收票据——Y公司　　　　　　　　　　　　　　　103 960
　　贷：主营业务收入——甲商品　　　　　　　　　　　　80 000
　　　　　　　　　　　——丙商品　　　　　　　　　　　12 000
　　　　应交税费——应交增值税（销项税额）　　　　　　11 960

五、坏账准备与坏账损失

（一）坏账准备

坏账准备是指企业的应收款项（含应收账款、其他应收款等）计提的，是备抵账户。企业对坏账损失的核算，采用备抵法。在备抵法下，企业每期末要估计坏账损失，设置"坏账准备"账户。备抵法是指采用一定的方法按期（至少每年末）估计坏账损失，提取坏账准备并转作当期费用；实际发生坏账时，直接冲减已计提坏账准备，同时转销相应的应收账款余额的一种处理方法。

（二）坏账损失

坏账损失指企业未收回的应收账款经批准列入损失的部分。提取坏账准备的企业，也在本账户反映，发生坏账时，直接抵减坏账准备。不提取坏账准备的企业，发生坏账时，直接在本账户核算。

坏账损失的核算方法有两种：一是直接转销法；二是备抵法。

①直接转销法是指在坏账损失实际发生时，直接借记"资产减值损失——坏账损失"科目，贷记"应收账款"科目。这种方法核算简单，不需要设置"坏账准备"科目。

②备抵法是指在坏账损失实际发生前，就依据权责发生制原则估计损失，并同时形成坏账准备，待坏账损失实际发生时再冲减坏账准备。估计坏账损失时，借记"资产减值损失——计提的坏账准备"科目，贷记"坏账准备"科目；坏账损失实际发生时（即符合前述的三个条件之一），借记"坏账准备"科目，贷记"应收账款"科目；已确认

并转销的应收款项以后又收回时,借记"应收账款"科目,贷记"坏账准备"科目,同时,借记"银行存款"科目,贷记"应收账款"科目。

第六节 日异月殊——流动负债的核算

一、短期借款

短期借款是指电子商务企业为维持正常生产经营所需的资金或为抵偿某项债务而向银行或其他金融机构等外单位借入的、还款期限在1年以内(含1年)的各种借款。电子商务企业由于发放工资、购买材料、购置车辆设备、开发软件等形成的临时性资金需求,在正常的资金流转无法满足时,都可以向银行等金融机构申请短期借款。短期借款属于企业的流动负债。短期借款的核算主要包括取得短期借款、计提短期借款利息、归还短期借款本金和支付短期借款利息。

(一)短期借款的种类

短期借款按偿还方式的不同,可分为一次性偿还借款和分期偿还借款;按有无担保可分为抵押借款和信用借款;按利息支付方式不同,可分为收款法借款、贴现法借款和加息法借款。我国目前的短期借款主要按目的和用途进行分类,可分为生产周转借款、临时借款和结算借款。

(二)短期借款核算账户的设置

1."短期借款"账户

为了反映和监督短期借款的取得和归还情况,应设置"短期借款"账户。该账户是负债类账户,企业取得短期借款,表明流动负债增加,应计入"短期借款"账户贷方;归还借款时,表明流动负债减少,应计入"短期借款"账户借方;期末余额在贷方,表示企业期末尚未归还的短期借款。该账户应按债权人设置明细分类账,并按借款种类进行明细分类核算。由于短期借款利息属于筹资费用,所以应设置"财务费用"科目,该科目的借方登记利息费用的发生,贷方登记期末结转至"本年利润"科目的金额。

2."财务费用"账户

"财务费用"账户属于损益类账户,用来核算企业为筹集生产经营资金而发生的费用。该账户的借方登记本期发生的各项财务费用,包括利息支出、手续费等;贷方登记本期发生的利息收入和期末转入"本年利润"账户的财务费用,结转后该账户应无余额。该账户应按费用项目设置明细分类账,进行明细分类核算。

(三)短期借款的账务处理

短期借款的账务处理内容包括短期借款的借入、利息的发生、本金和利息的偿还等。企业向银行或其他金融机构等债权人借入短期借款时,应根据有关原始凭证(如借款合同书、借款凭证等)进行账务处理。

(1)电子商务企业从银行或其他金融机构取得短期借款时,借记"银行存款"科目,贷记"短期借款"科目。

【例6-15】 某电子商务公司从银行取得借款300 000元,期限6个月,年利率6%,存入银行。

分析:该项经济业务的发生,使企业资产要素和负债要素发生变化。一方面,某电子商务公司的银行存款增加300 000元,应借记"银行存款"账户;另一方面,某电子商务公司短期借款增加了300 000元,应贷记"短期借款"账户。因此,这项经济业务涉及"银行存款"和"短期借款"两个账户,其会计分录如下:

借:银行存款　　　　　　　　　　　　　　　　　　　　　300 000
　　贷:短期借款　　　　　　　　　　　　　　　　　　　　　300 000

(2)短期借款利息的账务处理。

在实际工作中,银行一般于每季度末收取当季发生的短期借款利息。为此,电子商务企业短期借款利息通常采用每季度前两个月的月末预提,季末支付当季全部短期借款利息(包括已经预提和每季末当月发生的利息)的方式进行账务处理。

【例6-16】 接上例,因为借款要产生利息,所以在会计核算中要预提本月短期借款利息1 500 [300 000×(6%÷12)= 1 500]元。

该项经济业务的发生,使企业费用要素和负债要素发生变化。一方面,某电子商务公司本月财务费用增加了1 500元,应借记"财务费用"账户;另一方面,某电子商务公司的应付利息也增加了1 500元,应贷记"应付利息"账户。因此,这项经济业务涉及"财务费用"和"应付利息"两个账户,编制会计分录如下:

借:财务费用　　　　　　　　　　　　　　　　　　　　　　1 500
　　贷:应付利息　　　　　　　　　　　　　　　　　　　　　1 500

(3)短期借款偿还的账务处理。

短期借款到期偿还本金时,借记"短期借款"科目,贷记"银行存款"科目。季末支付利息时,按照已经预提的短期借款利息费用,借记"应付利息"科目,按照支付当月发生的利息费用，借记"财务费用"科目，按照实际支付的短期借款利息，贷记"银行存款"科目。

二、应付账款

"应付账款"账户属于负债类账户，用以核算企业购买材料物资和接受劳务供应等应付给供应单位的款项。该账户的贷方登记企业应付未付的购货款，借方登记已偿付或抵付的货款，期末贷方余额表示期末尚未偿付或抵付的购货款。该账户应按供应单位设置明细分类账。

三、预收账款

（一）预收账款概述

预收账款是指企业向购货方预收的购货订金或部分货款。企业预收的货款待实际出售商品、产品或者提供劳务时再行冲减。预收账款是以买卖双方协议或合同为依据，由购货方预先支付一部分（或全部）货款给供应方而发生的一项负债，这项负债要用以后的商品或劳务来偿付。一般包括预收的货款、预收购货定金等。企业在收到这笔钱时，商品或劳务的销售合同尚未履行，因而不能作为收入入账，只能确认为一项负债，即贷记"预收账款"科目。企业按合同规定提供商品或劳务后，再根据合同的履行情况，逐期将未实现收入转成已实现收入，即借记"预收账款"科目，贷记有关收入科目。预收账款的期限一般不超过1年，通常应作为一项流动负债反映在各期末的资产负债表上，若超过1年（预收在1年以上提供商品或劳务）则称为"递延贷项"，单独列示在资产负债表的负债与所有者权益之间。

（二）预收账款的账务处理

收到预收账款时：

借：银行存款
　　贷：预收账款

待开出销售发票时：

借：预收账款
　　贷：主营业务收入
　　　　应交税费——应交增值税（销项税额）

销售未实现时：

借：银行存款/库存现金
　　　　贷：预收账款
销售实现时：
　　借：预收账款
　　　　贷：主营业务收入

四、应付票据

"应付票据"账户属于负债类账户，用以核算企业对外发生债务时所开出、承兑的商业汇票。商业汇票是收款人或付款人(或承兑申请人)签发，由承兑人承兑，并于到期日向收款人或被背书人支付款项的票据。按承兑人不同，商业汇票又分为商业承兑汇票和银行承兑汇票。"应付票据"账户的贷方登记企业开出的、尚未到期的商业汇票票面金额，借方登记到期已承兑的商业汇票票面金额。期末贷方余额反映企业期末尚未到期的商业汇票的票面金额。企业应设置"应付票据备查簿"，详细登记每一应付票据的种类、号数、签发日期、到期日、票面金额、合同交易号、收款人姓名或单位名称以及付款日期和金额等详细资料。

五、应付职工薪酬

(一)应付职工薪酬的账务处理

为了核算应付职工薪酬，企业应设置"应付职工薪酬"科目。该科目用来核算企业根据有关规定应付给职工的各种薪酬，以及企业(外商投资)按照规定从净利润中提取的职工奖励及福利基金。"应付职工薪酬"科目属于负债类科目，其贷方反映工资的分配数，借方反映已付的工资数，期末贷方余额反映企业应付未付的职工薪酬。本科目应按照"职工工资""奖金、津贴和补贴""职工福利费""社会保险费""住房公积金""工会经费""职工教育经费""非货币性福利""辞退福利"等进行明细核算。

企业应付职工薪酬的主要账务处理如下：

1. 应付职工薪酬分配的账务处理

月末，企业应当将本月发生的职工薪酬根据"谁受益谁负担"的原则，区分以下情况进行分配：

提供劳务人员的职工薪酬，计入劳务成本。借记"生产成本""劳务成本"等科目，贷记"应付职工薪酬"科目。

应由在建工程、无形资产开发项目负担的职工薪酬，计入固定资产成本或无形资产成本，借记"在建工程""研发支出"等科目，贷记"应付职工薪酬"科目。

销售人员的职工薪酬(客服、美工等销售人员工资)计入销售费用，借记"销售费用"科目，贷记"应付职工薪酬"科目。

管理部门人员的职工薪酬计入管理费用，借记"管理费用"科目，贷记"应付职工薪酬"科目；因解除与职工的劳动关系给予的补偿，借记"管理费用"科目，贷记"应付职工薪酬"科目。

2. 职工薪酬发放的账务处理

企业发放职工薪酬应当区分以下情况进行处理：

(1) 向职工支付工资、奖金、津贴、福利费等，从应付职工薪酬中扣还的各种款项(代垫的家属药费、个人所得税等)等，借记"应付职工薪酬"科目，贷记"库存现金""银行存款""其他应收款""应交税费——应交个人所得税"等科目。

(2) 支付工会经费和职工教育经费用于工会活动和职工培训，借记"应付职工薪酬"科目，贷记"银行存款"等科目。

(3) 按照国家有关规定缴纳的社会保险费和住房公积金，借记"应付职工薪酬"科目，贷记"银行存款"科目。

(4) 以其自产产品发放给职工的，按照其销售价格，借记"应付职工薪酬"科目，贷记"主营业务收入"科目；同时，还应结转库存商品的成本。涉及增值税销项税额的，还应进行相应的账务处理。

(5) 支付的因解除与职工的劳动关系给予职工的补偿，借记"应付职工薪酬"科目，贷记"库存现金""银行存款"等科目。

六、应交税费

"应交税费"账户属于负债类账户，用以核算企业按照税法等规定计算应缴纳的各种税费。该账户贷方登记本期应缴纳的各种税费，借方登记本期实际缴纳的各种税费，期末贷方余额反映期末应交但尚未缴纳的各种税费，如果期末出现借方余额，则表示企业多交或尚未抵扣的税费。该账户应按税费的项目设置明细分类账，进行明细分类核算。

【例6-17】 G公司向华南公司购进甲商品3 000件，增值税专用发票注明单价为50元，合计买价为150 000元，进项税额为19 500元，款项以银行存款支付。商品已验收入库。

分析：该项经济业务的发生，引起资产要素内部发生增减变化。一方面，企业为采购商品支付的价款150 000元引起资产要素中的成本增加，并按照专用发票记载的应计入采购成本的金额借记"库存商品"科目，同时，连同价款一并支付的增值税税款19 500元，应按照专用发票上注明的增值税税额，借记"应交税费——应交增值税（进项税额）"科目；另一方面，由于货款已付，企业资产要素中的银行存款减少了169 500元，故应贷记"银行存款"科目。会计分录如下：

借：库存商品——甲商品　　　　　　　　　　　　　　　　　　150 000
　　应交税费——应交增值税（进项税额）　　　　　　　　　　 19 500
　　贷：银行存款　　　　　　　　　　　　　　　　　　　　　169 500

【例6-18】 从某A公司购进乙商品2 000件，增值税专用发票注明单价为30元后，合计买价为60 000元，进项税额为7 800元，货款未付，商品已入库。

该项业务表明，企业购买的乙商品共计60 000元，进项税额7 800元，应借记"库存商品"科目，借记"应交税费——应交增值税（进项税额）"科目，此外，由于货款未付，故应贷记"应付账款——某A公司"科目。其会计分录如下：

借：库存商品——乙商品　　　　　　　　　　　　　　　　　　 60 000
　　应交税费——应交增值税（进项税额）　　　　　　　　　　 7 800
　　贷：应付账款——某A公司　　　　　　　　　　　　　　　　 67 800

七、应付利息

应付利息是指企业按照合同约定应支付的利息，包括吸收存款、分期付息到期还本的长期借款，企业债券等应支付的利息。本科目可按存款人或债权人进行明细核算。应付利息与应计利息的区别：应付利息属于借款，应计利息属于企业存款。

应付利息的账务处理如下：

资产负债表日，应按摊余成本和实际利率计算确定的利息费用，借记"利息支出""在建工程""财务费用""研发支出"等科目，按合同利率计算确定的应付未付利息，贷记本科目，按其差额，借记或贷记"长期借款——利息调整"等科目。

合同利率与实际利率差异较小的，也可以采用合同利率计算确定利息费用。实际支付利息时，借记本科目，贷记"银行存款"等科目。

本科目期末贷方余额，反映企业应付未付的利息。

八、其他应付款

其他应付款是指与企业的主营业务没有直接关系的应付、暂收其他单位或个人的款项，如应付租入固定资产和包装物的租金、存入保证金、应付统筹退休金、职工未按期领取的工资等。指企业在商品交易业务以外发生的应付和暂收款项。指企业除应付票据、应付账款、应付工资、应付利润等以外的应付、暂收其他单位或个人的款项。

（一）其他应付款的科目设置

企业应设置"其他应付款"账户进行核算。该账户，属于负债类账户，贷方登记发生的各种应付、暂收款项，借方登记偿还或转销的各种应付暂收款项，月末，余额在贷方，表示企业应付、暂收的结存现金。本账户应按应付、暂收款项的类别设置明细账户。

（二）其他应付款的会计处理

企业发生各种应付、暂收或退回有关款项时，借记"银行存款""管理费用"等科目，贷记"其他应付款"科目；支付有关款项时，借记"其他应付款"科目，贷记"银行存款"等科目。

企业采用售后回购方式融入资金的，应按实际收到的金额，借记"银行存款"科目，贷记本科目。回购价格与原销售价格之间的差额，应在售后回购期间内按期计提利息费用，借记"财务费用"科目，贷记本科目。按照合同约定购回该项商品等时，应按实际支付的金额，借记本科目，贷记"银行存款"科目。

第七节 陈芝麻，烂谷子
——非流动负债的核算

一、长期借款

长期借款是指电子商务企业向银行或其他金融机构借入的期限在1年以上（不含1年）或超过1年的一个营业周期以上的各项借款。长期借款的会计核算主要包括取得长期借款、计算长期借款利息、偿还长期借款本金和利息的会计核算。

（一）长期借款核算账户的设置

长期借款属于企业的长期负债。为了反映和监督长期借款的取得、归还，应设置

"长期借款"账户。该账户属于负债类账户。企业取得长期借款，表明长期负债增加，应计入"长期借款"账户的贷方，归还借款时，表明长期负债减少，应计入"长期借款"账户的借方，期末余额在贷方，表明期末尚未归还的长期借款。该账户应按债权人设置明细账，并按贷款种类进行明细账务处理。

"长期借款"账户的设置是用来处理各种长期借款的借入、应计利息、归还和结欠情况。其贷方登记借入的款项及预计的应付利息；借方登记还本付息的数额；期末余额在贷方，表示尚未偿还的长期借款本息数额。长期借款费用应根据长期借款的用途和期间分别记入"在建工程""固定资产""长期待摊费用""财务费用"等账户，与短期借款相比，长期借款除借款期限较长外，其不同点还体现在对借款利息费用的处理上。企业会计准则规定，长期借款的利息费用，应按照权责发生制原则的要求，按期预提计入购建的资产的资本（即予以资本化）或直接计入当期财务费用。

电子商务企业应设置"长期借款"科目，并按"本金""利息调整"进行明细账务处理。若长期借款期末贷方有余额的，反映电子商务企业存在尚未偿还的长期贷款。

（二）长期借款的总分类核算

企业向银行或其他金融机构等债权人借入长期借款时，应根据有关原始凭证（长期借款合同书、借款借据等）进行账务处理。

1. 长期借款取得的账务处理

电子商务企业取得长期借款，应按实际收到的金额，借记"银行存款"科目，按借款的本金，贷记"长期借款——本金"科目，按借贷双方之间的差额，借记"长期借款——利息调整"。

2. 长期借款利息的账务处理

电子商务企业在资产负债表日按照长期借款的待摊成本和实际利率确定长期借款的利息费用，并借记"在建工程""财务费用""制造费用"等科目，按借款本金和合同利率计算确定应付未付利息，并贷记"应付利息"科目，按其差额，贷记"长期借款——利息调整"科目。

在进行长期借款账务处理时，需要注意以下几个问题：

（1）长期借款所发生的利息支出，应分用途按照权责发生制原则按期预提计入在建工程的成本或计入当期财务费用。如果该项长期借款用于购建固定资产，应将利息支出分期预提计入所购建的固定资产的价值；若该项长期借款是固定资产已达到预定可使用状态后发生的，应按月预提计入当期损益。

(2)外币借款所发生的外币折合差额,应按照外币账务处理的有关规定,按期计算汇兑损益,计入在建工程成本或当期损益。

(3)长期借款的本金和利息,以及外币折合差额,均应通过"长期借款"账户进行账务处理。

3. 长期借款归还的账务处理

电子商务企业归还长期借款时,按应归还的本金,借记"长期借款——本金"科目,如果在归还本金的同时还要支付一次还本付息借款的到期利息或分次付息借款的最后一期利息,还应按支付的利息借记"应付利息""财务费用"等科目,按归还的本金和支付的利息之和,贷记"银行存款"科目。

【例6-19】 某A公司从银行借入期限3年、年利率9%的借款,该项经济业务的发生,引起企业资产要素和负债要素发生变化。一方面,A公司借款150 000元,存入企业存款账户,使银行存款增加150 000元,应借记"银行存款"账户;另一方面,长期借款增加了150 000元,应贷记"长期借款"科目。因此,这项经济业务涉及"银行存款"和"长期借款"两个账户,其会计分录如下:

借:银行存款　　　　　　　　　　　　　　　　　　　　　150 000
　　贷:长期借款　　　　　　　　　　　　　　　　　　　　150 000

二、长期应付款

长期应付款是在较长时间内应付的款项,而会计业务中的长期应付款是指除了长期借款和应付债券以外的其他多种长期应付款,主要有应付补偿贸易引进设备款和应付融资租入固定资产租赁费等。长期应付款指对其他单位发生的付款期限在1年以上的长期负债,而会计业务中的长期应付款是指除了长期借款和应付债券以外的其他多种长期应付款。主要有应付补偿贸易引进设备款、采用分期付款方式购入固定资产和无形资产发生的应付账款、应付融资租入固定资产租赁费等。

(一)长期应付款的账户设置

"长期应付款"账户用于核算企业除长期借款和应付债券以外的其他各种长期应付款,包括采用补偿贸易方式下引进国外设备价款、应付融资租入固定资产的租赁费等。"长期应付款"账户下应按长期应付款的种类设置明细账,进行明细核算。

(二)长期应付款的账务处理

(1)设备、工具、零配件等的价款以及国外运杂费和规定的汇率折合为人民币记账。

借：专项工程支出

库存材料

贷：长期应付款——应付引进设备款

（2）支付的进口关税、国内运杂费和安装费等。

借：专项工程支出

库存材料

贷：银行存款

（3）发生的应计利息和因外币折合率的变动发生的汇兑损益，比照长期借款的借款费用的处理原则处理。

（4）设备交付验收使用时，将其全部价值已转移：

借：固定资产

贷：专项工程支出

（5）归还引进设备款项时：

借：长期应付款 ——补偿贸易引进设备应付款

贷：银行存款

应收账款

第八节　年年有余——所有者权益

一、所有者权益概述

所有者权益，是指企业资产扣除负债后，由所有者享有的剩余权益。公司的所有者权益又称为股东权益。所有者权益是所有者对企业资产的剩余索取权，它是企业的资产扣除债权人权益后应由所有者享有的部分，既可反映所有者投入资本的保值增值情况，又体现了保护债权人权益的理念。

所有者权益的来源包括所有者投入的资本、其他综合收益、留存收益等，通常由股本(或实收资本)、资本公积(含股本溢价或资本溢价、其他资本公积)、其他综合收益、盈余公积和未分配利润等构成。

所有者投入的资本，是指所有者投入企业的资本部分，它既包括构成企业注册资本或者股本的金额，也包括投入资本超过注册资本或股本部分的金额，即资本溢价或股本溢价，这部分投入资本作为资本公积(资本溢价)反映。

其他综合收益，是指企业根据会计准则规定未在当期损益中确认的各项利得和损失。

留存收益，是指企业从历年实现的利润中提取或形成的留存于企业的内部积累，包括盈余公积和未分配利润。

(一)所有者权益的基本特征

(1)所有者权益在企业经营期内可供企业长期、持续地使用，企业不必向投资人返还资本金。而负债则须按期返还给债权人，成为企业的负担。

(2)企业所有人凭其对企业投入的资本，享受税后分配利润的权利。所有者权益是企业分配税后净利润的主要依据，而债权人除按规定取得利息外，无权分配企业的盈利。

(3)企业所有人有权行使企业的经营管理权，或者授权管理人员行使经营管理权。但债权人并没有经营管理权。

(4)企业的所有者对企业的债务和亏损负有无限的责任或有限的责任，而债权人对企业的其他债务不发生关系，一般也不承担企业的亏损。

(二)所有者权益确认条件

所有者权益体现的是所有者在企业中的剩余权益，因此，所有者权益的确认主要依赖于其他会计要素，尤其是资产和负债的确认；所有者权益金额的确定也是主要取决资产和负债的计量。

所有者权益反映的是企业所有者对企业资产的索取权，负债反映的是企业债权人对企业资产的索取权，两者在性质上有本质区别，因此企业在会计确认、计量和报告中应当严格区分负债和所有者权益，以如实反映企业的财务状况，尤其是企业的偿债能力和产权比率等。在实务中，企业某些交易或者事项可能同时具有负债和所有者权益的特征，在这种情况下，企业应当将属于负债和所有者权益的部分分开核算和列报。例如，企业发行的可转换公司债券，企业应当将其中的负债部分和权益性工具部分进行分拆，分别确认负债和所有者权益。

二、实收资本

实收资本是指投资者作为资本投入企业的各种财产，是企业注册登记的法定资本总额的来源，它表明所有者对企业的基本产权关系。实收资本的构成比例是企业据以向投资者进行利润或股利分配的主要依据。中国企业法人登记管理条例规定，除国家另有规定外，企业的实收资本应当与注册资本一致。企业实收资本比原注册资本数额增减超过20%时，应持资金使用证明或验资证明，向原登记主管机关申请变更登记。

（一）实收资本的核算

（1）投资者以现金投入的资本，应当以实际收到或者存入企业开户银行的金额作为实收资本入账。实际收到或者存入企业开户银行的金额超过其在该企业注册资本中所占份额的部分，计入资本公积。

（2）投资者以非现金资产投入的资本，应按投资各方确认的价值作为实收资本入账。为首次发行股票而接受投资者投入的无形资产，应按该项无形资产在投资方的账面价值入账。

（3）投资者投入的外币，合同没有约定汇率的，按收到出资额当日的汇率折合；合同约定汇率的，按合同约定的汇率折合，因汇率不同产生的折合差额，作为资本公积处理。

（4）中外合作经营企业依照有关法律、法规的规定，在合作期间归还投资者投资的，对已归还的投资应当单独核算，并在资产负债表中作为实收资本的减项单独反映。

（二）实收资本的账务处理

（1）企业接受投资者投入的资本，借记"银行存款""其他应付款""固定资产""无形资产""长期股权投资"等科目，按其在注册资本或股本中所占份额，贷记本科目，按其差额，贷记"资本公积——资本溢价或股本溢价"科目。

（2）股东大会批准的利润分配方案中分配的股票股利，应在办理增资手续后，借记"利润分配"科目，贷记本科目。经股东大会或类似机构决议，用资本公积转增资本，借记"资本公积——资本溢价或股本溢价"科目，贷记本科目。

（3）可转换公司债券持有人行使转换权利，将其持有的债券转换为股票，按可转换公司债券的余额，借记"应付债券——可转换公司债券（面值、利息调整）"科目，按其权益成分的金额，借记"资本公积——其他资本公积"科目，按股票面值和转换的股数计算的股票面值总额，贷记本科目，按其差额，贷记"资本公积——股本溢价"科目。如有现金支付不可转换股票，还应贷记"银行存款"等科目。

企业将重组债务转为资本的，应按重组债务的账面余额，借记"应付账款"等科目，按债权人因放弃债权而享有本企业股份的面值总额，贷记本科目，按股份的公允价值总额与相应的实收资本或股本之间的差额，贷记或借记"资本公积——资本溢价或股本溢价"科目，按其差额，贷记"营业外收入——债务重组利得"科目。

（4）以权益结算的股份支付换取职工或其他方提供服务的，应在行权日，根据实际行权情况确定的金额，借记"资本公积——其他资本公积"科目，按应计入实收资本或股本的金额，贷记本科目。

（5）企业按法定程序报经批准减少注册资本的，借记本科目，贷记"库存现金""银行存款"等科目。

股份有限公司采用收购本公司股票方式减资的，按股票面值和注销股数计算的股票面值总额，借记本科目，按所注销库存股的账面余额，贷记"库存股"科目，按其差额，借记"资本公积——股本溢价"科目，股本溢价不足冲减的，应借记"盈余公积""利润分配——未分配利润"科目；购回股票支付的价款低于面值总额的，应按股票面值总额，贷记"资本公积——股本溢价"科目。

（6）企业（中外合作经营）根据合同规定在合作期间归还投资者的投资，借记本科目（已归还投资），贷记"银行存款"等科目；同时，借记"利润分配——利润归还投资"科目，贷记"盈余公积——利润归还投资"科目。中外合作经营清算，借记本科目、"资本公积"、"盈余公积"、"利润分配——未分配利润"等科目，贷记本科目（已归还投资）、"银行存款"等科目。

（7）本科目期末贷方余额，反映企业实收资本或股本总额。

三、资本公积

资本公积是指企业在经营过程中由于接受捐赠、股本溢价以及法定财产重估增值等原因所形成的公积金。资本公积是与企业收益无关而与资本相关的贷项。资本公积是指投资者或者他人投入到企业、所有权归属于投资者，并且投入金额超过法定资本部分的资本。

（一）资本公积的主要账务处理

本科目核算企业收到投资者出资超出其在注册资本或股本中所占的份额以及直接计入所有者权益的利得和损失等。

本科目应当分别"资本溢价"或"股本溢价"、"可供出售金融资产"、"其他资本公积"进行明细核算。

（1）企业收到投资者投入的资本，借记"银行存款""其他应收款""固定资产""无形资产"等科目，按其在注册资本或股本中所占份额，贷记"实收资本"或"股本"科目，按其差额，贷记本科目（资本溢价或股本溢价）。

（2）企业的长期股权投资采用权益法核算的，在持股比例不变的情况下，被投资单位除净损益以外所有者权益的其他变动，企业按持股比例计算应享有的份额，借记"长期股权投资——所有者权益其他变动"科目，贷记本科目（其他资本公积）。

（3）企业以权益结算的股份支付换取职工或其他方提供服务的，应按权益工具授予日的公允价值，借记"管理费用"等相关成本费用科目，贷记本科目（其他资本公积）。

（4）企业自用房地产或存货转换为采用公允价值模式计量的投资性房地产时，应按转换日的公允价值，借记"投资性房地产"科目，按其账面价值，借记或贷记有关科目，转换当日的公允价值大于原账面价值的差额，贷记本科目（其他资本公积）。

（5）企业根据金融工具确认和计量准则将持有至到期投资重分类为可供出售金融资产的，应在重分类日按该项持有至到期投资的公允价值，借记"可供出售金融资产"科目，已计提减值准备的，借记"持有至到期投资减值准备"科目，按其账面余额，贷记"持有至到期投资——投资成本、溢折价、应计利息"科目，按其差额，贷记或借记本科目（其他资本公积）。

本科目期末贷方余额，反映企业资本公积的余额。

四、留存收益

留存收益是指企业从历年实现的利润中提取或形成的留存于企业的内部积累，包括盈余公积和未分配利润两类。盈余公积是指企业按照有关规定从净利润中提取的积累资金。公司制企业的盈余公积包括法定盈余公积和任意盈余公积。法定盈余公积是指企业按照规定的比例从净利润中提取的盈余公积。任意盈余公积是指企业按照股东会或股东大会决议提取的盈余公积。

企业提取的盈余公积经批准可用于弥补亏损、转增资本或发放现金股利或利润等。未分配利润是指企业实现的净利润经过弥补亏损、提取盈余公积和向投资者分配利润后留存在企业的，历年结存的利润。相对于所有者权益的其他部分来说，企业对于未分配利润的使用有较大的自主权。

（一）留存收益的账务处理

1. 利润分配

利润分配是指企业根据国家有关规定和企业章程、投资者协议等，对企业当年可供分配的利润所进行的分配。

可供分配的利润=当年实现的净利润（或净亏损）+年初未分配利润（或–年初未弥补

亏损)+其他转入(即盈余公积补亏)

2. 盈余公积

(1)提取盈余公积：

借：利润分配——提取法定盈余公积
　　　　　　——提取任意盈余公积
　　贷：盈余公积——法定盈余公积
　　　　　　　　——任意盈余公积

(2)盈余公积补亏：

借：盈余公积
　　贷：利润分配——盈余公积补亏

(3)盈余公积转增资本：

借：盈余公积
　　贷：实收资本(或股本)

(4)分配利润：

借：利润分配——未分配利润
　　贷：利润分配——提取盈余公积
　　　　　　　　——应付现金股利或利润
借：本年利润
　　贷：利润分配——未分配利润

第七章

纳税，是每一家企业的责任
——企业税务账务处理

第一节　心有丘壑——了解电子商务企业税收

一、电子商务企业的涉税事项

（一）税务登记

根据《税收征收管理法》第十五条规定："企业、企业在外地设立的分支机构和从事生产、经营的场所，个体工商户和从事生产、经营的事业单位自领取营业执照之日起三十日内，持有关证件，向税务机关申报办理税务登记。"第六十条第一款规定："未按照规定的期限申报办理税务登记、变更或者注销登记的，由税务机关责令限期改正，可以处二千元以下的罚款；情节严重的，处二千元以上一万元以下的罚款。"所以电子商务企业需要按规定办理税务登记并且及时办理，否则会被处以相应惩罚。

（二）设置会计账簿

电子商务应按照规定设置会计账簿，否则会存在被处罚的风险。《税收征收管理法》第十九条规定："纳税人、扣缴义务人按照有关法律、行政法规和国务院财政、税务主管部门的规定设置账簿，根据合法、有效凭证记账，进行核算。"第六十条第二款规定："未按照规定设置、保管账簿或者保管记账凭证和有关资料的，由税务机关责令限期改正，可以处二千元以下的罚款；情节严重的，处二千元以上一万元以下的罚款。"

电子商务不设置账簿或账簿混乱并不代表不用纳税，税务机关有权核定税额，可以根据情况核定其应纳税额。伪造账簿可能会构成逃税罪。

（三）发票管理

增值税一般纳税人必须取得增值税专用发票才能抵扣，没有增值税专用发票不能抵扣。很多电子商务对此不了解，进货几乎没有专用发票，若被查税将无进项税额可以抵扣，因此电子商务进货切记取得增值税专用发票，在开具之日起180日内办理认证，并在认证通过的次月申报期内申报抵扣。企业所得税税前扣除的大部分项目也要取得合法有效凭据。《国家税务总局关于印发〈进一步加强税收征管若干具体措施〉的通知》（国税发〔2009〕114号）第六条规定："未按规定取得的合法有效凭据不得在税前扣除。"因此，电子商务在发生与生产经营有关的支出时要取得合法有效凭据。无论增值税还是所得税，电子商务的销售量等相关信息在网上都有记录，无法隐瞒，若电子商务平时不注意专用发票等合法有效凭据的取得，被查税时将无进项税额可以抵扣、无费用可以扣除，损失较大。

（四）按时纳税申报

电子商务开业后，应按时纳税申报。《税收征收管理法》第二十五条规定："纳税人必须依照法律、行政法规规定或者税务机关依照法律、行政法规的规定确定的申报期限、申报内容如实办理纳税申报，报送纳税申报表、财务会计报表以及税务机关根据实际需要要求纳税人报送的其他纳税资料。"第六十二条规定："纳税人未按照规定的期限办理纳税申报和报送纳税资料的，或者扣缴义务人未按照规定的期限向税务机关报送代扣代缴、代收代缴税款报告表和有关资料的，由税务机关责令限期改正，可以处二千元以下的罚款；情节严重的，可以处二千元以上一万元以下的罚款。"目前，增值税的申报日期一般为每月15日前，企业所得税的预缴申报日期一般为自月份或者季度终了之日起15日内，年度终了5个月内进行汇算清缴。

（五）自纠自查

电子商务在税收上的欠账已久，很可能积重难返。若以后税务机关对电子商务查税，一般追征三年。《税收征收管理法》第五十二条第二款规定："因纳税人、扣缴义务人计算错误等失误，未缴或者少缴税款的，税务机关在三年内可以追征税款、滞纳金；有特殊情况的，追征期可以延长到五年。"发现逃税漏税的，无限期追征。第五十二条第三款规定："对偷税、抗税、骗税的，税务机关追征其未缴或者少缴的税款、滞纳金或者所骗取的税款，不受前款规定期限的限制。"追征不仅追征欠缴的税款，还要加收滞纳金。《税收征收管理法》第三十二条规定："纳税人未按照规定期限缴纳税款的，扣缴义务人未按照规定期限解缴税款的，税务机关除责令限期缴纳外，从滞纳税款之日起，按日加收滞纳税款万分之五的滞纳金。"若为逃税，除了税款和滞纳金，还要罚款，严重的移送公安机关追究刑事责任。

二、我国电子商务税收政策

为了促进和规范电子商务的发展并完善相关税收政策体系，我国已经制定了《网络交易管理办法》，《税收征收管理法》正在修订，《电子商务法》于2018年正式出台，该法于2019年1月1日起正式施行，《电子商务法》作为电子商务领域综合性、基础性法律，是从事电子商务活动、实施电子商务监管必须遵守的基本法律规范。

（一）《电子商务法》出台

2018年8月31日下午，第十三届全国人大常委会第五次会议表决通过了《中华人民共和国电子商务法》（以下简称《电子商务法》）。这部法律对近年来"电子商务征税问题的争议"作出了详细的规定。

1. 促进线上线下税收平等

《电子商务法》第四条指出："国家平等对待线上线下商务活动，促进线上线下融合发展，各级人民政府和有关部门不得采取歧视性的政策措施，不得滥用行政权力排除、限制市场竞争。"在该法出台之前，没有正式的法律法规明确表示，电子商务企业无需纳税。在此之前，由于电子商务交易不常开发票，电子商务大多尚未办理税务登记，纳税地点难以确定，税务机关监管难度大，征税往往不到位，所以关于电子商务企业征税问题存在很大争议。如果线上交易并不征税，则会对守法企业构成了不平等竞争，影响实体经济的良性发展。所以《电子商务法》第四条规定，国家平等对待线上线下商务活动，这不仅有保护线上交易之义，也可以相应地理解为应该在税收征管上平等对待，给线下交易一个公平竞争的税收环境。

2. 规定电子商务企业有纳税义务

《电子商务法》第十一条规定电子商务经营者应当依法履行纳税义务，并依法享受税收优惠。本条明确指出了电子商务应当依法履行纳税义务，同时也强调了可享受税收优惠，主要有以下几个方面优惠：

（1）2020年12月31日前，增值税小规模纳税人销售货物或者加工、修理修配劳务月销售额不超过3万元（按季纳税9万元），销售服务、无形资产月销售额不超过3万元（按季纳税9万元）的，增值税小规模纳税人应分别核算销售货物或者加工、修理修配劳务的销售额和销售服务、无形资产的销售额。可分别享受小微企业暂免征收增值税优惠政策。

（2）自2018年1月1日至2020年12月31日，对年应纳税所得额低于100万元（含

100万元）的小型微利企业，其所得减按50%计入应纳税所得额，按20%的税率缴纳企业所得税。

（3）从2016年2月1日起，对月销售额或营业额不超过10万元的小微企业，免征教育费附加、地方教育附加、水利建设基金。只要符合各项优惠条件，电子商务与实体都可以享受的，并不是电子商务专享的，体现了线上线下的平等对待。

3. 提出电子商务发票有关规定

《电子商务法》第十四条规定："电子商务经营者销售商品或者提供服务应当依法出具纸质发票或者电子发票等购货凭证或者服务单据。电子发票与纸质发票具有同等法律效力。"

《中华人民共和国发票管理办法》第十九条规定："销售商品、提供服务以及从事其他经营活动的单位和个人，对外发生经营业务收取款项，收款方应当向付款方开具发票；特殊情况下，由付款方向收款方开具发票。"本条明确了电子商务发生应税行为应当按照《中华人民共和国发票管理办法》的规定开具发票。

4. 提出电子商务数据信息相关规定

谁掌握了数据，谁就掌握了主动权。《电子商务法》规定："有关主管部门依照法律、行政法规的规定要求电子商务经营者提供有关电子商务数据信息的，电子商务经营者应当提供。"以后税务部门依法要求电子商务提供交易数据，电子商务不能拒绝，拒绝要依法接受处罚的，税务部门还可以依法要求电子商务平台报送有关信息。一旦税务机关全面掌握电子商务的销售商品或服务的名称、时间、数量、金额等交易数据，未来电子商务面临的税收环境可能比实体企业更严峻。

《电子商务法》第二十五条规定："有关主管部门依照法律、行政法规的规定要求电子商务经营者提供有关电子商务数据信息的，电子商务经营者应当提供。有关主管部门应当采取必要措施保护电子商务经营者提供的数据信息的安全，并对其中的个人信息、隐私和商业秘密严格保密，不得泄露、出售或者非法向他人提供。"

第七十五条规定："电子商务经营者违反本法第十二条、第十三条规定，未取得相关行政许可从事经营活动，或者销售、提供法律、行政法规禁止交易的商品、服务，或者不履行本法第二十五条规定的信息提供义务，电子商务平台经营者违反本法第四十六条规定，采取集中交易方式进行交易，或者进行标准化合约交易的，依照有关法律、行政法规的规定处罚。"

第八十条规定："电子商务平台经营者有下列行为之一的，由有关主管部门责令限期改正；逾期不改正的，处二万元以上十万元以下的罚款；情节严重的，责令停业整顿，并处十万元以上五十万元以下的罚款：

（1）不履行本法第二十七条规定的核验、登记义务的；

（2）不按照本法第二十八条规定向市场监督管理部门、税务部门报送有关信息的；

（3）不按照本法第二十九条规定对违法情形采取必要的处置措施，或者未向有关主管部门报告的；

（4）不履行本法第三十一条规定的商品和服务信息、交易信息保存义务的。

法律、行政法规对前款规定的违法行为的处罚另有规定的，依照其规定处理。"

（二）征管法修订案涉及网络交易征税

2015年初，国务院法制办公布《中华人民共和国税收征收管理法修订草案（征求意见稿）》，该意见稿在多个章节增加了关于网上交易纳税的内容。意见稿规定：从事网络交易的纳税人应当在其网站首页或者从事经营活动的主页面醒目位置，公开税务登记的登载信息或者电子链接标识。第三十三条要求：网络交易平台向税务机关提供电子商务交易者的登记注册信息。意见稿还规定：建立统一的纳税人识别号制度，"纳税人签订合同、协议，缴纳社会保险费，不动产登记以及办理其他涉税事项时，应当使用纳税人识别号"。这意味着未来每个公民可能都拥有一个由税务部门统一编制的数字代码标识确认身份，这可以使国家对很多无法人资质的个人商家存在的监管困难得到解决。这也意味着从法律层面，纳税将覆盖所有电子商务卖家，无论公司还是个人。

（三）《网络交易管理办法》规定店铺实名制

《网络交易管理办法》由国家工商总局2014年发布，网络交易经营者权利责任义务、监督管理等内容作出了规定，在依法加强网络交易监管执法，维护网络市场良好秩序，维护各方主体合法权益，推动网络经济快速发展等方面起到了积极作用。办法里对于店铺实名制、电子凭证与税务有关。

第一，自然人网商实名制，其他网商注册登记。由于工商注册登记直接关系到纳税的问题，所以这方面的法律规定一直受网商关注。根据办法第七条：网络交易从业者，如果是自然人，必须通过第三方交易平台开展经营活动，并且向平台提供真实身份信息（实名制），但并不强制工商登记（办法规定"具备登记注册条件的，依法办理工商登记"）；而对于自然人以外的主体，则应当办理工商登记。

第二，电子形式的发票等凭证今后将应用，并成为纠纷凭证。办法规定：消费者同意的前提下，网商可以以电子形式出具购货凭证或服务单据，包括电子发票，这些电子凭证可以作为消费者投诉的依据。这一规定符合电子商务无纸化的趋势，也会在一定程度上降低经营成本，但同时也意味着网商今后出具类似电子凭证要更加谨慎，因为这些凭证也构成了法律上有效的约束和证据。

（四）国务院要求大力发展电子商务，合理降税减负

国务院2015年5月发文《国务院关于大力发展电子商务加快培育经济新动力的意见》（国发〔2015〕24号），要求营造宽松发展环境，合理降税减负：从事电子商务活动的企业，经认定为高新技术企业的，依法享受高新技术企业相关优惠政策，小微企业依法享受税收优惠政策。加快推进"营改增"，逐步将旅游电子商务、生活服务类电子商务等相关行业纳入"营改增"范围。《意见》提出：在网络平台实名注册、稳定经营且信誉良好的网络商户创业者，可按规定享受小额担保贷款及贴息政策。这一政策，对类似淘宝的中小买家给予新的支持，既可以得到税收中的很多关照，资金遇到困难时也可以得到小额贷款，可促使更多的人利用电子商务来进行创业。专家指出：这一文件为今后小微企业的发展指明了方向，即引导小微企业注册成为合法法人主体，从而享受税收优惠和优惠贷款政策。

（五）《网络交易监督管理办法（征求意见稿）》

2019年5月，为规范网络交易市场秩序，市场监管总局在修改《网络交易管理办法》（原工商总局令第60号）基础上，起草了《网络交易监督管理办法（征求意见稿）》（以下简称《办法（征求意见稿）》）。其中涉及到网络交易经营者市场主体登记问题；网络交易经营者身份信息公示问题；网络交易信息数据报送提供问题；用户信息收集使用保护问题；网络交易经营行为规范问题等。

（六）税务总局坚持依法治税，支持新兴业态发展

国家税务总局在2015年5月公布了《关于坚持依法治税更好服务经济发展的意见》，明确提出："要深入分析电子商务、'互联网+'等新兴业态、新型商业模式的特点，积极探索支持其发展的税收政策措施，特别是对处在起步阶段、规模不大但发展前途广阔、有利于大众创业、万众创新的新经济形态，要严格落实好减半征收企业所得税、暂免征收增值税和营业税等税收扶持政策，坚决杜绝违规收税现象。"此外，"各级税务部门不得专门统一组织针对某一新兴业态、新型商业模式的全面纳税评估和税务检查"。《意见》体现了税务部门对电子商务等新兴业态的支持态度，但"依法纳税"依旧是每个企业的责任，即便是电子商务也不能逃避。专家表示，要一分为二看待电子商务纳税：类似淘宝上的小卖家属小微企业、个人企业，收税成本可能高于税款，需出台鼓励他们发展的税收政策。但天猫、京东等电子商务平台上符合纳税标准的商家，应自觉履行纳税义务。而对于偷税漏税等行为，也要有自查自纠、警告和惩戒措施。

（七）完善跨境电子商务税收征管，跨境电子商务获政府扶持

国家税务总局公告2019年第36号《国家税务总局关于跨境电子商务综合试验区零售出口企业所得税核定征收有关问题的公告》。综试区内核定征收的跨境电子商务企业应准确核算收入总额，并采用应税所得率方式核定征收企业所得税。应税所得率统一按照4%确定。

综试区内的跨境电子商务企业，同时符合下列条件的，试行核定征收企业所得税办法：

1. 在综试区注册，并在注册地跨境电子商务线上综合服务平台登记出口货物日期、名称、计量单位、数量、单价、金额的；

2. 出口货物通过综试区所在地海关办理电子商务出口申报手续的；

3. 出口货物未取得有效进货凭证，其增值税、消费税享受免税政策的。

电子商务出口货物免增值税、消费税，企业所得税统一核定征收，体现了国家对于跨境电子商务的政策的扶持力度。

三、不同电子商务模式涉税情况

如表7-1所示，不同电子商务企业的交易模式所涉及的主要税种有所不同。

表7-1 我国代表性电子商务模式涉及主要税种情况

我国电子商务代表性模式	交易对象	具体企业	主要涉及税种
B2B	企业之间	阿里巴巴	增值税、消费税、所得税、财产税、印花税
B2C	企业与消费者之间	京东商场	增值税、所得税、消费税、印花税、城市维护建设税和教育费附加
C2C	消费者之间	淘宝	增值税、个人所得税、消费税

（一）B2B企业涉及的税收

B2B（business to business），企业对企业的电子商务模式，主要指在企业、商业机构相互之间通过互联网进行的订货、订购、付款、结算等交易行为。电子商务平台，是建立在Internet网上进行商务活动的虚拟网络空间和保障商务顺利运营的管理环境。B2B企业和电子商务平台比C2C和B2C更具有税收征管的现实基础。B2B模式的电子商务及电子商务平台,其主体都是经工商、税务登记的经营实体,作为电子商务而言也只不过是变更了经营方式而已,理所当然应履行纳税义务。

流转税。在B2B电子商务模式下,前者B为购销双方中的甲方,是为乙方(后者B)生产和销售产品(劳务)服务的供货企业;后者B是购买前者B企业产品(劳务)的购货乙方。依据我国税法规定,现行的流转税(增值税、消费税等)的纳税义务人包括产品制造业企业、从事商品销售类企业(批发和零售),以及提供劳务等的服务性企业,应按经营收入依法定税率缴纳流转税。

所得税。企业所得税、个人所得税构成我国现行的所得(收益)类税收的主要类型。在B2B模式下,甲方企业通过向乙方企业销售产品或提供劳务取得生产经营收入,扣除其生产经营过程中发生的必要费用后,就其纯收入或所得缴纳企业所得税;同时,甲方企业支付给员工的工资和薪金等,按个人所得税的"工资薪金所得"依法履行代扣代缴义务。

财产税。房产税、城镇土地使用税和车船税等构成我国现行的财产类税种。在B2B模式下,财产税的纳税义务人包括,只要在生产经营活动中使用产权归己的房屋,或使用应税土地,或拥有且使用应税车船的企业,应依法分别缴纳房产税、城镇土地使用税和车船税。

行为税。我国现行的行为税主要是印花税。B2B电子商务形式下,贸易主体签订贸易合同,启用的营业账簿、领用的权利许可证照等应税凭证,都应缴纳印花税。

(二)B2C企业涉及的税收

B2C(business to customer),是英文"商家对顾客"的缩写,简称为"商对客",也就是通常说的商业零售,直接面向消费者销售产品和服务。B2C电子商务是一种企业利用互联网对消费者销售货物和服务的模式,近年来随着信息技术的进步和网络安全的发展,B2C交易额呈现爆发式的增长。

B2C模式下,企业网店经营者涉及的税种主要是企业所得税和增值税等。企业通过电子商务途径销售商品的,应当与线下销售同样履行增值税的纳税义务。同时,企业应当在账簿凭证处理中真实反映网络销售的收入、成本等,现实中,有一些开设网店经营的企业采取隐匿销售收入的方式拒绝申报增值税和企业所得税应纳税款,这些行为往往会构成税收征管法规定的偷税行为,严重的还将会涉嫌逃税罪,面临极为严苛的税务行政处罚以及刑事处罚风险,都是不可取的。

(三)C2C企业涉及的税收

C2C个人网店暂无明确的征税规定,随着网络购物的流行,淘宝、易趣、拍拍网等交易平台的发展，吸引了越来越多人开设网店。C2C 是个人与个人之间利用网络通信技术在电子商务平台上开展的交易行为。

1. C2C 电子商务征税的理论依据

按照税法公平原则，无论是传统商务还是 C2C 电子商务，都是需要统一征税的。按照税收普遍原则，要求对所有人一视同仁征税，只以是否发生纳税义务作为判定是否交税的标准。C2C 电子商务经营者销售商品，获得利润，按照普遍征税原则和税收法规，是要对电子商务经营者征税的。按照广义的有收入即征收流转税的立法原则，理论上在虚拟的网络空间进行交易也要征税。因此，认为个人电子商务不负有纳税义务则是对我国税收政策的误解。

2. 目前对个人网店如何征税尚不明确

我国的税收法律制度中尚未真正确立起明确的、系统的、适合电子商务特征的法规，对电子商务 C2C 模式如何进行征税、是否有相应的税收优惠政策，都没有明确具体的规定。

3. C2C 涉及的税收

C2C 个人网店，以淘宝网为例，淘宝网经营者以个人为主，是典型的 C2C 电子商务网站。这些网店经营者没有实体店铺，不存在营业执照，也不需要到税务机关进行税务登记，营业账簿设置也很不规范，仅仅简单地将个人身份证照片上传并绑定其银行卡号，就可以顺利进行网上交易。C2C 电子商务经营者对商品或服务交易会涉及流转税和所得税等税种，并产生影响。

首先，C2C 电子商务经营者销售商品时会遇到增值税纳税人身份认定问题。很多 C2C 电子商务经营者年营业额在百万甚至千万元以上，若单纯以营业额判定是否为纳税人，显而易见，C2C 电子商务经营者是增值税纳税人。然而在我国现行税法体系中，将 C2C 电子商务经营者列入增值税纳税人范畴并非一件容易的事情。我国《增值税暂行条例》规定的纳税义务人是指单位或个体工商户，个人销售商品或提供应税劳务情况，是以扣缴义务人作为纳税义务人。C2C 电子商务经营者为个人，若想让其成为增值税直接纳税义务人，必须修改现行《增值税暂行条例》中关于纳税人的规定。其次，C2C 电子商务经营者管辖权难以准确确定。作为增值税纳税义务人，必须确定其主管税务机关，明确税收管辖权。具有管辖权的税务机关才具备监督、稽查增值税纳税义务人权利，纳税人才知道到何地去交税，与之相关的税收征管措施才能发挥作用。C2C 电子商务经营者以个人为主，个人在 C2C 网站登记注册开设网店，其注册地多为自主填写,往往填写的注册地和实际经营地不一致,个人信息真实性较弱。加之商品、服务交易是通过互联网完成,具有虚拟性和隐蔽性,税务机关确定对C2C电子商务经营者管辖权造成了困难。

C2C电子商务对消费税的影响,消费税实行单一环节纳税。除金银首饰在最终零售环节纳税外,其他应税消费品都是在生产、委托加工、进口环节实行一次纳税。针对C2C电子商务交易特点,有税收征管漏洞的只有在零售环节纳税的金银首饰和进口环节两个方面。在C2C电子商务网站中,有很多卖家网上销售金银首饰,按照消费税征管规定,这部分商品是要缴纳消费税的。同时随着跨国贸易日渐频繁,通过C2C电子商务网站销售的国外应税消费品,在进入我国口岸时,也应该计算缴纳该商品的消费税。而在现实生活中,消费者通过C2C电子商务网站购买到的金银首饰和从国外购买的应税消费品,并未按税法规定缴纳消费税,造成消费税严重流失。

在C2C电子商务交易中,个人网店经营者和拥有传统实体店的个体工商户其本质是一样的。个体工商户需要申请营业执照,到税务机关进行纳税登记,按照5%~35%的五级超额累进税率自行计算缴纳个人所得税。个人网店经营者在C2C电子商务网站开展经营活动,不需要到工商部门领取营业执照,也不需要进行纳税登记。现如今,很多像淘宝网皇冠及以上网店经营者年营业额做到1 000万元以上,规模很大,还有一些网店经营者更是把触角伸到国外,向国外顾客销售商品或提供劳务,这一部分所得也处在未征未缴的状态。

第二节 相关税种账务处理

一、增值税简介

增值税是以商品和劳务在流转过程中产生的增值额作为征收对象而征收的一种流转税。增值税是我国现阶段税收收入规模最大的税种。2016年3月24日,财政部、国家税务总局印发《营业税改征增值税试点实施办法》,自2016年5月1日起,在全国范围内全面推开营改增试点,建筑业、房地产业、金融业、生活服务业等全部营业税纳税人,纳入试点范围,由缴纳营业税改为缴纳增值税这些构成我国增值税法律制度的主要内容。

(一)增值税纳税人和扣缴义务人

1. 纳税人

在中华人民共和国境内销售货物或者加工、修理修配劳务(以下简称劳务)、销售服务、无形资产、不动产以及进口货物的单位和个人，为增值税的纳税人。单位，是指企业、行政单位、事业单位、军事单位、社会团体及其他单位。个人，是指个体工商户和其他个人。

单位以承包、承租、挂靠方式经营的，承包人、承租人、挂靠人（以下统称承包人）以发包人、出租人、被挂靠人（以下统称发包人）名义对外经营并由发包人承担相关法律责任的，以该发包人为纳税人。否则，以承包人为纳税人。

2. 纳税人的分类

根据纳税人的经营规模以及会计核算健全程度的不同，增值税的纳税人，可划分为小规模纳税人和一般纳税人。

（1）小规模纳税人。

增值税小规模纳税人标准为年应征增值税销售额500万元及以下。年应税销售额，是指纳税人在连续不超过12个月或四个季度的经营期内累计应征增值税销售额，包括纳税申报销售额、稽查查补销售额、纳税评估调整销售额。

已登记为增值税一般纳税人的单位和个人，转登记日前连续12个月或者连续4个季度累计销售额未超过500万元的，在2019年12月31日前，可选择登记为小规模纳税人，其未抵扣的进项税额作转出处理。

小规模纳税人会计核算健全，能够提供准确税务资料的，可以向税务机关申请登记为一般纳税人，不再作为小规模纳税人。会计核算健全，是指能够按照国家统一的会计制度规定设置账簿，根据合法、有效凭证核算。

小规模纳税人实行简易征税办法，并且一般不使用增值税专用发票，但基于增值税征收管理中一般纳税人与小规模纳税人之间客观存在的经济往来的实情，小规模纳税人可以到税务机关代开增值税专用发票。

为持续推进"放管服"（简政放权、放管结合、优化服务的简称）改革，全面推行小规模纳税人自行开具增值税专用发票。小规模纳税人（其他个人除外）发生增值税应税行为，需要开具增值税专用发票的，可以自愿使用增值税发票管理系统自行开具，但销售其取得的不动产，需要开具增值税专用发票的，应当按照有关规定向税务机关申请代开。

（2）一般纳税人。

一般纳税人，是指年应税销售额超过财政部、国家税务总局规定的小规模纳税人标准的企业和企业性单位。

一般纳税人实行登记制，除另有规定外，应当向税务机关办理登记手续。

下列纳税人不办理一般纳税人登记：

①按照政策规定，选择按照小规模纳税人纳税的；

②年应税销售额超过规定标准的其他个人。

纳税人自一般纳税人生效之日起，按照增值税一般计税方法计算应纳税额，并可以按照规定领用增值税专用发票，财政部、国家税务总局另有规定的除外。

纳税人登记为一般纳税人后，不得转为小规模纳税人，国家税务总局另有规定的除外。

(3) 扣缴义务人。

中华人民共和国境外的单位或者个人在境内销售劳务，在境内未设有经营机构的，以其境内代理人为扣缴义务人；在境内没有代理人的，以购买方为扣缴义务人。

(二) 增值税征税范围

增值税的征税范围包括在中华人民共和国境内销售货物或者劳务，销售服务、无形资产、不动产以及进口货物。

1. 销售货物

在中国境内销售货物，是指销售货物的起运地或者所在地在境内。

销售货物是有偿转让货物的所有权。货物，是指有形动产，包括电力、热力、气体在内。有偿，是指从购买方取得货币、货物或者其他经济利益。

2. 销售劳务

在中国境内销售劳务，是指提供的劳务发生地在境内。

销售劳务，是指有偿提供加工、修理修配劳务。单位或者个体工商户聘用的员工为本单位或者雇主提供加工、修理修配劳务不包括在内。

加工，是指受托加工货物，即委托方提供原料及主要材料，受托方按照委托方的要求，制造货物并收取加工费的业务；修理修配，是指受托对损伤和丧失功能的货物进行修复，使其恢复原状和功能的业务。

3. 销售服务

销售服务，是指提供交通运输服务、邮政服务、电信服务、建筑服务、金融服务、现代服务、生活服务。

4. 销售无形资产

销售无形资产，是指转让无形资产所有权或者使用权的业务活动。无形资产，是指不具实物形态，但能带来经济利益的资产，包括技术、商标、著作权、商誉、自然资源使用权和其他权益性无形资产。

5. 销售不动产

销售不动产,是指转让不动产所有权的业务活动。不动产,是指不能移动或者移动后会引起性质、形状改变的财产,包括建筑物、构筑物等。

建筑物,包括住宅、商业营业用房、办公楼等可供居住、工作或者进行其他活动的建造物。

构筑物,包括道路、桥梁、隧道、水坝等建造物。

转让建筑物有限产权或者永久使用权的,转让在建的建筑物或者构筑物所有权的,以及在转让建筑物或者构筑物时一并转让其所占土地的使用权的,按照销售不动产缴纳增值税。

6. 进口货物

进口货物,是指申报进入中国海关境内的货物。根据《增值税暂行条例》的规定,只要是报关进口的应税货物,均属于增值税的征税范围,除享受免税政策外,在进口环节缴纳增值税。

(三)增值税税率和征收率

1. 增值税税率

(1)纳税人销售货物、劳务、有形动产租赁服务或者进口货物除《增值税暂行条例》第2条第2项、第4项、第5项(即下列第2、4、5项)另有规定外,税率为13%。

(2)纳税人销售交通运输、邮政、基础电信、建筑、不动产租赁服务,销售不动产,转让土地使用权,销售或者进口下列货物,税率为9%:

①粮食等农产品、食用植物油、食用盐;

②自来水、暖气、冷气、热水、煤气、石油液化气、天然气、二甲醚、沼气、居民用煤炭制品;

③图书、报纸、杂志、音像制品、电子出版物;

④饲料、化肥、农药、农机、农膜;

⑤国务院规定的其他货物。

(3)纳税人销售服务、无形资产,除《增值税暂行条例》第2条第1项、第2项、第5项(即上述第1、2项和下列第5项)另有规定外,税率为6%。

(4)纳税人出口货物,税率为零;但是,国务院另有规定的除外。

(5)境内单位和个人跨境销售国务院规定范围内的服务、无形资产,税率为零。

2. 增值税征收率

(1)征收率的一般规定。

小规模纳税人以及一般纳税人选择简易办法计税的,征收率为3%。

(2)征收率的特殊规定:

(1)小规模纳税人转让其取得的不动产,按照5%的征收率征收增值税。

(2)一般纳税人转让其2016年4月30日前取得的不动产,选择简易计税方法计税的,按照5%的征收率征收增值税。

(3)小规模纳税人出租其取得的不动产(不含个人出租住房),按照5%的征收率征收增值税。

(4)一般纳税人出租其2016年4月30日前取得的不动产,选择简易计税方法计税的,按照5%的征收率征收增值税。

(5)房地产开发企业(一般纳税人)销售自行开发的房地产老项目,选择简易计税方法计税的,按照5%的征收率征收增值税。

(6)房地产开发企业(小规模纳税人)销售自行开发的房地产项目,按照5%的征收率征收增值税。

(7)纳税人提供劳务派遣服务,选择差额纳税的,按照5%的征收率征收增值税。

(四)增值税应纳税额的计算

1. 一般计税方式应纳税额的计算

一般纳税人销售货物、劳务、服务、无形资产、不动产(以下简称应税销售行为),采取一般计税方法计算应纳增值税额。其计算公式:

$$应纳税额 = 当期销项税额 - 当期进项税额$$

当期销项税额小于进项税额不足抵扣时,其不足部分可以结转下期继续抵扣。

销项税额是指纳税人发生应税销售行为,按照销售额和适用税率计算并向购买方收取的增值税价款,其计算公式为:

$$销项税额 = 销售额 \times 适用税率$$

可见,一般计税方法计算增值税应纳税额时,主要有两个因素:一是销售额;二是进项税额。

2. 简易计税方法应纳税额的计算

小规模纳税人发生应税销售行为采用简易计税方法计税,应按照销售额和征收率计算应纳增值税税额,不得抵扣进项税额。其计算公式为:

$$应纳税额=销售额×征收率$$

简易计税方法的销售额不包括其应纳税额，纳税人采用销售额和应纳税额合并定价方法的，按照下列公式计算销售额：

$$销售额=含税销售额÷(1+征收率)$$

纳税人适用简易计税方法计税的，因销售折让、中止或者退回而退还给购买方的销售额，应当从当期销售额中扣减。扣减当期销售额后仍有余额造成多缴的税款，可以从以后的应纳税额中扣减。

一般纳税人发生财政部和国家税务总局规定的特定应税行为，可以选择适用简易计税方法计税，但一经选择，36个月内不得变更。

3. 进口货物应纳税额的计算

纳税人进口货物，无论是一般纳税人还是小规模纳税人，均应按照组成计税价格和规定的税率计算应纳税额，不允许抵扣发生在境外的任何税金。其计算公式为：

$$应纳税额=组成计税价格×税率$$

组成计税价格的构成分两种情况：

（1）如果进口货物不征收消费税，则上述公式中组成计税价格的计算公式为：

$$组成计税价格=关税完税价格+关税$$

（2）如果进口货物征收消费税，则上述公式中组成计税价格的计算公式为：

$$组成计税价格=关税完税价格+关税+消费税$$

根据《海关法》和《进出口关税条例》的规定，一般贸易下进口货物的关税完税价格以海关审定的成交价格为基础的到岸价格作为完税价格。所谓成交价格是一般贸易项下进口货物的买方为购买该项货物向卖方实际支付或应当支付的价格；到岸价格，包括货价，加上货物运抵我国关境内输入地点起卸前的包装费、运费、保险费和其他劳务费等费用构成的一种价格。

特殊贸易下进口的货物，由于进口时没有"成交价格"可作依据，为此，《进出口关税条例》对这些进口货物制定了确定其完税价格的具体办法。

关于消费税和关税的计算方法详见本章第三节消费税法律制度和第六章第八节关税法律制度有关内容。

4. 扣缴计税方法

境外单位或者个人在境内发生应税销售行为，在境内未设有经营机构的，扣缴义务人按照下列公式计算应扣缴税额：

应扣缴税额=购买方支付的价款÷(1+税率)×税率

(五)增值税税收优惠

依据《关于增值税小规模纳税人减免增值税政策的公告》(财政部 税务总局公告2023年第19号)的规定:

为进一步支持小微企业和个体工商户发展,现将延续小规模纳税人增值税减免政策公告如下:

(1)对月销售额10万元以下(含本数)的增值税小规模纳税人,免征增值税。

(2)增值税小规模纳税人适用3%征收率的应税销售收入,减按1%征收率征收增值税;适用3%预征率的预缴增值税项目,减按1%预征率预缴增值税。

这个优惠政策执行至2027年12月31日。

(六)电子商务企业的增值税纳税要点

1. 享受税收优惠政策

小规模纳税人季度销售额小于30万元的,免交增值税;将增值税起征点由月销售额3万元提高到10万元;大型的电子商务公司可以在税收洼地地区成立有限公司享受政府高额返税,增值税的地方留存部分的30%~70%对企业奖励和返还。现金奖励,按月兑现。不需要电子商务实体入驻,只需要将企业注册在税收洼地地区,就可以享受当地的税收优惠政策。

【例7-1】 某人注册了一家公司想开网店,是选择当小规模纳税人还是一般纳税人?

分析:首先要考虑你想开网店的电子商务平台有无设定必须是一般纳税人的门槛,如果设了,也就不存在选择了;其次,要看上家供应商,如果能正常地拿到进项发票,开出销项发票,选择一般纳税人可以抵扣进项税,减轻税负。如果供应商不是一般纳税人,或者无法取得增值税专用发票来抵扣,那么小规模纳税人对你而言或许更合适。

【例7-2】 企业经营模式比照饿了么外卖,消费者把钱打给平台,平台每个月抽成10%作为佣金,然后把剩余90%打给商户,跟商户签订合同约定发票由商家开给消费者。问:这种平台是将10%佣金部分按代理服务征税吗?还是应该全额征税?

分析:企业经营模式实为以商户名义经营、开票、承担相关法律责任,平台承担管理责任和连带责任。实际经营中,平台与商户签订合同约定由商户全额开票给消费者,商户按照其提供应税行为的适用税率全额缴纳增值税。电子商务企业应就其抽成10%部分按照"信息技术服务——信息系统增值服务——电子商务平台"税目缴纳增值税，并开具发票给商户，税率为6%。从规范角度讲，消费者应直接将钱款打给商户设在平台的账户，平台按照与商户的约定扣划10%的管理费用。

2. 跨境电子商务零售出口免征增值税、消费税

2018年9月28日，财政部、税务总局、商务部、海关总署联合发布《关于跨境电子商务综合试验区零售出口货物税收政策的通知》(财税〔2018〕103号)，对跨境电子商务综试区出口企业出口未取得有效进货凭证的货物，同时符合一定条件的，试行增值税、消费税免税政策。

"免增值税、消费税"相当于对零售出口企业采取"免征不退"的模式，即不征收增值税、消费税，也不退税。这意味着零售出口企业不必担心被反征补缴增值税的。但一定要准确把握以下三个条件：

(1)电子商务出口企业在综试区注册，并在注册地跨境电子商务线上综合服务平台登记出口日期、货物名称、计量单位、数量、单价、金额。

(2)出口货物通过综试区所在地海关办理电子商务出口申报手续。

(3)出口货物不属于财政部和税务总局根据国务院决定明确取消出口退(免)税的货物。

二、城市维护建设税以及教育费附加

(一)城市维护建设税概述

在中华人民共和国境内缴纳增值税、消费税的单位和个人，为城市维护建设税的纳税人，应当依照本法规定缴纳城市维护建设税。2019年11月21日，《中华人民共和国城市维护建设税法(草案)》通过。

1. 城市维护建设税的计税依据

城市维护建设税以纳税人实际缴纳的增值税、消费税税额为计税依据，城市维护建设税的计税依据可以扣除期末留抵退税退还的增值税税额。

计算公式：城市维护建设税的应纳税额=(增值税+消费税)×适用税率

2. 城市维护建设税的税率

(1)纳税人所在地在市区的，税率为7%；

(2)纳税人所在地在县城、镇的，税率为5%；

(3)纳税人所在地不在市区、县城或者镇的，税率为1%。

3. 征免规定

(1)对出口产品退还增值税、消费税的,不退还已缴纳的城市维护建设税。

(2)海关对进口产品代征的增值税、消费税,不征收城市维护建设税。

(3)对"二税"实行先征后返、先征后退、即征即退办法的,除另有规定外,对随"二税"附征的城市维护建设税,一律不予退(返)还。

4. 税额减免

城市维护建设税是以纳税人实际缴纳的增值税、消费税为计税依据,并随同增值税、消费税征收,因此减免增值税、消费税也就意味着减免城市维护建设税,所以城市维护建设税一般不能单独减免。但是如果纳税人确有困难需要单独减免的,可以由省级人民政府酌情给予减税或者免税照顾。

减少或免除城市维护建设税税负的优待规定。城市维护建设税以"二税"的实缴税额为计税依据征收,一般不规定减免税,但对下列情况可免征城市维护建设税:

(1)海关对进口产品代征的流转税,免征城市维护建设税;

(2)从1994年起,对三峡工程建设基金,免征城市维护建设税;

(3)2010年12月1日前,对中外合资企业和外资企业暂不征收城市维护建设税。2010年12月1日以后,根据2010年10月18日颁布的《国务院关于统一内外资企业和个人城市维护建设税和教育费附加制度的通知》,外商投资企业、外国企业及外籍个人适用国务院1985年发布的《中华人民共和国城市维护建设税暂行条例》和1986年发布的《征收教育费附加的暂行规定》。

(二)教育费附加概述

1984年国务院颁布了《关于筹措农村学校办学经费的通知》,开征了农村教育事业经费附加。1985年,中共中央做出了《关于教育体制改革的决定》,指出国家增拨教育经费的同时,开辟多种渠道筹措经费。为此,国务院于1986年4月28日颁布了《征收教育费附加的暂行规定》,并于同年7月1日开征。

1. 教育费附加的纳费人

凡缴纳增值税、消费税的单位和个人,均为教育费附加的纳费义务人(简称纳费人)。凡代征增值税、消费税的单位和个人,亦为代征教育费附加的义务人。

2. 计费公式

$$应纳教育费附加=(实际缴纳的增值税+消费税)×3\%$$

【例7-3】 J公司经营的京东店这个月应纳30万元增值税,另外,公司有一笔委托加工的消费税3万元需支付,J公司所在地的城市维护建设税的税率为7%,委托加工所在地的城市维护建设税税率是5%,请计算J公司需缴纳支付的城市维护建设税和教育费附加。

分析:根据消费税和增值税的纳税地点在哪个地方就按该地方适用城市维护建设税税率申报缴纳的规定,G公司应纳城市维护建设税为 30×7%+3×5%=2.25(万元)。

J公司缴纳增值税30万元,委托加工的消费税3万元,因此,J公司应缴纳的教育费附加为(30+3)×3%=0.99(万元)。

三、印花税

(一)印花税概述

1. 印花税的纳税人

凡是在我国境内书立、领受税法列举凭证的单位和个人,都是印花税的纳税人。根据书立、领受应税凭证的不同,纳税人可分别称为立合同人、立账簿人、立据人和领受人。对合同、书据等由两方或两方以上当事人共同书立的凭证,其当事人各方都是纳税人,各自就所持凭证的金额纳税;对政府部门发给的权利许可证照,领受人为纳税人;对某些由当事人的代理人代为书立的应税凭证,则代理人有代为纳税的义务。

2. 印花税的纳税范围

凡是在我国境内书立、领受和在中国境外书立但在中国境内具有法律效力、受中国法律保护的下列凭证,均属于印花税纳税范围。

(1)购销、加工承揽、建筑工程承包、财产租赁、货物运输、仓储保管、借款、财产保险、技术等合同或者具有合同性质的凭证。

(2)产权转让书据,包括财产所有权、版权、商标专用权、专利权、专有技术使用权等转移书据。

(3)营业账簿,包括单位和个人从事生产经营活动所设立的各种账册。

(4)专利、许可证照,包括房屋产权证、工商营业执照、商标注册证、专利证、土地使用证。

(5)经财政部确定征收的其他凭证。

3. 印花税的税目及税率

印花税的税目分为五大类:合同或具有合同性质的凭证、产权转移书据、营业账簿、权利许可证照、经财政部确定征税的其他凭证。印花税采用比例税率和定额税率两种税率。

(1)比例税率。我国现行印花税的比例税率共有四个档次，即 0.1%、0.05%、0.03%、0.005%。

按比例税率征税的有各类经济合同及合同性质的凭证、记载有金额的账簿、产权转移书据等。

(2)定额税率。印花税的定额税率是按件定额贴花，每件 5 元。它主要适用于其他账簿、权利许可证照等。

4. 印花税的计算

(1)按比例税率计算：应纳税额＝凭证所载应税金额×适用税率

(2)按定额税率计算：应纳税额＝应税凭证件数×适用单位税额

(二)电子商务企业的印花税纳税实务

网络交易中，没有书面或电子应税凭证的购销业务不需缴纳印花税，但以电子形式签订应税凭证需要按规定征收印花税。电子商务的数字化、无纸化交易将传统交易方式下的合同、凭证隐匿于无形，印花税原有的课税对象——合同、账簿、产权转移书据、结算凭证等不复存在。电子商务的出现使印花税的征收由于法律的缺失，造成税款的流失。

1. 电子合同应按规定征收印花税

随着电子商务的发展，我国在 2004 年 8 月颁布了《中华人民共和国电子签名法》。这部法律明确了电子数据与纸质数据具有同等法律效力。根据《财政部、国家税务总局关于印花税若干政策的通知》(财税〔2006〕162 号)规定："对纳税人以电子形式签订的各类应税凭证按规定征收印花税。"这明确了纳税人签订的电子合同也应按规定征收印花税。但实践中，怎样确定电子数据是交易合同还是交易记录成为征收印花税的难点。

2. 没有电子或书面应税凭证的购销业务不需缴纳印花税

印花税的征税对象是合同，或者具有合同性质的凭证。在商品购销活动中，直接通过电话、计算机联网订货，不使用书面凭证和电子合同，则不需缴纳印花税。例如通过网络订书、购物等。

3. 既有订单又有购销合同的，订单不贴花

在购销活动中，有时供需双方只填制订单，不再签订购销合同，此时订单作为当事人之间建立供需关系、明确供需双方责任的业务凭证，如果该订单具有合同性质，

需按照规定贴花。但在既有订单,又有购销合同情况下,只需就购销合同贴花,订单对外不再发生权利义务关系,仅用于企业内部备份存查,无需贴花。

4. 货运代理企业和委托方签订的合同和开出的货物运输代理业专用发票

电子商务在货运代理业务中,委托方和货运代理企业签订的委托代理合同,以及货运代理企业开给委托方的货物运输代理业专用发票,根据《国家税务局关于印花税若干具体问题的解释和规定的通知》(国税发〔1991〕155号)、《国家税务局关于货运凭证征收印花税几个具体问题的通知》(国税发〔1990〕173号)文规定,不属于印花税应税凭证,无需贴花。

5. 承运快件行李、包裹开具的托运单据

电子商务在货物托运业务中,根据国税发〔1990〕173号文规定:承、托运双方需以运费结算凭证作为应税凭证,按照规定贴花。但对于托运快件行李、包裹业务,根据〔1988〕国税地字第025号文规定,开具的托运单据暂免贴花。

四、企业所得税

(一)企业所得税概述

企业所得税法是指国家制定的用以调整企业所得税征收与缴纳之间权利及义务关系的法律规范。现行企业所得税法的基本规范,是2007年3月16日第十届全国人民代表大会第五次全体会议通过的《中华人民共和国企业所得税法》和2007年11月28日国务院第197次常务会议通过的《中华人民共和国企业所得税实施条例》,以及国务院财政、税务部门发布的相关规定。根据2017年2月24日第十二届全国人民代表大会常务委员会第二十六次会议《关于修改〈中华人民共和国企业所得税法〉的决定》修正。

1. 企业所得税的纳税义务人

企业所得税的纳税义务人是指在中华人民共和国境内的企业和其他取得收入的组织。《中华人民共和国企业所得税法》第一条规定,除个人独资企业、合伙企业不适用企业所得税法外,凡在我国境内,企业和其他取得收入的组织(以下统称企业)为企业所得税的纳税人,依照本法规定缴纳企业所得税。

企业所得税的纳税人分为居民企业和非居民企业。居民企业是指依法在中国境内成立,或者依照外国(地区)法律成立但实际管理机构在中国境内的企业。非居民企业是指依照外国(地区)法律成立且实际管理机构不在中国境内,但在中国境内设立机构、场所的,或者在中国境内未设立机构、场所,但有来源于中国境内所得的企业。

第七章 纳税,是每一家企业的责任——企业税务账务处理

2. 企业所得税的税率

我国企业所得税的税率为25%。非居民企业取得《企业所得税法》第三条第三款规定的所得,适用税率为20%;符合条件的小型微利企业,减按20%的税率征收企业所得税,国家重点扶持的高新技术企业,减按15%的税率征收企业所得税。

3. 企业所得税应纳税所得额的计算

(1) 企业所得税的应纳税所得额。

应纳税所得额是企业所得税的计税依据,按照企业所得税法的规定,应纳税所得额为企业每一个纳税年度的收入总额,减除不征税收入、免税收入、各项扣除,以及允许弥补的以前年度亏损后的余额。企业应纳税所得额的计算以权责发生制为原则,属于当期的收入和费用,不论款项是否收付,均作为当期的收入和费用;不属于当期的收入和费用,即使款项已经在当期收付,均不作为当期的收入和费用。企业所得税法对应纳税所得额计算做了明确规定,主要内容包括收入总额、扣除范围和标准、资产的税务处理、亏损弥补等。在直接计算法下,居民企业每一纳税年度的收入总额减除不征税收入、免税收入、各项扣除以及允许弥补的以前年度亏损后的余额为应纳税所得额。基本公式为:

应纳税所得额=收入总额−不征税收入−免税收入−各项扣除金额−弥补亏损

在间接计算法下,是在会计利润总额的基础上加或减按照税法规定调整的项目金额后,即为应纳税所得额。计算公式为:

应纳税所得额=会计利润总额±纳税调整项目金额

税收调整项目金额包括两方面的内容:一是企业的财务会计处理和税收规定不一致的应予以调整的金额;二是企业按税法规定准予扣除的税收金额。

(2) 企业的收入总额。

企业的收入总额包括以货币形式和非货币形式从各种来源取得的收入,具体有销售货物收入,提供劳务收入,转让财产收入,股息、红利等权益性投资收益,以及利息收入,租金收入,特许权使用费收入,接受捐赠收入,其他收入。

(3) 不征税收入。

国家为了扶持和鼓励某些特殊的纳税人和特定的项目,或者避免因征税影响企业的正常经营,对企业取得的某些收入予以不征税的特殊政策,以减轻企业的负担,促进经济的协调发展。

财政拨款,是指各级人民政府对纳入预算管理的事业单位、社会团体等组织拨付

的财政资金，但国务院和国务院财政、税务主管部门另有规定的除外。

依法收取并纳入财政管理的行政事业性收费、政府性基金，是指依照法律法规等有关规定，按照国务院规定程序批准，在实施社会公共管理，以及在向公民、法人或者其他组织提供特定公共服务过程中，向特定对象收取并纳入财政管理的费用。

政府性基金，是指企业依照法律、行政法规等有关规定，代政府收取的具有专项用途的财政资金。

国务院规定的其他不征税收入，是指企业取得的，由国务院财政、税务主管部门规定专项用途并经国务院批准的财政性资金。财政性资金，是指企业取得的来源于政府及其有关部门的财政补助、补贴、贷款贴息，以及其他各类财政专项资金，包括直接减免的增值税和即征即退、先征后退、先征后返的各种税收，但不包括企业按规定取得的出口退税款。值得注意的是：企业的不征税收入用于支出所形成的费用，不得在计算应纳税所得额时扣除；企业的不征税收入用于支出所形成的资产，其计算的折旧、摊销不得在计算应纳税所得额时扣除。

（4）免税收入。

国家为了扶持和鼓励某些特殊的纳税人和特定的项目，或者避免因征税影响企业的正常经营，对企业取得的某些收入予以免税的特殊政策，以减轻企业的负担，促进经济的协调发展，或准予抵扣应纳税所得额，或者是对专项用途的资金作为非税收入处理，以减轻企业的税负，增加企业可用资金。免税收入主要包括以下四类收入：

①国债利息收入。为鼓励企业积极购买国债，支援国家建设项目，税法规定，企业因购买国债所得的利息收入，免征企业所得税。

②符合条件的居民企业之间的股息、红利等权益性收益。该收益是指居民企业直接投资于其他居民企业取得的投资收益。

③在中国境内设立机构、场所的非居民企业从居民企业取得与该机构、场所有实际联系的股息、红利等权益性投资收益。该收益都不包括连续持有居民企业公开发行并上市流通的股票不足12个月取得的投资收益。

④符合条件的非营利组织的收入。企业所得税法第二十六条第4项所称符合条件的非营利组织的收入，不包括非营利组织从事营利性活动取得的收入，但国务院财政、税务主管部门另有规定的除外。

（5）企业所得税前扣除项目。

企业所得税法规定，企业实际发生的与取得收入有关的、合理的支出，包括成本、费用、税金、损失及其他支出，准予在计算应纳税所得额时扣除。在实际中，计算应纳税所得额时还应注意三方面的内容：①企业发生的支出应当区分收益性支出和资本性支出。收益性支出在发生当期直接扣除；资本性支出应当分期扣除或者计入有关资产成本，不得在发生当期直接扣除。②企业的不征税收入用于支出所形成的费用或者财产，不得扣除或者计算对应的折旧、摊销扣除。③除《企业所得税法》和《企业所得税法实施条例》另有规定外，企业实际发生的成本、费用、税金、损失和其他支出，不得重复扣除。

(二) 电子商务企业的企业所得税纳税要点

为促进跨境电子商务企业更好地开展出口业务，近日，国家税务总局出台了跨境电子商务所得税核定征收办法《关于跨境电子商务综试区零售出口企业所得税核定征收有关问题公告》，该办法自2020年1月1日起实施。明确跨境电子商务综合试验区（以下简称综试区）内的跨境电子商务零售出口企业（以下简称跨境电子商务企业）在满足一定条件下，试行采用应税所得率方式核定征收企业所得税，应税所得率统一按照4%确定；综试区内实行核定征收的跨境电子商务企业符合小型微利企业优惠条件的，还可享受所得税优惠政策。

对跨境电子商务（应税所得率）4%，是核定征税最低的一个比重，如果说这个跨境电子商务企业还符合小微或者其他的一些优惠条件，叠加以后实际的所得税负担率只是达到1%，甚至比1%还低。符合核定征收的跨境电子商务企业需满足的条件包括：一是在综试区注册，并在注册地跨境电子商务线上综合服务平台登记出口货物日期、名称、计量单位、数量、单价、金额的；二是出口货物通过综试区所在地海关办理电子商务出口申报手续的；三是出口货物未取得有效进货凭证，其增值税、消费税享受免税政策的。

并可叠加享受小型微利企业政策和免税收入优惠政策。

叠加政策1：可享受小型微利企业所得税优惠政策，例如：

(1) 退税属于综试区注册的电子商务企业，应税所得率为4%。2020年销售额1 000万人民币，享受小型微利企业所得税优惠政策，2020年的应纳所得税额 = 1 000×4%×25%×20% = 2万元。

(2) 退税属于综试区注册的电子商务企业，应税所得率为4%。2020年销售额3 000万人民币，享受小型微利企业所得税优惠政策，2020年的应纳所得税额 = 100×25%×20%+20×50%×20% = 7万元。

(3) 退税属于综试区注册的电子商务企业，应税所得率为4%。2020年销售额8 000万人民币，不享受小型微利企业所得税优惠政策，2020年的应纳所得税额 = 8 000×

4%×25%=80万元。

小微企业普惠性企业所得税税收减免政策：对小型微利企业年应纳税所得额不超过100万元的部分，减按25%计入应纳税所得额，按20%的税率缴纳企业所得税；对年应纳税所得额超过100万元但不超过300万元的部分，减按50%计入应纳税所得额，按20%的税率缴纳企业所得税。小型微利企业是指从事国家非限制和禁止行业，且同时符合年度应纳税所得额不超过300万元、从业人数不超过300人、资产总额不超过5 000万元等三个条件的企业。

叠加政策2：收入属于《中华人民共和国企业所得税法》第二十六条规定的免税收入的，可享受相关免税收入优惠政策。根据所得税法的规定，企业的下列收入为免税收入：

(1)国债利息收入；

(2)符合条件的居民企业之间的股息、红利等权益性投资收益；

(3)在中国境内设立机构、场所的非居民企业从居民企业取得与该机构、场所有实际联系的股息、红利等权益性投资收益；

(4)符合条件的非营利组织的收入。

【例7-4】 A公司2×21年实现销售收入2 200万元，缴纳税金及附加50万元，发生各项成本费用1 750万元，其中包括合理工资薪金总额200万元，业务招待费25万元，职工福利费60万元，职工教育经费8万元，工会经费4万元，税收滞纳金2万元，提取各项准备金100万元。A公司2×21年职工总数110人，其中残疾人员30人，支付给残疾职工的工资总额40万元。请计算A公司2×21年度应纳税所得额、应纳企业所得税额。(A公司以前年度无亏损)

分析：A公司2×21年应纳企业所得税额计算如下：

(1)利润总额=2 200-50-1 750=400(万元)

(2)纳税调增额=(25-2 200×5‰)+(60-200×14%)+(8-200×2.5%)+2+100=151(万元)

(3)纳税调减额(加计扣除额)=40(万元)

(4)应纳税所得额=400+151-40=511(万元)

(5)应纳企业所得税额=511×25%=127.75(万元)

五、个人所得税

(一)个人所得税概述

个人所得税是对个人(即自然人)取得的各项随税所得征收的一种既得税。

第七章 纳税，是每一家企业的责任——企业税务账务处理

1. 个人所得税的纳税人

个人所得税纳税人，包括中国公民、个体工商户、个人独资企业投资者和合伙企业自然人合伙人等。

个人所得税纳税人依据住所和居住时间两个标准，分为居民个人和非居民个人。

(1)居民个人。

在中国境内有住所，或者无住所而一个纳税年度内在中国境内居住累计满183天的个人，为居民个人。

在中国境内有住所，是指因户籍、家庭、经济利益关系而在中国境内习惯性居住；纳税年度，自公历1月1日起至12月31日止。

无住所个人一个纳税年度内在中国境内累计居住天数，按照个人在中国境内累计停留的天数计算。在中国境内停留的当天满24小时的，计入中国境内居住天数，在中国境内停留的当天不足24小时的，不计入中国境内居住天数。

(2)非居民个人。

在中国境内无住所又不居住，或者无住所而一个纳税年度内在中国境内居住累计不满183天的个人，为非居民个人。

2. 个人所得税的应税项目

(1)工资、薪金所得，指个人因任职或者受雇而取得的工资、薪金、奖金、年终加薪、劳动分红、津贴、补贴以及与任职或者受雇有关的其他所得。

(2)劳务报酬所得，指个人从事劳务取得的所得，包括从事设计、装潢、安装、制图、化验、测试、医疗、法律、会计、咨询、讲学、翻译、审稿、书画、雕刻、影视、录音、录像、演出、表演、广告、展览、技术服务、介绍服务、经纪服务、代办服务以及其他劳务取得的所得。

(3)稿酬所得，指个人因其作品以图书、报刊形式出版、发表而取得的所得。作品包括文学作品、书画作品、摄影作品，以及其他作品。作者去世后，财产继承人取得的遗作稿酬，也应按"稿酬所得"征收个人所得税。

(4)特许权使用费所得，指个人提供专利权、商标权、著作权、非专利技术以及其他特许权的使用权取得的所得；提供著作权的使用权取得的所得，不包括稿酬所得。

(5)经营所得，指：个体工商户从事生产、经营活动取得的所得，个人独资企业投资人、合伙企业的个人合伙人来源于境内注册的个人独资企业、合伙企业生产、经营的所得；个人依法从事办学、医疗、咨询以及其他有偿服务活动取得的所得；个人对企业、事业单位承包经营、承租经营以及转包、转租取得的所得；个人从事其他生产、

经营活动取得的所得。

(6)利息、股息、红利所得，指个人拥有债权、股权而取得的利息、股息、红利所得。其中，利息一般是指存款、贷款和债券的利息。股息、红利是指个人拥有股权取得的公司、企业分红。按照一定的比率派发的每股息金，称为股息。根据公司、企业应分配的超过股息部分的利润，按股派发的红股，称为红利。

(7)财产租赁所得，指个人出租不动产、机器设备、车船以及其他财产取得的所得。

(8)财产转让所得，指个人转让有价证券、股权、合伙企业中的财产份额、不动产、机器设备、车船以及其他财产取得的所得。

(9)偶然所得，指个人得奖、中奖、中彩以及其他偶然性质的所得。得奖是指参加各种有奖竞赛活动，取得名次得到的奖金；中奖、中彩是指参加各种有奖活动，如有奖储蓄、购买彩票，经过规定程序，抽中、摇中号码而取得的奖金。

个人取得的所得，难以界定应纳税所得项目的，由国务院税务主管部门确定。

居民个人取得上述(1)至(4)项所得(综合所得)，按纳税年度合并计算个人所得税；非居民个人取得上述(1)至(4)项所得，按月或者按次分项计算个人所得税。纳税人取得上述(5)至(9)项所得，依照法律规定分别计算个人所得税。

3. 个人所得税税率

(1)综合所得。

居民个人每一纳税年度内取得的综合所得包括工资、薪金所得，劳务报酬所得，稿酬所得，特许权使用费所得。

综合所得适用3%~45%的超额累进税率。具体税率见表7-2。

表7-2 个人所得税税率表

级数	全年应纳税所得额	税率(%)
1	不超过36 000元的	3
2	超过36 000元至144 000元的部分	10
3	超过144 000元至300 000元的部分	20
4	超过300 000元至420 000元的部分	25
5	超过420 000元至660 000元的部分	30
6	超过660 000元至960 000元的部分	35
7	超过960 000元的部分	45

注：①本表所称全年应纳税所得额是指依照法律规定，居民个人取得综合所得以每一纳税年度收入额减除费用6万元以及专项扣除、专项附加扣除和依法确定的其他扣除后的余额。②非居民个人取得工资、薪金所得，劳务报酬所得，稿酬所得和特许权使用费所得，依照本表按月换算后计算应纳税额。

(2)经营所得适用5%~35%的超额累进税率。具体税率见表7-3。

表7-3 个人所得税税率表

级数	全年应纳税所得额	税率(%)
1	不超过30 000元的	5
2	超过30 000元至90 000元的部分	10
3	超过90 000元至300 000元的部分	20
4	超过300 000元至500 000元的部分	30
5	超过500 000元的部分	35

注：本表所称全年应纳税所得额是指依照法律规定，以每一纳税年度的收入总额减除成本、费用以及损失后的余额。

(3)利息、股息、红利所得，财产租赁所得，财产转让所得和偶然所得适用比例税率，税率为20%。

自2001年1月1日起，对个人出租住房取得的所得暂减按10%的税率征收个人所得税。

4. 应纳税所得额的确定

(1)居民个人的综合所得，以每一纳税年度的收入额减除费用6万元以及专项扣除、专项附加扣除和依法确定的其他扣除后的余额，为应纳税所得额。

综合所得，包括工资、薪金所得，劳务报酬所得，稿酬所得，特许权使用费所得四项。劳务报酬所得、稿酬所得、特许权使用费所得以收入减除20%的费用后的余额为收入额。稿酬所得的收入额减按70%计算。

①专项扣除，包括居民个人按照国家规定的范围和标准缴纳的基本养老保险、基本医疗保险、失业保险等社会保险费和住房公积金等；

②专项附加扣除，包括子女教育、继续教育、大病医疗、住房贷款利息或者住房租金、赡养老人等支出；

③其他扣除，包括个人缴付符合国家规定的企业年金、职业年金，个人购买符合国家规定的商业健康保险、税收递延型商业养老保险的支出，以及国务院规定可以扣除的其他项目。

(2)非居民个人的工资、薪金所得，以每月收入额减除费用5 000元后的余额为应纳税所得额；劳务报酬所得、稿酬所得、特许权使用费所得，以每次收入额为应纳税所得额。

(3)经营所得，以每一纳税年度的收入总额减除成本、费用以及损失后的余额，为应纳税所得额。

取得经营所得的个人，没有综合所得的，计算其每一纳税年度的应纳税所得额时，应当减除费用6万元、专项扣除、专项附加扣除以及依法确定的其他扣除。专项附加扣除在办理汇算清缴时减除。

注：①个体工商户的生产、经营所得，以每一纳税年度的收入总额，减除成本、费用、税金、损失、其他支出以及允许弥补的以前年度亏损后的余额，为应纳税所得额。②个体工商户已经作为损失处理的资产，在以后纳税年度又全部收回或者部分收回时，应当计入收回当期的收入。③个体工商户生产经营活动中，应当分别核算生产经营费用和个人、家庭费用。对于生产经营与个人、家庭生活混用难以分清的费用，其40%视为与生产经营有关的费用，准予扣除。④个体工商户按照国务院有关主管部门或者省级人民政府规定的范围和标准为其业主和从业人员缴纳的基本养老保险费、基本医疗保险费、失业保险费、工伤保险费和住房公积金，准予扣除。⑤个体工商户实际支付给从业人员的、合理的工资薪金支出，准予扣除。个体工商户业主的工资薪金支出不得税前扣除。

(4)财产租赁所得，每次收入不超过4 000元的，减除费用800元；4 000元以上的，减除20%的费用，其余额为应纳税所得额。

(5)财产转让所得，以转让财产的收入额减除财产原值和合理费用后的余额，为应纳税所得额。

(6)利息、股息、红利所得和偶然所得，以每次收入额为应纳税所得额。

5. 应纳税所得额的计算

(1)综合所得应纳税额的计算。

综合所得应纳税额的计算公式为：

应纳税额=应纳税所得额×适用税率-速算扣除数

=(每一纳税年度的收入额-费用6万元-专项扣除-专项附加扣除-依法确定的其他扣除)×适用税率-速算扣除数

(2)扣缴义务人对居民个人工资、薪金所得，劳务报酬所得，稿酬所得，特许权使用费所得预扣预缴个人所得税的计算。

①扣缴义务人向居民个人支付工资、薪金所得时，应当按照累计预扣法计算预扣税款，并按月办理全员全额扣缴申报。累计预扣法，是指扣缴义务人在一个纳税年度内预扣预缴税款时，以纳税人在本单位截至当前月份工资、薪金所得累计收入减除累计免税收入、累计减除费用、累计专项扣除、累计专项附加扣除和累计依法确定的其

他扣除后的余额为累计预扣预缴应纳税所得额,计算累计应预扣预缴税额,再减除累计减免税额和累计已预扣预缴税额,其余额为本期应预扣预缴税额。余额为负值时,暂不退税。纳税年度终了后余额仍为负值时,由纳税人通过办理综合所得年度汇算清缴,税款多退少补。

本期应预扣预缴税额=(累计预扣预缴应纳税所得额×预扣率-速算扣除数)-累计减免税额-累计已预扣预缴税额

累计预扣预缴应纳税所得额=累计收入-累计免税收入-累计减除费用-累计专项扣除-累计专项附加扣除-累计依法确定的其他扣除

其中:累计减除费用,按照5 000元/月乘以纳税人当年截至本月在本单位的任职受雇月份数计算。

上述公式中,计算居民个人工资、薪金所得预扣预缴税额的预扣率、速算扣除数,按《个人所得税预扣率表一》(见表7-4)执行。

②扣缴义务人向居民个人支付劳务报酬所得、稿酬所得、特许权使用费所得,按次或者按月预扣预缴个人所得税。劳务报酬所得、稿酬所得、特许权使用费所得,属于一次性收入的,以取得该项收入为一次;属于同一项目连续性收入的,以一个月内取得的收入为一次。具体预扣预缴方法如下:

劳务报酬所得、稿酬所得、特许权使用费所得以收入减除费用后的余额为收入额。其中,稿酬所得的收入额减按70%计算。

减除费用:劳务报酬所得、稿酬所得、特许权使用费所得每次收入不超过4 000元的,减除费用按800元计算;每次收入4 000元以上的,减除费用按20%计算。

应纳税所得额:劳务报酬所得、稿酬所得、特许权使用费所得,以每次收入额为预扣预缴应纳税所得额。

劳务报酬所得适用20%~40%的超额累进预扣率(《个人所得税预扣率表二》见表7-5),稿酬所得、特许权使用费所得适用20%的比例预扣率。

劳务报酬所得应预扣预缴税额:预扣预缴应纳税所得额×预扣率-速算扣除数

稿酬所得、特许权使用费所得应预扣预缴税额=预扣预缴应纳税所得额×20%

表7-4 个人所得税预扣率表一

级数	累计预扣预缴应纳税所得额	预扣率(%)	速算扣除数
1	不超过36 000元的部分	3	0
2	超过36 000元至144 000元的部分	10	2 520
3	超过144 000元至300 000元的部分	20	16920

续表

级数	累计预扣预缴应纳税所得额	预扣率(%)	速算扣除数
4	超过300 000元至420 000元的部分	25	31 920
5	超过420 000元至660 000元的部分	30	52 920
6	超过660 000元至960 000元的部分	35	85 920
7	超过960 000元的部分	45	181 920

表7-5　个人所得税预扣率表二

级数	预扣预缴应纳税所得额	预扣率(%)	速算扣除数
1	不超过20 000元的部分	20	0
2	超过20 000元至50 000元的部分	30	2 000
3	超过50 000元的部分	40	7 000

居民个人工资、薪金所得，劳务报酬所得，稿酬所得，特许权使用费所得年度预扣预缴税额与年度应纳税额不一致的，由居民个人于次年3月1日至6月30日向主管税务机关办理综合所得年度汇算清缴，税款多退少补。

（3）扣缴义务人对非居民个人工资、薪金所得，劳务报酬所得，稿酬所得，特许权使用费所得扣缴个人所得税的计算。

扣缴义务人向非居民个人支付工资、薪金所得，劳务报酬所得，稿酬所得和特许权使用费所得时，应当按以下方法按月或者按次代扣代缴个人所得税：

非居民个人的工资、薪金所得，以每月收入额减除费用5 000元后的余额为应纳税所得额；劳务报酬所得、稿酬所得、特许权使用费所得，以每次收入额为应纳税所得额，适用按月换算后的非居民个人月度税率表（《个人所得税税率表三》见表7-6）计算应纳税额。其中，劳务报酬所得、稿酬所得、特许权使用费所得以收入减除20%的费用后的余额为收入额。稿酬所得的收入额减按70%计算。

非居民个人工资、薪金所得，劳务报酬所得，稿酬所得，特许权使用费所得应纳税额=应纳税所得额×税率-速算扣除数

表7-6　个人所得税税率表三

级数	应纳税所得额	税率(%)	速算扣除数
1	不超过3 000元的部分	3	0
2	超过3 000元至12 000元的部分	10	210
3	超过12 000元至25 000元的部分	20	1 410

续表

级数	应纳税所得额	税率(%)	速算扣除数
4	超过25 000元至35 000元的部分	25	2 660
5	超过35 000元至55 000元的部分	30	4 410
6	超过55 000元至80 000元的部分	35	7 160
7	超过80 000元的部分	45	15 160

(4)经营所得应纳税额的计算。

个体工商户的生产、经营所得应纳税额的计算公式为：

应纳税额=应纳税所得额×适用税率-速算扣除数

＝(全年收入总额-成本、费用、税金、损失、其他支出及以前年度亏损)×适用税率-速算扣除数

(5)利息、股息、红利所得应纳税额的计算。

利息、股息、红利所得应纳税额的计算公式为：

应纳税额=应纳税所得额×适用税率=每次收入额×适用税率

(6)财产租赁所得应纳税额的计算。

每次(月)收入不足4 000元的：

应纳税额=[每次(月)收入额-财产租赁过程中缴纳的税费-由纳税人负担的租赁财产实际开支的修缮费用(800元为限)-800元]×20%

每次(月)收入在4 000元以上的：

应纳税额=[每次(月)收入额-财产租赁过程中缴纳的税费-由纳税人负担的租赁财产实际开支的修缮费用(800元为限)]×(1－20%)×20%

(7)财产转让所得应纳税额的计算。

财产转让所得应按照一次转让财产的收入额减除财产原值和合理费用后的余额计算纳税。

财产转让所得应纳税额的计算公式为：

应纳税额=应纳税所得额×适用税率

＝(收入总额-财产原值-合理费用)×20%

个人转让房屋的个人所得税应税收入不含增值税，其取得房屋时所支付价款中包含的增值税计入财产原值，计算转让所得时可扣除的税费不包括本次转让缴纳的增值税。

受赠人转让受赠房屋的，以其转让受赠房屋的收入减除原捐赠人取得该房屋的实

际购置成本以及赠与和转让过程中受赠人支付的相关税费后的余额，为受赠人的应纳税所得额，依法计征个人所得税。受赠人转让受赠房屋价格明显偏低且无正当理由的，税务机关可以依据该房屋的市场评估价格或其他合理方式确定的价格核定其转让收入。

8. 偶然所得应纳税额的计算

应纳税额＝应纳税所得额×适用税率＝每次收入额×20%

（二）电子商务企业个人所得税纳税要点

家庭作坊式的中小型电子商务可通过成立个人独资企业，享受核定征收的税收优惠。

第八章

稻花香里说丰年
——企业利润账务处理

第一节 一分耕耘，一分收获——利润形成

一、利润的概念及构成

(一) 利润的概念

利润是企业在一定期间的经营成果，是企业的收入减去有关的成本与费用后的差额。收入大于相关的成本与费用时，企业就可获取盈利；收入小于相关的成本与费用时，企业就会发生亏损。广义地讲，企业的收入不仅包括营业收入，还包括营业外收入；企业的费用不仅包括为取得营业收入而发生的各种耗费，还包括营业外支出和所得税费用。

(二) 利润的构成

利润在数量上等于各项收入与各项支出及损失相抵后的余额，其大小一定程度上反映了企业生产经营活动质量和管理水平。企业的利润来源于两个方面：一是来源于日常经营活动，即企业销售商品、提供劳务而取得的经济利益总流入，减去日常经营活动中发生的相应的经济利益总流出后的差额；二是来源于非日常经营活动，即来源于日常经营活动以外的各种收入、收益和利得等。利润是指企业在一定会计期间的经营成果，包括收入减去费用后的净额、直接计入当期利润的利得和损失等。直接计入当期利润的利得和损失是指应当计入当期损益、会导致所有者权益发生增减变动的、与所有者投入资本或者向所有者分配利润无关的利得或者损失。

1. 营业利润

营业利润是企业一定时期生产经营活动、投资活动等形成的利润，是企业利润总

额的主要来源。营业利润以营业收入为基础,减去营业成本、税金及附加、销售费用、管理费用、财务费用、资产减值损失,加上公允价值变动收益和投资收益。其中,营业收入是指企业销售商品和提供劳务实现的收入总额,包括主营业务收入和其他业务收入;投资收益,由企业股权投资取得的现金股利(或利润)、债券投资取得的利息收入和处置股权投资和债券投资取得的处置价款扣除成本或账面余额、相关税费后的净额三部分构成。其用公式表示为:

营业利润=营业收入-营业成本-税金及附加-销售费用-管理费用-财务费用-资产减值损失+公允价值变动收益(-公允价值变动损失)+投资收益(-投资损失)

营业利润是企业利润总额的主要组成部分。营业利润反映了企业日常经营活动的成果,能够衡量企业管理者的经营业绩,有助于投资者、债权人进行盈利预测并做出正确决策。营业利润的多少,主要受到企业的经营规模、市场占有率、开展多元化经营的程度以及成本费用控制水平等因素的影响。通常情况下,营业利润越大,代表企业的总体经营管理水平越高,效益越好。

【例8-1】 某企业2×21年发生营业收入1 000万元,营业成本600万元,销售费用20万元,管理费用50万元,财务费用10万元,投资收益40万元,资产减值损失70万元(损失),公允价值变动损益80万元(收益),营业外收入25万元,营业外支出15万元,其他综合收益为100万元。则该企业2×21年的营业利润为多少万元?

计算:该企业2×21年的营业利润=1 000-600-20-50-10+40-70+80=370(万元)

2. 利润总额

根据《企业会计准则》的有关规定,企业的利润一般包括营业利润、投资收益和营业外收支净额(营业外收支净额=营业外收入-营业外支出)三个部分。如果企业能够按规定获取补贴收入,则也应作为当期的利润总额的组成部分。其中,利润总额是指营业利润加上营业外收入,减去营业外支出后的金额。利润总额反映了企业的综合经营成果;是企业会计核算的重要组成部分。其中,营业外收入是指企业非日常生产经营活动形成的、应当计入当期损益、会导致所有者权益增加、与所有者投入资本无关的经济利益的净流入。企业的营业外收入包括:非流动资产处置净收益、政府补助、捐赠收益、盘盈收益、汇兑收益、出租包装物和商品的租金收入、逾期未退包装物押金收益、确实无法偿付的应付款项、已作坏账损失处理后又收回的应收款项、违约金收益等。营业外支出是指企业非日常生产经营活动发生的、应当计入当期损益、会导致所有者权益减少、与向所有者分配利润无关的经济利益的净流出。企业的营业外支出包括：存货的盘亏、毁损、报废损失，非流动资产处置净损失，坏账损失，无法收回的长期债券投资损失，无法收回的长期股权投资损失，自然灾害等不可抗力因素造成的损失，税收滞纳金，罚金，罚款，被没收财物的损失，捐赠支出，赞助支出等。利润总额的计算公式如下：

利润总额＝营业利润+投资收益+（营业外收入-营业外支出）

3. 净利润

净利润是指利润总额减去所得税费用后的净额。净利润反映了企业的最终经营成果。其中，所得税费用是指企业以企业所得税法规定计算的当期应纳税所得额与适用所得税税率为基础来确认的、应从当期利润总额中扣除的所得税。企业应当在利润总额的基础上，按照企业所得税法规定进行纳税调整，计算出当期应纳税所得额，以应纳税所得额与适用所得税税率为基础计算确定当期应纳税额，从而确认所得税费用。其用公式表示为：

净利润＝利润总额-所得税费用

二、企业所得税

在中国境内，企业和其他取得收入的组织为企业所得税的纳税人，依照相关法律的规定缴纳企业所得税，个人独资企业、合伙企业除外。

（一）纳税人及征税范围

企业所得税的纳税人分为居民企业和非居民企业。它们在征税范围上有一定差异，具体见表8-1。

表8-1 居民企业和非居民企业的征税标准及范围

纳税人	判定标准	征收范围
居民企业	（1）依照中国法律、法规在中国境内成立的企业。 （2）依照外国（地区）法律成立但实际管理机构在中国境内的企业	来源于中国境内、境外的所得（全面纳税义务）
非居民企业	（1）依照外国（地区）法律、法规成立且实际管理机构不在中国境内，但在中国境内设立机构、场所的企业。 （2）在中国境内未设立机构、场所，但有来源于中国境内所得的企业	来源于中国境内的所得

(二)企业应纳税所得额的计算

《中华人民共和国企业所得税暂行条例》(以下简称《企业所得税暂行条例》)规定,企业应纳税所得额等于企业的收入总额减去成本、费用、税金、损失以及准予扣除项目的金额。

成本是纳税人为生产、经营商品和提供劳务等而发生的各项直接耗费和各项间接费用。

费用是指纳税人为生产经营商品和提供劳务等而发生的销售费用、管理费用和财务费用。

税金是指纳税人为生产经营商品和提供劳务等而发生的各种税金。例如在会计核算中,计入税金及附加——印花税、房产税、车船税和城镇土地使用税、消费税、城市维护建设税、教育费附加、关税、土地增值税、资源税(不包括增值税);计入资产或货物的成本——契税、车辆购置税、进口关税、不得抵扣增值税和耕地占用税。

损失是指纳税人生产经营过程中的各项营业外支出、经营亏损和投资损失等。除此以外,在计算企业应纳税所得额时,对纳税人的财务会计处理和税收规定不一致的,应按照税收规定予以调整。在税收有关规定中,企业所得税的法定扣除项目除成本、费用和损失外,还明确了一些需按税收规定进行纳税调整的扣除项目。

(三)企业所得税的计算

1. 居民企业和有机构场所的非居民企业

应纳税额=应纳税所得额×税率-减免税额-抵免税额

应纳税所得额=收入总额-不征税收入-免税收入-扣除额-弥补亏损

企业所得税的税率规定:企业所得税率一般是25%,符合条件的小型微利企业,所得税的税率一般为20%。国家重点扶持的高新技术企业,所得税的税率一般为15%。非居民企业对于来源于中国境内的所得缴纳企业所得税,适用税率均为20%。

2. 未设立机构场所的非居民企业

应纳税额=支付单位所支付的金额×预提所得税税率(20%)

【例8-2】 ××公司取得商品销售收入200万元,出租固定资产收入6万元,销售商品的生产成本为150万元,出租固定资产期间折旧费用为5万元,税金及附加2万元,销售费用4万元,管理费用18万元,财务费用1万元,资产减值损失1万元,公允价值变动损益借方发生额2万元,投资收益贷方发生额1万元,营业外收入5万元,营业外支出3万元。则该公司的营业利润、利润总额、所得税和净利润分别为多少?

营业利润 = 商品销售收入(200万元) - 销售商品的生产成本(150万元) + 出租固定资产收入(6万元) - 出租固定资产期间折旧费用(5万元) - 税金及附加(2万元) - 销售费用(4万元) - 管理费用(18万元) - 财务费用(1万元) - 资产减值损失(1万元) - 公允价值变动损益借方发生额(2万元) + 投资收益贷方发生额(1万元) = 24(万元)

利润总额 = 营业利润(24万元) + 营业外收入(5万元) - 营业外支出(3万元) = 26(万元)

所得税税额 = 利润总额(26万元) × 25% = 6.5(万元)

净利润 = 利润总额(26万元) - 所得税税额(6.5万元) = 19.5(万元)

三、账户设置及账务处理

为了反映利润的形成情况，企业应设置"营业外收入""营业外支出""投资收益""本年利润""所得税费用""利润分配"等账户来进行核算。

(一)"营业外收入"账户

"营业外收入"账户属于损益类账户，用以核算企业发生的与企业生产经营有直接关系的各项收入，包括固定资产盘盈、处置固定资产净收益、确实无法支付的款项、返还教育费附加等。企业发生属于营业外收入内容时，计入该账户的贷方，期末从借方将该账户余额全部转入"本年利润"账户的贷方，结转后该账户无余额。该账户应按收入项目设置明细分类账，进行明细分类核算。"营业外收入"账户的核算内容及结构可用图8-1表示。

借方	营业外收入	贷方
期末将本期发生的营业外收入转入"本年利润"账户的数额	本年发生的各项营业外收入数额	

图8-1 "营业外收入"账户的核算内容及其结构

(二)"营业外支出"账户

"营业外支出"账户属于损益类账户，用以核算企业发生的与企业生产经营无直接关系的各项支出，如固定资产盘亏，处置固定资产净损失，非常损失，非正常停工损失，公益、救济性捐赠，赔偿金，违约金等。企业发生营业外支出时，计入该账户的借方，期末从贷方将该账户的余额全部转入"本年利润"账户的借方，结转后，该账户无余额。该账户应按支出项目设置明细分类账。"营业外支出"账户的核算内容及结构可用图8-2表示。

借方	营业外支出	贷方
本期发生的各项营业外支出数额	期末将本期发生的营业外支出转入"本年利润"账户的数额	

图 8-2 "营业外支出"账户的核算内容及其结构

(三) "投资收益"账户

"投资收益"账户属于损益类账户,用以核算企业对外投资取得的投资收益或发生的投资损失。企业取得投资收益或期末投资净损失的转出数额计入该账户的贷方,发生的投资损失和期末投资净收益的转出数额计入该账户的借方,期末结转后,该账户无余额。该账户应按收益种类设置明细账。"投资收益"账户的核算内容及结构,可用图 8-3 表示。

借方	投资收益	贷方
本期发生的投资损失和期末投资净收益的转出数额	本期取得的投资收益或期末投资净损失的转出数额	

图 8-3 "投资收益"账户的核算内容及其结构

(四) "本年利润"账户

"本年利润"账户属于所有者权益类账户,用以核算企业在本年度实现的利润(或亏损)总额。贷方登记期末从有关收入和投资收益账户转入的各种收入,借方登记期末从有关成本、费用账户转入的各种费用。年度终了,企业将本年实现的净利润转入"利润分配"账户,计入该账户的借方(亏损总额结转计入贷方)。该账户平时贷方余额则表示截至本期累计实现的利润总额,平时如为借方余额则表示截至本期累计亏损总额。年终结转后,该账户无余额。"本年利润"账户的核算内容及结构可用图 8-4 表示。

借方	本年利润	贷方
期末从有关成本、费用账户转入的各种费用,包括主营业务成本、税金及附加、销售费用、管理费用、财务费用、其他业务成本、营业外支出、投资损失、所得税费用	从有关收入和收益账户转入的各种收入,包括主营业务收入、其他业务收入、投资收益	
期末余额:亏损总额	期末余额:实现的净利润	

图 8-4 "本年利润"账户的核算内容及其结构

(五) "所得税费用"账户

"所得税费用"账户属于损益类账户,用以核算企业在实现利润总额后按规定方法计算缴纳的所得税。按一定方法计算的应缴纳所得税费用计入"所得税费用"账户的借方；期末从该账户贷方转入"本年利润"账户的借方，该账户结转后无余额。"所得税费用"账户的核算内容及结构可用图 8-5 表示。

借方	所得税费用	贷方
按一定方法计算的应缴纳所得税费用	期末转入"本年利润"账户的应缴纳所得税额	

图 8-5　"所得税费用"账户的核算内容及其结构

（六）"利润分配"账户

"利润分配"账户属于所有者权益类账户。企业进行利润分配意味着企业实现的"利润"这项所有者权益减少，本应借记"本年利润"账户，直接冲减本年实现利润额。但是，如果这样处理，"本年利润"账户的期末贷方余额只能是未分配利润（实现的利润减已分配的利润），就不能提供本年累计实现的利润额。而这项指标恰恰又是管理上需要提供的。基于这种原因，为了使"本年利润"账户既能反映企业实现利润的原始数据，又能反映企业未分配利润数额，核算中便专门设置了"利润分配"账户，用以反映企业已分配的利润数额。该账户借方登记实际分配的利润数额，或年末从"本年利润"账户的贷方转入的全年亏损总额，贷方平时一般不作登记。因而在年度中间该账户的期末余额为借方余额，表示截至本期企业累计已分配利润数额，平时，将"本年利润"账户的贷方余额（即累计实现的利润）与"利润分配"账户的借方余额（即累计已分配的利润）相减，可以求得年末未分配的利润余额。年末，企业将全年实现的净利润自"本年利润"账户借方结转计入"利润分配"账户的贷方。结转后，"利润分配"账户如为贷方余额，则表示年末尚未分配的利润数额；如为借方余额，则表示年末尚未弥补的亏损。

为了详细地反映和监督企业利润分配的去向和历年分配后的结余金额，"利润分配"账户一般应设置"提取盈余公积""应付利润""未分配利润"等明细账户，进行明细分类核算。企业应将"利润分配"账户的各明细账户的余额分别转入"利润分配——未分配利润"账户的借方或贷方。结转后除"未分配利润"明细账户外，其他明细账户应无余额。"利润分配"账户的核算内容及结构如图 8-6 表示。

借方	利润分配	贷方
实际分配的利润数额，年末从"本年利润"账户的贷方转入的全年亏损总额	年末从"本年利润"账户转入	
期末余额：年末尚未弥补的亏损	期末余额：年末尚未分配的利润	

图 8-6　"利润分配"账户的核算内容及其结构

【例8-3】 2×21年12月31日，喜购网络科技有限公司有关损益类账户的发生额见表8-2。假定该公司本期无纳税调整事项，适用企业所得税率为25%。

表8-2 喜购网络科技有限公司损益类账户的发生额

2×21年12月31日　　　　　　　　　　　　　　　　　　　　　　　　单位：元

账户名称	借方发生额	账户名称	贷方发生额
主营业务成本	600 000	主营业务收入	980 000
其他业务成本	50 000	其他业务收入	100 000
税金及附加	10 000	公允价值变动损益	650 000
财务费用	60 000	投资收益	60 000
销售费用	90 000		
管理费用	170 000		
资产减值损失	65 000		

请根据上述资料进行喜购网络科技有限公司账务处理。

喜购网络科技有限公司的账务处理如下：

(1) 结转损益类账户并计算本期利润总额：

借：主营业务收入　　　　　　　　　　　　　　　　　　　　　980 000
　　其他业务收入　　　　　　　　　　　　　　　　　　　　　100 000
　　投资收益　　　　　　　　　　　　　　　　　　　　　　　　60 000
　　公允价值变动损益　　　　　　　　　　　　　　　　　　　650 000
　　贷：本年利润　　　　　　　　　　　　　　　　　　　　1 790 000

借：本年利润　　　　　　　　　　　　　　　　　　　　　　1 045 000
　　贷：主营业务成本　　　　　　　　　　　　　　　　　　　600 000
　　　　其他业务成本　　　　　　　　　　　　　　　　　　　 50 000
　　　　税金及附加　　　　　　　　　　　　　　　　　　　　 10 000
　　　　销售费用　　　　　　　　　　　　　　　　　　　　　 90 000
　　　　管理费用　　　　　　　　　　　　　　　　　　　　　170 000
　　　　财务费用　　　　　　　　　　　　　　　　　　　　　 60 000
　　　　资产减值损失　　　　　　　　　　　　　　　　　　　 65 000

喜购公司本期利润总额=1 790 000-1 045 000=745 000(元)

(2) 计算并结转企业所得税费用：

喜购公司所得税费用=745 000×25%=186 250(元)

借：所得税费用 186 250
　　贷：应交税费——应交所得税 186 250
借：本年利润 186 250
　　贷：所得税费用 186 250
(3)年末结转本年利润：
借：本年利润 558 750
　　贷：利润分配——未分配利润 558 750

第二节　利润分配

电子商务企业通过商品经营活动，投资者投入企业的资本不仅要保持原投资的完整，重要的是获得盈利。企业当期的利润总额扣除所得税后的净额为当期实现的净利润。企业当年实现的净利润，加上年初未分配利润，即可供分配的利润。

一、利润分配的顺序

根据有关法律法规不同，企业进行利润分配的内容和顺序也不同，一般来说，利润分配是按照企业和投资者的顺序进行的，具体分配顺序如下：

(1)以税前利润弥补以前年度亏损。
(2)以税后利润弥补以前年度亏损。
(3)提取法定盈余公积金。
(4)提取任意盈余公积金。
(5)向投资者分配利润。

企业当年实现的净利润按照上述规定进行利润分配后的余额和以前年度累计的未分配利润合计作为可供投资者分配的利润，可以供投资者进行利润分配。

二、盈余公积的账务处理

(一)盈余公积的实质与分类

1. 盈余公积的实质

盈余公积是指企业按照规定从净利润中提取的积累资金。获取盈利既是企业的经营目标，也是企业生存和发展的基础。电子商务企业盈利后，先按照国家税法的规定按时足额地缴纳企业所得税，扣除所得税后的净利润，需要根据国家的法律法规计提法定盈余公积，并按照企业章程、规定提取任意盈余公积。即法定盈余公积的计提是按照国家有关法律、法规进行的，计提的标准也要符合有关规定；任意盈余公积是否计提、计提多少，完全取决于公司或公司股东大会的决定。电子商务企业和其他商品流通企业一样出于以下原因需要按照规定或自愿提取盈余公积。

(1) 企业根据商品经营和贸易发展的需要，按照一定的比例从净利润中提取相应的积累资金，用于满足企业商品经营和贸易发展的资金需要。任何一个企业都不可以将获取的净利润一次性全部分配给股东。

(2) 企业面临激烈竞争的环境，经营必然会随着市场的变化而波动，受到各种不利因素的影响，出现亏损、甚至严重亏损。提取盈余公积，建立储备资金，使企业在适当的时候可以使用这部分盈余公积来保证企业的正常经营，弥补企业经营中的亏损。

(3) 如果企业在会计期间内没有净收益，为稳定股东并维护企业形象，可以使用这部分资金保证发放一定数额的股利。

2. 盈余公积的分类

(1) 法定盈余公积。法定盈余公积是指企业按照规定比例从净利润中提取的盈余公积。我国《公司法》明确规定，所有企业必须计提法定盈余公积。只有当企业计提的盈余公积累计达到注册资本的50%时，才可以不再提取。《公司法》的有关规定是：公司制企业应当按照净利润(弥补以前年度亏损后)的10%提取法定盈余公积，非公司制企业法定盈余公积的提取比例可超过净利润的10%。特别注意的是企业年初的未分配利润不包括在计算提取法定盈余公积的基数中。

设置的主要会计科目为"盈余公积"，用于处理盈余公积的提取和使用情况。该科目贷方登记企业提取盈余公积的数额，借方登记企业盈余公积使用的数额，期末贷方余额反映企业提取盈余公积的结余额。应按盈余公积的种类设置明细账。

(2) 任意盈余公积。公司制企业可以根据股东大会的决议提取任意盈余公积；非公司制企业经类似权力机构批准，也可以提取任意盈余公积。提取任意盈余公积既不会减少公司的留存收益，也不会使其增加。主要目的在于在获利较多的年度，多提公积，积蓄财力，以便在企业发生不利因素的特殊情况下或者亏损的年度，使各期股利水平保持预期的状态。

3. "盈余公积"账户

"盈余公积"账户属于所有者权益类账户，是用来反映和监督企业从税后利润中提取的盈余公积金和公益金的增减变动和结余情况的账户。贷方登记本期从税后利润(即净利润)中提取的盈余公积金和公益金数额,借方登记本期盈余公积金和公益金的使用数额,如转增资本、弥补亏损等。期末余额在贷方,表示期末盈余公积的结余数。"盈余公积"账户的核算内容及结构如图8-7所示。

借方	盈余公积	贷方
本期盈余公积金和公益金的使用数额	本期从税后利润中提取的盈余公积金和公益金数额	
	期末余额:期末盈余公积金结转数	

图 8-7 "盈余公积"账户的核算内容及其结构

【例8-4】 宏大网络科技有限公司2×21年实现净利润100万元,年初未分配利润为0。经股东大会批准,该企业按当年净利润的10%提取法定盈余公积,按照5%提取任意盈余公积。假定不考虑其他因素,账务处理如下:

计算应提取法定盈余公积=1 000 000×10%=100 000(元)

计算应计提任意盈余公积=1 000 000×5%=50 000(元)

借:利润分配——提取法定盈余公积 100 000
　　　　　　——提取任意盈余公积 50 000
　　贷:盈余公积——法定盈余公积 100 000
　　　　　　　——任意盈余公积 50 000

(二)盈余公积的账务处理

1. 弥补亏损

根据有关法规的规定:电子商务企业发生亏损,可以用发生亏损后5年内实现的税前利润来弥补,发生的亏损在5年内仍不足弥补的,应使用随后实现的所得税后利润来弥补。一般来说,企业发生的亏损用所得税后利润仍不足弥补的,可以用所提取的盈余公积来弥补。但使用盈余公积弥补亏损应当由董事会提议,股东大会(或类似机构)批准。

【例8-5】 宏大网络科技有限公司2×21年经营亏损50万元,经董事会提议,股东大会批准,用以前年度提取的盈余公积弥补当年的亏损。

借:盈余公积——法定(或任意)盈余公积 500 000
　　贷:利润分配——盈余公积转入 500 000

2. 转增资本(股本)

当电子商务企业提取的盈余公积累积比较多时，可以将盈余公积转增资本(股本)，但是必须经股东大会(或类似机构)批准，并按股东原有股份(或投资)比例结转，动用盈余公积转增资本(股本)后，留存的盈余公积不得少于注册资本的25%。

【例8-6】 某网络科技有限公司因扩大经营规模的需要，经股东大会批准，将盈余公积20万元转增股本。假定不考虑其他因素，账务处理如下：

借：盈余公积——法定(或任意)盈余公积　　　　　　　　　　200 000
　　贷：股本　　　　　　　　　　　　　　　　　　　　　　　200 000

3. 发放利润或现金股利

电子商务企业会计期间内若无利润，原则上不得分配现金利润和股利。但当企业累积的盈余公积比较多，而未分配利润比较少时，为了稳定企业股东利益和维护企业形象，给投资者合理的回报，符合规定条件的电子商务企业，可以使用盈余公积来分配现金利润和股利，但这样支付股利后留存的法定盈余公积不得低于注册资本的25%。电子商务企业分派现金股利，属于重大财务事项，应由董事会做出分配预案，经股东大会批准后，由公司正式宣布并实施。

"应付股利"账户属于负债类账户，是用来反映和监督企业向投资者(包括国家、其他单位以及个人)支付的现金股利(股份制企业)或利润(非股份制企业)情况的账户。贷方登记计算出的应支付给投资者的股利(或利润)，借方登记实际支付给投资者的股利(或利润)；若期末余额在贷方，则表示应付而尚未支付的股利(或利润)；若期末余额在借方，则表示多支付的股利(或利润)。"应付股利"账户的核算内容及结构如图8-8表示。

借方	应付股利	贷方
实际支付给投资者的股利(或利润)	计算出的应支付给投资者的股利(或利润)	
期末余额：多支付的股利(或利润)	期末余额：应付而尚未支付的股利(或利润)	

图8-8 "应付股利"账户的核算内容及其结构

【例8-7】 某网络科技有限公司2×22年3月30日公布2×21年度利润分配实施公告：以2×21年年末公司总股本9 500万股为基数，向所有股东每10股派发5元现金红利(含税)。股权登记日为2×22年6月29日，除息日为2×22年6月30日，现金红利发放日为2×22年7月6日。账务处理如下：

(1)发放股利公布日,账务处理:
借:利润分配———支付股利　　　　　　　　　　　　　　47 500 000
　　贷:应付股利　　　　　　　　　　　　　　　　　　　　47 500 000
(2)股利登记日和除息日不作账务处理。
(3)发放股利时,账务处理:
借:应付股利　　　　　　　　　　　　　　　　　　　　　47 500 000
　　贷:库存现金(银行存款)　　　　　　　　　　　　　　47 500 000

三、未分配利润的账务处理

未分配利润是指未进行分配的净利润。它属于企业所有者权益,是企业扩大经营规模,应付意外事项所需要的资金准备。电子商务企业在制定利润分配方案时,出于多方面考虑,往往不能将净利润全部分配,就形成了未分配利润。未分配利润的两层含义是:一是这部分净利润没有分给企业投资者;二是这部分净利润未指定用途,企业可以按规定和需要随时支配使用。未分配利润构成为:

期初未分配利润+本期实现的净利润-提取的各种盈余公积-已分配利润的余额

【例8-8】 某网络科技有限公司2×21年实现净利润1 000万元,经董事会提议,股东大会批准,按10%提取法定盈余公积,分配给投资者利润500万元。账务处理如下:

(1)结转当年实现净利润:
借:本年利润　　　　　　　　　　　　　　　　　　　　　10 000 000
　　贷:利润分配——未分配利润　　　　　　　　　　　　　10 000 000
(2)提取法定盈余公积:
借:利润分配——提取法定盈余公积　　　　　　　　　　　1 000 000
　　贷:盈余公积　　　　　　　　　　　　　　　　　　　　1 000 000
(3)分配利润:
借:利润分配——应付现金股利或利润　　　　　　　　　　5 000 000
　　贷:应付股利　　　　　　　　　　　　　　　　　　　　5 000 000
(4)年末结转利润分配明细:
借:利润分配——未分配利润　　　　　　　　　　　　　　6 000 000
　　贷:利润分配——提取法定盈余公积　　　　　　　　　　1 000 000

——应付现金股利或利润　　　　　　　　　　　　　　5 000 000

四、利润的分配

(一) 本年利润的结转步骤

　　为了核算企业当期实现的净利润(或发生的净亏损),企业应设置"本年利润"科目核算企业实现的净利润(或发生的净亏损)。期末应将企业实现的收入收益、费用支出转入"本年利润"科目,以确定企业的利润总额和净利润。企业可以采取"账结法"和"表结法"两种方法编制各月利润表。"账结法"和"表结法"编制步骤是相同的,不同之处在于"账结法"是按月结转损益到"本年利润"账户,"表结法"是年度终了将损益类科目当年发生额合计数一次性结转到"本年利润"账户。本年利润的结转步骤为:

　　(1)月末,将收入收益转入"本年利润"科目的贷方。

　　(2)月末,将所得税费用以外的费用支出转入"本年利润"科目的借方。

　　(3)月末,将"所得税费用"转入"本年利润"科目的借方。

　　(4)年度终了,将全年实现的净利润(或亏损)自"本年利润"科目转入"利润分配"科目。

　　无论采用"账结法"和"表结法",年度终了,企业都应当将本年实现的净利润或净亏损转入"利润分配——未分配利润"科目,结转后"本年利润"年末应无余额。

(二) 利润分配账务处理

1. 用盈余公积弥补亏损

借:盈余公积

　　贷:利润分配——其他转入

2. 提取盈余公积和法定公益金

借:利润分配——提取法定盈余公积

　　　　　　——提取法定公益金

　　　　　　——提取任意盈余公积

　　　　　　——提取储备基金

　　　　　　——提取企业发展基金

　　贷:盈余公积——法定盈余公积

　　　　　　——法定公益金

　　　　　　——任意盈余公积

──储备基金

──企业发展基金

3. 确认应分配给股东的现金股利或利润

借：利润分配——应付优先股股利

　　　　　　——应付普通股股利

　　贷：应付股利

4. 外商投资企业用利润归还投资

借：利润分配——利润归还投资

　　贷：盈余公积——利润归还投资

5. 外商投资企业从净利润中提取职工奖励及福利基金

借：利润分配——提取职工奖励及福利基金

　　贷：应付福利费

6. 经批准分派股票股利

借：利润分配——转作资本(或股本)的普通股股利

　　贷：实收资本(或股本)

7. 根据股东大会或类似机构批准的利润分配方案，调整批准年度会计报表相关项目的年初数调整增加的利润分配

借：利润分配——未分配利润

　　贷：盈余公积

调整减少的利润分配：

借：盈余公积

　　贷：利润分配——未分配利润

8. 分配股票股利或转增资本

借：利润分配——转作资本(或股本)的普通股股利

　　贷：实收资本(或股本)(股票面值)

　　　　资本公积——股本溢价(实际发放的股票股利金额与股票面值总额的差额)

9. 按规定用税前利润归还各种借款

借：利润分配——归还借款的利润

贷：盈余公积——任意盈余公积

10. 按规定留给企业的单项留利

　　借：利润分配——单项留用的利润
　　　　贷：盈余公积——任意盈余公积

11. 按规定补充流动资本

　　借：利润分配——补充流动资本
　　　　贷：盈余公积——补充流动资本

(三)结转全年利润(或亏损)

(1)年度终了，将本年收入和支出相抵后结出本年实现的净利润，转入"利润分配"科目。

　　借：本年利润
　　　　贷：利润分配——未分配利润

(2)年度终了，将本年收入和支出相抵后结出的净亏损，转入"利润分配"科目。

　　借：利润分配——未分配利润
　　　　贷：本年利润

(3)年度终了，将"利润分配"科目下的其他明细科目的余额，转入"利润分配——未分配利润"科目。

　　借：利润分配——未分配利润
　　　　贷：利润分配——提取法定盈余公积
　　　　　　　　——提取法定公益金
　　　　　　　　——提取任意盈余公积
　　　　　　　　——提取储备基金
　　　　　　　　——提取企业发展基金
　　　　　　　　——提取职工奖励及福利基金
　　　　　　　　——利润归还投资
　　　　　　　　——应付优先股股利
　　　　　　　　——应付普通股股利
　　　　　　　　——转作资本(或股本)的普通股股利
　　　　　　　　——归还借款的利润

　　借：利润分配——其他转入

贷：利润分配——未分配利润

(四) 以前年度损益调整

1. 调整增加的以前年度利润或调整减少的以前年度亏损

借：有关科目
　　贷：以前年度损益调整

2. 调整减少的以前年度利润或调整增加的以前年度亏损

借：以前年度损益调整
　　贷：有关科目

3. 由于调整增加或减少以前年度利润或亏损而相应增加的所得税

借：以前年度损益调整
　　贷：应交税费——应交所得税

4. 由于调整减少或增加以前年度利润或亏损而相应减少的所得税

借：应交税费——应交所得税
　　贷：以前年度损益调整

5. 结转余额

如为贷方余额：

借：以前年度损益调整
　　贷：利润分配——未分配利润

如为借方余额：

借：利润分配——未分配利润
　　贷：以前年度损益调整

【例8-9】 喜购网络科技有限公司2×21年12月有关利润分配业务如下：

(1) 假定本年度净利润为900 000元，公司按照10%提取法定盈余公积。

(2) 公司盈利向投资者分配利润600 000元。

(3) 将盈余公积200 000元转增资本。

(4) 将净利润和利润分配转入"利润分配——未分配利润"账户。

如何对喜购网络科技有限公司2×21年12月有关利润分配业务进行账务处理呢？

(1) 提取法定盈余公积的账务处理：

借：利润分配——提取法定盈余公积　　　　　　　　　　　　　　90 000

　　　　贷：盈余公积——法定盈余公积　　　　　　　　　　　　　　90 000
（2）分配利润的账务处理：
借：利润分配——应付利润　　　　　　　　　　　　　　　　　600 000
　　　贷：应付股利　　　　　　　　　　　　　　　　　　　　　600 000
（3）盈余公积转增资本的账务处理：
借：盈余公积　　　　　　　　　　　　　　　　　　　　　　　200 000
　　　贷：实收资本　　　　　　　　　　　　　　　　　　　　　200 000
（4）将净利润、利润分配转入"利润分配——未分配利润"账户的账务处理：
借：本年利润　　　　　　　　　　　　　　　　　　　　　　　900 000
　　　贷：利润分配——未分配利润　　　　　　　　　　　　　　900 000
借：利润分配——未分配利润　　　　　　　　　　　　　　　　690 000
　　　贷：利润分配——提取法定盈余公积　　　　　　　　　　　 90 000
　　　　　　　　——应付利润　　　　　　　　　　　　　　　　600 000

第九章

功绩精妍世少伦
——财务报表与分析

第一节 财务报表概述

一、财务报表的定义

财务报表是对企业财务状况、经营成果和现金流量的结构性表述。财务报表至少应当包括下列组成部分：资产负债表，利润表，现金流量表，所有者权益（或股东权益，下同）变动表，附注。财务报表的这些组成部分具有同等的重要程度。

二、财务报表的分类

财务报表可以按照不同的标准进行分类：①按财务报表编报期间的不同，可以分为中期财务报表和年度财务报表。中期财务报表是以短于一个完整会计年度的报告期间为基础编制的财务报表，包括月报、季报和半年报等。②按财务报表编报主体的不同，可以分为个别财务报表和合并财务报表。个别财务报表是由企业在自身会计核算基础上对账簿记录进行加工而编制的财务报表，它主要用以反映企业自身的财务状况、经营成果和现金流量情况。合并财务报表是以母公司和子公司组成的企业集团为会计主体，根据母公司和所属子公司的财务报表，由母公司编制的综合反映企业集团财务状况、经营成果及现金流量的财务报表。

三、财务报表列报的基本要求

（1）企业应当以持续经营为基础，根据实际发生的交易和事项，按照《企业会计准则——基本准则》和其他各项会计准则的规定进行确认和计量，在此基础上编制财务报表。企业不应以附注披露代替确认和计量，不恰当的确认和计量也不能通过充分披露相关会计政策而纠正。如果按照各项会计准则规定披露的信息不足以让报表使用者了解特定交易或事项对企业财务状况和经营成果的影响时，企业还应当披露其他的必要信息。

（2）除现金流量表按照收付实现制原则编制外，企业应当按照权责发生制原则编制财务报表。

（3）财务报表项目的列报应当在各个会计期间保持一致，不得随意变更，但下列情况除外：

①会计准则要求改变财务报表项目的列报。

②企业经营业务的性质发生重大变化或对企业经营影响较大的交易或事项发生后，变更财务报表项目的列报能够提供更可靠、更相关的会计信息。

（4）性质或功能不同的项目，应当在财务报表中单独列报，但不具有重要性的项目除外。重要性，是指在合理预期下，财务报表某项目的省略或错报会影响使用者据此做出经济决策的，该项目具有重要性。性质或功能类似的项目，其所属类别具有重要性的，应当按其类别在财务报表中单独列报。某些项目的重要性程度不足以在资产负债表、利润表、现金流量表或所有者权益变动表中单独列示，但对附注却具有重要性，则应当在附注中单独披露。

（5）当期财务报表的列报，至少应当提供所有列报项目上一个可比会计期间的比较数据，以及与理解当期财务报表相关的说明，但其他会计准则另有规定的除外。财务报表的列报项目发生变更的，应当至少对可比期间的数据按照当期的列报要求进行调整，并在附注中披露调整的原因和性质，以及调整的各项目金额。对可比数据进行调整不切实可行的，应当在附注中披露不能调整的原因。

四、财务报表的作用

财务报表是财务报告的主要组成部分，它所提供的会计信息具有重要作用，主要体现在以下几个方面：

（1）全面系统地揭示企业一定时期的财务状况、经营成果和现金流量，有利于经营管理人员了解本单位各项任务指标的完成情况，评价管理人员的经营业绩，以便及时发现问题，调整经营方向，制定措施改善经营管理水平，提高经济效益，为经济预测和决策提供依据。

（2）有利于国家经济管理部门了解国民经济的运行状况。通过对各单位提供的财务报表资料进行汇总和分析，了解和掌握各行业、各地区的经济发展情况，以便宏观调控经济运行，优化资源配置，保证国民经济稳定持续发展。

（3）有利于投资者、债权人和其他有关各方掌握企业的财务状况、经营成果和现金流量情况，进而分析企业的盈利能力、偿债能力、投资收益、发展前景等，为他们投资、贷款和贸易提供决策依据。

（4）有利于满足财政、税务、工商、审计等部门监督企业经营管理。通过财务报表可以检查、监督各企业是否遵守国家的各项法律、法规和制度，有无偷税漏税的行为。

第二节 没有规矩，不成方圆
——财务报表的格式及编制

一、资产负债表

（一）资产负债表的格式

资产负债表是反映企业在某一特定日期的财务状况的报表，是企业经营活动的静态反映。资产负债表是根据"资产=负债+所有者权益"这一平衡公式，依照一定的分类标准和一定的次序，将某一特定日期的资产、负债、所有者权益的具体项目予以适当的排列编制而成。资产负债表主要反映资产、负债和所有者权益三方面的内容。

通过资产负债表，可以反映企业在某一特定日期所拥有或控制的经济资源、所承担的现时义务和所有者对净资产的要求权，帮助财务报表使用者全面了解企业的财务状况、分析企业的偿债能力等情况，从而为其作出经济决策提供依据。

表 9-1　资产负债表

会企 01 表

编制单位：　　　　　　　　　　　___年___月___日　　　　　　　　　　　单位：元

资产	期末余额	上年年末余额	负债和所有者权益（或股东权益）	期末余额	上年年末余额
流动资产：			流动负债：		
货币资金			短期借款		
交易性金融资产			交易性金融负债		
衍生金融资产			衍生金融负债		
应收票据			应付票据		
应收账款			应付账款		

续表

资产	期末余额	上年年末余额	负债和所有者权益（或股东权益）	期末余额	上年年末余额
应收款项融资			预收款项		
预付款项			合同负债		
其他应收款			应付职工薪酬		
存货			应交税费		
合同资产			其他应付款		
持有待售资产			持有待售负债		
一年内到期的非流动资产			一年内到期的非流动负债		
其他流动资产			其他流动负债		
流动资产合计			流动负债合计		
非流动资产：			非流动负债：		
债权投资			长期借款		
其他债权投资			应付债券		
长期应收款			其中：优先股		
长期股权投资			永续债		
其他权益工具投资			租赁负债		
其他非流动金融资产			长期应付款		
投资性房地产			预计负债		
固定资产			递延收益		
在建工程			递延所得税负债		
生产性生物资产			其他非流动负债		
油气资产			非流动负债合计		
使用权资产			负债合计		
无形资产			所有者权益(或股东权益)：		
开发支出			实收资本(或股本)		
商誉			其他权益工具		
长期待摊费用			其中：优先股		
递延所得税资产			永续债		
其他非流动资产			资本公积		
非流动资产合计			减：库存股		
			其他综合收益		
			专项储备		
			盈余公积		
			未分配利润		

续表

资产	期末余额	上年年末余额	负债和所有者权益（或股东权益）	期末余额	上年年末余额
			所有者权益(或股东权益)合计		
资产总计			负债和所有者权益(或股东权益)总计		

（二）资产负债表的编制

资产负债表各项目均需填列"期末余额"和"上年年末余额"两栏。

资产负债表的"上年年末余额"栏内各项数字，应根据上年年末资产负债表的"期末余额"栏内所列数字填列。如果上年度资产负债表规定的各个项目的名称和内容与本年度不相一致，应按照本年度的规定对上年年末资产负债表各项目的名称和数字进行调整，填入本表"上年年末余额"栏内。

1. 资产项目的填列说明

（1）"货币资金"项目，反映企业库存现金、银行结算户存款、外埠存款、银行汇票存款、银行本票存款、信用卡存款、信用证保证金存款等的合计数。本项目应根据"库存现金""银行存款""其他货币资金"科目期末余额的合计数填列。

（2）"交易性金融资产"项目，反映资产负债表日企业分类为以公允价值计量且其变动计入当期损益的金融资产，以及企业持有的指定为以公允价值计量且其变动计入当期损益的金融资产的期末账面价值。该项目应根据"交易性金融资产"科目的相关明细科目期末余额分析填列。自资产负债表日起超过一年到期且预期持有超过一年的以公允价值计量且其变动计入当期损益的非流动金融资产的期末账面价值，在"其他非流动金融资产"项目反映。

（3）"应收票据"项目，反映资产负债表日以摊余成本计量的、企业因销售商品、提供服务等收到的商业汇票，包括银行承兑汇票和商业承兑汇票。该项目应根据"应收票据"科目的期末余额，减去"坏账准备"科目中相关坏账准备期末余额后的金额分析填列。

（4）"应收账款"项目，反映资产负债表日以摊余成本计量的、企业因销售商品、提供服务等经营活动应收取的款项。该项目应根据"应收账款"科目的期末余额，减去"坏账准备"科目中相关坏账准备期末余额后的金额分析填列。

（5）"应收款项融资"项目，反映资产负债表日以公允价值计量且其变动计入其他综合收益的应收票据和应收账款等。

（6）"预付款项"项目，反映企业按照购货合同规定预付给供应单位的款项等。本项目应根据"预付账款"和"应付账款"科目所属各明细科目的期末借方余额合计数，减去"坏账准备"科目中有关预付账款计提的坏账准备期末余额后的净额填列。如"预付账款"科目所属明细科目期末为贷方余额的，应在资产负债表"应付账款"项目内填列。

（7）"其他应收款"项目，反映企业除应收票据、应收账款、预付账款等经营活动以外的其他各种应收、暂付的款项。本项目应根据"应收利息""应收股利"和"其他应收款"科目的期末余额合计数，减去"坏账准备"科目中相关坏账准备期末余额后的金额填列。其中的"应收利息"仅反映相关金融工具已到期可收取但于资产负债表日尚未收到的利息。基于实际利率法计提的金融工具的利息应包含在相应金融工具的账面余额中。

（8）"存货"项目，反映企业期末在库、在途和在加工中的各种存货的可变现净值或成本（成本与可变现净值孰低）。存货包括各种材料、商品、在产品、半成品、包装物、低值易耗品、发出商品等。本项目应根据"材料采购""原材料""库存商品""周转材料""委托加工物资""发出商品""生产成本""受托代销商品"等科目的期末余额合计数，减去"受托代销商品款""存货跌价准备"科目期末余额后的净额填列。材料采用计划成本核算，以及库存商品采用计划成本核算或售价核算的企业，还应按加减材料成本差异、商品进销差价后的金额填列。

（9）"合同资产"项目，反映企业按照《企业会计准则第14号——收入》（2018）的相关规定，根据本企业履行履约义务与客户付款之间的关系在资产负债表中列示的合同资产。"合同资产"项目应根据"合同资产"科目的相关明细科目期末余额分析填列，同一合同下的合同资产和合同负债应当以净额列示，其中净额为借方余额的，应当根据其流动性在"合同资产"或"其他非流动资产"项目中填列，已计提减值准备的，还应以减去"合同资产减值准备"科目中相关的期末余额后的金额填列；其中净额为贷方余额的，应当根据其流动性在"合同负债"或"其他非流动负债"项目中填列。

（10）"持有待售资产"项目，反映资产负债表日划分为持有待售类别的非流动资产及划分为持有待售类别的处置组中的流动资产和非流动资产的期末账面价值。该项目应根据"持有待售资产"科目的期末余额，减去"持有待售资产减值准备"科目的期末余额后的金额填列。

（11）"一年内到期的非流动资产"项目，反映企业预计自资产负债表日起一年内变现的非流动资产。本项目应根据有关科目的期末余额分析填列。对于按照相关会计准则采用折旧（或摊销、折耗）方法进行后续计量的固定资产、使用权资产、无形资产和长期待摊费用等非流动资产，折旧（或摊销、折耗）年限（或期限）只剩一年或不足一年的，或预计在一年内（含一年）进行折旧（或摊销、折耗）的部分，不得归类为流动资产，仍在各该非流动资产项目中填列，不转入"一年内到期的非流动资产"项目。

（12）"债权投资"项目，反映资产负债表日企业以摊余成本计量的长期债权投资的期末账面价值。该项目应根据"债权投资"科目的相关明细科目期末余额，减去"债权投资减值准备"科目中相关减值准备的期末余额后的金额分析填列。自资产负债表日起一年内到期的长期债权投资的期末账面价值，在"一年内到期的非流动资产"项目反映。企业购入的以摊余成本计量的一年内到期的债权投资的期末账面价值，在"其他流动资产"项目反映。

（13）"其他债权投资"项目，反映资产负债表日企业分类为以公允价值计量且其变动计入其他综合收益的长期债权投资的期末账面价值。该项目应根据"其他债权投资"科目的相关明细科目期末余额分析填列。自资产负债表日起一年内到期的长期债权投资的期末账面价值，在"一年内到期的非流动资产"项目反映。企业购入的以公允价值计量且其变动计入其他综合收益的一年内到期的债权投资的期末账面价值，在"其他流动资产"项目反映。

（14）"长期应收款"项目，反映企业租赁产生的应收款项和采用递延方式分期收款、实质上具有融资性质的销售商品和提供劳务等经营活动产生的应收款项。本项目应根据"长期应收款"科目的期末余额，减去相应的"未实现融资收益"科目和"坏账准备"科目所属相关明细科目期末余额后的金额填列。

（15）"长期股权投资"项目，反映投资方对被投资单位实施控制、重大影响的权益性投资，以及对其合营企业的权益性投资。本项目应根据"长期股权投资"科目的期末余额，减去"长期股权投资减值准备"科目的期末余额后的净额填列。

（16）"其他权益工具投资"项目，反映资产负债表日企业指定为以公允价值计量且其变动计入其他综合收益的非交易性权益工具投资的期末账面价值。该项目应根据"其他权益工具投资"科目的期末余额填列。

（17）"固定资产"项目，反映资产负债表日企业固定资产的期末账面价值和企业尚未清理完毕的固定资产清理净损益。该项目应根据"固定资产"科目的期末余额，减去"累计折旧"和"固定资产减值准备"科目的期末余额后的金额，以及"固定资产清理"科目的期末余额填列。

（18）"在建工程"项目，反映资产负债表日企业尚未达到预定可使用状态的在建工程的期末账面价值和企业为在建工程准备的各种物资的期末账面价值。该项目应根据

"在建工程"科目的期末余额,减去"在建工程减值准备"科目的期末余额后的金额,以及"工程物资"科目的期末余额,减去"工程物资减值准备"科目的期末余额后的金额填列。

(19)"使用权资产"项目,反映资产负债表日承租人企业持有的使用权资产的期末账面价值。该项目应根据"使用权资产"科目的期末余额,减去"使用权资产累计折旧"和"使用权资产减值准备"科目的期末余额后的金额填列。

(20)"无形资产"项目,反映企业持有的专利权、非专利技术、商标权、著作权、土地使用权等无形资产的成本减去累计摊销和减值准备后的净值。本项目应根据"无形资产"科目的期末余额,减去"累计摊销"和"无形资产减值准备"科目期末余额后的净额填列。

(21)"开发支出"项目,反映企业开发无形资产过程中能够资本化形成无形资产成本的支出部分。本项目应当根据"研发支出"科目中所属的"资本化支出"明细科目期末余额填列。

(22)"长期待摊费用"项目,反映企业已经发生但应由本期和以后各期负担的分摊期限在一年以上的各项费用。长期待摊费用中在一年内(含一年)摊销的部分,在资产负债表"一年内到期的非流动资产"项目填列。本项目应根据"长期待摊费用"科目的期末余额,减去将于一年内(含一年)摊销的数额后的金额分析填列。

(23)"递延所得税资产"项目,反映企业根据所得税准则确认的可抵扣暂时性差异产生的所得税资产。本项目应根据"递延所得税资产"科目的期末余额填列。

(24)"其他非流动资产"项目,反映企业除上述非流动资产以外的其他非流动资产。本项目应根据有关科目的期末余额填列。

2. 负债项目的填列说明

(1)"短期借款"项目,反映企业向银行或其他金融机构等借入的期限在一年以下(含一年)的各种借款。本项目应根据"短期借款"科目的期末余额填列。

(2)"交易性金融负债"项目,反映企业资产负债表日承担的交易性金融负债,以及企业持有的直接指定为以公允价值计量且其变动计入当期损益的金融负债的期末账面价值;该项目应根据"交易性金融负债"科目的相关明细科目期末余额填列。

(3)"应付票据"项目,反映资产负债表日以摊余成本计量的、企业因购买材料+商品和接受服务等开出、承兑的商业汇票,包括银行承兑汇票和商业承兑汇票。该项目应根据"应付票据"科目的期末余额填列。

(4)"应付账款"项目,反映资产负债表日以摊余成本计量的、企业因购买材料、商品和接受服务等经营活动应支付的款项。该项目应根据"应付账款"和"预付账款"科目所属的相关明细科目的期末贷方余额合计数填列。

（5）"预收款项"项目，反映企业按照购货合同规定预收供应单位的款项。本项目应根据"预收账款"和"应收账款"科目所属各明细科目的期末贷方余额合计数填列。如"预收账款"科目所属明细科目期末为借方余额的，应在资产负债表"应收账款"项目内填列。

（6）"合同负债"项目，反映企业按照《企业会计准则第14号——收入》（2018）的相关规定，根据本企业履行履约义务与客户付款之间的关系在资产负债表中列示的合同负债。"合同负债"项目应根据"合同负债"的相关明细科目期末余额分析填列。

（7）"应付职工薪酬"项目，反映企业为获得职工提供的服务或解除劳动关系而给予的各种形式的报酬或补偿。企业提供给职工配偶、子女、受赡养人、已故员工遗属及其他受益人等的福利，也属于职工薪酬。职工薪酬主要包括短期薪酬、离职后福利、辞退福利和其他长期职工福利。本项目应根据"应付职工薪酬"科目所属各明细科目的期末贷方余额分析填列。外商投资企业按规定从净利润中提取的职工奖励及福利基金，也在本项目列示。

（8）"应交税费"项目，反映企业按照税法规定计算应交纳的各种税费，包括增值税、消费税、城市维护建设税、教育费附加、企业所得税、资源税、土地增值税、房产税、城镇土地使用税、车船税、矿产资源补偿费等。企业代扣代缴的个人所得税，也通过本项目列示。企业所交纳的税金不需要预计应交数的，如印花税、耕地占用税等，不在本项目列示。本项目应根据"应交税费"科目的期末贷方余额填列，如"应交税费"科目期末为借方余额，应以"-"号填列。需要说明的是，"应交税费"科目下的"应交增值税""未交增值税""待抵扣进项税额""待认证进项税额""增值税留抵税额"等明细科目期末借方余额应根据情况，在资产负债表中的"其他流动资产"或"其他非流动资产"项目列示；"应交税费——待转销项税额"等科目期末贷方余额应根据情况，在资产负债表中的"其他流动负债"或"其他非流动负债"项目列示；"应交税费"科目下的"未交增值税""简易计税""转让金融商品应交增值税""代扣代交增值税"等科目期末贷方余额应在资产负债表中的"应交税费"项目列示。

（9）"其他应付款"项目，反映企业除应付票据、应付账款、预收账款、应付职工薪酬、应交税费等经营活动以外的其他各项应付、暂收的款项。本项目应根据"应付利息""应付股利""其他应付款"科目的期末余额合计数填列。其中，"应付利息"科目仅反映相关金融工具已到期应支付但于资产负债表日尚未支付的利息。基于实际利率法计提的金融工具的利息应包含在相应金融工具的账面余额中。

（10）"持有待售负债"项目，反映资产负债表日处置组中与划分为持有待售类别的资产直接相关的负债的期末账面价值。本项目应根据"持有待售负债"科目的期末余额填列。

（11）"一年内到期的非流动负债"项目，反映企业非流动负债中将于资产负债表日后一年内到期部分的金额，如将于一年内偿还的长期借款。本项目应根据有关科目的期末余额分析填列。

（12）"长期借款"项目，反映企业向银行或其他金融机构借入的期限在一年以上（不含一年）的各项借款。本项目应根据"长期借款"科目的期末余额，扣除"长期借款"科目所属的明细科目中将在资产负债表日起一年内到期且企业不能自主地将清偿义务展期的长期借款后的金额计算填列。

（13）"应付债券"项目，反映企业为筹集长期资金而发行的债券本金及应付的利息。本项目应根据"应付债券"科目的期末余额分析填列。对于资产负债表日企业发行的金融工具，分类为金融负债的，应在本项目填列，对于优先股和永续债还应在本项目下的"优先股"项目和"永续债"项目分别填列。

（14）"租赁负债"项目，反映资产负债表日承租人企业尚未支付的租赁付款额的期末账面价值。该项目应根据"租赁负债"科目的期末余额填列。自资产负债表日起一年内到期应予以清偿的租赁负债的期末账面价值，在"一年内到期的非流动负债"项目反映。

（15）"长期应付款"项目，反映资产负债表日企业除长期借款和应付债券以外的其他各种长期应付款项的期末账面价值。应根据"长期应付款"科目的期末余额，减去相关的"未确认融资费用"科目的期末余额后的金额，以及"专项应付款"科目的期末余额填列。

（16）"预计负债"项目，反映企业根据或有事项等相关准则确认的各项预计负债，包括对外提供担保、未决诉讼、产品质量保证、重组义务以及固定资产和矿区权益弃置义务等产生的预计负债。本项目应根据"预计负债"科目的期末余额填列。企业按照《企业会计准则第22号——金融工具确认和计量》（2018）的相关规定，对贷款承诺等项目计提的损失准备，应当在本项目中填列。

（17）"递延收益"项目，反映尚待确认的收入或收益。本项目核算包括企业根据政府补助准则确认的应在以后期间计入当期损益的政府补助金额、售后租回形成融资租赁的售价与资产账面价值差额等其他递延性收入。本项目应根据"递延收益"科目的期末余额填列。本项目中摊销期限只剩一年或不足一年的，或预计在一年内(含一年)进行摊销的部分，不得归类为流动负债，仍在本项目中填列，不转入"一年内到期的非流动负债"项目。

(18)"递延所得税负债"项目，反映企业根据所得税准则确认的应纳税暂时性差异产生的所得税负债。本项目应根据"递延所得税负债"科目的期末余额填列。

(19)"其他非流动负债"项目，反映企业除以上非流动负债以外的其他非流动负债。本项目应根据有关科目期末余额，减去将于一年内(含一年)到期偿还数后的余额分析填列。非流动负债各项目中将于一年内(含一年)到期的非流动负债，应在"一年内到期的非流动负债"项目内反映。

3. 所有者权益项目的填列说明

(1)"实收资本(或股本)"项目，反映企业各投资者实际投入的资本(或股本)总额。本项目应根据"实收资本(或股本)"科目的期末余额填列。

(2)"其他权益工具"项目，反映资产负债表日企业发行在外的除普通股以外分类为权益工具的金融工具的期末账面价值，并下设"优先股"和"永续债"两个项目，分别反映企业发行的分类为权益工具的优先股和永续债的账面价值。

(3)"资本公积"项目，反映企业收到投资者出资超出其在注册资本或股本中所占的份额以及直接计入所有者权益的利得和损失等。本项目应根据"资本公积"科目的期末余额填列。

(4)"其他综合收益"项目，反映企业其他综合收益的期末余额。本项目应根据"其他综合收益"科目的期末余额填列。

(5)"专项储备"项目，反映高危行业企业按国家规定提取的安全生产费的期末账面价值。本项目应根据"专项储备"科目的期末余额填列。

(6)"盈余公积"项目，反映企业盈余公积的期末余额。本项目应根据"盈余公积"科目的期末余额填列。

(7)"未分配利润"项目，反映企业尚未分配的利润。本项目应根据"本年利润"科目和"利润分配"科目的余额计算填列。未弥补的亏损在本项目内以"-"号填列。

【例9-1】 2×21年12月31日，甲电子商务企业的资产负债情况如下：

(1)"库存现金"科目余额为0.1万元，"银行存款"科目余额为100.9万元，"其他货币资金"科目余额为99万元；

(2)"应收票据"科目的余额为1 300万元；"坏账准备"科目中有关应收票据计提的

坏账准备余额为45万元；

（3）"发出商品"科目借方余额为800万元，"生产成本"科目借方余额为300万元，"原材料"科目借方余额为100万元，"委托加工物资"科目借方余额为200万元，"材料成本差异"科目贷方余额为25万元，"存货跌价准备"科目贷方余额为100万元，"受托代销商品"科目借方余额400万元，"受托代销商品款"科目贷方余额为400万元；

（4）甲电子商务企业计划出售一项固定资产，该固定资产于2×21年12月31日被划分为持有待售固定资产，其账面价值为315万元，从划归为持有待售的下个月起停止计提折旧，不考虑其他因素；

（5）"固定资产"科目借方余额为4 000万元，"累计折旧"科目贷方余额为2 000万元，"固定资产减值准备"科目贷方余额为500万元，"固定资产清理"科目借方余额为500万元；

（6）"无形资产"科目借方余额为800万元，"累计摊销"科目贷方余额为200万元，"无形资产减值准备"科目贷方余额为100万元；

（7）"短期借款"科目的余额如下：银行质押借款10万元，信用借款40万元；

（8）"应付票据"科目的余额如下：25万元的银行承兑汇票，10万元的商业承兑汇票；

（9）"应付职工薪酬"科目明细项目为：工资、奖金、津贴和补贴70万元，社会保险费（含医疗保险、工伤保险）5万元，设定提存计划（含基本养老保险费）2.5万元，住房公积金2万元，工会经费和职工教育经费0.5万元；

（10）"长期借款"科目余额为155万元，其中自乙银行借入的5万元借款将于一年内到期，甲电子商务企业不具有自主展期清偿的权利；

（11）甲电子商务企业是由A公司于2×01年3月1日注册成立的有限责任公司，注册资本为人民币5 000万元，A公司以货币资金人民币5 000万元出资，占注册资本的100%，持有甲电子商务企业100%的权益。上述实收资本已于2×01年3月1日经相关会计师事务所出具的验资报告验证。该资本投入自2×01年至2×21年末未发生变动。

本例中，2×21年12月31日，甲电子商务企业资产负债表应填列如下：

（1）"货币资金"项目"期末余额"栏的列报金额=0.1+100.9+99=200（万元）；

（2）"应收票据"项目"期末余额"栏的列报金额=1 300-45=1 255（万元）；

（3）"存货"项目"期末余额"栏的列报金额=800+300+100+200-25-100+400-400=1 275（万元）；

（4）"持有待售资产"项目"期末余额"栏的列报金额为315万元；

(5)"固定资产"项目"期末余额"栏的列报金额=4 000-2 000-500+500=2 000(万元);

(6)"无形资产"项目"期末余额"栏的列报金额=800-200-100=500(万元);

(7)甲电子商务企业资产负债表中"短期借款"项目"期末余额"栏的列报金额=10+40=50(万元);

(8)"应付票据"项目"期末余额"栏的列报金额=25+10=35(万元);

(9)"应付职工薪酬"项目"期末余额"栏的列报金额=70+5+2.5+2+0.5=80(万元);

(10)"长期借款"项目"期末余额"栏的列报金额=155-5=150(万元),"一年内到期的非流动负债"项目"期末余额"栏的列报金额为5万元;

(11)"实收资本(或股本)"项目"期末余额"栏的列报金额为5 000万元。

据此,甲电子商务企业编制的2×21年12月31日的资产负债表如表9-2所示。

表9-2 资产负债表

会企01表

编制单位:甲电子商务企业　　　2×21年12月31日　　　单位:元

资产	期末余额	上年年末余额	负债和所有者权益(或股东权益)	期末余额	上年年末余额
流动资产:			流动负债:		
货币资金	2 000 000		短期借款	500 000	
交易性金融资产			交易性金融负债		
衍生金融资产			衍生金融负债		
应收票据	12 550 000		应付票据	350 000	
应收账款			应付账款		
应收款项融资			预收款项		
预付款项			合同负债		
其他应收款			应付职工薪酬	800 000	
存货	12 750 000		应交税费		
合同资产			其他应付款		
持有待售资产	3 150 000		持有待售负债		
一年内到期的非流动资产			一年内到期的非流动负债	50 000	
其他流动资产			其他流动负债		
流动资产合计	30 450 000		流动负债合计	1 700 000	

续表

资产	期末余额	上年年末余额	负债和所有者权益（或股东权益）	期末余额	上年年末余额
非流动资产：			非流动负债：		
债权投资			长期借款	1 500 000	
其他债权投资			应付债券		
长期应收款			其中：优先股		
长期股权投资			永续债		
其他权益工具投资			租赁负债		
其他非流动金融资产			长期应付款		
投资性房地产			预计负债		
固定资产	20 000 000		递延收益		
在建工程			递延所得税负债		
生产性生物资产			其他非流动负债		
油气资产			非流动负债合计	1 500 000	
使用权资产			负债合计	3 200 000	
无形资产	5 000 000		所有者权益（或股东权益）：		
开发支出			实收资本（或股本）	50 000 000	
商誉			其他权益工具		
长期待摊费用			其中：优先股		
递延所得税资产			永续债		
其他非流动资产			资本公积		
非流动资产合计	25 000 000		减：库存股		
			其他综合收益		
			专项储备		
			盈余公积		
			未分配利润	2 250 000	
			所有者权益（或股东权益）合计	52 250 000	
资产总计	55 450 000		负债和所有者权益（或股东权益）总计	55 450 000	

二、利润表

（一）利润表的格式

利润表，又称损益表，是反映企业在一定会计期间的经营成果的报表。通过利润表,可以反映企业在一定会计期间收入、费用、利润(或亏损)的金额和构成情况,为财务报表使用者全面了解企业的经营成果、分析企业的获利能力及盈利增长趋势、作出经济决策提供依据。

利润表编制的原理是"收入-费用=利润"的会计平衡公式和收入与费用的配比原则。企业在生产经营中不断地取得各项收入,同时发生各种费用,收入减去费用剩余部分为企业的盈利。如果企业经营不善,发生的生产经营费用超过取得的收入,超过部分为企业的亏损。将取得的收入和发生的相关费用进行对比,对比结果表现为企业的经营成果。企业将经营成果的核算过程和结果编成报表,即利润表。

表9-3 利润表

会企02表

编制单位: 　　　　　　年　　月　　　　　　　　单位:元

项目	本期金额	上期金额
一、营业收入		
减:营业成本		
税金及附加		
销售费用		
管理费用		
研发费用		
财务费用		
其中:利息费用		
利息收入		
加:其他收益		
投资收益(损失以"-"号填列)		
其中:对联营企业和合营企业的投资收益		
以摊余成本计量的金融资产终止确认收益(损失以"-"号填列)		
净敞口套期收益(损失以"-"号填列)		
公允价值变动收益(损失以"-"号填列)		
信用减值损失(损失以"-"号填列)		
资产减值损失(损失以"-"号填列)		
资产处置收益(损失以"-"号填列)		
二、营业利润(亏损以"-"号填列)		
加:营业外收入		
减:营业外支出		
三、利润总额(亏损总额以"-"号填列)		

续表

项　目	本期金额	上期金额
减：所得税费用		
四、净利润（净亏损以"-"号填列）		
（一）持续经营净利润（净亏损以"-"号填列）		
（二）终止经营净利润（净亏损以"-"号填列）		
五、其他综合收益的税后净额		
（一）不能重分类进损益的其他综合收益		
1. 重新计量设定受益计划变动额		
2. 权益法下不能转损益的其他综合收益		
3. 其他权益工具投资公允价值变动		
4. 企业自身信用风险公允价值变动		
……		
（二）将重分类进损益的其他综合收益		
1. 权益法下可转损益的其他综合收益		
2. 其他债权投资公允价值变动		
3. 金融资产重分类计入其他综合收益的金额		
4. 其他债权投资信用减值准备		
5. 现金流量套期		
6. 外币财务报表折算差额		
……		
六、综合收益总额		
七、每股收益：		
（一）基本每股收益		
（二）稀释每股收益		

（二）利润表的编制

1. 总体介绍

利润表各项目均需填列"本期金额"和"上期金额"两栏。其中"上期金额"栏内各项数字，应根据上年该期利润表的"本期金额"栏内所列数字填列。"本期金额"栏内各期数字，除"基本每股收益"和"稀释每股收益"项目外，应当按照相关科目的发生额分析填列。

2. 具体项目填列说明

（1）"营业收入"项目，反映企业经营主要业务和其他业务所确认的收入总额。本项目应根据"主营业务收入"和"其他业务收入"科目的发生额分析填列。

(2)"营业成本"项目反映企业经营主要业务和其他业务所发生的成本总额。本项目应根据"主营业务成本"和"其他业务成本"科目的发生额分析填列。

(3)"税金及附加"项目，反映企业经营业务应负担的消费税、城市维护建设税、教育费附加、资源税、土地增值税、房产税、车船税、城镇土地使用税、印花税等相关税费。本项目应根据"税金及附加"科目的发生额分析填列。

(4)"销售费用"项目，反映企业在销售商品过程中发生的包装费、广告费等费用和为销售本企业商品而专设的销售机构的职工薪酬、业务费等经营费用。本项目应根据"销售费用"科目的发生额分析填列。

(5)"管理费用"项目，反映企业为组织和管理生产经营发生的管理费用。本项目应根据"管理费用"科目的发生额分析填列。

(6)"研发费用"项目，反映企业进行研究与开发过程中发生的费用化支出以及计入管理费用的自行开发无形资产的摊销。本项目应根据"管理费用"科目下的"研发费用"明细科目的发生额以及"管理费用"科目下"无形资产摊销"明细科目的发生额分析填列。

(7)"财务费用"项目，反映企业为筹集生产经营所需资金等而发生的应予费用化的利息支出。本项目应根据"财务费用"科目的相关明细科目发生额分析填列。其中："利息费用"项目，反映企业为筹集生产经营所需资金等而发生的应予费用化的利息支出，本项目应根据"财务费用"科目的相关明细科目的发生额分析填列。"利息收入"项目，反映企业应冲减财务费用的利息收入，本项目应根据"财务费用"科目的相关明细科目的发生额分析填列。

(8)"其他收益"项目，反映计入其他收益的政府补助，以及其他与日常活动相关且计入其他收益的项目。本项目应根据"其他收益"科目的发生额分析填列。企业作为个人所得税的扣缴义务人，根据《中华人民共和国个人所得税法》收到的扣缴税款手续费，应作为其他与日常活动相关的收益在本项目中填列。

(9)"投资收益"项目，反映企业以各种方式对外投资所取得的收益。本项目应根据"投资收益"科目的发生额分析填列。如为投资损失，本项目以"-"号填列。

(10)"净敞口套期收益"项目，反映净敞口套期下被套期项目累计公允价值变动转入当期损益的金额或现金流量套期储备转入当期损益的金额。本项目应根据"净敞口套期损益"科目的发生额分析填列；如为套期损失，本项目以"-"号填列。

(11)"公允价值变动收益"项目，反映企业应当计入当期损益的资产或负债公允价值变动收益。本项目应根据"公允价值变动损益"科目的发生额分析填列，如为净损失，本项目以"-"号填列。

（12）"信用减值损失"项目，反映企业按照《企业会计准则第22号——金融工具确认和计量》（2018）的要求计提的各项金融工具信用减值准备所确认的信用损失。本项目应根据"信用减值损失"科目的发生额分析填列。

（13）"资产减值损失"项目，反映企业有关资产发生的减值损失。本项目应根据"资产减值损失"科目的发生额分析填列。

（14）"资产处置收益"项目，反映企业出售划分为持有待售的非流动资产（金融工具、长期股权投资和投资性房地产除外）或处置组（子公司和业务除外）时确认的处置利得或损失，以及处置未划分为持有待售的固定资产、在建工程、生产性生物资产及无形资产而产生的处置利得或损失。债务重组中因处置非流动资产（金融工具、长期股权投资和投资性房地产除外）产生的利得或损失和非货币性资产交换中换出非流动资产（金融工具、长期股权投资和投资性房地产除外）产生的利得或损失也包括在本项目内。本项目应根据"资产处置损益"科目的发生额分析填列；如为处置损失，本科目以"-"号填列。

（15）"营业利润"项目，反映企业实现的营业利润。如为亏损，本科目以"-"号填列。

（16）"营业外收入"项目，反映企业发生的除营业利润以外的收益，主要包括与企业日常活动无关的政府补助、盘盈利得、捐赠利得（企业接受股东或股东的子公司直接或间接的捐赠，经济实质属于股东对企业的资本性投入的除外）等。本项目应根据"营业外收入"科目的发生额分析填列。

（17）"营业外支出"项目，反映企业发生的除营业利润以外的支出，主要包括公益性捐赠支出、非常损失、盘亏损失、非流动资产毁损报废损失等。本项目应根据"营业外支出"科目的发生额分析填列。"非流动资产毁损报废损失"通常包括因自然灾害发生毁损、已丧失使用功能等原因而报废清理产生的损失。企业在不同交易中形成的非流动资产毁损报废利得和损失不得相互抵销，应分别在"营业外收入"项目和"营业外支出"项目进行填列。

（18）"利润总额"项目，反映企业实现的利润。如为亏损，本项目以"-"号填列。

（19）"所得税费用"项目，反映企业应从当期利润总额中扣除的所得税费用。本项目应根据"所得税费用"科目的发生额分析填列。

（20）"净利润"项目，反映企业实现的净利润。如为亏损，本项目以"-"号填列。

（21）"其他综合收益的税后净额"项目，反映企业根据企业会计准则规定未在损益中确认的各项利得和损失扣除所得税影响后的净额。

（22）"综合收益总额"项目，反映企业净利润与其他综合收益（税后净额）的合计金额。

（23）"每股收益"项目，包括基本每股收益和稀释每股收益两项指标，反映普通股或潜在普通股已公开交易的企业，以及正处在公开发行普通股或潜在普通股过程中的企业的每股收益信息。

（24）"（一）持续经营净利润"和"（二）终止经营净利润"项目，分别反映净利润中与持续经营相关的净利润和与终止经营相关的净利润；如为净亏损，以"-"号填列。该两个项目应按照《企业会计准则第42号——持有待售的非流动资产、处置组和终止经营》的相关规定分别列报。

（25）"其他权益工具投资公允价值变动"项目，反映企业指定为以公允价值计量且其变动计入其他综合收益的非交易性权益工具投资发生的公允价值变动。该项目应根据"其他综合收益"科目的相关明细科目的发生额分析填列。

（26）"企业自身信用风险公允价值变动"项目，反映企业指定为以公允价值计量且其变动计入当期损益的金融负债，由企业自身信用风险变动引起的公允价值变动而计入其他综合收益的金额。该项目应根据"其他综合收益"科目的相关明细科目的发生额分析填列。

（27）"其他债权投资公允价值变动"项目，反映企业分类为以公允价值计量且其变动计入其他综合收益的债权投资发生的公允价值变动。企业将一项以公允价值计量且其变动计入其他综合收益的金融资产重分类为以摊余成本计量的金融资产，或重分类为以公允价值计量且其变动计入当期损益的金融资产时，之前计入其他综合收益的累计利得或损失从其他综合收益中转出的金额作为该项目的减项。该项目应根据"其他综合收益"科目下的相关明细科目的发生额分析填列。

（28）"金融资产重分类计入其他综合收益的金额"项目，反映企业将一项以摊余成本计量的金融资产重分类为以公允价值计量且其变动计入其他综合收益的金融资产时，计入其他综合收益的原账面价值与公允价值之间的差额。该项目应根据"其他综合收益"科目下的相关明细科目的发生额分析填列。

（29）"其他债权投资信用减值准备"项目，反映企业按照《企业会计准则第22号——金融工具确认和计量》（财会〔2017〕7号）第十八条分类为以公允价值计量且其变动计入其他综合收益的金融资产的损失准备。该项目应根据"其他综合收益"科目下的"信用减值准备"明细科目的发生额分析填列。

(30)"现金流量套期储备"项目,反映企业套期工具产生的利得或损失中属于套期有效的部分。该项目应根据"其他综合收益"科目下的"套期储备"明细科目的发生额分析填列。

【例 9-2】 甲电子商务企业 2×21 年度经营情况如下:

(1)"主营业务收入"科目发生额明细如下所示:A 商品销售收入合计 8 000 万元,B 商品销售收入合计 1 400 万元;"其他业务收入"科目发生额合计 600 万元;

(2)"主营业务成本"科目发生额合计 7 500 万元、"其他业务成本"科目发生额合计 500 万元;

(3)"税金及附加"科目的发生额如下:城市维护建设税合计 50 万元,教育费附加合计 30 万元,房产税合计 400 万元,城镇土地使用税合计 20 万元;

(4)"管理费用"科目发生额合计数为 600 万元;

(5)"财务费用"科目的发生额如下所示:银行长期借款利息费用合计 400 万元,银行短期借款利息费用 90 万元,银行存款利息收入合计 8 万元,银行手续费支出合计 18 万元;

(6)"投资收益"科目的发生额如下所示:按权益法核算的长期股权投资收益合计 290 万元,按成本法核算的长期股权投资收益合计 200 万元,处置长期股权投资发生的投资损失合计 500 万元;

(7)"资产减值损失"科目的发生额如下所示:存货减值损失合计 85 万元,固定资产减值损失合计 189 万元,无形资产减值损失合计 26 万元;

(8)"营业外收入"科目的发生额如下所示:接受无偿捐赠利得 68 万元,现金盘盈利得合计 2 万元;

(9)"营业外支出"科目的发生额如下所示:固定资产盘亏损失 14 万元,罚没支出合计 10 万元,捐赠支出合计 4 万元,其他支出 2 万元;

(10)甲电子商务企业 2×21 年度"所得税费用"科目的发生额合计 36 万元。

本例中,2×21 年 12 月 31 日,甲电子商务企业经营情况应填列如下:

(1)"营业收入"项目"本期金额"栏的列报金额 = 8 000 + 1 400 + 600 = 10 000(万元);

(2)"营业成本"项目"本期金额"栏的列报金额 = 7 500 + 500 = 8 000(万元);

(3)"税金及附加"项目"本期金额"栏的列报金额 = 50 + 30 + 400 + 20 = 500(万元);

(4)"管理费用"项目"本期金额"栏的列报金额为 600 万元;

(5)"财务费用"项目"本期金额"栏的列报金额 = 400 + 90 - 8 + 18 = 500(万元);

（6）"投资收益"项目"本期金额"栏的列报金额 = 290 + 200 - 500 = -10（万元）；

（7）"资产减值损失"项目"本期金额"栏的列报金额 = 85 + 189 + 26 = 300（万元）；

（8）"营业外收入"项目"本期金额"栏的列报金额 = 68 + 2 = 70（万元）；

（9）"营业外支出"项目"本期金额"栏的列报金额 = 14 + 10 + 4 + 2 = 30（万元）；

（10）"所得税费用"项目"本期金额"栏的列报金额为 36 万元。

据此，甲电子商务企业编制的 2×21 年度利润表如表 9-4 所示。

表 9-4　利润表

会企 02 表

编制单位：甲电子商务企业　　　　　　2×21 年　　　　　　　　　　　单位：元

项　　目	本期金额	上期金额
一、营业收入	100 000 000	
减：营业成本	80 000 000	
税金及附加	5 000 000	
销售费用		
管理费用	6 000 000	
研发费用		
财务费用	5 000 000	
其中：利息费用	5 080 000	
利息收入	80 000	
加：其他收益		
投资收益（损失以"-"号填列）	-100 000	
其中：对联营企业和合营企业的投资收益	2 900 000	
以摊余成本计量的金融资产终止确认收益（损失以"-"号填列）		
净敞口套期收益（损失以"-"号填列）		
公允价值变动收益（损失以"-"号填列）		
信用减值损失（损失以"-"号填列）		
资产减值损失（损失以"-"号填列）	-3 000 000	
资产处置收益（损失以"-"号填列）		
二、营业利润（亏损以"-"号填列）	900 000	
加：营业外收入	700 000	
减：营业外支出	300 000	
三、利润总额（亏损总额以"-"号填列）	1 300 000	
减：所得税费用	360 000	
四、净利润（净亏损以"-"号填列）	940 000	

续表

项　　目	本期金额	上期金额
（一）持续经营净利润（净亏损以"-"号填列）	940 000	
（二）终止经营净利润（净亏损以"-"号填列）		
五、其他综合收益的税后净额		
（一）不能重分类进损益的其他综合收益		
1. 重新计量设定受益计划变动额		
2. 权益法下不能转损益的其他综合收益		
3. 其他权益工具投资公允价值变动		
4. 企业自身信用风险公允价值变动		
……		
（二）将重分类进损益的其他综合收益		
1. 权益法下可转损益的其他综合收益		
2. 其他债权投资公允价值变动		
3. 金融资产重分类计入其他综合收益的金额		
4. 其他债权投资信用减值准备		
5. 现金流量套期		
6. 外币财务报表折算差额		
……		
六、综合收益总额	940 000	
七、每股收益：		
（一）基本每股收益		
（二）稀释每股收益		

三、现金流量表

（一）现金流量表的格式

现金流量表是反映企业在一定会计期间现金和现金等价物流入和流出的报表。通过现金流量表，可以为报表使用者提供企业一定会计期间内现金和现金等价物流入和流出的信息，便于使用者了解和评价企业获取现金和现金等价物的能力，据以预测企业未来现金流量。

我国企业现金流量表采用报告式结构，将现金流按企业业务活动的性质和现金流量的来源分为经营活动产生的现金流量、投资活动产生的现金流量和筹资活动产生的现金流量，分别反映，最后汇总反映企业某一期间现金及现金等价物的净增加额。

第九章 功绩精妍世少伦——财务报表与分析

表 9-5 现金流量表

会企 03 表

编制单位：　　　　　　　　　　　　年　月　　　　　　　　　　　　单位：元

项　目	本期金额	上期金额
一、经营活动产生的现金流量		
销售商品、提供劳务收到的现金		
收到的税费返还		
收到其他与经营活动有关的现金		
经营活动现金流入小计		
购买商品、接受劳务支付的现金		
支付给职工以及为职工支付的现金		
支付的各项税费		
支付其他与经营活动有关的现金		
经营活动现金流出小计		
经营活动产生的现金流量净额		
二、投资活动产生的现金流量		
收回投资收到的现金		
取得投资收益收到的现金		
处置固定资产、无形资产和其他长期资产收回的现金净额		
处置子公司及其他营业单位收到的现金净额		
收到其他与投资活动有关的现金		
投资活动现金流入小计		
购建固定资产、无形资产和其他长期资产支付的现金		
投资支付的现金		
取得子公司及其他营业单位支付的现金净额		
支付其他与投资活动有关的现金		
投资活动现金流出小计		
投资活动产生的现金流量净额		
三、筹资活动产生的现金流量：		
吸收投资收到的现金		
取得借款收到的现金		
收到其他与筹资活动有关的现金		
筹资活动现金流入小计		
偿还债务支付的现金		
分配股利、利润或偿付利息支付的现金		

续表

项　目	本期金额	上期金额
支付其他与筹资活动有关的现金		
筹资活动现金流出小计		
筹资活动产生的现金流量净额		
四、汇率变动对现金及现金等价物的影响		
五、现金及现金等价物净增加额		
加：期初现金及现金等价物余额		
六、期末现金及现金等价物余额		

(二)现金流量表的编制

1. 经营活动产生的现金流量的项目说明

(1)"销售商品、提供劳务收到的现金"项目反映企业本年销售商品、提供劳务收到的现金，以及以前年度销售商品、提供劳务本年收到的现金(包括应向购买者收取的增值税销项税额)和本年预收的款项，减去本年销售本年退回商品和以前年度销售本年退回商品支付的现金。企业销售材料和代购代销业务收到的现金，也在本项目反映。

(2)"收到的税费返还"项目反映企业收到返还的所得税、增值税、消费税、关税和教育费附加等各种税费返还款。

(3)"收到其他与经营活动有关的现金"项目反映企业经营租赁收到的租金等其他与经营活动有关的现金流入，金额较大的应当单独列示。企业实际收到的政府补助，无论是与资产相关还是与收益相关，均在"收到其他与经营活动有关的现金"项目填列。

(4)"购买商品、接受劳务支付的现金"项目反映企业本年购买商品、接受劳务实际支付的现金(包括增值税进项税额)，以及本年支付以前年度购买商品、接受劳务的未付款项和本年预付款项，减去本年发生的购货退回收到的现金。企业购买材料和代购代销业务支付的现金，也在本项目反映。

(5)"支付给职工以及为职工支付的现金"项目反映企业本年实际支付给职工的工资、资金、各种津贴和补贴等职工薪酬(包括代扣代缴的职工个人所得税)。

(6)"支付的各项税费"项目反映企业本年发生并支付、以前各年发生本年支付以及预交的各项税费，包括所得税、增值税、消费税、印花税、房产税、土地增值税、车船税、教育费附加等。

(7)"支付其他与经营活动有关的现金"项目反映企业经营租赁支付的租金、支付的差旅费、业务招待费、保险费、罚款支出等其他与经营活动有关的现金流出，金额较大的应当单独列示。

2. 投资活动产生的现金流量的项目说明

（1）"收回投资收到的现金"项目反映企业出售、转让或到期收回除现金等价物以外的对其他企业长期股权投资而收到的现金，但处置子公司及其他营业单应收到的现金净额除外。

（2）"取得投资收益收到的现金"项目反映企业除现金等价物以外的对其他企业的长期股权投资等分回的现金股利和利息等。

（3）"处置固定资产、无形资产和其他长期资产收回的现金净额"项目反映企业出售、报废固定资产、无形资产和其他长期资产所取得的现金（包括因资产毁损而收到的保险赔偿收入），减去为处置这些资产而支付的有关费用后的净额。

（4）"处置子公司及其他营业单应收到的现金净额"项目反映企业处置子公司及其他营业单位所取得的现金，减去相关处置费用以及子公司及其他营业单位持有的现金和现金等价物后的净额。

（5）"购建固定资产、无形资产和其他长期资产支付的现金"项目反映企业购买、建造固定资产、取得无形资产和其他长期资产所支付的现金（含增值税款等），以及用现金支付的应由在建工程和无形资产负担的职工薪酬。

（6）"投资支付的现金"项目反映企业取得除现金等价物以外的对其他企业的长期股权投资所支付的现金以及支付的佣金、手续费等附加费用，但取得子公司及其他营业单位支付的现金净额除外。

（7）"取得子公司及其他营业单位支付的现金净额"项目反映企业购买子公司及其他营业单位购买出价中以现金支付的部分，减去子公司及其他营业单位持有的现金和现金等价物后的净额。

（8）"收到其他与投资活动有关的现金"与"支付其他与投资活动有关的现金"项目反映企业除上述（1）至（7）项目外收到或支付的其他与投资活动有关的现金，金额较大的应当单独列示。

3. 筹资活动产生的现金流量的项目说明

（1）"吸收投资收到的现金"项目反映企业以发行股票、债券等方式筹集资金实际收到的款项，减去直接支付的佣金、手续费、宣传费、咨询费、印刷费等发行费用后的净额。

（2）"取得借款收到的现金"项目反映企业举借各种短期、长期借款而收到的现金。

(3)"偿还债务支付的现金"项目反映企业为偿还债务本金而支付的现金。

(4)"分配股利、利润或偿付利息支付的现金"项目反映企业实际支付的现金股利、支付给其他投资单位的利润或用现金支付的借款利息、债券利息。

(5)"收到其他与筹资活动有关的现金""支付其他与筹资活动有关的现金"项目反映企业除上述(1)至(4)项目外收到或支付的其他与筹资活动有关的现金,金额较大的应当单独列示。

4."汇率变动对现金及现金等价物的影响"项目,反映下列项目之间的差额:

(1)企业外币现金流量折算为记账本位币时,采用现金流量发生日的即期汇率近似的汇率折算的金额(编制合并现金流量表时折算境外子公司的现金流量,应当比照处理)。

(2)企业外币现金及现金等价物净增加额按年末汇率折算的金额填列。

【例9-3】 乙电子商务企业相关资料如下:

1. 2×21年度乙电子商务企业利润表有关项目的资料如下:

表9-6 利润表

会企02表

编制单位:乙电子商务企业　　　　2×21年度　　　　　　　　　单位:元

项目	本期金额	上期金额
一、营业收入	2 470 000	
减:营业成本	732 000	
税金及附加	20 000	
销售费用	180 000	
管理费用	153 100	
研发费用		
财务费用	40 500	
其中:利息费用		
利息收入		
加:其他收益		
投资收益(损失以"-"号填列)	95 000	
其中:对联营企业和合营企业的投资收益	0	
以摊余成本计量的金融资产终止确认收益(损失以"-"号填列)		
净敞口套期收益(损失以"-"号填列)		
公允价值变动收益(损失以"-"号填列)	0	

续表

项目	本期金额	上期金额
信用减值损失（损失以"-"号填列）		
资产减值损失（损失以"-"号填列）	30 800	
资产处置收益（损失以"-"号填列）		
二、营业利润（亏损以"-"号填列）	1 408 600	
加：营业外收入	150 000	
减：营业外支出	18 500	
三、利润总额（亏损总额以"-"号填列）	1 540 100	
减：所得税费用	205 000	
四、净利润（净亏损以"-"号填列）	133 510	
（一）持续经营净利润（净损失以"-"号填列）		
（二）终止经营净利润（净损失以"-"号填列）		
五、其他综合收益的税后净额：		
（一）不能重分类进损益的其他综合收益		
1. 重新计量设定受益计划变动额		
2. 权益法下不能转损益的其他综合收益		
3. 其他权益工具投资公允价值变动		
4. 企业自身信用风险公允价值变动		
……		
（二）将重分类进损益的其他综合收益		
1. 权益法下可转损益的其他综合收益		
2. 其他债券投资公允价值变动		
3. 金融资产重分类计入其他综合收益的金额		
4. 其他债券投资信用减值准备		
5. 现金流量套期储备		
6. 外币财务报表折算差额		
……		
六、综合收益总额		
七、每股收益		
（一）基本每股收益		
（二）稀释每股收益		

（1）管理费用的组成：职工薪酬80 000元，无形资产摊销30 000元，折旧费20 000元，支付其他费用23 100元。

(2)财务费用的组成：计提借款利息10 500元，支付应收票据（银行承兑汇票）贴现利息30 000元。

(3)资产减值损失的组成：计提坏账准备800元，计提固定资产减值准备30 000元。上年年末坏账准备余额为800元。

(4)投资收益的组成：收到股息收入90 500元，与本金一起收回的交易性股票投资收益500元，自公允价值变动损益结转投资收益4 000元。

(5)营业外收入的组成：处置固定资产净收益150 000元（其所处置固定资产原价为400 000元，累计折旧为250 000元。收到处置收入300 000元）。假定不考虑与固定资产处置有关的税费。

(6)营业外支出的组成：报废固定资产净损失18 500元（其所报废固定资产原价为200 000元，累计折旧为180 000元，支付清理费用300元，收到残值收入1 800元）。

(7)所得税费用的组成：当期所得税费用212 500元，递延所得税收益7 500元。

除上述项目外，利润表中的销售费用180 000元至期末已经支付。

2. 2×21年度乙电子商务企业资产负债表有关项目的资料如下：

表9-7 资产负债表

会企01表

编制单位：乙电子商务企业　　　　日期：2×21年12月31日　　　　单位：元

资产	期末余额	上年年末余额	负债和所有者权益（或股东权益）	期末余额	上年年末余额
流动资产：			流动负债：		
货币资金	712 200	1 406 300	短期借款	50 000	300 000
交易性金融资产	0	15 000	交易性金融负债	0	0
衍生金融资产	0	0	衍生金融负债	0	0
应收票据	46 000	246 000	应付票据	100 000	200 000
应收账款	598 500	299 100	应付账款	603 800	953 800
应收款项融资	0	0	预收款项	350 000	500 000
预付款项	100 000	100 000	合同负债	0	0
其他应收款	5 000	5 000	应付职工薪酬	180 000	110 000
存货	2 574 700	2 580 000	应交税费	100 000	36 600
合同资产	0	0	其他应付项	150 000	50 000
持有待售资产	0	0	持有待售负债	0	0

第九章　功绩精妍世少伦——财务报表与分析

续表

资产	期末余额	上年年末余额	负债和所有者权益（或股东权益）	期末余额	上年年末余额
一年内到期的非流动资产	0	0	一年内到期的非流动负债	0	501 000
其他流动资产	7 125	100 000	其他流动负债	0	0
流动资产合计	4 043 525	4 751 400	流动负债合计	1 533 800	2 651 400
非流动资产：			非流动负债：		
债权投资	0	0	长期借款	1 160 000	600 000
其他债权投资	0	0	应付债券	0	0
长期应收款	0	0	其中：优先股	0	0
长期股权投资	250 000	250 000	永续债	0	0
其他权益工具投资	0	0	租赁负债	0	0
其他非流动金融资产	0	0	长期应付款	0	0
投资性房地产	0	0	预计负债	0	0
固定资产	2 231 000	1 100 000	递延收益	0	0
在建工程	703 933.2	1 500 000	递延所得税负债	0	0
生产性生物资产	0	0	其他非流动负债	0	0
油气资产	0	0	非流动负债合计	1 160 000	600 000
使用权资产	0	0	负债合计	2 693 800	3 251 400
无形资产	570 000	600 000	所有者权益（或股东权益）：		
开发支出	0	0	实收资本（或股本）	5 000 000	5 000 000
商誉	0	0	其他权益工具	0	0
长期待摊费用	0	0	其中：优先股	0	0
递延所得税资产	7 500	0	永续债	0	0
其他非流动资产	162 500	200 000	资本公积	0	0
非流动资产合计	392 4933.2	3 650 000	减：库存股	0	0
			其他综合收益	0	0
			专项储备	0	0
			盈余公积	166 621.1	100 000
			未分配利润	108 037.15	50 000
			所有者权益（或股东权益）合计	5 274 658.2	5 150 000
资产总计	7 968 458.2	8 401 400	负债和股东权益（或股东权益）总计	7 968 458.2	8 401 400

（1）本期收回交易性股票投资本金15 000元、公允价值变动4 000元，同时实现投资收益500元。

（2）存货中生产成本、制造费用的组成：职工薪酬353 800元。折旧费90 000元。

（3）应交税费的组成：本期增值税进项税额165 512元，增值税销项税额207 536元，已交增值税10 000元；应交所得税期末余额为21 376元，应交所得税期初余额为0；应交税费期末数中应由在建工程负担的部分为100 000元。

（4）应付职工薪酬的期初数无应付在建工程人员的部分，本期支付在建工程人员职工薪酬200 000元。应付职工薪酬的期末数中应付在建工程人员的部分为25 000元。

（5）应付利息均为短期借款利息，其中本期计提利息10 500元，支付利息10 500元。

（6）本期用现金购买固定资产1 200 000元，工程物资100 000元。

（7）本期用现金偿还短期借款250 000元，偿还一年内到期的长期借款501 000元；借入长期借款560 000元。

根据以上资料，采用分析填列的方法，编制乙电子商务企业2×19年度的现金流量表。

1. 乙电子商务企业2×21年度现金流量表各项目金额，分析确定如下：

（1）销售商品、提供劳务收到的现金＝主营业务收入＋应交税费（应交增值税——销项税额）＋（应收账款年初余额－应收账款期末余额）＋（应收票据年初余额－应收票据期末余额）－当期计提的坏账准备－票据贴现的利息＋（预收账款期末余额－预收账款年初余额）＝2 470 000＋207 536＋（299 100－598 500）＋（246 000－46 000）－800－30 000＋（350 000－500 000）＝2 397 336（元）

（2）购买商品、接受劳务支付的现金＝主营业务成本＋应交税费（应交增值税——进项税额）－（存货年初余额－存货期末余额）＋（应付账款年初余额－应付账款期末余额）＋（应付票据年初余额－应付票据期末余额）＋（预付账款期末余额－预付账款年初余额）－当期列入生产成本、制造费用的职工薪酬－当期列入生产成本、制造费用的折旧费和固定资产修理费＝732 000＋165 512－（2 580 000－2 574 700）＋（953 800－603 800）＋（200 000－100 000）＋（100 000－100 000）－353 800－90 000＝898 412（元）

（3）支付给职工以及为职工支付的现金＝生产成本、制造费用、管理费用中职工薪酬＋（应付职工薪酬年初余额－应付职工薪酬期末余额）－[应付职工薪酬（在建工程）年初余额－应付职工薪酬（在建工程）期末余额]＝353 800＋80 000＋（110 000－180 000）－（0－

25 000)=388 800(元)

(4)支付的各项税费=当期所得税费用+税金及附加+应交税费(应交增值税——已交税金)-(应交所得税期末余额-应交所得税期初余额)=212 500+20 000+100 000-(21 376-0)=311 124(元)

(5)支付其他与经营活动有关的现金=其他管理费用+销售费用=23 100+180 000=203 100(元)

(6)收回投资收到的现金=交易性金融资产贷方发生额+与交易性金融资产一起收回的投资收益=(15 000+4 000)+500=19 500(元)

(7)取得投资收益所收到的现金=收到的股息收入=90 500(元)

(8)处置固定资产收回的现金净额=300 000+(1 800-300)=301 500(元)

(9)购建固定资产支付的现金=用现金购买的固定资产、工程物资+支付给在建工程人员的薪酬=1 200 000+100 000+200 000=1 500 000(元)

(10)取得借款所收到的现金=560 000(元)

(11)偿还债务支付的现金=250 000+501 000=751 000(元)

(12)偿还利息支付的现金=10 500(元)

2.根据上述数据,编制现金流量表(见表9-8)。

表9-8 现金流量表

会企03表

编制单位:乙电子商务企业　　　　2×21年　　　　　　　　　单位:元

项目	本期金额	上期金额
一、经营活动产生的现金流量:		略
销售商品、提供劳务收到的现金	2397336	
收到的税费返还	0	
收到其他与经营活动有关的现金	0	
经营活动现金流入小计	2397336	
购买商品、接受劳务支付的现金	898412	
支付给职工以及为职工支付的现金	388800	
支付的各项税费	311124	
支付其他与经营活动有关的现金	203100	
经营活动现金流出小计	1801436	
经营活动产生的现金流量净额	595900	
二、投资活动产生的现金流量:		

续表

项目	本期金额	上期金额
收回投资收到的现金	19500	
取得投资收益收到的现金	90500	
处置固定资产、无形资产和其他长期资产收回的现金净额	301500	
处置子公司及其他营业单位收到的现金净额	0	
收到其他与投资活动有关的现金	0	
投资活动现金流入小计	411 500	
购建固定资产、无形资产和其他长期资产支付的现金	1 500 000	
投资支付的现金	0	
取得子公司及其他营业单位支付的现金净额	0	
支付其他与投资活动有关的现金	0	
投资活动现金流出小计	1500000	
投资活动产生的现金流量净额	-1088500	
三、筹资活动产生的现金流量:		
吸收投资收到的现金	0	
取得借款收到的现金	560000	
收到其他与筹资活动有关的现金	0	
筹资活动现金流入小计	560000	
偿还债务支付的现金	751000	
分配股利、利润或偿付利息支付的现金	10500	
支付其他与筹资活动有关的现金	0	
筹资活动现金流出小计	761500	
筹资活动产生的现金流量净额	-201500	
四、汇率变动对现金及现金等价物的影响	0	
五、现金及现金等价物净增加额	-694100	
加:期初现金及现金等价物余额	1406300	
六、期末现金及现金等价物余额	712200	

第三节 财务报表分析

财务报表分析是以财务报表数据为依据,运用一定的分析方法和技术,对企业的经营和财务状况进行分析,评价企业以往的经营业绩,衡量企业现在的财务状况,预测企业未来的趋势。财务报表分析得出的结论,不仅能说明企业目前的财务状况、经营成果和现金流量状态，更重要的是能为报表使用者展示企业未来的发展前景，为其做出决策提供依据。

一、财务分析的内容

虽然不同的报表使用者对财务报表分析的喜好不同，但所有人对报表分析又有趋同性，财务报表系统分析完全能满足所有报表使用者的需求，财务报表分析的内容主要有：

（一）资产负债表分析

从资产负债表内部分析的角度来看，资产负债表分析主要是对其自身结构以及表内各项目的分析等。从涉及财务指标分析的角度来看，资产负债表分析主要是企业偿债能力、营运能力的分析。

（二）利润表分析

从利润表内部分析的角度来看，利润表分析包括利润增减变动及其构成分析、主营业务利润分析、企业收入分析和成本费用分析等。从涉及财务指标分析的角度来看，利润表分析主要包括企业盈利能力、营运能力、发展能力的分析。

（三）现金流量表分析

从现金流量表内部分析的角度来看，现金流量表分析主要是对报表项目的结构分析，包括现金流入、现金流出和现金净流量的分析。从涉及财务指标分析的角度来看，现金流量表分析主要包括企业的偿债能力、盈利能力和股利支付能力分析。

以上三个方面的分析内容互相联系、互相补充，可以综合地描述出企业生产经营的财务状况、经营成果和现金流量情况，以满足不同使用者对会计信息的基本需要。其中偿债能力是企业财务目标实现的稳健保证，而营运能力是企业财务目标实现的物质基础，盈利能力则是前两者共同作用的结果，同时也对前两者的增强有推动作用。

目前，随着财务理论研究的不断发展，对企业财务报表进行综合分析的方法也越来越多，其中主要的，也经常被用来做分析的有杜邦分析体系、沃尔分析法等。

二、报表分析的方法

我们进行财务报表分析，可以结合企业的经营情况，从不同的角度、根据不同的标准来进行。前面的小节介绍了财务报表分析的标准，但是仅仅有标准还不够，还需要遵循一定的方法。虽然财务报表分析的形式多样，但其中始终贯穿着"比较分析"的原理，基本的分析方法主要有三种，分别是比率分析法、趋势分析法和因素分析法。

（一）比率分析法

所谓比率分析法，是指核算同一张财务报表的不同项目、不同类别之间，或两张不同报表中有关联的项目之间的比率关系，从相对数上对企业的财务状况进行分析和考察，借以评价企业的财务状况和经营成果是否存在问题的一种分析方法。

比率分析法按用以计算比率的项目不同，又可以分成结构比率、效率比率、相关比率等。

1. 结构比率

它是某项经济指标的各个组成部分与总体的比率，反映部分与总体的关系。其计算公式为：

结构比率＝某个组成部分数额÷总体数额

利用结构比率，可以考察总体中某个部分的形成和安排是否合理，以便协调各项经济活动。在资产负债表的分析中，为了了解企业各项资产（或负债或所有者权益）的构成情况，可以把每一项目都除以资产总计（或负债合计或所有者权益合计），以求得资产（或负债或所有者权益）的结构比率，如在损益表的分析中，为了了解产品销售收入的各构成项目的比重，可以把各构成项目除以产品销售收入，分别计算出相应的结构比率，借以分析对比它们相对于产品销售收入的比重变化情况。

2. 效率比率

它是某项经济活动中所费与所得的比率，用以反映企业投入与产出的关系。利用效率比率指标，可以进行得失比较，考察经营成果，评价经济效益。如将利润项目与销售成本、销售收入、资本等项目加以对比。计算出成本利润率、销售利润率以及总资产报酬率等利润率指标，可以从不同角度分析比较企业获利能力的高低及其增减变化情况。

3. 相关比率

它是以报表某个项目和与其有关但又不同的项目加以对比所得的比率。利用相关比率指标，可以考察有联系的相关业务安排得是否合理，以保障企业经营活动能够顺利进行。如将流动资产与流动负债加以对比，计算出流动比率，据以判断企业的短期偿债能力等。

（二）趋势分析法

所谓趋势分析法，是将企业两期或连续数期的财务报告中相同指标进行对比，确定其增减变动金额、方向和幅度,用以说明企业财务状况或经营成果变动趋势的一种方法。

采用趋势分析法,可以分析引起变化的主要原因、变动的性质,并预测企业未来的发展方向。趋势分析法的具体运用主要有以下三种方式:

1. 财务报表数据绝对额的比较

该方法是将连续数期的财务报表同一项目的金额并列起来,比较其增减变动金额和幅度,据以判断企业财务状况和经营成果发展变化的一种方法。

【例9-4】 表9-9为ABC网络公司2×18—2×22年销售收入变化表。

表9-9 销售收入变化表　　　　　　　　　　　　单位:万元

年份	2×18	2×19	2×20	2×21	2×22
销售收入	156.00	182.00	245.00	286.00	273.00
年增长幅度		16.67%	33.62%	16.73%	-3.55%

从表9-9中的数据中,我们可以简单地做一个趋势分析,由于此4年内各年的销售收入均在增加,增长幅度均在15%以上,我们就可以认为,前四年企业一直处于稳定发展状态。这是绝对额的趋势分析。

2. 重要财务指标的比较

重要财务指标的比较是将同一企业不同时期财务报告中的相同指标或比率行比较,直接观察其增减变动情况及变动幅度,考察其发展趋势,预测其发展方向。

【例9-5】 表9-10为ABC网络公司2×18—2×22年销售毛利率变化表:

表9-10 销售毛利率变化表　　　　　　　　　　单位:万元

年份	2×18	2×19	2×20	2×21	2×22
销售毛利率(%)	27	18	15	13	11

从该表2×18—2×22年的数据我们可以做一个简单的趋势分析,由于每年的毛利率都在降低,说明企业面临的市场竞争越来越激烈,企业发展的压力也越来越大。

3. 财务报表项目构成的比较

该方法是在财务报表比较的基础上发展而来的。它是以财务报表中的某个总体指标为100%,再计算出其各组成项目占该总体指标的百分比,从而比较各个项目百分比的增减变动,以此来判断有关财务活动的变化趋势。

(三)因素分析法

因素分析法,又称为连环替代法,是将一项综合性指标分解为各项构成因素,顺序用各项因素的实际数替换基数,分析各项因素影响程度的一种方法。

采用因素分析法,能确定不同因素对我们关注的指标的影响程度,确认哪个因素是最需要被"照顾"的,哪些因素相对来说可以"放任自流"。

【例9-6】 丙电子商务企业2×22年9月某种原材料费用的实际值是9 240元,而其计划值是8 000元。实际比计划增加1 240元。由于原材料费用是由产品产量、单位产品材料消耗用量和材料单价3个因素的乘积构成的,因此,可以将材料费用这一总指标分解为3个因素,然后逐个分析它们对材料费用总额的影响方向和程度。现假定这3个因素的数值如表9-11所示。

表9-11 材料费用的影响因素及数值情况表

项目	计划值	实际值
产品产量(件)	100	110
单位产品材料消耗量(千克)	8	7
材料单价(元)	10	12
材料费用总额(元)	8 000	9 240

根据表9-11资料,材料费用总额实际值较计划值增加了1 240元。运用连环替代法,可以计算各因素变动对材料费用总额的影响方向和程度如下:

计划值 100×8×10=8 000(元)　　　　　　　　　　　　　　　　(1)

第一次替代(产品产量因素)110×8×10=8 800(元)　　　　　　(2)

第二次替代(单位材料消耗量因素)110×7×10=7 700(元)　　　(3)

第三次替代(材料单价因素)110×7×12=9 240(元)　　　　　　(4)

由于产品产量增加对材料费用的影响为

(2)-(1)=8 800-8 000=800(元)

由于单位产品材料消耗量节约对材料费用的影响为

(3)-(2)=7 700-8 800=-1 100(元)

由于材料单价提高对材料费用的影响为

(4)-(3)=9 240-7 700=1 540(元)

综合这3个因素对材料费用总额的影响为

800-1 100-1 540=1 240(元)

三、财务报表分析的作用

财务报表分析通过收集整理企业财务报表的有关数据,并结合其他有关的补充信息,对企业的财务状况、经营成果和现金流量情况进行综合比较与评价,为报表使用者提供决策依据,其作用主要有:

1. 财务报表分析能合理评价企业经营者的经营业绩

不仅仅是报表使用者需要进行财务报表分析,企业经营者在编制完财务报表后,一定会先于报表使用者做财务报表分析,通过财务报表分析,企业经营者可以确认企业的偿债能力、营运能力、盈利能力和现金流量等状况,合理地评价自己的经营业绩,并促进管理水平的提高。

2. 财务报表分析是企业经营者实现理财目标的重要手段

企业生存发展的根本目的是实现企业价值最大化,企业经营者通过财务报表分析,能促进自身目标的实现,确认目前企业的状态,"拨开云雾见明月"确认不足,找出差距,从各方面揭露矛盾,并不断挖掘潜力,充分认识未被利用的人力、物力资源,促进企业经营活动按照企业价值最大化目标运行。

3. 财务报表分析能为报表使用者做出决策提供有效依据

财务报表分析能帮助报表使用者正确评价企业的过去,全面了解企业现状,并有效地预测企业的未来发展,这就为其做出决策提供了有效的依据。

4. 财务报表分析能为国家行政部门制定宏观政策提供依据

国家作为市场经济的调控者,通过对统计部门核算出的整个国民经济的财务数据进行分析后,可以有效地了解目前经济的发展趋势,存在的不足,从而有针对性地调整税收政策和货币政策等,以促进整个国民经济的平稳发展。

第十章

吾将上下而求索
——电子商务与会计

第一节 江山代有才人出——虚拟企业与会计环境

一、会计与会计环境

会计作为一门社会科学，其理论与实务总是建立在一定的社会经济环境基础上的。所谓会计环境，就是指会计理论与实务赖以产生、存在和发展的客观社会环境。这些客观社会环境包括社会文化环境、政治环境、法律环境、经济环境、教育环境等方面。

企业会计环境包括企业外部环境和企业内部环境。企业外部环境包括企业所处的社会制度、政治制度和经济制度，企业所处的社会经济发展水平以及企业所处的社会文化发展水平等方面。企业内部环境包括企业组织的生产方式、企业管理模式及其水平、企业会计管理制度及其人员素质水平等。

企业内部环境和外部环境对企业会计的影响是相辅相成的。从某种意义上说，企业内部环境是企业外部环境在特定企业组织中的具体应用形式。也就是说，不同的社会经济形态具有不同的生产方式，不同的生产方式也具有不同的管理模式。会计是企业管理方法体系中的有机组成部分，不同的管理模式也要求有不同的会计方法与之相适应。

当今，世界经济正从工业经济时代向数字经济(或者是网络经济)时代迈进，在激烈的竞争环境中，企业为求得生存和可持续发展，一切以顾客满意为依据，借助快捷的信息源，快速获取市场和顾客需求，做出最有效的经营决策。所有这一切都是建立在计算机网络技术基础之上的。互联网技术的迅速发展和普及，以及以电子商务为典型代表的虚拟企业的出现，为上述生产方式和管理方法突破有形组织的界限及其在全社会范围内的应用创造了条件。

二、虚拟企业的内涵特征

随着市场竞争的日益激烈，单一企业的竞争力越来越受到限制。企业之间开展优势互补性的合作，以获取长期的竞争优势，已成为世界潮流。

网络经济和电子商务的出现，消除了人们之间知识和信息传递上的障碍，给企业间合作营造了全新的商业环境，促成了新的组织形式——虚拟企业的产生。虚拟企业是企业间的一种动态联盟，核心企业根据联盟企业各自具有的优势，通过业务外包等形式进行虚拟化，并进行系统集成和过程集成。虚拟企业的实质是借助电子商务手段，突破企业间的界限，在全球范围内对企业资源进行动态配置和优化组合，进而创造企业本身的竞争优势。

(一) 虚拟企业的优势与特征

虚拟企业的产生与发展，是因为它具备了许多传统企业不具备的优势与特征。这些特征包括：

1. 功能的虚拟化

虚拟企业是基于产品标准化和经济网络化的一种虚拟组织。它虽然具有设计、制造、装配、营销、财务等功能，但在企业内部却没有完整地执行这些功能的机构。如果一个企业要全线组织自己的生产销售，必然要建立自己的生产基地，从事采购、库存、运输、销售、产品生产全过程，并为此付出极大的资金成本和时间成本。在虚拟企业下，利用外界力量来进行组合和集成，具有分散风险、争取时间、进行敏捷制造的优势。

2. 组织虚拟化

虚拟企业的组织结构不再固定不变，从传统的垂直层次结构转化为分布式的网络结构。各联盟企业可根据市场目标和环境的变化自由进行组合，动态调整企业组织结构。组织的虚拟化能有效地配置资源，企业在不大量投入的情况下，通过企业间的取长补短，即可扩大生产规模，提高市场占有率。

3. 地域的虚拟化

虚拟企业是建立在互联网基础之上的跨地域、跨行业的联合，突破了传统合作企业或集团企业和种种地域上的障碍，为企业在全球范围内寻找具有创造力和竞争优势的合作伙伴创造了条件。

(二)虚拟企业的类型

具有代表意义的虚报企业有以下三种类型:

1. 聚集型虚拟企业

在聚集型虚拟企业中,核心企业通常具有层次结构,利用互联网技术充当买卖双方的中介,包括利用网络对供应链进行管理与控制,利用网络实现直线营销。

2. 价值链型虚拟企业

这是虚拟企业经营采取的主要形式,其基本思想是:如果企业在企业价值链的某一环节中不是世界上最好的,且该环节又不是企业的核心竞争优势,那么企业应当外包给世界上最好的专业公司去做。核心企业仅把握具有核心竞争优势的活动。采取这种模式的核心企业可以以较少的投入达到规模经济效益,降低成本、分散风险、提高敏捷性。有利于企业集中智能和资源提升核心竞争优势。

3. 联盟型虚拟企业

建立联盟型虚拟企业的目的是增强联盟企业的价值扩张空间。一般联盟企业各自均拥有关键技术和资源,彼此市场互不矛盾。通过建立战略联盟,制定统一标准,提高相互间组合的兼容性,以提升综合竞争优势。

三、虚拟企业与会计环境的变迁

虚拟企业是面向网络时代的新型商业组织,无论是虚报企业本身还是组成虚拟企业的各实体企业,其企业组织结构、生产方式以及相应的管理模式都与传统企业有很大的差别。在虚拟企业里,传统的会计环境已发生了根本的变化。

(一)组织环境的变迁

传统企业的内部结构基本上是以等级(层次)为基础、以命令控制为特征的"金字塔"结构。企业内部采取自上而下的"垂直式"管理。强调权力分散,重视中心业务部门人事管理、预算和控制,明确区分政策制定和具体经营。企业规模越大,中间管理层次就越多。

虚拟企业完全改变了传统的企业组织结构,企业的组织结构不再是垂直的层次结构,而是建立在计算机网络技术管理上的网状型组织结构,虚拟企业内部的功能已虚拟化,尽管可以完整地运作设计、生产、营销、财务等功能,但可能没有执行这些功能的组织。传统的管理部门、会计组织将发生很大变化。

(二) 生产环境的变迁

进入网络时代，虚拟企业成为新的商业运行环境，也赋予敏捷制造新的含义和更大的竞争优势。主要表现在：第一，敏捷制造从一个企业内部扩展到合作企业内部；第二，通过互联网、外联网、内联网，实现了从市场需求、研究与开发、采购、制造、营销实时处理；第三，在企业内部通过内外计算机网络，打破了各部门之间的壁垒。

(三) 管理环境的变迁

激烈的市场竞争、顾客至上的理念和社会环境的不断变化，再加上以互联网为核心技术的社会信息化程度的不断提高，极大地改变了传统企业的组织结构和生产方式，这些变化必将引起企业管理思想和方法的大变革。

四、虚拟财产如何入账

互联网将我们的生活分为现实世界(不用网络技术即可感知)和虚拟世界(要用网络技术才能感知)两部分。同时，伴随着虚拟世界及虚拟企业的快速发展，虚拟财产的概念应运而生。对某些电子商务企业而言，虚拟财产是其主要财产形式，面对这部分财产，电子商务会计应做出恰当的账务处理。除游戏货币和与"钱"相关的平台账号(支付宝、淘宝)外，存储在抖音号、微信公众号及云端的数据，也都有了一定的虚拟财产属性。

(一) 虚拟财产的范围

1. 游戏账号中的虚拟货币与线上店铺中的交易钱款

虽然游戏账号中的虚拟货币和线上店铺中的交易钱款只存在于虚拟世界，从客观上来看，它们是具有一定的使用价值或交易价值的，因此应当被视为虚拟财产。

2. 拥有粉丝基数的抖音号、微信公众号等具有公共传播属性的平台账号

俗话说，"流量即现金"。拥有粉丝基数的公共传播账号具有一定的流量变现能力，因此也应当被视为虚拟财产。例如，一个拥有千万粉丝的美食微信公众、在头条和非头条推送中植入的广告费用为3万元和1万元，此时该平台账号就有了一定的虚拟财产属性。

3. 在云端或设备中存储的数据

在大数据时代，一些企业在云端或设备中存储的数据信息具有一定经济价值，应当被认定为虚拟财产。

(二)虚拟财产账务处理

某些电子商务企业通过直播、软广告带货等方式在直播间收获观众送出的若干平台虚拟金币。

电子商务会计可以采用虚拟资产价值损益来判断虚拟资产的价值变动(升值或贬值),以及使用累计折旧或者存款利息的方式核算资产,做相应的账务处理。

(1)企业取得虚拟财产后:

借:虚拟财产——成本
　　虚拟财产投资收益——产生的交易费用
　　贷:银行存款

(2)当虚拟财产的公允价值高于其账面余额的差额时:

借:虚拟财产——公允价值变动
　　贷:公允价值变动损益

公允价值低于其账面余额的差额做相反的会计分录。

(3)企业处置虚拟财产时(如将虚拟财产的公允价值变动转出):

借:银行存款——实际收到的金额
　　贷:虚拟财产——虚拟财产的账面余额

借/贷:投资收益

同时,将原计入该虚拟财产的公允价值变动转出:

借/贷:公允价值变动损益

借/贷:投资收益

第二节　领异标新二月花
——无纸化交易与电子会计数据

一、无纸化交易与会计无纸化

会计无纸化包括会计凭证无纸化、会计账簿无纸化、会计报表无纸化。其中会计凭证无纸化主要是由外部环境决定的。对会计信息系统来说,原始凭证是会计信息资料中最重要的部分,而社会的无纸化交易会影响企业原始会计凭证的获取和确认。所谓无纸化交易,通俗地说,指的是没有原始凭证原件的交易,企业要获取原始凭证只有通过自己的计算机系统自行打印交易记录资料,而不从对方获取原件。所以,从这个意义上说，无纸化会计最本质不是指表面上的无纸化环境，而是指无纸介质原件资料的会计处理。由于原始会计资料是会计数据处理的基础，能否进行无原始会计凭证的会计处理首先不取决于企业自身，而是需要有相应的法律环境的支持。因此，无纸化交易不仅是建立在社会信息化基础之上，同时也建立在相应的法律规范环境之上。

二、电子会计数据的生成与管理

（一）原始电子数据的生成与管理

在传统的会计信息系统中，原始凭证主要表现为在经济业务活动过程中产生的纸介质原始单据，经过经办人员签字后作为正式原始会计凭证进入会计信息系统，会计人员按照会计制度的有关规定确认审核后，据此填制记账凭证。至此，作为会计信息系统的输入数据正式产生。

在无纸化交易环境下，原始会计凭证表现为电子数据形式，附有发送方数字签名、数字凭证的电子数据在交易活动发生时被直接送入接收方的计算机信息系统。接收方业务经办人员首先要对电子数据进行审核，包括对电子数据报文内容、数字签名、身份认证的审核，对有些反映一系列业务链的电子数据，则要顺序审核对应的数字签名链；经办人员审核签字（数字签名）后作为正式业务数据转入会计信息系统，经过会计人员审核确认后由计算机系统自动生成电子记账凭证。

（二）电子账表的生成与管理

在传统的会计信息系统中，会计资料主要由记账凭证、会计账簿、会计报表组成。但从会计信息流及其组成内容上分析，实际上它们都是由原始凭证经过一定的会计确认、分类、汇总后产生的，之所以形成从记账凭证、分类账簿到报表的数据处理过程和产生不同形式的会计资料，跟基于手工操作和不同的使用者需要不同形式的会计资料有关，站在计算机处理的立场看问题，手工情况下表现为不同处理环节、不同数据形式的凭证、账簿、报表数据实际上是同一数据形态的不同输出格式。如果计算机能做到根据同一数据源随时产生人们需要的不同形式的会计资料，那么传统的数据形式就没有必要在计算机系统中存在。也就是说，电子账表无须按手工账表的格式生成和存储，计算机系统只须生成和存储最能反映会计本质内容的基本数据即可，不同形式的会计资料则交由计算机输出系统去完成。

计算机会计信息系统一般需要生成和存储三类电子会计数据库：

1. 业务数据库

它们来自企业信息系统的所有子系统，如生产系统、采购系统、销售系统等，经会计确认后产生。

2. 分录数据库

分录数据库是业务数据的会计化表示,它是把具体的经济事项分类转化为由一定借项和贷项组成的会计分录记录。每项经济业务都要转化为两个或两个以上的记录项,每个记录项代表一个会计科目及其所代表的借贷方向、金额、业务内容(摘要),以及数量、单位、往来对象等明细业务资料。

分录数据一经审核通过(相当于手工情况下的记账凭证审核与入账),即成为正式会计资料。分录数据库是电子会计数据的主要信息源。库中记录如果按凭证号输出,即为传统的记账凭证及其原始资料;如果按明细科目号分类序时连续输出,即成为传统的日记账和明细分类账。

3. 科目数据库

科目数据库按科目设置记录,内容包括反映每一科目(包括一级会计科目和各级明细科目)当前的和分月、年的借贷发生额、余额及数量等基本会计信息资料,还包括各科目历史的基本会计信息资料。由于在科目数据库中已积累了大量基本会计信息,按照标准的数据代码和报表信息生成关系可自动定义和产生所需的会计信息资料。这些会计信息资料包括日常的对外定期报表、随机的内部管理报表,以及财务分析报告等。在无纸化的社会环境中,向外提供会计报告也将实现无纸化,如通过互联网发布会计信息,发布周期也将实现实时化,而不是一年一次。

会计数据的电子化表示,并不否定传统形式会计资料的继续存在。会计信息系统对会计数据要以无纸化生成、储存和查阅为基础,同时还要具备随时打印输出各种形式会计资料的功能,以满足不同使用者的特殊需要。

第三节 潜移默化——电子商务对会计的影响

一、电子商务对会计信息的影响

(一)电子商务对会计信息内容的影响

在电子商务环境中,知识和人才越来越受到重视,信息使用者除了对传统的会计信息提出要求外,还要对企业人力资源和创新能力的信息提出相应的要求。同时,由于竞争加剧,市场瞬息万变,企业不仅要满足使用者对企业资本、物质资源的增长和创造的兴趣，也要满足他们对人力资源的增长和创造的兴趣；提供信息的指标顺序由按流动性排列改为按重要性排列；对无形资产特别是人力资源价值的详细信息尤为重视。尤其是虚拟企业的产生，将使企业的内外报告同等重要，并且强调会计的客观性、相关性和特殊需求性。如内部信息的使用者之间要求有相关的会计信息，以利于下一步工作和更好地配合；外部有关信息使用者同样要求有最新的会计信息，以利于决策。

（二）电子商务对会计信息质量的影响

在电子商务环境下会计信息质量特征的变化主要体现在两方面：

1. 及时性要求日益突出

随着电子商务的飞速发展，信息和金融成为今天社会的支柱产业。当今市场整体的一个重大特点是竞争加剧，风险加大。除信息技术产业突飞猛进之外，金融创新、市场创新和企业间相互购买、合并也层出不穷。经济环境日新月异使得会计信息使用者对信息的及时性要求大为增加。因此，必须最大限度地缩短会计期间结束日与报告公布日之间的间隔，以利于信息使用者及时对企业生产经营和外部市场的变化做出১疤，增强决策的有效性和合理性。

2. 会计信息预测价值倍显重要

会计信息决策的有用性越来越受到信息使用者的关注，而决策是面向未来的，对决策者而言，有关企业未来发展情况的信息比历史信息更为重要。因此，在未来的会计信息披露上，预测信息的比重将增加。

二、电子商务环境中会计基本假设的创新

（一）会计主体假设创新

电子商务对会计主体假设的影响。会计主体假设界定了会计核算的空间范围。经济活动的网络化和数字化使企业突破了传统的活动空间而进入网络世界，会计主体的外延不断变化，使会计主体面对"虚""实"两个空间。传统的会计主体是会计工作特定的空间范围，它为确定特定企业所掌握的经济资源和进行的经济业务提供了基础，从而也为规定有关记录和报表所涉及的范围提供了基础，这个个体是有形的实体，而网络企业是一种临时结盟体，没有固定的形态，也没有确定的空间范围。它是一个"虚拟公司"，它可以由各个相互独立的公司将其中密切联系的业务划分出来，经过整合、重组而形成，同时也可以根据市场变化或业务发展不断调整结盟体的成员公司，甚至经常解散或重新构建。一些企业之间为了某种共同的利益，会利用计算机网络的优势组

合成虚拟企业，一个主体在完成某项经济项目之后，很可能在下一个交易事项中按照其资金、技术和知识的要求重新组合成一个新的主体进行经济活动。这种临时网络关系不是法律意义上完整的经济实体，不具有独立的法人资格。

对会计主体假设重新认识。随着电子商务的发展，企业的空间范围将变得非常具有弹性。因此，企业在网络空间中非常灵活，会计主体变化频繁，传统的会计主体在这种条件下已失去意义，如何在电子商务环境中对会计主体做出新的界定或对会计主体假设本身进行修正是网络会计无法回避的问题。

（二）持续经营假设创新

电子商务对持续经营假设的影响。持续经营假设可以说是传统会计理论中最重要的假设，因为它是资产计价的最重要基准，衍生了历史成本、折旧、资本保持等会计原则。从长远看，没有一个企业可以做到真正意义上的"持续经营"，不论其规模大小，它总是一个有限生命的组织，即使经营业绩良好，也有可能被其他企业所并购。在社会经济环境转向以知识经济为主的电子商务环境中，对持续经营假设的影响将更为重大：由于高新技术的飞速发展，产品更新频率加快，企业间争夺市场的竞争愈演愈烈，企业稍有不慎，就可能面临破产和清算；由于全球贸易的扩大，市场竞争更加激烈，企业为了扩展规模或在极短的时间内聚集发展所需资金，集中发展主流产业，并购潮流会进一步加剧；会计主体的多变性，再加上企业间跨行业生产、销售、科技的广泛联合，并随着市场需求不断变化的联合对象和范围，使得人们对一个会计主体是否持续经营更加难以把握。尤其是网上虚拟公司的出现，公司的经营活动面临着空前的风险，并呈短暂性，而不是永久经营。有时一个虚拟企业可能为完成一次任务而组建，当任务完成或不再适应市场变化时，便会解散或重组。

对持续经营假设的重新认识。根据虚拟企业的特点，持续经营假设有一个"经营利益相关的联合体及其从开始组建到实现其经营目标为止的存续期"。

（三）会计分期假设创新

电子商务对会计分期假设的影响。我国《企业会计准则》第六条规定："会计核算应当划分会计期间，分期结算账目和编制会计报表。"这种分期的假设实际上是对持续经营假设的一种补充，它存在的原因与会计管理职能直接相关，之所以要计算期间利润，定期编制会计报表，主要是为了通过报表掌握会计状况，找出存在的问题，以利于管理者下一周期的生产经营和投资者的决策。但是，人为地划分区间，并且"待摊""预提"费用等，必然导致客观经济现实与会计反映结果之间存在着一定程度的背离。

在电子商务环境中，市场瞬息万变，固定资产会加速折旧，可能会产生更多额外的收入和损失，会计收入和成本的配比也将面临挑战。有时虚拟企业可能在几天时间内就会完成某项交易，如果等到月末再提供相关信息，那将失去意义。所以，目前以年为时间单位的年度财务报表，已经越来越不能满足会计信息使用者的需要。

对会计分期假设的重新认识。电子联机实时报告的出现，使企业在任何时点都可将已发生的经济交易和事项反映在财务会计报告上，信息使用者也可从网络上随时获得最新的财务会计报告，而不必等到某个会计期间结束时才获得，从而大大提高了会计信息的及时性。在电子商务环境中，如果能在任何时点得到财务状况的信息，能够随时确定自上一个结算日之后的损益，将更能满足不同管理主体对会计信息的要求，信息的充分及时供应将成为不同管理主体决策制胜的关键。

（四）货币计量假设创新

电子商务对货币计量的影响。我国《企业会计准则》第七条规定："会计核算应当以人民币为记账本位币。业务以外币为主的企业，也可以选定某种外币作为记账本位币，但编制的报告应当折算为人民币反映。"这一假设的内涵主要包括：货币计量、币种唯一、币值稳定。货币计量贯穿于整个财务信息系统中，它是财务信息系统的核心职能，因为会计本身就是一个计量过程，货币计量假设在会计核算中的确发挥了很重要的作用。但是，在这种会计假设下，会计记录和报表所反映的内容实际上也限定在那些能够以货币来计量的企业经营活动中，而且在货币计量中采用的传统历史成本原则具有一定的局限性。由于电子商务带来的会计环境的变化，使得这种以货币作为计量尺度的假设面临挑战。

电子商务时代出现的高科技产业和知识经济形态，使无形资产在企业资产中所占的比例越来越大，品牌、知识资产、人力资源、企业外部环境、企业的市场竞争力信息对于企业来说越来越重要，如何用货币进行计量是目前新环境下的问题。

电子货币的出现延伸了传统货币的含义。企业可允许特定的供货商、主要顾客、银行、海关、税务部门等机构进入自己联网中的外部网络，方便而快速地完成业务，并使用电子货币转账。电子货币所带来的一个最重要的变化就是大大加快了资金流动速度，资本市场交易和范围将变得更加活跃，企业对货币之间的汇率变动将更加敏感。

对货币计量假设的重新认识。尽管计量假设在电子商务环境下受到了一定的影响，然而为完成数字的概括性和精确性，以及货币在某一时间的稳定性和某区域的唯一性，货币计量假设仍旧是会计基本假设中的一个重要假设条件。在电子商务环境中，需要对此假设的含义进行扩展和补充。

三、电子商务对会计要素的影响

（一）对资产的影响

资产是企业由于过去的经济活动所形成的、目前拥有或控制的、能以货币计量并能为企业带来未来经济利益的经济资源。在传统会计中，资产的经济资源主要是在工业经济基础上提出的，通常表现为有形资产和一些无形资产（包括企业的专利权、土地使用权、版权等）。随着电子商务的普及和发展，市场竞争加剧，企业之间的竞争主要表现在产品质量、服务、创新等方面，也就是表现在知识的存储和创新方面，使得企业的主要经济资源从传统的有形资产向无形资产转移，而且重点是无形的知识资产。它不仅仅是几项专利，而是包括诸如企业品牌、服务品牌、顾客关系网络、计算机软件、信息系统等许多与知识产权相关和与市场相关的知识资产。知识资产主要是由人力资源和知识两部分构成。其中人力资源是知识的载体，知识通过人的积累、运用、创新而发挥作用，是人的创造能力的源泉和动力。在电子商务环境中，这两种相辅相成的知识资产将成为企业的主要资产，也是争夺市场、获得生存的主要手段。尤其是虚拟企业的出现，这种资源和创新将更为重要。把这种人力资源和知识纳入企业资产的范围，无疑将对会计的观念产生重大影响，对资产赋予新的含义。

（二）对利润的影响

传统的会计利润是货币资本维护概念，认为只要企业所拥有的资产超过原投入的货币资本，就是获得了利润，也就是说不论是高智力的员工还是普通的体力劳动者都被看作是被雇佣者，其回报仅仅体现为工资费用，利润只站在实体资本所有者立场上反映其投资回报。而电子商务环境中，知识资产概念加以延伸，更为重要的是利润将是智力资本和非智力资本共同投入所产生的回报，而且主要是由智力资本所创造。例如，在软件行业的这些智力产品的价值组成中，物化劳动者转移价值所占比重很小，高智力的员工可以用他们的发明创造转换为对企业的投资，这些员工和他们的智力在企业生产经营的各个环节可以创造出大量的利润，为适应这一变化，要重新明确利润的概念，划分员工劳动报酬和智力资本回报的界限，明确确认和计量智力资本所带来的利润。

传统的会计利润概念由于是以现时价格计量利润、历史成本计量费用，从而使得成本并不能得到真正的弥补。即使会计期末的账面资产净值并不比期初减少，也不能从实物形态或用效能上保证资本的完整，从而必然产生虚盈实亏的现象。在电子商务环境中，由于无形的知识资产的可缩性、可变性极大，利用传统的会计利润概念，就会使利润更加体现出多变和不实，从而对决策产生影响。

利润是传统的企业财务业绩评价的一个非常重要的指标。在电子商务环境中，单纯的财务业绩的评价已不能确定企业的实力，注意力资源、用户数据、客户满意度、客户忠诚度、创新能力、团队精神等非财务业绩往往对电子商务公司的成功至关重要。然而由于对这些非财务业绩进行可靠的财务评估存在一定的困难，目前尚需一套可遵循的标准。对于目前盈利较高的企业，如果目前的盈利是以牺牲企业的未来为代价的，那么其未来的发展潜力并不一定就强；同样，对于目前亏损的企业，如果暂时亏损是由于企业对未来发展的投资而引起的，那么其未来的发展潜力并不一定就弱。因此，对于电子商务公司业绩的评价，应更加注重其未来的发展趋势。然而，以利润为核心的传统业绩评价体系，由于忽视了公司经营方式和增长模式的特点，往往注重公司短期财务业绩的计量，因此已不能满足电子商务环境中企业的要求。目前，许多跨国公司对员工的业绩评价中已包括了非财务业绩的评价指标。

四、电子商务对财务分析的影响

由于没有针对网络的财务制度，网络企业的财务报表与非网络企业的财务报表在形式上是一样的，但是，因为网络企业存在着与非网络企业不同的特点，所以对网络企业进行财务分析时，应考虑以下几个方面的因素：

在对一个经营电子商务的网络企业进行财务分析时，要结合考虑目前电子商务的发展速度。

在电子商务环境下，衡量利润多少的标准发生了变化，利润获取更多地依赖技术的先进性，以及对信息的占有和服务，而不是依赖资本。

非财务业绩评价方法在电子商务环境中日显重要，传统的企业业绩评价方法只包括财务方面的业绩，非财务业绩并没有体现。在电子商务环境中，注意力资源、客户满意度、客户忠诚度、创新能力、团队精神等非财务指标显得越来越重要。财务报表数据的实时性也将日益重要，与传统企业相比，在电子商务环境中，对呈交可靠而准确的财务报表数据的速度提出了更为迫切的要求。企业需要向与企业相关的个人和团队不断提供最新的财务信息以利于其经营活动。

第十一章

江山代有才人出
——以主要电子商务行业会计核算管理要点为例

第一节　生鲜类电子商务会计核算管理要点

生鲜产品电子商务，简称生鲜电子商务，是指用电子商务的手段在互联网上直接销售生鲜类产品，如新鲜水果、蔬菜、生鲜肉类等。常见的包括顺丰优选、可溯生活、一号生鲜等商家。生鲜电子商务随着电子商务的发展大趋势而发展。2019年，中国生鲜电子商务市场交易规模约为1620.0亿元，保持29.2%稳定增长。生鲜电子商务涉及农产品，而农产品的核算较为特殊，在税法上有所不同，因此本章主要讲解涉农产品的生鲜电子商务的会计核算管理要点。

一、涉农产品生鲜电子商务核算管理注意事项

（一）并非所有农产品都是免税的

经营生鲜电子商务的会计需要明确企业本身经营的农产品是不是在销售环节免交增值税，即企业买回来之后再卖出去，是不是不用交增值税。据国税局规定，只有家禽、猪牛羊肉、蛋类、蔬菜是在流通环节免征增值税的，而卖水果、水产等要征10%的增值税，除非本身是自产自销的农业生产者。

《财政部　国家税务总局关于免征部分鲜活肉蛋产品流通环节增值税政策的通知》（财税〔2012〕75号）的规定。对从事农产品批发、零售的纳税人销售的部分鲜活肉蛋产品免征增值税。免征增值税的鲜活肉产品是指猪、牛、羊、鸡、鸭、鹅及其整块或者分割的鲜肉、冷藏或者冷冻肉，内脏、头、尾、骨、蹄、翅、爪等组织。

（二）不是所有的农产品都是初级农产品

生鲜鸡是免增值税的，而烧鸡是要征增值税的，生猪肉是免税的，但烧猪肉是要

征增值税的。因此，作为电子商务会计需要清楚企业出售的产品是不是初级农产品。所谓的初级农产品，是指只是通过简单的晒干、风干、腌制、切片等粗略的方式制成的农业产品。此外，更需特别注意的是，不是所有晒干和风干的农产品都是初级农产品，例如，鱼干就不属于初级农产品。按财政部、国家税务总局《关于发布享受企业所得税优惠政策的农产品初加工范围(试行)的通知》(财税〔2008〕149号，鱼等的产品将水产动物(鱼、虾、蟹、鳖、贝、棘皮类、软体类、腔肠类、两栖类、海兽类动物等)整体或去头、去鳞(皮、壳)、去内脏、去骨(刺)或切块、切片，经冰鲜、冷冻、冷藏等保鲜防腐处理、包装等简单加工处理，制成的水产动物初制品，而鱼干是没有包含进去的。但风干肉、火脚等却是初级农业产品，在财税〔2011〕26号《关于享受企业所得税优惠的农产品初加工有关范围的补充通知》，补充火腿等风干肉等的加工免税，属于初级农产品。

另外，如果进行过深加工的农产品，无论如何都是要交增值税的，例如，大米变成米粉，是初加工，免税。但米粉变成爆米花，这就是深加工过需要征税的产品。

(三)只有自产自销的农业生产者才免征增值税

自产自销农业生产者，这里的农业生产者是指从事农业(包括种植业、养殖业、林业、牧业、水产养殖业)生产的单位和个人。按《中华人民共和国增值税暂行条例》第十五条规定，农业生产者销售的自产农产品可申请免征增值税。如果电子商务会计不确定自己公司是不是属于自产自销农业生产者，可以通过了解自己公司有没有承包合同进行判断，无论是山地、林地、草地、鱼塘都可以。此外，即使有承包合同，还需要看产品是不是属于农产品免税范围，例如企业是种咖啡豆的，则需要征增值税了。当不确定公司销售的产品是不是免税农产品时，会计可查《农业产品征税范围注释》(财税〔1995〕52号)进行判断。

二、生鲜电子商务的存货核算

生鲜电子商务与其他电子商务的存货核算有点不一样，其不是通过"库存商品"科目进行核算，而是通过"生物资产"进行核算。生鲜电子商务与其他电子商务的不同之处，主要是生鲜电子商务的存货是变动的。在会计学上，农业企业的存货可以叫作生物资产。由于养殖的鱼、虾会生老病死，很难估计它们的价值，因此用生物资产将普通的存货进行区别。

生物资产应分为消耗性生物资产和生产性生物资产。消耗性生物资产是指将收获为农产品或为出售而持有的生物资产，如玉米和小麦等庄稼、用材林、存栏待售的牲畜、养殖的鱼等。生产性生物资产是指消耗性生物资产以外的生物资产，如产畜、役畜、经济林木等。由于绝大部分的生鲜电子商务都是贸易性质为主的，所以只需要设置"消耗性生物资产"这一科目就可以了，"生产性生物资产"基本上是不会用到的。"消耗性生物资产"，可以按购买价格、运输费、保险费以及其他可直接归属于购买生物资产的相关税费，作为实际成本。

借：消耗性生物资产（买价的90%）

应交增值税——进项税额（买价的10%）

贷：应付账款

这个分录有人会觉得很奇怪，农产品不是免税的么？为什么要有进项税呢？这是由于虽然大多数的农产品是免税的，但农产品是可抵扣增值税的，会计可以在申报的时候做计算抵扣就可以了，如图11-1所示。

增值税纳税申报表附列资料（二）
（本期进项税额明细）

税款所属时间：

纳税人名称：（公章）

一、申报抵扣的进项税额

项目	栏次	份数
（一）认证相符的增值税专用发票	1=2+3	1
其中：本期认证相符且本期申报抵扣	2	1
前期认证相符且本期申报抵扣	3	
（二）其他扣税凭证	4=5+6+7+8a+8b	
其中：海关进口增值税专用缴款书	5	
农产品收购发票或者销售发票	6	
代扣代缴税收缴款凭证	7	
加计扣除农产品进项税额	8a	
其他	8b	
（三）本期用于购建不动产的扣税凭证	9	
（四）本期不动产允许抵扣进项税额	10	
（五）外贸企业进项税额抵扣证明	11	
当前申报抵扣进项税额合计	12=1+4+9+10+11	1

图11-1 增值税纳税申报表附列资料

所以为了便于申报，最好在计算时做税价分离。另外，农产品的进项税额计算是以买价来计算进项税额的，而不是按不含税价计算的。例如，买了1000元的鱼，按10%的增值税税率，进项税额是100，而不是像工业企业那样，先将1000元转化成不含税价[1000÷(1+10%)]=909，再去计算进项税，这样进项税额将变成91元了。这是不对的。

出售消耗性生物资产，应按实际收到的金额，借记"其他货币资金"等科目，贷记

第十一章 江山代有才人出——以主要电子商务行业会计核算管理要点为例

"主营业务收入"等科目。按其账面余额，借记"主营业务成本"等科目，贷记"消耗性生物资产"科目。具体如下：

借：其他货币资金——支付宝
　　贷：主营业务收入——农产品（不含税价）
　　　　应交增值税——销项税额（不含税价的10%）
借：应交增值税——销项税额
　　贷：营业外收入——免税收入
借：主营业务成本——农产品
　　贷：消耗性生物资产

这个又不一样了，销售的时候，增值税销项税额要按不含税价计算的。同上例，我1 000元的鱼买回来，我原价卖出去，我的销项税额是［1 000÷（1+10%）］×10%＝91元。这样的结果就是，当企业毛利低于10%的时候，将有留抵税额，不用交增值税，这个是国家给农业企业的特殊优惠。

另外，生鲜电子商务的存货损耗很严重，由于生鲜产品保质期非常短，大多数自营的生鲜电子商务，很多时候会有正常的自然损耗。例如，荔枝的时间过长，造成变色。所以记得要做好盘点表，每月计算好亏损。

这是非常重要的，如果你的生鲜电子商务需要交企业所得税，计算好每月的亏损，是可以做税前扣除的，即不用交太多的所得税。

因为按照《企业资产损失所得税税前扣除管理办法》第九条，企业可以用清单申报的方式向税务机关申报扣除：

（1）企业在正常经营管理活动中，按照公允价格销售、转让、变卖非货币资产的损失；

（2）企业各项存货发生的正常损耗；

（3）企业固定资产达到或超过使用年限而正常报废清理的损失；

（4）企业生产性生物资产达到或超过使用年限而正常死亡发生的资产损失；

同时按照第二十七条，存货报废、毁损或变质损失，为其计税成本扣除残值及责任人赔偿后的余额，应依据以下证据材料确认：

（1）存货计税成本的确定依据；

（2）企业内部关于存货报废、毁损、变质、残值情况说明及核销资料；

（3）涉及责任人赔偿的，应当有赔偿情况说明；

（4）该项损失数额较大的（指占企业该类资产计税成本10%以上，或减少当年应纳税所得、增加亏损10%以上，下同），应有专业技术鉴定意见或法定资质中介机构出具的专项报告等。

例如：我在月末盘点的时候，发现有一批农产品变质了，估算其价值为1 000元，采购时，由于是免税农产品，所以不需做进项税额转出，具体的会计分录如下：

借：待处理财产损溢——待处理流动资产损溢　　　　　　　　　1 000

　　贷：消耗性生物资产　　　　　　　　　　　　　　　　　　　1 000

待我做好证据材料之后，

借：管理费用　　　　　　　　　　　　　　　　　　　　　　　1 000

　　贷：待处理财产损溢——待处理流动资产损溢　　　　　　　　1 000

生鲜电子商务应该设置"待处理财产损溢"这个科目，在月末统计盘点时的正常亏损，当然，这个要收集好证据，不然要交所得税了。

三、生鲜电子商务平台的费用核算

生鲜电子商务如果不是做网店，而是做网络批发平台的话，这个核算的重点是物流费用和仓储费用，平台、供应商（农民）、消费者的关系如图11-2所示：

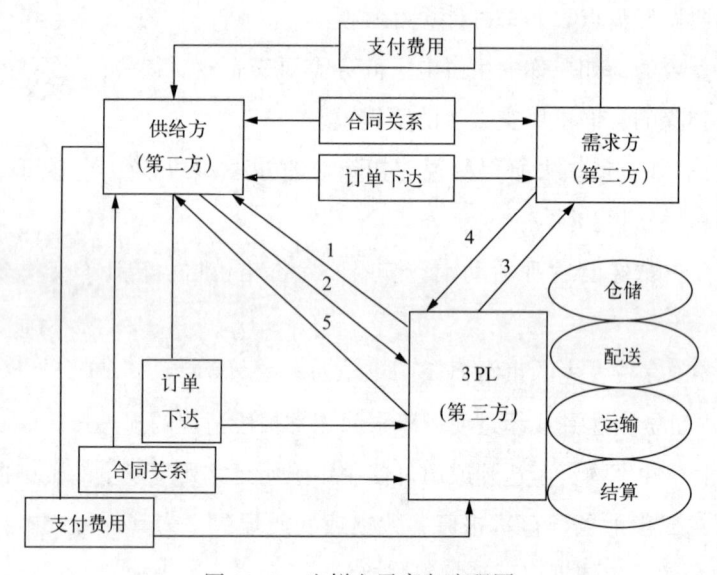

图11-2　生鲜电子商务流程图

生鲜电子商务平台如果将农民的农产品直接供应给消费者，看起来会更便宜，但实际实施起来困难重重。因为平台首先要解决的问题是保鲜，要解决这个保鲜问题，就要有冷链车和冷库，这又涉及到运费和仓储费这两个项目。

如果这些费用没有发票呢？例如冷链车是向私人租的，冷库也是向私人租的，这样的话，是很难取得发票的。如果不能合法取得发票，这些费用是不能抵减企业所得税的。此外，配送也是一个潜在问题。例如：涉及到工人工资，如果是自己雇人的，则可以只要有银行流水证明就可以了，不用发票。而如果是向人力资源公司租用的临时工，这就需要取得发票了。

站在财务的角度来看，除非冷链车是自己的，冷库也是自己的，连工人也是自己的，这样才好抵减企业所得税。但从营运的角度来看，这些需要大量投入资金。因此，对一些资金比较紧张的企业来说压力是非常大的。

财务要解决这个问题，只有尽量要求运营向一些能提供发票的企业租用保鲜设备，如不能开专票，能开普通增值税发票的小企业也可以的。

第二节 天猫店会计核算管理要点

一、天猫建账流程

(1)办齐三证一照，开具银行基本户。

(2)上传证照，入驻天猫网。

(3)预计销售规模，选择小规模纳税人或一般纳税人。

(4)购领金税盘(开具发票专用)。

(5)选择记账软件。

(6)开通财务后台【账房】。

(7)开通支付宝。

如果电子商务会计所属企业已经初具规模，那么只需要开通财务后台和支付宝就行了。

二、发货的会计核算

在天猫，发货不是指物流上面的发货，而是指商家单击"发货"按钮后才算发货，这个很重要，因为计算退货日期是按这个日期来确定的。例如，我发货给卖家，物流单上面的日期是10月1日，但我单击"发货"按钮的日期是10月2日，那么天猫是按10月2日来认定发货时间。从财务的角度来看，虽然单击了"发货"按钮，但交易还没有成功，因为还没有收到钱。

10月2日的会计分录如下：

借：发出商品

　　贷：库存商品

如果客户退货，只需要做一笔分录就行了。

借：库存商品

　　贷：发出商品

这两笔分录，一正一反。运费要分别核算，这里也是一样的。所以我们还需要将运费从产品价格中分离出来，分录如下：

借：销售费用——运费

　　贷：其他货币资金——支付宝

即使是退货，运费也是不能退的，就算是重新发货，运费也需要重新支付。最好不要在寄出货物的时候连同发票一起寄过去，不然到时出现退货，需要作废发票就比较麻烦。

三、发货后收到钱的核算

在天猫，每交易一笔是要按类目扣佣金的，3C 类的佣金为 2%，女装类的佣金为 5%，即每交易 100 元女装产品就要扣 5 元的佣金。如果销售达标，佣金可返还。因此做会计分录时和普通企业有所不同。例如，卖一件女装，交易价格 105 元。成本 80 元，天猫佣金为 5 元。

借：其他货币资金——支付宝　　　　　　　　　　　　　　100
　　其他应付款——天猫佣金　　　　　　　　　　　　　　　5
　　贷：主营业务收入　　　　　　　　　　　　　　　　　92.9
　　　　应交增值税——销项税额　　　　　　　　　　　　12.1
借：主营业务成本　　　　　　　　　　　　　　　　　　　80
　　贷：发出商品　　　　　　　　　　　　　　　　　　　80

此处收入为 92.9 元，是由于会计入账的收入是不含税，税金会在月末报到税务机关。

天猫佣金可以申请发票，在天猫后台"账房"中，可以索取发票。收到发票后进行如下处理：

借：销售费用——天猫佣金　　　　　　　　　　　　　　4.32
　　应交增值税——进项税额　　　　　　　　　　　　　0.68
　　贷：其他应付款——天猫佣金　　　　　　　　　　　　　5

四、淘宝客佣金的核算

在天猫，可以参加淘宝联盟"淘宝客"的产品推广，可以设置每卖一个自己的产品支付多少佣金。如，淘宝客帮卖家卖一件128元的衣服，将得到18%的佣金。淘宝客在淘宝联盟中找到卖家发布的产品，并且推广出现，当买家通过自己的推广链接成交后，就能赚到卖家所提供的佣金，一般是交易完成后一周支付。

如：通过淘宝客卖了一件128元的上衣，要支付淘宝客23元的佣金。在交易结束后，会计应该做的分录如下：

借：其他应付款——淘宝客佣金　　　　　　　　　　　　　　　　　　23
　　贷：其他货币资金——支付宝　　　　　　　　　　　　　　　　　　23
借：销售费用——业务宣传费　　　　　　　　　　　　　　　　　　　23
　　贷：其他应付款——淘宝客佣金　　　　　　　　　　　　　　　　　23

注意：销售费用的发票可以在次月，进入[账房]，然后单击左侧[发票管理]-[申请发票]开具电子发票。

同理，如果是聚划算、直通车之类的营销推广费用，也可以按照上面的核算方法进行核算，这些费用也可以通过天猫后台开具发票。

五、"双十一""双十二"等节日的促销活动会计处理

无论是"双十一"还是"双十二"，促销打折的商品都是按打折后的价格开具发票的。也就是说，原价卖100元的，现在"双十一"卖50元，只能按50元来开具发票，如果按100元开具发票，就多缴税了。

如果有天猫优惠券呢？"买满100送20，买满300送80"之类的呢？和上面的情况一样，都是按客户使用优惠券后的金额开具发票。

那么可不可以设一个"预计负债"之类的科目，等到有人使用优惠券再去冲减"预计负债"。我认为这是一种浪费时间的方法，这个方法会增加核算时间，最后得到的收入都是一样的。

按国家税务总局《关于印发〈增值税若干具体问题的规定〉的通知》(国税发〔1993〕154号)规定："纳税人采取折扣方式销售货物，如果销售额和折扣额在同一张发票上分别注明的，可按折扣后的销售额征收增值税。如果将折扣额另开发票，不论其在财务上如何处理，均不得从销售额中减除折扣额。"

记住一个原则，无论是以什么样的折扣和营销方法，支付宝收到的金额才是开发

票的依据。哪怕是买一送一，例如：销售一件西装 1 170 元，赠送一件衬衣 117 元，则收到的款项都要按销售了两件货物进行入账处理。

六、采购入库成本

按照财政部颁发的《企业会计准则第 1 号——存货》第五条：存货应当按照成本进行初始计量。存货成本包括采购成本、加工成本和其他成本。

第六条：存货的采购成本，包括购买价款、相关税费、运输费、装卸费、保险费以及其他可归属于存货采购成本的费用。

注意，第六条中的相关税费不是指增值税。

具体分录如下：

借：库存商品
　　应交增值税——进项税额
　贷：应付账款

所以只需要设一个科目"库存商品"用来核算采购成本。即买这一批货物，包括运输费、装卸费，一共花了多少钱。

这里要注意一下，库存费用是不能在存货的采购成本进行核算的。

相对经营天猫店都是流通贸易型的公司，加工生产型的公司应该较少。另外，天猫店的大部分客户都是个人消费者，所以没有必要开具增值税专用发票。但采购的时候，必须向供应商要增值税专用发票，这个关系到缴增值税的多与少。

这个是重点，如果你的供应商没有增值税专用发票怎么办？你就要多缴税金了，按开票金额的 13% 缴纳，如果毛利低于 13% 的话，亏本是一定的。

第三节　阿里系电子商务会计管理要点

阿里巴巴贸易平台发展至今，已经有 4 个网上贸易市场了，即服务全球进口商的国际交易市场、集中国内贸易的中国交易市场、促进日本外销及内销的日本交易市场，以及一个专为买家而设的全球批发交易平台"全球速卖通"。以集中国内贸易的阿里中国为例进行介绍。

一、线上业务要分别核算

大部分入驻阿里中国（1688.com）的商家，基本都是以生产型为主的工厂和公司，

第十一章 江山代有才人出——以主要电子商务行业会计核算管理要点为例

并且大多数都有一定的线下业务。对于同时拥有线上线下业务的企业，进行会计核算时应分别核算。站在运营部门的角度，线上线下是需要融合在一起的。因为目前市场的企业，即使是传统型的房地产企业也都在做移动业务，其他行业更是如此。然而从财务的角度来看，线上线下的成本是不一样，因此需要分别核算。当然这两者并不冲突。

不少生产型的中小企业，他们的订单都是以线下的大订单为主，线上业务大多数是以展台的形式显示的，所以分别核算更容易得出成本。比起线下业务，线上业务的成本组成会不一样，有时线上业务还会更贵一些。因为线上业务的成本除了产品本身的生产成本之外，还有开通费用、保证金、推广费、物流费、退货保险等。举个例子，商家是做服装业务的，有个代理商做实体店，这个代理商开发了一款服装，如把这款产品在网店上架，那么这款服装的价格一定是高过给代理商的费用。

除此之外，线下业务，多数靠业务员主动联系，所以有业务提成奖金，但线上业务，靠搜索排名吸引访问者，所以不会有业务提成，为了更好地核算业务人员工资，就要分别核算。而且，因为阿里中国1688平台可以无缝对接淘宝天猫销售系统，所以销货方面的成本很低，这也是阿里中国的优势。

因此，线上线下的业务要分别核算，当然，这里的分别核算，不是指分开报税，同一企业，纳税申报是不能分部门的，而是收入、成本、利润等方面要分别核算，只有这样，才能够如实地反映线上业务究竟赚了多少钱，决定是否要继续追加网上投资。

二、分销业务的核算处理

（一）网络分销及主要形式

网络分销是指企业借助互联网技术在生产商和消费者之间建立电子商务平台（简称"电子中间商"），并基于该网络平台开展的分销行为，网络分销可以分为"代理""代销""批发""加盟"四种形式。网络分销已成为电子商务企业分销产品的一种趋势，与之相关的账务处理也是电子商务会计所要学习和了解的知识。

1. 代理

企业网店常采取代理的形式进行网络分销，其流程为：企业网店（也称"网络供应商"）建立自己的网络批发商城，并在网店上展示自己的产品，网络代理商通过与网络供应商建立分销关系，也在自己的网店上展示网络供应商的产品，当消费者在网络代理商处下单，网络代理商会直接让网络供应商发货。在这一过程中，网络供应商收取代理费和成本价，网络代理商则获取差价利润。

2. 代销

个人网店常采取代销的形式进行网络分销，其流程为：个人网店（又称"网络分销商"）将产品在网上分销平台进行展示，分销会员把看中的产品的图片和信息添加到自己开设的网店里。当消费者有购买需求时，分销会员负责介绍产品并促成交易，然后通知网络分销商代为发货。在这一过程中，分销会员主要靠差价获得收入，对个人来说，是一种"零风险"的创业模式。

3. 批发

个人网商、实体店铺、网上专业店铺(统称"网络分销商")常采取批发的形式进行网络分销，其流程为：网络分销商把自己的产品通过自己创建的网上分销平台进行展示，分销会员在网上看中产品后，会直接在线上下单(订单有规定数量)，付款后拿货。

4. 加盟

品牌企业常采取线上加盟的形式进行网络分销，其流程为：个人经营者加盟后，加盟总店会根据契约，提供一项独特的商业特权，并提供人员培训、组织结构、经营管理、产品供销等方面的无条件协助，而加盟的个人经营者需要支付相应的加盟费。

（二）网络分销的账务处理

以微信分销为例，微信分销业务流程主要有以下步骤：

(1)企业注册开通微分销；

(2)企业打造自己的微分销商城；

(3)发展分销商；

(4)分销商分享链接；

(5)买家通过分享链接购买商品并付款；

(6)商家发货；

(7)买家收货、订单完成；

(8)分销商佣金到账；

(9)分销商申请提现；

(10)商家打款给分销商。

微信分销推广销售阶段的流程如图11-3所示。从图中可知，每个下级分销商卖出商品后，其上级分销商可以拿到推广。

例如，用户A将商城链接分享给用户B，用户B分享给用户C，用户C又分享给用户D，如果用户D产生了消费行为，那么用户A、用户B、用户C都可以拿到返利的

第十一章　江山代有才人出——以主要电子商务行业会计核算管理要点为例

```
品牌公司 → 微信公众号平台服务号 → 部署微分销商城
                                          ↓
三级分销商在二级分销商个人微信商城基础     二级分销商在公司的微信分销商城基础上生
上再次生成个人分销商城              ←     成专属于自己的个人分销商城
    ↓
实现公司零成本泛员工业态（即零成本实现员工遍及企业的业态）
```

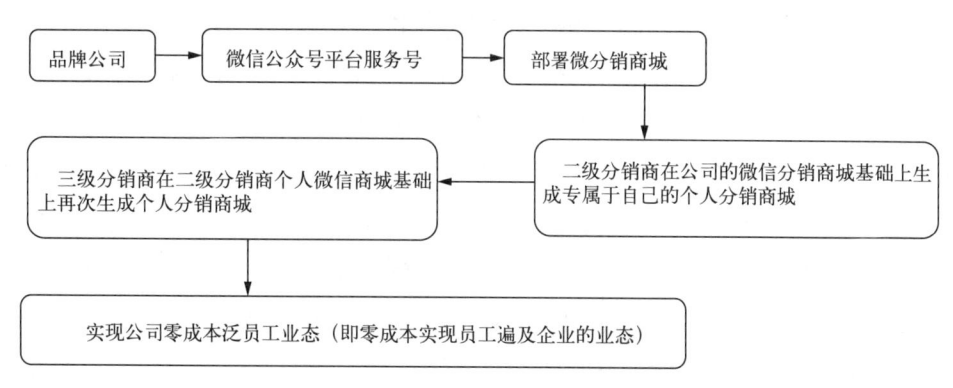

图 11-3　微信分销推广销售阶段的流程

佣金，即分销商可以实现无限裂变。

【例 11-1】 甲品牌公司微信服务号部署微分销商城作为一组分销商，A 某在微信分销商城基础上生成专属于自己的个人分销商城——二级分销商，B 某在 A 某个人分销商城基础上再次生成个人分销商城——三级分销商。如果用户 C 在 B 某处购买相关商品，支付 113 元，则甲品牌公司应分别给 A 某、B 某各 10 元佣金。

甲品牌公司应做出如下账务处理：

(1) 收到货款时：

借：其他货币资金　　　　　　　　　　　　　　　　　　　　　　113
　　贷：主营业务收入　　　　　　　　　　　　　　　　　　　　100
　　　　应交税费——应交增值税（销项税额）　　　　　　　　　 13

(2) 支付佣金时（一级分销商直接转款到下级分销商的虚拟资金账户）：

借：销售费用——佣金　　　　　　　　　　　　　　　　　　　　 10
　　贷：应付账款——A 某/B 某　　　　　　　　　　　　　　　　10
借：应付账款——A 某/B 某　　　　　　　　　　　　　　　　　 10
　　贷：其他货币资金　　　　　　　　　　　　　　　　　　　　 10

(三) 阿里中国分销业务核算处理

阿里中国有一个"一件代发"的业务，即淘宝网店（分销商）与阿里巴巴入驻厂商（供应商）达成分销协议后，阿里平台免费为淘宝网店（分销商）提供商品图片等数据包，供应商以分销价格提供给淘宝（分销商）销售，且入驻厂商（供应商）承担相应的售后服务。淘宝掌柜只需将该供应商所提供的商品图片放在自己网店上展示，产生购买后，信息直接发给供应商，由供应商直接发货给买家。

这里的"分销"业务与传统的"经销"业务是不同的。从会计的角度来说,"分销"业务是不需要压货的,即商品的所有权是属于供应商的,而"经销"业务是需要压货的,商品的所有权是属于分销商的,由分销商直接发货给消费者。单纯就"分销"业务来说,1688有几种结算方式,但多数人只用两种,一种是"代销分账",另一种是"支付宝担保交易"。

"代销分账"模式是消费者直接向分销商购买商品后,分销商不用向供应商垫付货款,消费者收到货物后,系统自动将款项分配给供应商和分销商。如消费者向分销商购买100元商品,支付宝自动将20元给分销商,80元给供应商,如图11-4所示。

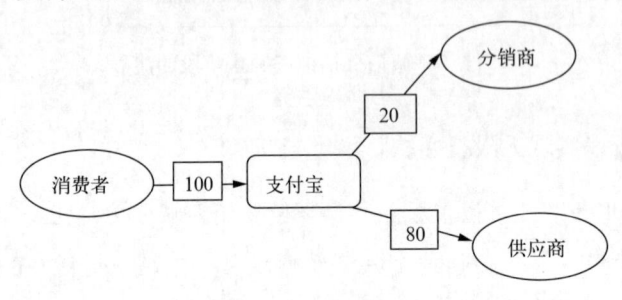

图11-4　代销分账1

"支付宝担保交易"模式是采购单生成后,由分销商付款,付款资金被冻结在支付宝第三方账户中,供应商不能立即收到货款。供应商需要先进行发货操作,待消费者确认收货后,支付宝系统自动将货款实时结算给供应商。如图11-5所示。

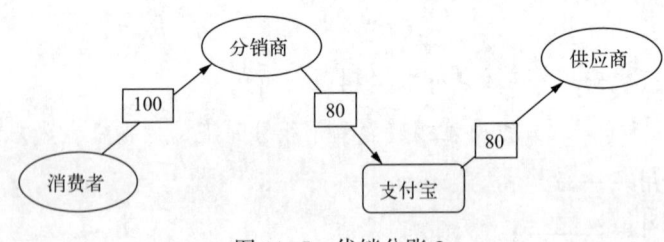

图11-5　代销分账2

虽然"代销分账"和"支付宝担保交易"的现金流有点不一样,但会计分录是可以统一的。例如,有产品成本为60元,代销金额为80元,按13%的增值税税率,会计分录如下:

寄出商品时:

借:发出商品——代发商品

　　贷:库存商品

收到货款后:

第十一章 江山代有才人出——以主要电子商务行业会计核算管理要点为例

借：其他货币资金——支付宝
　　贷：主营业务收入——分销商品
　　　　应交税金——应交增值税(销项税额)
借：主营业务成本
　　贷：发出商品——代发商品

该分录与经销业务的区别是没有应收账款，因为货物是直接销售给消费者，所以收到款后可以直接转为收入，如果是经销业务，往来款项是需要通过应收账款来进行核算的。

第三节　跨境进口电子商务会计管理要点

我国近来对跨境进口电子商务出台了很多利好政策，如自 2017 年 12 月 1 日起，我国将对部分消费品进口关税进行调整，其中婴儿奶粉、尿片的进口暂定税率降至零，这使得一些从事传统进口业务的贸易公司开始转向跨境电子商务平台。企业通过网购保税进口业务来销售进口产品要有保税仓和保税物流中心。因为货物进口之后，海关会划定一个封闭式区域进行监管，进口的货物会在第一时间运到保税区，再由保税区运往国内的其他地方，视同进口。但如果货物在保税区内进行交易，是免增值税和关税的，除此之外，保税区的仓库租金比较便宜，运输也比较方便。

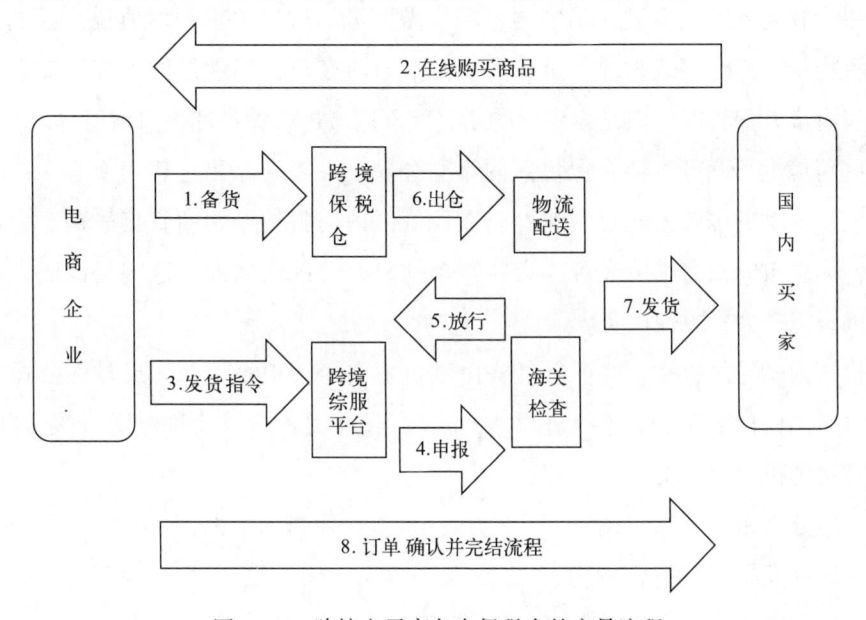

图 11-6　跨境电子商务在保税仓的交易流程

从税收的角度来看，保税区等同于一个"海外仓库"。例如，公司采购了一批纸尿裤，从日本运到我国香港，然后再从香港装车，并施封电子锁，经深圳口岸运到某个保税物流中心，这个时候，公司是不用交税的。在保税物流中心完成理货、分拣再存储到保税仓，这个过程也是不用交税的，就算在保税区内将货物销售给保税区内企业，同样也是免税的。

一、进口税收的计算

进口税收主要有关税、消费税和进口增值税。进口关税是指海关对进口货物或物品征收的一种税，其目的是增加进口货物成本，削弱其在进口国市场的竞争能力，保护进口国商品生产和经济发展。税费计算方法如下：

关税＝完税价格×关税税率

消费税＝[（完税价格＋关税）/（1－消费税税率）]×消费税税率

增值税＝（完税价格＋关税＋消费税）×增值税税率

二、保税区内交易的会计核算

保税区等同于一个"海外仓库"，而增值税的征税范围是在中华人民共和国境内发生的销售货物和提供应税劳务。因此区内企业不用交增值税。关税，区内企业一般情况下也不用交。

如果货物离开保税区进入了国内市场，需要缴纳进口关税和增值税，区别只是在于这个税由谁来交。一般来说，如果货物卖给国内客户，那就是国内客户交。如果这些货物没有离开保税区，而是再出口的话，就不用缴进口关税和进口增值税。

某些跨境电子商务，会在保税区内设立公司。一是仓库租金较为便宜；二是物流较为方便；三是货源较为充足，即可以在保税区内向特约经销商直接采购。为什么这样说呢？大多数的知名国际品牌，会在某个国家有特约经销商，这些经销商大部分在保税区内设点办公，方便出货。

保税区内交易的核算，主要看货物由谁负责向海关申报了，如果是你公司准备将进口货物带离保税区并负责申报进口的，当收到《海关进口增值税专用缴款书》时，确认进口货物的税金成本。

第一笔分录为：

借：库存商品（关税＋消费税）

　　应交税费——应交增值税（进项税额）

贷：银行存款

第二笔分录，确认进口货物成本

　　借：库存商品(进口商品交易价格)
　　　　贷：应付账款——保税区内某供应商

进口货物所发生的费用和关税等计入进口货物的成本，另外，进口商品是在保税区内交易的，所以交易价格会另做一笔分录。

如果你是转卖给保税区内其他客户的，更简单。

　　借：应收账款——某保税区客户
　　　　贷：主营业务收入
　　借：主营业务成本
　　　　贷：库存商品(进口商品交易价格)

这就可以了，不用做应交税金的分录。

另外，有个值得注意的问题，如果公司在保税区内，但要向保税区外的公司采购某些东西进行加工呢？例如：向保税区外的纸箱厂采购纸箱批，用于包装进口货物。这个是真实的案例，在我国，进口货物内销时如果没有中文标识是违法的。

　　借：库存商品——包装物
　　　　应交税金——应交增值税(进项税额)
　　　　贷：应付账款

因为包装物是运到保税区内，但最后没有出口，依然会在国内销售，所以按内销处理，但如果保税区内的包装物出口到境外，符合条件的可以办理出口退税。

三、海外直邮的会计核算

如果公司没有在保税区内，但又要做进口零售业务，可以通过海外直邮将产品直接寄到客户手中。

简单说，就是电子商务企业采购阶段无须预备货，只需要根据订购人实际产生的订单在海外进行货物的采购，通过飞机运到中国，海关通关后，再寄给个人。订购人为纳税义务人，而电子商务企业为代收代缴义务人，代为履行纳税义务，如图11-7所示。

这里要注意的是，订购人单次2 000元以内的商品是免关税的，增值税按70%来征收。当然，无限次是不行的，年度累计超过2万元后，订购人要全额缴税了。所以，如果订购人经常海外直邮的，最好算下是否超标，如果超标，需要提供其家人的身份证。

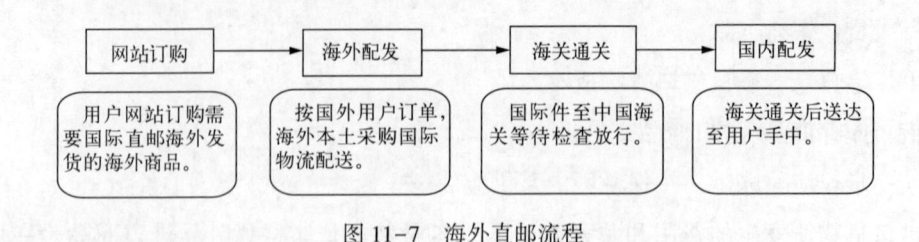

```
网站订购  →  海外配发  →  海关通关  →  国内配发

用户网站订购需    按国外用户订单，   国际件至中国海    海关通关后送达
要国际直邮海外发  海外本土采购国际   关等待检查放行。  至用户手中。
货的海外商品。    物流配送。
```

图 11-7 海外直邮流程

例如客户从跨境网店中订购了一款 100 元的婴儿纸尿裤，关税为 0，增值税税率为 13%，按 70% 来征收。客户共付 111.20 元。

会计分录如下：

借：银行存款　　　　　　　　　　　　　　　　　　　　　　100
　　贷：主营业务收入——婴儿纸尿裤　　　　　　　　　　　　　　100

收到代缴税款后：

借：银行存款　　　　　　　　　　　　　　　　　　　　　　9.10
　　贷：其他应付款——代缴跨境税款　　　　　　　　　　　　　　9.10

缴纳税款

借：其他应付款——代缴跨境税款　　　　　　　　　　　　　　9.10
　　贷：银行存款　　　　　　　　　　　　　　　　　　　　　　9.10

由于电子商务企业是代缴义务人，所以不用通过应交税金来核算。

四、进口产品的外汇结算

跨境电子商务公司如果自身没有现汇的话，在进口中对外付款只能是购汇了，如果是一般贸易下的购汇，如支付货款、劳务费等，不需要国家外管理局的证明，直接用企业自有资金购汇即可。如果是资本金项下购汇，如购买外国证券、投资股市等项目，需要提供国家外汇管理局出示的资本金购汇证明。

对于跨境电子商务来说，国外的支付环境与国内是不一样的，在国外最常用的支付手段是信用卡，外国人网络购买商品，多数都以信用卡支付。当然，国外也有第三方平台，如 PayPal，但不是所有网站都能接受，毕竟 PayPal 受限制比较多，而且手续费高，特别是跨国交易，手续费高达 4.4%。所以，如果是公司，向外国采购产品时，推荐用企业商务卡支付，公司账户是可以开信用卡的，叫做公司卡或者商务卡，一般具有双币种、全球通用的特点，也就是说持卡人可在境外消费，回国后用人民币还款，这就免去了货币兑换的烦琐，节省时间。另外，海外消费，可以有信用卡返利，也就

第十一章 江山代有才人出——以主要电子商务行业会计核算管理要点为例

是海淘返利。例如，在某个网站消费满150美元免直邮运费，或返还现金10美元等。

相对某些大的进口贸易公司，小公司更会充分利用返利消费去减少进货成本。另外，也会利用外国的转运公司，尽量争取退税。

所谓的转运公司，其实就是国外的某个仓库，在海外替你签收货物，并将货物用EMS或DHL发回国内。假设，公司通过美国亚马逊购买了10件衣服，如果收货地址写直邮到中国，费用会非常高，但如果收货地址写旧金山的某个转运公司，然后再由转运公司将多个不同货物合并成一个包裹寄回国内，价格就相对低廉很多。而且转运公司还可以利用网购货物的商业发票在美国当地申请退税，再将退税汇给公司。

如果是大公司，经常用集装箱采购的话，用信用卡支付就不行了，这个时候，需要到银行购买外汇，然后用电汇的形式转账到国外公司银行。当然，这个过程会产生汇兑损益。

1. 购汇时

借：银行存款(外币，按照记账汇率计算人民币数字)

　　财务费用(借贷方差额，如借方大于贷方，为汇兑收益，用红字；如借方小于贷方，为汇兑损失，用蓝字)

贷：银行存款(人民币，实际购汇的数字)

2. 支付时

借：应付账款(外币)

贷：银行存款(外币)

不过，如果采购的公司能接受人民币结算的话，不用购汇也可以的。

第十二章

险尽开溪路见平
——网络风险与内部控制

第一节 他强由他强，清风拂山岗
——网络风险介绍

一、网络风险的含义

风险是预期结果的不确定性，即在决策中，如果将来的实际结果与预想的结果有可能不一致，就意味着是有风险的。从电子商务角度看，风险是指秘密数据丢失的可能性，或者由于数据或程序被破坏、生成和使用，而伤害到他人利益的可能性，这也包括硬件被破坏的可能性。所以，分析电子商务中可能存在的各种风险，并采取相应的风险管理和安全防范措施尤为重要。电子商务的风险性与安全性问题越来越受到人们的关注。

二、电子商务风险的类型

（一）消费者面临的风险

1. 虚假的或恶意的网站

恶意网站一般都是为窃取访问者的身份证信息与口令、窃取信用卡信息、偷窥访问者的硬盘或从访问者硬盘中下载文件而设立的。窃取访问者的身份证信息与口令的手段是设立一个恶意的网站，要求使用者"注册"并给出一个口令。口令是使用者自愿给出的，只有在口令被使用者同时应用于许多不同事务时，如银行卡、与工作有关的口令以小家庭安全警报口令等，才可能对使用者造成危害。

2. 从销售代理及网络服务供应商（ISP）处窃取用户数据

用户在网上购买商品与服务，包括通过 ISP 连入网络，一般都采用信用卡付款方式。信用卡信息为销售代理或 ISP 保存。不幸的是，对于用户来说，黑客们偶尔会成功地闯入销售代理或 ISP 的系统，从而攫取用户的信用卡数据。

3. 隐私问题

在网络上，个人信息，包括个人资料、消费习惯、阅读习惯、交往信息、通信信息等，很容易被商家和网络经营者收集和利用，而这些收集和利用不仅会侵犯用户的一些隐私权，还可能成为其他侵权或骚扰行为的铺垫。

(二) 销售商面临的风险

当提及电子商务的风险时，总习惯性地认为是客户面临风险，其实销售商面临的风险也很大。销售商面临的风险主要有以下几个方面，即假客户、被封锁在电子商务中，服务、数据被窃，域名的注册等。

1. 假客户

假客户是指一些人假扮合法客户来订购产品或服务。例如，利用假信用卡号来骗取服务和免费产品，或者要求送货而没有人支付。

2. 被封锁服务

被封锁服务是指销售商的计算机和网络资源被黑客攻击和封锁。这类攻击程序的代码在一些黑客程序的网址上很容易找到，而且很难追踪到。

3. 数据被窃

数据被窃是销售商们面临的一种很常见的风险。对于那些以数字化形式存储并连接到公共通信线路上的数据文件来说，黑客可以随时、随地作案，而且很难被追踪到。

4. 域名的注册

在电子商务发展初期，人们对域名的重要性并没有充分的认识，许多公司疏于对网络世界的关注，对自己的公司名称、商标、商号、个人姓名等未进行及时的域名注册，结果导致与其相关的名称被他人以相同或者近似的名称捷足先登，给组织造成不必要的损失。例如，康柏计算机公司曾于1998年出资500万美元回购被他人抢注的域名。目前，我国正处于域名注册管理制度不严谨的状态，在利益的驱动下，出现了专门以注册他人公司名称、商标等域名为常业并以高价出售这些域名的单位和个人(被称为"网络蟑螂")。

(三) 企业面临的风险

许多企业已经开始构建内部网络，随着网络技术的发展，企业可以将自己的网络同其他企业的网络或开放的网络相连接，构成强大的网络通信世界。这样企业内部各部门之间、企业同合作伙伴之间及同消费者之间都可以进行实时的信息交流。但这样的网络互联也存在很大的风险性，归纳起来主要包括企业内部网络的风险和企业间进行商务活动时的风险。

1. 企业内部网络的风险

据统计，对网络系统的攻击，有85%是来自企业内部的黑客。这些黑客可能是企业从前的雇员，也可能是在职员工。

企业内部网络的风险主要有两种：金融诈骗、盗取文件或数据。金融诈骗是指更改企业计算机内财务方面的记录，以骗得企业的钱财或为企业减免税等。这种风险的作案手段很多，有采用黑客程序的，更多的则是贿赂有关操作人员。盗取文件或数据是一种很常见的黑客方式。由于网络将各个雇员的计算机同企业各种重要的数据库、服务器等连接起来，所以雇员进行越权访问和复制机密数据或文件的机会就会大大增加。

2. 企业间进行商务活动时的风险

企业在与企业进行商业合作或竞争时，其他企业可能利用非法手段盗取该企业的文件或数据。

这其中的风险可分为两类：传输中数据被盗和企业计算机上的数据和文件被盗。企业间在进行数据交换时，会面临很多风险问题。从电子商务的角度看，这类风险主要有消息源的认证、运送证明、消息的完整性和未授权浏览、消息的及时运送等问题。另外，由于电子商务的需要，企业会有相当多的文档、数据等存放在与网络相连的网络计算机上，一旦黑客攻击这些机器，那么数据和文件便很有可能被破坏、修改和窃取。

三、网络风险的防范方法

针对以上分析的，在发展电子商务过程中不同对象所面临的不同风险，提出以下防范方法。

（一）消费者的风险防范

消费者的风险防范，归纳起来，主要应从三个方面加强。

（1）设定的密码最好避免使用生日等容易被别人破译的密码，而且要经常更改密码以减少被盗用的概率。

(2)在各种与网络相关的事务中，一定要坚持使用不同的密码。在不同的网址中尽量使用不同的密码。而且，在选择 ISP 时，应选择信誉好、可靠性高的。

(3)不要轻易将密码告诉他人，尤其不要轻信系统管理员提出的"需要你账号、密码来维护系统"的说法。

(4)对于黑客攻击系统而攫取消费者的信用卡数据所造成的信息泄密，消费者确实没有什么办法，除非消费者在网上根本不运用任何信用卡信息。

(二)销售商的风险防范

销售商面临的风险主要是数据被窃，这一点同企业的数据被窃类似。针对这点销售商应该从加强自身网络技术措施来加强风险防范，可参考后面提到的企业的风险防范。

至于域名注册方面的风险防范，则要求销售商加强域名的注册。尽早确立组织自身在网络世界的合法地位，是避免域名纠纷的最佳防范措施。

(三)企业的风险防范

前面已经提到，企业的风险主要来自内部和外部两个方面。下面分别针对这两个方面提出相应的防范措施。

1. 企业内部网络风险的防范

由于企业内部网络的风险主要是由企业员工对企业系统的攻击产生的，所以可采取以下手段：

(1)对企业的各种资料信息设置秘密等级，并予以明确的标识，分等级分管理。也就是说，公司的高层人员、中层人员以及下层的工作人员所能够看到关于公司的资料应该是不同的。规定每个员工(包括不同业务主管)接触秘密的权限，每个员工不得接触自己无权接触的秘密等级的档案资料。

(2)专人管理商业秘密，定岗定费，不能无人负责。同时，上级主管应当定期予以监督检查。

(3)要求员工经常更换自己使用的密码，不能给窃密者造成机会。

(4)采取加密措施。对于需要使用网络来传输并涉及商业秘密的文件、信息时，可以使用加密计算机程序。而信息的被送达人享有该钥匙。这种措施对于传送文件、信息途中的窃取、窃听以及员工因过失按错送达对象按钮，都可以有效保守秘密。但也要注意员工滥用、钥匙丢失等情况的发生。密匙需要定期更换，否则可能使"黑客"通过累积加密文件增加破译的机会。

(5)对员工的个人情况,特别是针对那些从事与信息系统有关的工作的员工要进行制度化的选拔与检查。要将经过一定时间考察、责任心强、讲原则、守纪律、业务能力强的人员派到各自岗位上。

2. 企业之间风险的防范

针对企业之间进行电子商务交易时所面临的风险,可以从技术上来进行防范:

(1)利用防火墙技术保证电子商务系统的安全。防火墙的目的是提供安全保护、控制和鉴别出入站点的各种访问。防火墙具有网络通信的控制过滤机制,可有效保证交易的安全。为了将私有网络从公共网络中分离出来并保护起来,主要可以采用如下几种形式的防火墙:网络层防火墙、应用层防火墙、动态防火墙。

在此需要说明,利用防火墙可有效防止黑客的攻击;关于防火墙的设计及应用可参考有关专业技术书籍。

(2)利用安全协议保证电子商务的安全。网络的开放性造成在网络中传输的数据具有公共性,为了保证网络传输过程中数据的安全,必须要使用安全的通信协议以保证交易各方的安全。例如,可用 S/MIME 协议、S-HTTP 协议和 SSL 协议等。

(3)利用身份认证技术保证电子商务系统的安全。由于电子商务是在网络中完成的,交易各方不见面,故为了保证每个参与者(银行、企业)都能无误地被识别,必须使用身份认证技术。

第二节 他横由他横,明月照大江
——电子商务与内部控制

一、内部控制

(一)内部控制概念

内部控制,是指一个单位为了实现其经营目标,保护资产的安全完整,保证会计信息资料的正确可靠,确保经营方针的贯彻执行,保证经营活动的经济性、效率性和效果性而在单位内部采取的自我调整、约束、规划、评价和控制的一系列方法、手段与措施的总称。

我国《内部控制规范——基本规范》中定义内部控制的概念:内部控制是指由企业董事会(或者由企业章程规定的经理、厂长办公会等类似的决策、治理机构,以下简称董事会)、管理层和全体员工共同实施的、旨在合理保证实现其基本目标的一系列控制活动。

内部控制主要包括七项原则，分别是：

(1)合法性原则，就是指企业必须以国家的法律法规为准绳，在国家的规章制度范围内，制定本企业切实可行的财务内控制度。

(2)整体性原则，就是指企业的财务内控制度必须充分涉及到企业财务会计工作的各个方面的控制，它既要符合企业的长期规划，又要注重企业的短期目标，还要与企业的其他内控制度相互协调。

(3)针对性原则，是指内控制度的建立要根据企业的实际情况，针对企业财务会计工作中的薄弱环节制定企业切实有效的内控制度，将各个环节和细节加以有效控制，以提高企业的财务会计水平。

(4)一贯性原则，就是指企业的财务内控制度必须具有连续性和一致性。

(5)适应性原则，指企业财务内控制度应根据企业变化了的情况及财务会计专业的发展及社会发展状况及时补充企业的财务内控制度。

(6)经济性原则，是指企业的财务内控制度的建立要考虑成本效益原则，也就是说企业财务内控制度的操作性要强，要切实可行。

(7)发展性原则，制定企业财务内控制度要充分考虑宏观政策和企业的发展，密切洞察竞争者的动向，制定出具有发展性或未来着眼点的规章制度。

内部控制制度的重点是严格会计管理，设计合理有效的组织机构和职务分工，实施岗位责任分明的标准化业务处理程序。按其作用范围大体可以分为以下两个方面：

1. 内部会计控制

内部会计控制范围直接涉及会计事项各方面的业务，主要是指财会部门为了防止侵吞财物和其他违法行为的发生，以及保护企业财产的安全所制定的各种会计处理程序和控制措施。例如，由无权经管现金和签发支票的第三者每月编制银行存款调节表，就是一种内部会计控制，通过这种控制，可提高现金交易的会计业务、会计记录和会计报表的可靠性。

2. 内部管理控制

内部管理控制范围涉及企业生产、技术、经营、管理的各部门、各层次、各环节。其目的是为了提高企业管理水平，确保企业经营目标和有关方针、政策的贯彻执行。例如，企业单位的内部人事管理、技术管理等，就属于内部管理控制。

(二) 内部控制目标

内部控制目标是指要求内部控制完成的任务或达到的标准。它用来促进企业组织的有效营运，以确保各部门均能发挥应有的功能。它包括：①建立和完善符合现代管理要求的内部组织结构，形成科学的决策机制、执行机制和监督机制，确保单位经营管理目标的实现。②建立行之有效的风险控制系统，强化风险管理，确保单位各项业务活动的健康运行。③堵塞、消除隐患，防止并及时发现和纠正各种欺诈、舞弊行为，保护单位财产的安全完整。④规范单位会计行为，保证会计资料真实、完整、提高会计信息质量。⑤确保国家有关法律法规和单位内部规章制度的贯彻执行。

从内部控制理论的发展过程来看，现代组织中的内部控制目标已不是传统意义上的查错和纠弊，而是涉及到组织管理的方方面面，呈现出多元化、纵深化的趋势，主要包括以下方面：

1. 确保组织目标的有效实现

任何组织都有其特定的目标，要有效实现组织的目标，就必须及时对那些构成组织的资源(财产、人力、知识、信息等)进行合理的组织、整合与利用，这就意味着这些资源要处于控制之下或在一定的控制之中运营。如果一个组织未能实现其目标，那么该组织在从事自身活动时，一定是忽视了资源的整合作用，忽视了经济性和效率性的重要性。一家医院有优秀的医生、能干的工作人员和先进的设备，但如果这些条件没有充分用于医疗，这家医院是没有效率的。例如，如果因为医院不良的饮食而不能使患者痊愈，这家医院就没有实现其目标。因为内部控制系统的目标就是直接促进组织目标的实现。所以，所有的组织活动和控制行为必须以促进实现组织的最高目标为依据。

2. 服从政策、程序、规则和法律法规

为了协调组织的资源和行为以实现组织的目标，管理者将制定政策、计划和程序，并以此来监督运行并适时做出必要的调整。另外，组织还必须服从由社会通过政府制定的法律法规、职业道德规则以及利益集团之间的竞争因素等所施加的外部控制。内部控制如果不能充分考虑这些外部限制因素，就会威胁组织的生存。因此，内部控制系统必须保证遵循各项相关的法律法规和规则。

3. 经济且有效地利用组织资源

因为所有的组织都是在一个资源有限的环境中运作，一个组织实现其目标的能力取决于能否充分地利用现有的资源，制定和设计内部控制必须根据能否保证以最低廉

的成本取得高质量的资源(经济性)和防止不必要的多余的工作和浪费(效率)。例如，一个组织能够经济地取得人力资源，但可能因缺乏必要的训练和不合适的生产计划而使得工作效率很低。管理者必须建立政策和程序来提高运作的经济性和效率，并建立运作标准来对行动进行监督。

4. 确保信息的质量

除了建立组织的目标并沟通政策、计划和方法外，管理者还需利用相关、可靠和及时的信息来控制组织的行为。事实上，控制和信息是密不可分的，决策导向的信息受制于内部控制，没有完备的内部控制便不能保证信息的质量。也就是说，管理者需要利用信息来监督和控制组织行为，同时，决策信息系统特别是会计信息系统也依赖于内部控制系统来确保提供相关、可靠和及时的信息。否则，管理者的决策就有可能给组织造成不可弥补的损失。因此，内部控制系统必须与确保数据收集、处理和报告的正确性的控制相联系。

5. 有效保护组织的资源

资源的稀缺性客观上要求组织通过有效的内部控制系统确保其安全和完整。如果资源不可靠、损坏或丢失，组织实现其目标的能力就会受到影响。保护各种有形与无形的资源，一是确保这些资源不被损害和流失，二是要求确保对资产的合理使用和必要的维护。

在现代社会，信息作为一种特殊的资源，其遗失、损坏和失窃也会影响组织的竞争力和运作能力。因此，一个组织的数据库必须防止非授权的接触和使用。

人力资源是组织获得竞争力的根本性财富，高素质的员工队伍是一个组织行动能力的"放大器"。一个组织的员工队伍代表了组织在培训、技能和知识上的大量投资，其作用是难以替代的。因此，工作环境，尤其是内部控制环境不仅要有助于他们的身心健康，而且要培养其对组织的忠诚。

(三)内部控制要素

我国《企业内部控制基本规范》根据COSO框架将内部控制的要素归纳为内部环境、风险评估、控制活动、信息与沟通、内部监督五大方面。

1. 内部环境

(1)治理结构。公司治理结构指的是内部治理结构，又称法人治理结构，是根据权力机构、决策机构、执行机构和监督机构相互独立、权责明确、相互制衡的原则实现对公司的治理。

治理结构是由股东大会、董事会、监事会和管理层组成的，决定公司内部决策过程和利益相关者参与公司治理的办法，主要作用在于协调公司内部不同产权主体之间的经济利益矛盾，减少代理成本。

(2)机构设置与权责分配。公司制企业中股东大会(权力机构)、董事会(决策机构)、监事会(监督机构)、总经理层(日常管理机构)这四个法定刚性机构为内部控制机构的建立、职责分工与制约提供了基本的组织框架，但并不能满足内部控制对企业组织结构的要求，内部控制机制的运作还必须在这一组织框架下设立满足企业生产经营所需要的职能机构。所采用的组织结构应当有利于提升管理效能，并保证信息通畅流动。

(3)内部审计机制。内部审计控制是内部控制的一种特殊形式。根据中国内部审计协会的解释，内部审计是指组织内部的一种独立客观的监督和评价活动，它通过审查和评价经营活动及内部控制的适当性、合法性和有效性来促进组织目标的实现。

内部审计的范围主要包括财务会计、管理会计和内部控制检查。内部审计机制的设立包括内部审计机构设置、人员配备、工作开展及其独立性的保证等。

(4)人力资源政策。人力资源政策是影响企业内部环境的关键因素，它所包括的雇用、培训、评价、考核、晋升、奖惩等业务，向员工传达着有关诚信、道德行为和胜任能力的期望水平方面的信息，这些业务都与公司员工密切相关，而员工正是公司中执行内部控制的主体。一个良好的人力资源政策，能够有效地促进内部控制在企业中的顺利实施，并保证其实施的质量。

(5)企业文化。企业文化体现为人本管理理论的最高层次。企业文化重视人的因素，强调精神文化的力量，希望用一种无形的文化力量形成一种行为准则、价值观念和道德规范，凝聚企业员工的归属感、积极性和创造性，引导企业员工为企业和社会的发展而努力，并通过各种渠道对社会文化的大环境产生作用。

2. 风险评估

风险评估是企业及时识别、科学分析经营活动中与实现控制目标相关的风险，合理确定风险应对策略，是实施内部控制的重要环节。风险评估主要包括目标设定、风险识别、风险分析和风险应对等。

(1)目标设定。风险是指一个潜在事项的发生对目标实现产生的影响。风险与可能被影响的控制目标相关联。企业必须制定与生产、销售、财务等业务相关的目标，设立可辨认、分析和管理相关风险的机制，以了解企业所面临的来自内部和外部的各种不同风险。

企业开展风险评估，应当准确识别与实现控制目标相关的内部风险与外部风险，确定相应的风险承受度。风险承受度是企业能够承担的风险限度，包括整体风险承受能力和业务层面的可接受风险水平。

(2) 风险识别。风险识别实际上是收集有关损失原因、危险因素及其损失暴露等方面信息的过程。风险识别作为风险评估过程的重要环节，主要回答的问题是：存在哪些风险，哪些风险应予以考虑，引起风险的主要因素是什么，这些风险所引起的后果及严重程度如何，风险识别的方法有哪些等。而其中企业在风险评估过程中，更应当关注引起风险的主要因素，应当准确识别与实现控制目标有关的内部风险和外部风险。

(3) 风险分析。风险分析是在风险识别的基础上对风险发生的可能性、影响程度等进行描述、分析、判断，并确定风险重要性水平的过程。企业应当在充分识别各种潜在风险因素的基础上，对固有风险，即不采取任何防范措施可能造成的损失程度进行分析，同时，重点分析剩余风险，即采取了相应应对措施之后仍可能造成的损失程度。企业应当采用定性与定量相结合的方法，按照风险发生的可能性及其影响程度等，对识别的风险进行分析和排序，确定关注重点和优先控制的风险。

(4) 风险应对。企业应当在分析相关风险的可能性和影响程度基础上，结合风险承受度，权衡风险与收益，确定风险应对策略。企业应合理分析、准确掌握董事、经理及其他高级管理人员、关键岗位员工的风险偏好，采取适当的控制措施，避免因个人风险偏好给企业经营带来重大损失。

企业管理层在评估了相关风险的可能性和后果，以及成本效益之后要选择一系列策略使剩余风险处于期望的风险容限以内。常用的风险应对策略有：要求对方提供保证金、购买保险，减少提供信用的数额等。

(5) 风险规避。风险规避，即改变或回避相关业务，不承担相应风险，是企业对超出风险承受度的风险，通过放弃或者停止与该风险相关的业务活动以避免和减轻损失的策略。例如：由于雨雪天气，航空公司取消某次航班；企业拒绝与不守信用的厂商有业务来往；新产品在试制阶段发现问题而果断地停止研发。

(6) 风险承受。风险承受，即比较风险与收益后，愿意无条件承担全部风险，是企业在权衡成本效益之后，对风险承受度之内的风险，不准备采取控制措施降低风险或者减轻损失的策略。例如：企业设有一个小型仓库，平时就存放一些待处理的设备(市场价值很小)，如果为了防止这些设备被盗偷而专门雇佣一个保管员，那么这时支付保管员的费用要远高于设备的价值，显然不符合成本效益原则，因此，对于这种存在的失窃风险企业就应该采用风险承受策略。

(7)风险降低。风险降低,即采取一切措施降低发生不利后果的可能性,是企业在权衡成本效益之后,准备采取适当的控制措施降低风险或者减轻损失,将风险控制在风险承受度之内的策略,包括两类措施:风险预防和风险抑制。

(8)风险分担。风险分担,即通过购买保险、外包业务等方式来分担一部分风险,是企业准备借助他人力量,采取业务分包、购买保险等方式和适当的控制措施,将风险控制在风险承受度之内的策略。常见的措施有业务分包、购买保险等。例如:大学里学生宿舍的管理外包给物业公司负责,这是由于大学本身不具有物业管理的能力,通过外包的方式转移了与物业相关的风险;公司给某些关键设备购买财产保险来转移风险。

风险应对策略往往是结合运用的。同时企业应当结合不同发展阶段和业务拓展情况,持续收集与风险变化相关的信息,进行风险识别和风险分析,及时调整风险应对策略。

3. 控制活动

控制活动是指企业根据风险应对策略,采用相应的控制措施,将风险控制在可承受度之内,是实施内部控制的具体方式。常见的控制措施有:不相容职务分离控制、授权审批控制、会计系统控制、财产保护控制、预算控制、运营分析控制和绩效考评控制等。企业应当结合风险评估结果,通过手工控制与自动控制、预防性控制与检查性控制相结合的方法,运用相应的控制措施,将风险控制在可承受限度之内。

(1)不相容职务分离控制。所谓不相容职务,是指那些如果由一个人担任既可能发生错误和舞弊行为,又可能掩盖其错误和舞弊行为的职务。

(2)授权审批控制。授权批准是指企业在办理各项经济业务时,必须经过规定程序的授权批准。授权审批控制要求企业根据常规授权和特别授权的规定,明确各岗位办理业务和事项的权限范围、审批程序和相应责任。

(3)会计系统控制。会计作为一个信息系统,对内能够向管理层提供经营管理的诸多信息,对外可以向投资者、债权人等提供用于投资等决策的信息。会计系统控制主要是通过对会计主体所发生的各项能用货币计量的经济业务进行记录、归集、分类、编报等进行的控制。

(4)财产保护控制。财产保护控制是指为了确保企业财产物资安全、完整所采用的各种方法和措施。财产是企业资金、财物及民事权利义务的总和,按是否具有实物形态,分为有形财产(如资金、财物)和无形财产(如著作权、发明权),按民事权利义务,分为积极财产(如金钱、财物及各种权益)和消极财产(如债务)。财产是企业开展各项生产经营活动的物质基础,企业应采取有效措施,加强对企业财产物资的保护。

(5)预算控制。预算是企业未来一定时期内经营、资本、财务等各方面的收入、支出、现金流的总体计划。预算控制是内部控制中使用得较为广泛的一种控制措施。通过预算控制,使得企业的经营目标转化为各部门、各个岗位以至个人的具体行为目标,作为各责任企业的约束条件,能够从根本上保证企业经营目标的实现。

(6)运营分析控制。运营活动分析,曾被称为经营活动分析,但实际上运营活动是比经营活动范畴更广,更能够全面涵盖企业活动的提法。运营分析是对企业内部各项业务、各类机构的运行情况进行独立分析或综合分析,进而掌握企业运营的效率和效果,为持续的优化调整奠定基础。

企业运营活动分析的方法包括定性分析法和定量分析法。定性分析法可以有专家建议法、专家会议法、主观概率法和德尔菲法(通过函询的方式收集专家意见,对未来进行直观预测的一种定性方法)。定量分析法可以有对比分析法、趋势分析法、因素分析法和比率分析法。

运营分析控制要求企业建立运营情况分析制度,综合运用生产、购销、投资、筹资、财务等方面的信息,通过因素分析、对比分析、趋势分析等方面,定期开展运营情况分析,发现存在的问题,及时查明原因并加以改进。

(7)绩效考评控制。绩效考评是对所属企业及个人占有、使用、管理与配置企业经济资源的效果进行的评价。绩效考评是一个过程,即首先明确企业要做什么(目标和计划),然后找到衡量工作做得好坏的标准进行监测(构建指标体系并进行监测),发现做得好的(绩效考核),进行奖励(激励机制),使其继续保持或者做得更好,能够完成更高的目标。更为重要的是,发现不好的地方,通过分析找到问题所在,进行改正,使得工作做得更好(绩效改进)。这个过程就是绩效考评过程。企业为了完成这个管理过程所构建起来的管理体系,就是绩效考评体系。

4. 信息与沟通

信息与沟通是企业及时、准确地收集、传递与内部控制相关的信息,确保信息在企业内部、企业与外部之间进行有效沟通,是实施内部控制的重要条件。企业应当建立信息与沟通制度,明确内部控制相关信息的收集、处理和传递程序,确保信息及时沟通,促进内部控制有效运行。信息与沟通的要件主要包括信息质量、沟通制度、信息系统、反舞弊机制。

(1)信息质量。信息是企业各类业务事项属性的标识,是确保企业经营管理活动顺利开展的基础。企业日常生产经营需要收集各种内部信息和外部信息,并对这些信息进行合理筛选、核对、整合，提高信息的有用性。企业可以通过财务会计资料、经营管理资料、调研报告、专项信息、内部刊物、办公网络等渠道，获取内部信息；还可以通过行业协会组织、社会中介机构、业务往来企业、市场调查、来信来访、网络媒体以及有关监管部门等渠道，获取外部信息。

(2) 沟通制度。信息的价值必须通过传递和使用才能体现。企业应当建立信息沟通制度，将内部控制相关信息在企业内部各管理级次、责任企业、业务环节之间，以及企业与外部投资者、债权人、客户、供应商、中介机构和监管部门等有关方面之间进行沟通和反馈。信息沟通过程中发现的问题，应当及时报告并加以解决。重要信息须及时传递给董事会、监事会和经理层。

(3) 信息系统。为提高控制效率，企业可以运用信息技术加强内部控制，建立与经营管理相适应的信息系统，促进内部控制流程与信息系统的有机结合，实现对业务和事项的自动控制，减少或消除人为操纵因素。企业利用信息技术对信息进行集成和共享的同时，还应加强对信息系统开发与维护、访问与变更、数据输入与输出、文件储存与保管、网络安全等方面的控制，保证信息系统安全稳定运行。

(4) 反舞弊机制。舞弊是指企业董事、监事、经理、其他高级管理人员、员工或第三方使用欺骗手段获取不当或非法利益的故意行为，它是需要企业重点加以控制的领域之一。企业应当建立反舞弊机制，坚持惩防并举、重在预防的原则，明确反舞弊工作的重点领域、关键环节和有关机构在反舞弊工作中的职责权限，规范舞弊案件的举报、调查、处理、报告和补救程序。

反舞弊工作的重点包括：
①未经授权或者采取其他不法方式侵占、挪用企业资产，牟取不当利益；
②在财务会计报告和信息披露等方面存在的虚假记载、误导性陈述或者重大遗漏等；
③董事、监事、经理及其他高级管理人员滥用职权；
④相关机构或人员串通舞弊。

为确保反舞弊工作落到实处，企业应当建立举报投诉制度和举报人保护制度，设置举报专线，明确举报投诉处理程序、办理时限和办理要求，确保举报、投诉成为企业有效掌握信息的重要途径。举报投诉制度和举报人保护制度应当及时传达至全体员工。信息与沟通的方式是灵活多样的，但无论哪种方式，都应当保证信息的真实性、及时性和有用性。

5. 内部监督

内部监督是企业对内部控制建立与实施情况监督检查，评价内部控制的有效性，

第十二章 险尽开溪路见平——网络风险与内部控制

对于发现的内部控制缺陷及时加以改进，是实施内部控制的重要保证。从定义出发，内部监督主要有两个方面的意义：第一，发现内控缺陷，改善内部控制体系，促进企业内部控制的健全性、合理性；第二，提高企业内部控制施行的有效性。除此之外，内部监督也是外部监管的有力支撑。最后，内部监督机制可以减少代理成本，保障股东的利益。

（1）企业应当制定内部控制监督制度，明确内部审计机构（或经授权的其他监督机构）和其他内部机构在内部监督中的职责权限，规范内部监督的程序、方法和要求。但是内部审计机构应该独立于被监督部门。例如，它不能隶属于财务部，否则可能失去应有的独立性与谨慎性。

（2）内部监督包括日常监督和专项监督。

①日常监督是指企业对建立与实施内部控制的情况进行常规、持续的监督检查。日常监督的常见方式包括：在日常生产经营活动中获得能够判断内部控制设计与运行情况的信息；在与外部有关方面沟通过程中获得有关内部控制设计与运行情况的验证信息；在与员工沟通过程中获得内部控制是否有效执行的证据；通过账面记录与实物资产的检查比较对资产的安全性进行持续监督；通过内部审计活动对内部控制有效性进行持续监督。

②专项监督是指在企业发展战略、组织结构、经营活动、业务流程、关键岗位员工等发生较大调整或变化的情况下，对内部控制的某一或某些方面进行有针对性的监督检查。专项监督的范围和频率根据风险评估结果以及日常监督的有效性等予以确定。

专项监督应当与日常监督有机结合，日常监督是专项监督的基础，专项监督是日常监督的补充，如果发现某专项监督需要经常性地进行，企业有必要将其纳入日常监督之中。

③日常监督和专项监督情况应当形成书面报告，并在报告中揭示存在的内部控制缺陷。内部监督形成的报告应当有畅通的报告渠道，确保发现的重要问题能及时送达至治理层和经理层；同时，应当建立内部控制缺陷纠正、改进机制，充分发挥内部监督效力。

④企业应当在日常监督和专项监督的基础上，定期对内部控制的有效性进行自我评价，出具自我评价报告。内部控制自我评价的方式、范围、程序和频率，除法律法规有特别规定的，一般由企业根据经营业务调整、经营环境变化、业务发展状况、实际风险水平等自行确定。

二、电子商务对内部控制的影响

(一) 电子商务对内部控制目标的影响

电子商务系统安全性成为内部控制的重要目标。随着电子商务企业的发展，网络风险产生，电子商务系统的安全性成为电子商务企业内部控制的重要目标。企业所设定的目标是企业努力的方向，内部控制组成要素则是为实现或完成该目标所必需的条件，两者之间存在直接的关系。控制目标是内部控制所要达到的目的。信息技术资源作为控制对象，其发生的改变，一方面要求设定内部控制目标时就要考虑信息技术部分，从信息化战略的确定、经营、信息资源的利用、信息资源使用的合法合规等不同层次设定它的控制目标；另一方面，还要考虑利用信息技术提高和改善企业资源利用的效率和效益、报告的可靠性等，使控制目标对企业战略、管理目标的实现起到很好的促进和保证作用。

传统企业的内部控制目标主要是为了保证经营的效果和效率、财务报告的可靠性等。而在企业实现了电子商务之后，就要与其他企业进行频繁的网上交易活动，这使得企业的会计系统必须面临开放的互联网世界，对会计信息系统的安全性提出了更高的要求。在电子商务交易中，企业间的大量会计信息通过互联网传输。由于互联网的开放性，会计信息存在被截取、篡改、泄露等问题，很难保证其真实性和完整性。同时，计算机病毒和黑客的猖獗也为会计信息系统带来了巨大的风险。这就使得内部控制目标不再局限于确保企业经营活动的效率和效果、经济信息和财务报告的可靠性。安全性成了电子商务环境下的一个重大目标。电子商务的安全性关系企业的存亡，而上述控制目标的实现，均取决于电子商务的安全性。因此，"保证电子商务的安全性"应作为电子商务系统的首要控制目标。其具体表现为满足下列要求：

(1) 对电子商务的质量及安全要求，包括信息的机密性、完整性、可用。

(2) 对电子商务的经营性要求，包括系统运行的效果和效率、信息的可靠性和法令的遵循。

(二) 电子商务环境下内部控制要素的特点

COSO 报告指出了内部控制由控制环境、风险评估、控制活动、信息与沟通、内部监督五要素构成。在电子商务环境下，框架体系没有发生实质性变化，企业内部控制仍由这五个基本要素组成，但每项基本要素的内部构成却呈现出新的内容，表现出新的特点，也给内部控制带来新的问题。

第十二章　险尽开溪路见平——网络风险与内部控制

1. 电子商务使内部控制环境呈现多样化、系统化态势

在电子商务环境下，以信息技术为基础，这与传统手工环境截然不同。使组织结构、人员素质等方面发生显著变化。

(1)电子商务会计的网络环境扩大了会计控制的范围和难度。电子商务的业务活动及其记录、会计处理与网络系统各要素均有关。网络系统的设计、建设、运转维护也要进行会计处理。由于硬件的物理故障、不合理的硬件配置、软件功能欠完善及系统操作失误等网络系统的故障原因，网络系统不能正常运转，从而不能正常开展电子商务。因此对电子商务运行所依托的网络系统进行故障控制应纳入会计控制的范围。

此外，电子商务会计信息的网上采集、传输加大了会计控制的难度。电子商务使得信息的采集非常分散，大量会计信息通过网络通讯传输，面临被拦截、窃取等网络安全风险。会计凭证等资料数字化使其易于被修改、删除，这给会计资料的稽核带来难题。

(2)组织结构的革命及权责分派体系的变化。组织结构作为内部控制的客观基础，其变迁直接影响内部控制的程序和方法。信息技术的发展使得金字塔型的职能层次组织结构和集中决策成为可能。组织中通信和协调的成本降低，大型企业纷纷开始将很多决策权下放到部门、战略业务单位，取消一些中间管理部门并增加其他部门的控制范围，以实现组织结构的"扁平化"。另外，企业许多作业程序开始在传统层次组织边界之外协调。大公司把越来越多的非核心活动外包出去。同时，电子商务使得企业的商务范围大大拓宽，面对更加激烈的竞争，企业纷纷采取更加灵活和更加广泛的联盟和伙伴策略。这种新型的联盟和伙伴关系，导致"临时性"的虚拟组织、虚拟实体的出现。

随着扁平型组织结构的建立和网络信息系统的运行，企业权责分派体系也出现了一些很大的变化，主要包括岗位设置和交易授权两个方面。在岗位设置方面：电子商务环境下，工作岗位及其职责需要重新合并和划分，工作岗位重心也会出现迁移。就会计而言，会计岗位可以按照会计信息的不同形态，划分为会计核算组、会计信息系统运行组、管理组。与此同时，会计岗位的重心由传统的总账报表岗位转变为会计信息运行组岗位。这种工作岗位及其职责的变化更加强调员工之间的竞争和合作，有利于团队的成长和发展。在交易授权方面：传统的交易授权方式大都采用签字和盖章等手段，而在电子商务条件下，相应的交易授权方式一般采用计算机口令和数字签名等手段。这种交易授权行为可以在人工介入很少的条件下，通过计算机程序自动完成，减少了工作量，提高了工作效率，但是同时也出现了一个新的问题，即交易轨迹消失，

给内部控制的实施和评价带来了很多困难。

（3）管理者和员工素质的变化。随着网络的到来和学习型组织的构建，管理者和员工需要与时俱进，丰富和完善自身，提高综合素质。在扁平型组织结构中，信息对等化，即无论信息处于何地，企业内外部人员均能获得。管理者应当转变观念，认识到他不再是组织等级的上层，而是活动行为的中心。他需要在这个变化和动态的环境中，既能够调动集体智慧，发挥员工的主观能动性，在创新中求得更大的发展；又能够在不断出现的冲突和磨合中，寻找内聚力和向心力，有效地加强内部控制，从而最终达到管理者、员工乃至企业的效益最大化的目标。员工也是一样，合作和竞争的趋势日益显著的情形下，要求每位员工不仅要学习更多的知识，而且还要学习一定的计算机和网络知识，成为符合时代需要和适应企业发展的复合型人才，从而使得企业的可持续性发展有足够和必备的人力资源。

2. 电子商务环境增大了风险评估的范围及内容

风险评估是识别和分析影响目标实现的相关风险的过程，是有效的内部控制体系的关键构成要素。在电子商务环境下，企业风险评估的范围加大，重点发生转移。例如，电子商务环境下，通过企业之间、企业内部的信息传递实现协同合作、优化资源配置，企业物流和资金流的流量、流速均由计算机精密排程，与联盟企业、市场情况环环相扣，以求最低成本、最快速度、最好质量组织企业经营活动。因此，供应链的任何环节出现突发事件都会波及企业的正常运行，给企业带来损失。此外，由于企业所有数据存放在数据库服务器内，网络开放性、数据共享性必将增加信息系统的风险，如数据可能被非授权人员拷贝、删除、修改，虽然企业的整体目标没有改变，但企业的外部环境与内部因素都发生了变化。因为在电子商务环境下，通过网络任何有价值的信息都可以连接实现实时和同步传递，企业可以对所有物流和价值流进行实时监督和控制，通过实时监督与控制，企业可以及时发现和纠正企业在物流、价值流中存在的问题，对现有内部控制系统进行动态调整。同时，伴随着业务流程的改变，系统的开放性、信息的分散性、数据的共享性，极大地改变了以往封闭集中状态下的业务运行环境，从而改变了传统的风险控制的内容和方法。例如，在电子商务环境下，数据处理过于集中，数据的存放形式增加了数据再现的难度，数据处理过程无法观测，存储的数据可以被不留痕迹地改写和删除等。这些新的风险点构成了内部控制的新内容。

3. 电子商务改变了企业的控制活动

控制活动是在分析企业所处的外部环境对内部控制的影响，并对风险进行评估后采取控制措施；以规范和约束企业内部各项决策权力的过程，也是调整企业与外部环境之间的差异，实现企业内部资源的最佳配置，将外部环境变化对企业的不利影响降到最低程度，并最大限度实现企业价值增值的持续、动态过程。电子商务环境下要求企业各数字化管理系统集成，减少合并流程中重复的、不增值的环节，以实现业务流程的优化，实现企业资源的系统配置和信息共享，使得业务发生的同时，会计工作同步进行，真正实现了动态管理。这样为内部控制从事后控制转变为事中控制，从适时控制转变为实时控制提供了可行的条件。电子商务环境下，控制活动被重新划分为自动化业务流程和信息系统控制。自动化业务流程就是以信息技术为实现手段的传统控制活动，它的控制目标和控制对象与传统的控制活动方向一致，但它的存在形式和控制手段发生了很大的变化。它主要以计算机程序的形式嵌入到电子商务信息系统之中，对业务的控制由计算机自动完成，因此控制手段更具有高效性、灵活性，更加强了内部控制的预防、检查和纠正功能。而信息系统控制对象是电子商务信息系统，本身包括计算机硬件和软件资源、应用系统、数据和相关人员等信息系统的组成要素。企业内部控制的重点由对人的控制为主转为对人、机共同控制为主，控制程序也应当与此相适应。

4. 电子商务环境下信息沟通更便捷快速

电子商务信息系统与现代信息技术相结合，具有开放化、实时化、电子化的技术特点。开放的信息系统为内部员工、管理者及顾客、供应商等外部团体提供了开放的沟通渠道，有利于内部沟通与外部沟通的进行，使组织内的员工清楚了解内部控制制度的规定以及各自的责任，管理者随时掌握业务的执行与生效情况。电子商务环境下，大量的企业环境信息、政策信息、经营信息、财务会计信息、作业信息集中存储在企业数据库系统内，并不断被实时更新。基于互联网、企业网、数据库技术的客户/服务器(C/S)和浏览器/WEB服务器(B/S)混合结构的网络平台为企业成员提供了很好的沟通条件。在这个平台上，员工可以十分便捷地从计算机数据库中查阅有关的政策和法规，获取与其职责相关的控制信息，明确各自的权利与责任，了解自己的活动如何与他人的工作相关以及例外情况如何报告或处理的途径。另外，企业在网络平台上构建与利益相关者联系的机制，使组织的相关成员可以实时获取经营信息与财务会计信息，及时进行沟通，达到最佳协同合作和利益共享。而且信息过程和业务过程实现了同步，在业务流转各个环节所需的同类信息只需在业务过程中一次输入，无需像传统手工信息传递系统下进行多次重复输入，有效地降低了数据的不一致性。反映业务活动各个方面的信息也存储于同一平台，信息按使用要求在各个部门实现充分地共享。因此，在电子商务环境下，沟通渠道和方式发生了改变，拓展了管理与控制的范围，而且为组织战略与经营的整合、管理与业务的整合提供了条件和可能，进而促进企业目标的实现。

5. 电子商务增加了监督的渠道，改变了监督的方式

监督是对内部控制体系及其运行情况的跟踪、监测和调节。电子商务环境下，信息技术的使用增加了监督的渠道、改变了监督的方式，使实时跟踪、监测和调节成为可能。这对及时发现内部控制体系及其运行中的问题，并加以修正和改进提供了条件。在电子商务过程中，实现交易过程的无纸化，计算机系统介入到会计资料处理时，电子化线索取代了可视化的监督线索。严格的业务流程规定被嵌入到计算机程序中，当基层人员想绕过某个环节进行下一步时是行不通的，电脑不会像人脑一样变通，业务流程不经过相应流程就不能进入下一步程序，如会计核算和财务支付程序。这样电子化的监督线索更加有效。在电子商务环境下，内部控制是基于一种人机结合的控制模式，许多控制程序、控制指标、控制方法被设置在会计信息系统内部。因此监督的一项重要内容，就是要及时了解原来设置在会计信息系统内的控制程序、控制参数是否过时或被非法篡改，并针对企业经营环境变化情况，及时评估业务流程控制点的运行状态，重新调整或更改设置在会计信息系统中的控制参数或程序，这是相对于传统手工环境下所不存在的。

三、电子商务环境下的内部控制

完善的内部控制可有效地减轻由于内部人员道德风险、系统资源风险和计算机病毒造成的危害。为了保证会计信息系统的安全运行，企业可从以下方面着手建立一整套行之有效的制度，以预防、发现和纠正系统中所发生的错误和故障，使系统正常运行。

（一）组织与治理控制

组织与治理控制包括建立健全的组织结构，加强管理控制；贯彻"以人为本"的思想，优化人力资源，提高管理者素质，建立监督机制等。

1. 调整组织机构，优化人力资源

第一，企业应对原有的组织机构进行适当的调整，以适应电子商务环境，满足信息系统的要求。企业可以按会计数据的不同形态，划分为输入组、数据处理组和会计信息分析组等；也可以按会计岗位和工作职责划分为计算机会计主管、软件操作、审

核操作、审核记账、电算维护、电算审查、数据分析等岗位。组织结构的设置必须适合企业的实际规模，并设立管理控制机构。例如，目前有些上市公司中依据自身经营特点设立了审计委员会、价格委员会、报酬委员会等就是完善内部控制机制的有益尝试。

实现内部控制的健全有效，必须实现"以人为本"和对人的优化组合。良好的人力资源管理政策对于企业内部控制的顺利实施起着关键性的作用。任何企业的核心均是企业中的人及其活动。对于内部控制而言，人力资源管理的目标主要是保证和提高员工的素质和品行。电子商务环境对员工的素质提出了更高的要求，员工不但要熟悉更多的业务流程，而且还要熟悉信息系统的操作方法。所以要努力培养既懂财务知识，又懂网络知识的复合型人才，积极对员工进行业务及素质培训。一个有能力而且讲道德的人，可以大大节约企业内委托代理关系中的监督成本，而低的监督成本与高的内部控制效率是正相关的。建立相应的激励约束机制，把核心人员及其员工的短期行为长期化也是行之有效的方法，如建立股票期权制度等。

2. 建立日常化、动态化、程序化的监督体制

监督是一种随着时间的推移而评估制度执行质量的过程，监督可通过日常的、持续的监督活动来完成，也可以通过个别的、单独的评估来实现，或两者相结合。在内部控制监督过程中，内部审计和控制自我评估发挥着重要作用。在传统会计信息系统环境下，对组织内的员工进行监督，主要是通过内部控制制度来完成的。在内部控制制度里明确规定了不同岗位的职责以及岗位之间的相互关系，通过相互稽核、相互控制，达到监督的目的。在计算机环境下，监督控制比在传统会计信息系统环境下更为复杂，原因是有些人员处于特权的职位，有机会不受限制地访问企业的程序和数据，比如对于系统管理人员权力过大的问题如何对他们进行监督。分布于各个地区的数据处理人员可以通过远程通信连接完成他们的工作，对他们进行监督最有效的办法是运用信息技术，通过设置操作日志功能和控制程序等来完成监督。操作日志功能是系统自动记录操作员的操作行为以备检索，从而达到对系统和数据库操作的实时监控。建立日志审计制度，对运行系统的时间类型、用户身份、操作时间、系统参数和状态，以及系统敏感资源进行实时监视和记录，并对日志文件定期进行安全检查和评估。

3. 加强内部审计

在企业各个层级的人员中，就内部控制而言，内部审计人员具有极其重要而又特殊的地位。内部审计既是企业内部控制的一个部分，也是监督内部控制其他环节的必要力量。在现代企业管理过程中，内部审计人员被赋予了新的职责和使命。内部审计

师的使命将从简单的"我们实施审计",向"我们帮助创建一些程序,以期达到组织成功所需要的内部控制水平"的方向发展。

传统会计信息系统中,为评价内控是否有效,内部审计人员经常采用这种方法,外部审计人员通常也采用这种方法,如符合性测试等。而在事件驱动会计信息系统中,如果还采用传统会计信息系统的方法来对内控进行监控,就不能再发挥它的作用。所以,对业务事件风险控制和信息处理风险控制,除了采用实时控制措施外,还可采用并行审计技术。并行审计技术是指在应用系统对其业务进行处理时,同时采集审计证据的技术。并行审计技术采集审计证据包括两个方面:一是为采集、处理和打印审计证据,需要在应用系统或系统软件中嵌入专门的审计模块;二是将采集到的证据存储在应用系统文件中或存储在专门的审计文件中以便审计人员进行审查。对于并行审计技术识别出的关键错误或违规事件,审计人员可安排嵌入审计程序立即报告错误或违规事件,证据将被直接传输给打印机或审计人员的计算机终端。而在其他情况下,审计人员可安排嵌入审计程序将采集到的证据存储起来,供事后查看使用。采用并行审计技术,审计证据的采集和应用系统对其业务的处理同时进行,因此,内部审计比外部审计更便于使用该技术。

(二)系统开发控制

系统开发控制是一种预防性控制,目的是确保系统开发过程及其开发的内容符合内部控制的要求。在过去封闭式会计信息系统环境下,传统的会计控制制度尚能发挥作用,因此系统开发者主要关心如何实现业务功能。在网络环境下,企业的业务流程、组织结构发生了很大变化,传统的会计控制措施已很难适应新系统的环境。因此,网络系统开发过程同时也是企业再造的过程,必须把新的会计控制功能全面融入系统中。系统开发控制主要可采取以下措施:

1. 开发方案控制

要按企业再造的要求全面分析和重构企业管理过程、业务流程、生产经营过程。尤其是考虑企业再造对内部控制的影响,以及系统网络化以后对会计控制带来的新问题。用户、内审人员、风险管理人员都要全面参与系统开发方案的讨论、构造,以及对系统开发方案实行专家论证制度。

2. 开发过程控制

按工程规范要求开发系统,有利于系统的管理和维护,可以避免因开发维护人员的变更而对系统带来的负面影响。系统开发的工程化首先体现在开发过程的规范化,系统开发过程按目标确定、需求分析、系统设计、系统实施等系统工程要求进行，要明确各阶段的任务、人员分工、文档编制等内容；其次要求开发工具、开发文档编制的标准化和规范化，这样有利于系统开发的分工合作和今后的运行维护；每一个阶段的工作结束后，要形成阶段开发报告，经论证审定后才能进入下一阶段，并作为下一阶段的依据。

3. 系统测试控制

由专家、内审人员组成的用户小组要积极参加系统开发方案的分析设计，确保软件功能符合企业管理和会计处理的要求。

（三）系统维护控制

系统维护包括日常维护和系统修改。日常维护可通过软件功能本身完成，其控制可在操作控制中实现。系统修改包括源程序修改、代码结构修改、数据库文件结构修改，涉及到系统功能结构的调整、扩充和完善，其过程类似于系统开发。因此，系统开发控制的方法同样适合于系统维护。即对维护方案、维护过程、维护测试要参照系统开发控制的方法进行严格控制。

由于系统修改维护直接影响系统内部的功能结构，任何随意地修改都会造成系统功能的不一致和混乱，也会影响到系统内部控制的有效性。因此，要对系统维护实行严格的审批制度，禁止未经批准的维护行为。另外，还要注意维护用机与营业用机、测试数据与实际数据的分离，保证系统运行的可靠性。

（四）日常操作系统控制

操作系统是用来管理计算机资源的基础软件。它直接利用计算机硬件并为用户提供使用和编程接口。大多数系统软件和各种应用软件都是建立在操作系统提供的软件平台之上。在网络环境中，网络系统的安全性依赖于网络中各主机系统的安全性，而主机系统的安全性则是由其操作系统的安全性所决定的。因此，操作系统安全是计算机网络系统安全的基础。

由于操作系统面向所有用户，再加上自身的缺陷。因此它时刻面临着来自各方面的潜在威胁，包括系统内人员的滥用职权、越权操作和系统外人员的非法访问甚至破坏。要提高操作系统的安全可靠性，除了要尽可能地选用安全等级较高的操作系统产品，并经常进行版本升级外，在管理控制上主要可采取以下措施：

1. 用户定义

由系统管理员为系统中的每个用户设置一个安全等级和身份标识，对进入系统的用户，系统除进行身份和口令判断外，还进行安全等级判别，以保证进入系统的用户具有合法的身份和合法的权限，用户定义是系统进一步进行存取控制的前提。

2. 日志审计制度

日志是用来监视和记录系统中有关安全性活动，包括对系统进行的事件类型、用户身份、操作时间以及系统敏感资源进行实时监视和记录，并对日志文件定期进行安全检查和评估。根据重要性原则，系统管理员还可以有选择地设置哪些用户、哪些操作、哪些资源访问需要重点审计。

3. 存取控制

存取控制是对系统资源进行分类管理的一种制度。根据对象不同，可分为自主存取控制和强制存取控制两种。自主存取控制是通过存取控制表形式，由系统管理员定义系统中每个用户对具体资源的存取方式。而强制存取控制则是通过对用户和资源的分级、分类管理、强制限制信息的共享和流动，每个用户只能访问系统规定范围内的信息。

4. 特权管理

由于超级用户具有操作和管理系统全部资源的特权，因此，其特权一旦被盗用，将给系统造成重大危害。特权管理是使系统由若干个系统管理员和操作员共同管理系统，使其具有完成其任务的最少特权，并相互制约，以提高系统安全可靠性。

5. 设备管理

根据设备的物理位置、安全等级条件确定具体设备的安全等级，严格控制低级别设备输入、处理、输出高级别信息的权利。